Quarante Ans

DE

# THÉATRE

FRANCISQUE SARCEY A 65 ANS
*(Fragment de tableau de M. Marcel BASCHET)*

Francisque SARCEY

# Quarante Ans
## DE
# THÉATRE

(Feuilletons dramatiques)

VICTOR HUGO — DUMAS Père — SCRIBE — CASIMIR DELAVIGNE
BALZAC — G. SAND — E. LEGOUVÉ
A. DE MUSSET — PONSARD — D'ENNERY — LABICHE, etc.

IV

BIBLIOTHÈQUE DES ANNALES
Politiques et Littéraires
PARIS — 15, RUE SAINT-GEORGES

1901

IL EST TIRÉ DE CET OUVRAGE

CINQUANTE EXEMPLAIRES NUMÉROTÉS A LA PRESSE

SUR PAPIER DE HOLLANDE

# VICTOR HUGO

## LE DRAME EN VERS ET VICTOR HUGO

Victor Hugo n'est devenu auteur dramatique que par un effort de volonté. Tout le monde la connaît et l'admire, cette volonté énergique et patiente, cette volonté de fer, que le poëte lui-même a si bien décrite, en parlant de son *Pégase :*

> Je l'avais saisi par la bride ;
> Je tirais, les poings dans les nœuds,
> Ayant dans les sourcils la ride
> De cet effort vertigineux.

Il a fait du théâtre de parti pris. Il s'en est approprié ce qui est à la portée même de ceux qui n'ont pas été spécialement touchés de la fée du drame : le goût des situations fortes, où l'on arrive par science de combinaison. Des hommes empoisonnés dans la joie d'un festin, et que des cercueils attendent à la porte ; des substitutions de personnes, des secrets démasqués, des bandits pleins de tendresse, et des fous pleins de sentiments nobles. Tout ce qui est antithèse, soit de caractères, soit de passions, soit d'événements, il l'a patiemment et vigoureusement combiné, et il a ainsi abouti, à force d'application et de travail, à des situations aussi terribles qu'en ont jamais imaginé les d'Ennery et les Victor Séjour.

Je réunis à dessein ces noms, dont l'assemblage paraîtra sans doute, au premier abord, irrévérencieux. Si le talent n'est pas de même ordre, le genre d'effets cherché est tout à fait semblable. Les pièces de Victor Hugo ne sont, à vrai dire, sauf une seule et éclatante exception : la bonne fortune de *Ruy Blas*, que de vulgaires mélodrames, de ceux que la population des boulevards appelle, en son argot familier, de *bons mélos*. Ce sont des situations étranges, où l'on arrive par des moyens forcés, par d'ingénieuses complications, à travers des invraisemblances et des puérilités de toute sorte.

Tout l'art de Victor Hugo consiste à mettre violemment ses personnages dans une position où il puisse aisément, lui poète, s'épancher en odes, en élégies, en imprécations, et, d'un seul mot, en pièces de vers. Il se prépare, comme un habile librettiste à un compositeur, des airs de bravoure, des duos, des trios, des finales. Plusieurs de ses drames sont devenus des opéras; c'est qu'ils avaient été coupés pour être des opéras, où le vers tiendrait lieu de musique.

Y a-t-il rien de plus étrange que le quatrième acte d'*Hernani*, si l'on y cherche une œuvre sérieuse de théâtre? C'est une suite de scènes insensées, qui tombent les unes par-dessus les autres, sans lien, comme sans raison. Mais n'y voyez, pour un instant, qu'un livret d'opéra : comme cela est fait ! A l'entrée du tombeau de Charlemagne, le nouvel empereur; au fond, les députés d'Allemagne qui viennent, soutenus des trompettes traditionnolles, déposer à ses pieds la couronne impériale ; à gauche, les conspirateurs qui grondent dans l'ombre ; sur le devant, Hernani, sombre et désespéré ; et, dans le lointain, Dona Sol qu'on amène.

Analysez le second acte, comme ferait un La Harpe : il est incompréhensible. Aucun des personnages n'y dit un seul mot de ce qu'il devrait dire, n'y fait rien de ce qu'il devrait faire. Tous semblent frappés de vertige. Don Carlos vient, comme un nigaud, se jeter dans la gueule du loup ; Hernani, qui le tient dans ses mains, le laisse échapper, on ne sait pourquoi ; au moins devrait-il prendre tout aussitôt la fuite, avec Dona Sol ; il demeure près d'elle, jusqu'à ce que les troupes du roi aient eu le temps de l'envelopper.

Comme un livret d'opéra s'accommode bien de ces impossibilités ! Il ne veut qu'une chose, lui : c'est mettre en présence le ténor et le baryton, puis ce même ténor et la *prima donna*, leur donner à chacun des sentiments tranchés, que la musique exprime aisément, et ramener au dénouement de l'acte un finale, où toutes les voix s'unissent, où les contrastes de passions se confondent en une vaste mélodie.

Ces duos, ces trios, ces finales, Victor Hugo les exécute sur son instrument, qui est le vers : instrument admirable, dont il joue d'une manière supérieure presque toujours. Des défaillances sans doute, mais couvertes par combien de beautés neuves ! On applaudit ces morceaux, comme on ferait d'un air superbe soutenu d'une harmonie savante, sans se demander si l'air est bien à sa place. A quoi bon ? C'est un opéra, qui doit avoir les franchises du genre.

L'opéra ne peut pas pénétrer bien avant dans un caractère ; il ne peut qu'en indiquer le contour extérieur, et, pour ainsi dire, la forme générale. A ce titre encore, *Hernani* était digne d'être relevé par la musique de ce maître puissant et brutal qui a nom Verdi. Il ne faut pas comparer les personnages de Victor Hugo, à ces figures si profondément, si curieusement fouillées, que nous ont laissées les Corneille et les Racine. Vous pouvez étudier sans cesse les rôles de Polyeucte et de Néron, vous y ferez tous les jours de nouvelles découvertes. D'un coup d'œil, vous avez embrassé Don Carlos, Ruy Gomez, Dona Sol, et Hernani lui-même. Ce sont des costumes pittoresques, plutôt que des hommes de chair et d'os. Ils saisissent tout d'abord, et ils étonnent, tant ils sont fièrement campés, tant la draperie est éclatante. Mais n'enfoncez pas : vous ne trouverez là-dessous que ce que la musique peut exprimer, des formes générales et vagues de caractères et de passions. *Hernani* est une très belle partition.

Quelques-uns des morceaux de bravoure sont admirables. J'y sens néanmoins toujours (peut-être est-ce ma faute?) le voulu, et parfois le faux. Le poète force presque partout la note, et donne dans l'exagéré ; sa main est vigoureuse, mais il ne frappe pas juste ; même aux endroits les plus pathétiques, un vers, un mot violent avertit que l'écrivain cherche l'effet plus que la vérité, qu'il se tend, qu'il se raidit; on aperçoit la ride, et adieu le charme !

Le public spécial de la première représentation a très bruyamment applaudi certains passages, qui avaient soulevé autrefois, dans le camp des enragés de la tragédie classique, d'unanimes haros. Il a bien fait. Car c'est là, précisément, le service que nous a rendu *Hernani* ; c'est par là qu'il mérite de vivre dans l'histoire de l'art. Il a culbuté pour jamais des préjugés imbéciles.

Il était fort ridicule qu'on ne pût pas dire :

Vous êtes, mon lion, superbe et généreux.

et qu'il fallût y substituer : Vous êtes, *monseigneur*... Nous avons, depuis ce temps-là, vu bien des lions; mais enfin, celui de Victor Hugo était le premier. *Hernani* a sonné, sur la vieille tragédie de nos pères, le tocsin de l'émancipation : ce n'est pas la faute de Victor Hugo si la révolution, dont il a été le promoteur, s'est arrêtée presque aussitôt qu'elle a été mise en branle; si personne ne s'est engagé dans la voie qu'il venait de faire libre, et si ce grand mouvement n'a point abouti à des chefs-d'œuvre.

24 juin 1867.

# HERNANI

La Comédie-Française vient de reprendre, avec un grand éclat, l'*Hernani* de Victor Hugo. Au sortir de la représentation, qui n'a été qu'un long triomphe, je rencontrai un de ces Parisiens parisiennants, où semble se résumer tout l'esprit du boulevard des Italiens, et il me dit, dans ce langage familier et pittoresque dont le *Club* de Gondinet donne en ce moment au Vaudeville quelques échantillons très plaisants :

— Quelle drôle de chose ! Vous rappelez-vous comme il y a dix ans, en 1867, nous avons blagué *Hernani!* Ce soir, il n'y a pas à dire, nous avons été empoignés, moi, le premier, tout comme les autres ; et vous aussi, n'est-ce pas ?

— Ma foi, oui, lui répondis-je, et moi aussi.

Et je crois bien qu'il traduisait là une impression générale, contre laquelle réclameront bien peu de ceux qui ont assisté à cette soirée mémorable. Oui, le succès a été cette fois plus vif, plus incontesté qu'il y a dix ans ; et déjà, en 1867, les applaudissements qui avaient accueilli les belles parties de l'œuvre étaient plus nombreux et moins mêlés de contradictions bruyantes que ne l'avaient été à l'origine ceux du petit clan enthousiaste des adeptes de la nouvelle école.

Beaucoup de gens vont sans doute encore s'étonner que le public se déjuge, et s'écrier comme mon Parisien de tout à l'heure : Quelle drôle de chose ! Rien n'est plus ordinaire et plus simple, au contraire. Il ne fait que cela tous les jours, le public, et il a raison. Est-ce qu'il n'a pas mis soixante ans à comprendre et à sentir les symphonies de Beethoven ? Est-ce que dans les œuvres de ce grand maître il n'y en a pas un certain nombre dans l'intelligence desquelles il n'est pas encore entré, et que néanmoins les familiers de ce grand génie déclarent superbes ?

Croyez-vous que l'on ait du premier coup goûté, dans le public, l'incomparable beauté des *Légendes des Siècles*? J'avoue que, pour mon compte, je n'y suis arrivé qu'avec quelque peine et après beaucoup de réflexion. A part un petit nombre de morceaux achevés et lumineux, je trouvais dans le reste une foule de défauts qui m'inquiétaient ou me choquaient, et qui m'empêchaient de prendre du plaisir aux beaux vers que je rencontrais semés çà et là. C'était la faute de mon éducation classique, de mes préjugés universitaires, qui m'avaient fait un goût très étroit, que j'ai eu beaucoup de mal à élargir.

Plus j'ai pénétré profondément dans l'étude de l'art contemporain, plus j'ai senti croître mon admiration pour ce fleuve prodigieux de grande poésie. Il y a encore dans ces *Légendes des Siècles* une demi-douzaine de pièces qui me semblent incompréhensibles et m'ennuient. Je me garde à présent de les condamner. Qui sait? peut-être sont-ce précisément celles que je goûterai le mieux dans trois ou quatre ans.

Ce ne serait pas la peine de travailler et d'étudier pour rester toujours au même point. Le public profite, dans son ensemble, des efforts que font ainsi quelques-uns de ceux qui le composent. Il avance par un progrès insensible ; il se dépouille lentement de ses opinions, ou plutôt elles tombent d'elles-mêmes, sans qu'il s'en doute, et, un beau jour, il est tout étonné de s'en trouver de nouvelles. Il ressemble à ce vieux savant qui ne voulait pas absolument changer sa houppelande de travail, qui était horriblement usée et tachée, mais que l'habitude lui avait rendue commode. Sa fille lui posa près de son lit une robe de chambre toute neuve qu'elle lui avait cousue de ses doigts agiles. Il la revêtit un matin, sans s'apercevoir de la substitution, et recula de surprise quand il se trouva face à face avec un miroir. Il ne se reconnaissait plus. Et c'était bien lui pourtant !

Dans tous les autres arts, ces révolutions de goût ne se constatent qu'à la longue ; car il ne se présente guère d'occasions où elles puissent se marquer d'une façon bien précise. Au théâtre, au contraire, elles éclatent comme des coups de foudre. Elles ont mis sans doute un temps fort long à retourner les esprits ; mais ce changement s'était fait à petit bruit, à l'insu de tous ; un jour arrive où la foule se voit réunie devant une œuvre qui avait depuis quinze ans disparu de l'affiche. Elle se souvient de l'impression qu'elle en a emportée jadis ; elle croit la retrouver tout entière et la même. Mais non ; une fée mystérieuse lui a, durant son sommeil, retiré doucement ses opinions, ses préjugés, ses goûts, ses sentiments d'autrefois et lui en a mis de neufs à la place. Le public les a revêtus sans y prendre garde, et quand il se trouve en face de la pièce, qui fait office de miroir, il pousse un cri d'étonnement ; il se demande si c'est bien lui, à moins qu'il n'accuse la glace, ce qui arrive bien encore quelquefois.

Je viens de relire le feuilleton que j'écrivis sur *Hernani* en 1867. Mon Dieu ! tout ce que je disais alors, je le trouve encore juste à présent. J'avais signalé, avec une admiration très sympathique, les grandes parties de l'œuvre; les défauts que j'avais notés sont bien, en effet, ceux que l'on pourrait critiquer encore aujourd'hui. C'était bien cela, et pourtant ce n'est pas cela. Non, ce n'est plus cela. Les défauts ne me choquent plus du tout; et les admirables beautés de l'œuvre me transportent davantage. Je n'étais pas de ceux qui avaient *blagué,* pour user du mot de mon Parisien; il y avait néanmoins, comme une secrète pointe de raillerie contre les invraisemblances de la pièce, contre la façon dont elle était coupée, contre certaines longueurs. Je me souviens qu'à cette époque-là, j'en avais encore été vivement frappé.

Cette impression fâcheuse a complètement disparu cette fois.

Ne remarquez-vous pas que, dans les beaux ouvrages de l'esprit, quand ils arrivent à ce point d'être consacrés par l'admiration publique, le sentiment des défauts va s'effaçant toujours, tandis qu'au contraire celui des beautés s'augmente et s'affirme de siècle en siècle? Qui songe, par exemple, aujourd'hui à discuter *Cinna?* S'il y a une pièce de théâtre mal faite, c'est assurément celle-là. Elle est toute pleine d'invraisemblances criantes, d'incidents inexpliqués et inexplicables; les caractères y ont des retours imprévus et peu justifiés. Qui songe à tout cela maintenant? On tient ces défaillances pour non avenues : que dis-je? certains critiques même, à qui le nom de Corneille impose, s'évertuent à les faire passer pour des preuves de génie. Pourquoi? C'est que la somme des beautés est plus considérable, elle a emporté la balance.

On écoute avec admiration le récit de Cinna, la conversation politique de l'empereur avec ses deux ministres, le monologue d'Auguste délibérant sur le pardon à accorder, et l'on n'a plus d'attention pour le reste. Et si quelque pédant grincheux s'avisait de faire des restrictions, de rappeler les endroits faibles, on hausserait les épaules, on lui rirait au nez. Ces endroits faibles, ils n'existent plus, puisqu'on ne les sent plus.

C'est un peu l'histoire d'*Hernani*. Jamais drame ne fut plus plein d'extravagances. Il est clair qu'au premier acte Gomez, surprenant deux hommes dans la chambre de sa nièce, leur lance à la tête un long discours, où il ne dit rien de ce qu'il y aurait à dire; qu'au second acte, don Carlos est un maître fou d'aller se jeter de gaieté de cœur dans la gueule du loup; qu'Hernani en est un autre de le lâcher quand il le tient; qu'il est encore plus inexcusable lorsque l'ayant laissé échapper, il reste à causer avec dona Sol, au lieu de l'enlever tout de suite; qu'au troisième... mais à quoi bon revenir sur ces défauts, qui ont exercé la verve satirique des plaisants de 1830, qui nous ont encore légèrement inquiétés, il y a une dizaine d'années? Ils se sont, à cette heure, évanouis dans le rayonnement de l'œuvre.

Elle a ce mérite incomparable d'être une œuvre jeune, comme le *Cid*, et, toute proportion gardée, comme la *Dame aux Camélias*; une de ces œuvres que l'on écrit à vingt-cinq ans, dans la première ferveur du génie, quand on ne sait rien, que l'on ne doute de rien, que l'on marche, gauche et superbe, à travers tous les obstacles, sans les soupçonner, les méprisant si on les voit, impétueusement poussé vers le but par une force mystérieuse, mal réglée, mais puissante.

J'ai prononcé le nom du *Cid*; je ne m'en dédis pas. Oui, l'on respire dans cet *Hernani* le même air de pensées héroïques et de sentiments généreux que dans le *Cid* de notre vieux Corneille. Peut-être y a-t-il en moins ce bon sens français, qui était si vif et si net au XVII$^e$ siècle, chez ce grand homme de race normande, race de sapience avisée, s'il en fut jamais; peut-être y a-t-il en plus un certain goût de folie castillane et d'emphase méridionale, qui est naturel chez Victor Hugo, natif de Besançon, vieille ville espagnole, comme il le dit lui-même. C'est un vin plus bouillonnant et plus fumeux, mais c'est du même cru ou d'un cru chauffé au même soleil.

Ne vous occupez plus des impossibilités inouïes de l'action imaginée par le poète. Quelle admirable scène de provocation que celle des deux hommes au second acte! quel charmant duo d'amour que celui qui vient après! Le troisième acte est une merveille de générosité et de grandeur. Le cri d'*Hernani* : « Qui veut gagner mille carolus d'or? » est superbe, et la scène des portraits qui le suit est une des plus magnifiques inspirations de poète dramatique qu'il y ait jamais eu au théâtre.

Je vous supplie de ne pas analyser le quatrième acte, au point de vue strict de l'agencement d'une œuvre dramatique... Je suis bien bon de vous adresser cette prière. Vous n'y penserez même pas; c'est fini. Toutes ces broussailles qui excitaient le fou rire de vos pères ou qui gênaient votre admiration, il y a dix ans, ont disparu, comme un décor dans une trappe au coup de sifflet du machiniste. Il n'en reste plus, de ce quatrième acte, que le monologue de Charles-Quint, le pardon généreux qu'il accorde aux conspirateurs, et la victoire qu'il remporte sur ses passions de jeune homme, en mettant la main de Dona Sol dans celle d'Hernani. Le tableau est d'une ordonnance grandiose, et tous les sentiments d'un chevaleresque qui élargit l'âme.

Je ne me permettrai qu'une critique, parce qu'elle me semble porter, non sur les accessoires du drame, mais sur le fond même des choses. Le monologue de Charles-Quint, dans le caveau de Charlemagne, est trop long. Ce n'est pas seulement parce qu'il compte plus de vers qu'aucun monologue au théâtre, sans en excepter celui d'Auguste dans *Cinna* ou de Camille dans *Horace*; c'est que toutes les idées qu'exprime Charles-Quint ne me semblent pas être en situation.

La scène (étant donné la pièce) n'a d'autre but que de marquer le changement qui se fait dans les idées et dans le cœur d'un jeune homme qui passe du titre de simple roi à celui d'empereur; empereur! c'est-à-dire, comme il l'explique lui-même, une moitié de Dieu! Un roi peut avoir encore des accès de colère, des rancunes, des passions mesquines; l'empereur plane au-dessus de l'humanité dans une sphère plus sereine. Aussi Charles-Quint, promu tout à coup à cette dignité, n'a-t-il plus même à lutter contre des sentiments qui se sont dissipés bien vite; il ne trouve plus dans son cœur impérial qu'un suprême dédain à l'égard des offenses reçues, qu'un oubli absolu des amours de hasard et des folles équipées de sa jeunesse de roi.

Eh bien! je souhaiterais que le poëte eût retranché de ce monologue tout ce qui ne tendait pas à expliquer ce revirement d'idées dans l'âme de son héros, qu'au lieu de nous exposer, en général, les pensées qui peuvent assaillir un ambitieux, lorsqu'il est près de s'emparer de son rêve, de passer à ce degré supérieur de puissance où l'on voit d'un coup d'œil hautain l'humanité qui rampe tout en bas, il eût circonscrit son développement aux nécessités plus étroites de l'action où se débattent et Gomez, et Hernani, et Dona Sol, et don Carlos lui-même.

J'aurais désiré en un mot qu'il se résignât à être moins compréhensif et plus logique. Je passe condamnation sur tous les défauts (signalés tant de fois) de l'*Hernani* de 1830. Celui-là me gêne, comme me choquerait, par exemple, le monologue d'Auguste dans *Cinna*, si au lieu de tourner tout le temps autour de la clémence, il exposait la situation de l'empire romain et les remèdes à apporter à la décadence des mœurs.

Voilà ma critique. J'entends d'ici l'objection qu'on va me faire, s'armant contre moi de mes propres aveux. On va me dire : mais vous confessez que vos premières récriminations ne valaient pas la peine d'être prises au sérieux. Êtes-vous plus sûr de celle que vous formulez en ce moment ?

Non ! pas le moins du monde. Nous causons, n'est-ce pas ? Je vous dis mes impressions, et tâche de les expliquer. Ce sont les impressions d'un homme de très bonne foi, que vous savez très amoureux des choses du théâtre, qui n'a jamais eu de parti pris, et qui met toujours dans ses critiques tout amour-propre de côté. Je n'ai pas la prétention saugrenue d'être en possession de la vérité éternelle. J'ignore même s'il y a une vérité éternelle. J'exprime les choses comme je les sens, et vous n'en prenez que ce qui vous convient.

J'ai commencé par trouver *Hernani* parfaitement ridicule, et si je ne l'ai pas écrit, c'est qu'en ce temps-là, je n'étais pas journaliste. En 1867, j'étais déjà revenu de très loin, et j'avais commencé d'en sentir les beautés superbes, tout en faisant nombre de restrictions, qui me semblaient essentielles. Elles ne me paraissent plus aussi importantes à cette heure, et j'en fais bon marché, sauf une ou deux qui me tracassent encore. Peut-être dans dix ans, si je suis de ce monde, sourirai-je de mon jugement du 20 novembre 1877 ? Mais, en théâtre, voyez-vous, il ne faut jamais chicaner son impression du jour. Quand on a pleuré ou que l'on a ri, on a toujours raison contre les critiques. On a du moins raison pour le moment.

26 novembre 1877.

# MARION DELORME

*Marion Delorme* est un des drames de Victor Hugo le plus justement estimés des connaisseurs; l'impression qu'en donne la lecture est très forte. Comment se fait-il que jamais la pièce ne se soit emparée d'un auditoire? On nous conte qu'à l'origine elle fut très cahotée. Je n'en dirai rien, ne parlant jamais ici que des faits dont j'ai été moi-même témoin. Mais j'ai vu la reprise qu'en a faite M. Perrin; le succès, même à cette époque où le nom de Hugo rayonnait avec un éclat incomparable et exerçait une puissance incontestée, fut loin d'égaler celui qu'avaient obtenu *Hernani* et *Ruy Blas*.

Pourquoi? C'est précisément pour les raisons qui font que les jeunes gens, M. Émile Bergerat entre autres, portent aux nues cette même *Marion Delorme*. C'est qu'elle est peut-être un chef-d'œuvre de style, mais point un chef-d'œuvre de théâtre; c'est qu'elle n'a pas les qualités dramatiques.

Un jeune homme tombe amoureux d'une belle fille, qu'il croit vertueuse et chaste, et qui n'est qu'une courtisane. Il importe assez peu au fond que la femme se nomme Marguerite ou Marion; que le jeune homme soit Didier ou Armand; qu'ils parlent l'un en prose, ou l'autre en vers; que l'action se passe sous Louis XIII ou de notre temps; qu'il s'agisse de Marion Delorme ou de la Dame aux Camélias. Le sujet pris en sa généralité est le même : un jeune homme amoureux d'une courtisane. Didier croit Marion pure, Armand s'imagine avoir refait à sa Marguerite une virginité avec son amour. La différence n'est pas grande.

Le thème une fois posé, il semble que ce que l'auteur nous doit d'une et d'autre part, c'est une étude de cet amour particulier, qui s'attache aux courtisanes, et qu'elles peuvent partager elles-mêmes. Cet amour se reconnaît à de certains traits distinctifs; il a ses caractères particuliers, ses formes de langage spéciales. Il ne se comporte point, dans les circonstances diverses où le hasard le peut jeter, de la même façon qu'un autre amour.

Et, de fait, voyez la *Dame aux Camélias*, il est difficile d'aimer plus qu'elle. Mais est-ce que cette passion, jusqu'en ses moindres mots, ne sent point la courtisane? Est-ce que Marguerite ne s'égare pas sans cesse et inconsciemment à des compromis dont rougirait une honnête femme? Est-ce que le moyen qu'elle choisit pour écarter son amant n'est pas le seul qu'eût repoussé une conscience pudique? Est-ce que de ses fiévreuses ardeurs de plaisir, de ses extases d'amour, de ses douleurs, de ses regrets, de toute sa personne enfin et de toute sa conduite, il ne s'échappe pas une voix qui vous crie que c'est une courtisane qui aime?

Et Armand! l'amour qu'il sent pour cette femme n'est-il pas marqué d'une physionomie propre? Aime-t-on avec ce délire des sens, avec cet oubli de tous les autres devoirs, avec cet abandon de toute la personne morale, avec ces emportements de jalousie furieuse, une femme de l'honnêteté de qui l'on est sûr et que l'on veut épouser? L'auteur ne lâche pas un seul instant son idée première;

chaque scène qui s'ajoute aux précédentes la développe et la présente sous un nouveau jour, le public suit avec un intérêt passionné cette analyse exacte et vivante.

Prenez *Marion Delorme* à présent.

Le drame débute par un duo d'amour, et ce duo d'amour, qui n'avait fait aucun effet il y a douze ans, n'en a pas fait davantage cette année. C'est que l'on ne connaît pas les personnages. Quel est ce Didier? D'où vient-il? Pourquoi se prétend-il maudit et fatal? Quoi! il est jeune, il est beau, il est aimé de la plus jolie femme de France et de Navarre, et il se plaint! Que veut-il donc? Pourquoi ce farouche Antony roucoule-t-il de façon si lugubre? On n'en sait rien, et — remarquez-le, s'il vous plaît — on n'en saura jamais rien.

Comment Marion Delorme l'a-t-elle aimé? Comment ce qui n'était que caprice sans doute s'est-il changé en amour? Pour quelle part le cerveau, les sens et le cœur y sont-ils? On n'en sait rien, et — remarquez-le toujours — on n'en saura jamais rien. Vous êtes prévenu que les deux êtres s'aiment, et c'est tout.

Nous ne les retrouverons plus ensemble qu'au troisième acte. Le second acte est occupé par des conversations de seigneurs et par le duel que vous savez.

Au troisième, Marion et Didier se sont engagés dans une troupe de comédiens ambulants pour dépister les recherches. Ce serait bien le cas d'étudier sur le vif les deux caractères de Marion et de son amant. Il est probable que, pour cette fille spirituelle et folle, l'aventure qui sent un peu la vie de bohème doit avoir quelque charme. Elle doit éveiller en elle des instincts de gaieté hasardeuse. Elle le témoignera sans doute à Didier, qui en sera préoccupé de façon ou d'autre.

Pas le moins du monde. Ce n'est là qu'un prétexte à

divertissement, un *intermède*. Emile Bergerat se pâme d'admiration sur cet intermède, mais le public y bâille; et c'est le public qui a raison.

Voilà le troisième acte fini : et qu'avons-nous eu du sujet, du vrai sujet, jusqu'à cette heure ? Rien, ou presque rien. Les yeux ont été occupés par une succession de tableaux, tous curieux et amusants; nous avons vu des événements se produire, une certaine pompe se déployer; mais rien de tout cela n'est allé au cœur; car il n'y a pour toucher, dans un drame, que la peinture exacte et vive des passions humaines.

C'est au quatrième acte que le drame s'engage. Louis XIII est assis dans son fauteuil; le vieux marquis de Nangis et Marion Delorme sont introduits, l'un pour demander la grâce de son neveu, l'autre pour supplier en faveur de Didier.

Je me souviens encore, comme si j'y étais, de l'effet prodigieux de cette admirable scène, il y a tantôt quatorze ans. Nous sortions des horreurs de la Commune, et quand le vieux marquis lança les deux vers fameux :

Car nous sommes tout chauds de la guerre civile
Et le tocsin d'hier gronde encor dans la ville,

il y eut comme un frémissement dans tout l'auditoire. Ce n'était pas seulement l'allusion qui nous avait tous remués, c'est que nous nous sentions tous, cette fois, en plein drame. L'allusion! elle avait péri avant-hier! Et pourtant quelles acclamations, quand Dumaine, de sa voix ronde, chaude et puissante, a lancé cet admirable appel à la clémence!

Marion prend la parole après lui. Elles sont bien belles aussi ces plaintes et ces supplications; mais, prenez-y garde, elles ne sont belles que d'une beauté générale et de situation. Ce n'est pas Marion, à vrai dire, qui parle ici, c'est n'importe quelle femme qui voudrait demander la grâce de son amant. Croyez-vous que Marion Delorme pourrait dire :

> Vous aurez pitié d'eux; je ne sais pas moi, femme,
> Comment on parle aux rois. Pleurer peut-être est mal;
> Mais c'est un monstre, enfin, que votre cardinal?

Eh quoi! Marion ne sait pas comment on parle aux rois! Mais elle a passé sa vie avec des jeunes gens qui voyaient le roi tous les jours et qui ont dû la renseigner à ce sujet. Mais elle a été la maîtresse de ce monstre de cardinal. Elle a reçu tout au moins ses hommages!

Un de mes amis, vieux routier de théâtre, me disait :

Savez-vous une scène qui eût été bien curieuse à écrire, si Victor Hugo eût voulu faire, en effet, une étude de mœurs? C'était Marion Delorme s'en allant chez le cardinal, son ancien soupirant, et s'armant de vieux souvenirs pour lui arracher la vie de Didier.

Oui, mais il n'y aurait eu alors ni mise en scène dramatique, ni cris de fureur, ni larmes de tendresse, ni désordre de langage, ni rien de ce qui enlève un grand public.

Après cette grande explosion, la conversation du roi avec son fou paraît singulièrement longue et triste. Elle avait déjà semblé telle à la Comédie-Française, il y a une douzaine d'années. Cette grâce que Louis XIII a refusée aux supplications fières du vieux Nangis, aux prières désespérées de Marion, le poète veut qu'il l'accorde à son fou l'Angély, qui lui insinue que les deux condamnés sont deux experts en fauconnerie, un art qui se perd, et dont le roi est un des derniers fervents. Peut-être y a-t-il un peu d'enfantillage dans l'insistance que l'auteur met à ce détail. Il s'imagine ainsi peindre le caractère frivole de

Louis XIII. Mais c'est bien du temps perdu pour peu de chose! Et que deviennent, durant ce hors-d'œuvre, ajouté à plusieurs autres, les deux héros du drame, Didier et Marion?

C'est leur absence, leur inutilité, et le sentiment qu'en a, sans trop s'en rendre compte, le public tout entier, sur ces quatre premiers actes. La sensation avait été très vive autrefois, à la reprise. J'ai cru m'apercevoir qu'on l'a également éprouvée il y a quelques jours. Il faut bien, puisque les interprètes ont changé, qu'elle soit du fait de la pièce même.

Le cinquième acte, en revanche, avait produit à la Comédie-Française un effet foudroyant.

Saverny et Didier, qui ont été condamnés ensemble pour duel, sont réunis dans la même prison et doivent être exécutés à la même heure. Saverny prend la chose assez indifféremment, ce grand seigneur, en sceptique. Pour Didier, il est au désespoir. Ce n'est pas la mort qui l'effraye, au contraire. Mais il a appris que son ange adoré n'était qu'une courtisane. Il tient en main son portrait peint pour un autre amant, et il laisse échapper de son cœur meurtri les plaintes les plus douloureuses et les plus tendres qui soient tombées de lèvres humaines. Son camarade le voit en proie à ce chagrin et cherchant à le distraire :

> Pauvre ami, de la mort disons quelque parole,
> Cela m'attriste un peu ; mais cela te console.

Et les voilà tous deux causant de la mort. La mort, pour Didier, est une délivrance. Il en chante l'hymne avec une joie amère et dans une sorte d'égarement.

J'entends encore Mounet-Sully nous dire ces beaux vers :

> Que le bec du vautour déchire mon étoffe,
> Ou que le ver me ronge ainsi qu'il fait d'un roi,
> C'est l'affaire du corps ; mais que m'importe à moi !
> Lorsque la lourde tombe a clos notre paupière,
> L'âme lève du doigt le couvercle de pierre
>     Et s'envole...

Il chantait ces derniers vers d'une voix douce et bizarre, une voix de l'autre monde, scandant d'un rythme lent les syllabes fortes de l'alexandrin, et sur le rejet *et s'envole*, il restait un doigt en l'air, comme perdu dans une contemplation extatique.

Un frisson passait sur le public. Ce frisson, hélas ! nous ne l'avons pas senti à la Porte-Saint-Martin. La scène est toujours merveilleuse. Mais quoi ! elle n'est plus jouée.

4 janvier 1886.

# LE ROI S'AMUSE

S'il y eut jamais au monde public bien disposé pour une œuvre, c'est assurément celui qui emplissait la salle du Théâtre-Français le soir du 22 novembre. Il se composait de deux sortes de gens : les uns étaient d'avance résolus à l'enthousiasme, les autres y étaient résignés. Cette solennité qui s'ouvrait dans des circonstances si extraordinaires, le spectacle de ce grand poëte qui avait vaincu le temps et triomphé de son siècle qu'il dominait de tout son génie, l'idée de cette seconde représentation donnée après cinquante ans révolus et qui devait être la revanche glorieuse des sifflets dont la première avait été accueillie ; la présence même de Victor Hugo, qui était venu, comme jadis Voltaire, assister vivant à son apothéose ; le souvenir de tant de merveilleuses tirades qui flottaient dans toutes les cervelles, et de tant de situations dramatiques qui chantaient sur des airs connus au fond de toutes les mémoires, que sais-je, moi? L'air était comme imprégné d'admiration. Il n'y avait personne dans la salle qui ne fût décidé à fêter par des bravos cet illustre cinquantenaire : on s'attendait à une ovation, et tout le monde se faisait une joie d'en prendre sa part. Que l'on ne parle pas d'envie ni d'hostilité sourde ; il n'y en avait pas ombre parmi ce public si joyeux, si vibrant ; la critique même avait été heureuse d'abdiquer.

Le rideau se lève sur une fête de nuit au Louvre.

Il faut bien le dire : nous ne faisions pas grand fond sur toute la première partie de ce premier acte. Vous savez que Triboulet passe à travers les groupes, jetant de côté et d'autre ces plaisanteries énormes, ces gaietés colossales qui sont l'esprit de Victor Hugo quand il badine : un badinage de géant. Tous ces mots tombent sur une salle respectueuse, mais froide, qui attend, cela est visible, avec quelque surprise le moment où elle pourra se livrer et rompre la première glace par une explosion d'applaudissements. Elle ne le trouve point, et les scènes se succèdent au milieu d'un profond silence. On m'assure que Got, qui comptait beaucoup sur son entrée en scène, est tout déconcerté de ce glacial accueil.

Il faut dire aussi que la mise en scène, qui est somptueuse, nous semble froidement réglée. Victor Hugo a eu soin d'écrire parmi les indications : *Une certaine liberté règne ; la fête a un peu le caractère d'une orgie.* Rien ne ressemble moins à une orgie que le spectacle qui nous est offert par la Comédie-Française. Le décor est riche, et c'est une profusion de costumes magnifiques. Mais ces costumes sont groupés au fond du théâtre, et c'est à peine si l'on voit bouger ceux qui les portent. Tout ce tableau a je ne sais quel air solennel qui jure avec les libertés d'allures et de langage de François I<sup>er</sup>, avec les railleries épaisses de Triboulet.

Ni l'un ni l'autre ne nous enlèvent : Mounet-Sully, avec son poing sans cesse campé sur la hanche, est plus théâtral qu'il ne faudrait ; Got nous semble manquer de fantaisie. Tout cela, malgré les lumières, malgré les dorures, malgré l'éclat des pourpoints et des jupes, nous fait l'effet d'être terne et gris.

Nous en prenons notre parti ; ne savons-nous pas que

Saint-Vallier va venir; que c'est lui qui termine l'acte par
ces fameuses imprécations qui sont aujourd'hui classiques.
Ce morceau, il y a cinquante ans, avait eu le privilège
d'enlever même les plus farouches ennemis du romantisme,
qui avaient battu des mains, en dépit d'eux-mêmes. Quels
cris d'enthousiasme n'allait-il pas exciter?

Ce fut un frémissement de l'orchestre aux loges, quand
un valet se penchant vers Triboulet lui dit à l'oreille :

> Monsieur de Saint-Vallier, un vieillard tout en noir,
> Demande à voir le roi.

C'est Maubant qui entre, grave et blême, longue barbe
blanche; haute taille; il est superbe. Il ouvre la bouche :

> Vous, sire, écoutez-moi ! !

Nous nous regardons, effarés. Maubant n'a plus de voix.
Est-ce un enrouement passager? est-ce l'organe qui lui
fait défaut? Je ne sais; mais l'effet est déplorable.

Et puis, que voulez-vous? Quand nous lisions cette tirade, quand nous l'apprenions par cœur, — et qui de nous
n'a dans la mémoire ces quatre-vingts vers? — nous ne
la considérions que comme un beau morceau de poésie;
nous l'admirions tout à notre aise; mais là, au théâtre, il
y a le sentiment de la situation qui nous gêne. Nous éprou-
vons d'instinct je ne sais quel malaise à voir François I$^{er}$
subir, sans dire un mot ni faire un geste, cette prodigieuse
averse d'alexandrins. Tous ces seigneurs, alignés en rangs
d'oignons, qui, eux non plus, ne font pas un mouvement,
dont aucun ne témoigne de son indignation, nous étonnent
et nous agacent.

Vous le croirez si vous voulez; mais cette admirable période, une des plus belles de notre poésie :

> Oui, sire, sans respect pour une race ancienne, etc.
> ... Vous avez, froidement, sous vos baisers infâmes,
> Terni, flétri, souillé, déshonoré, brisé
> Diane de Poitiers, comtesse de Brézé.

Oui, cette période a passé sans ombre d'applaudissements. Il faut avouer que ce n'est pas tout à fait notre faute. Elle a été si mal dite!

Le public ne s'est dégelé qu'aux vers célèbres :

> Nous avons tous les deux au front une couronne
> Où nul ne doit lever des regards insolents,
> Vous de fleurs de lys d'or et moi de cheveux blancs.

L'allusion aux cheveux blancs du poète-roi était si clairement indiquée, qu'on l'a saisie avec transport, et que l'on s'est déchargé du malaise dont on souffrait par des applaudissements qui étaient plus de convenance que d'émotion.

Après la chute du rideau, on se répand dans les couloirs, on se communique ses impressions; on les rend plus vives en les commentant, en cherchant à les expliquer. Nos directeurs ne se défient pas assez des longs entr'actes. La mauvaise humeur s'y aigrit; l'enthousiasme s'y évapore.

Le second acte nous transporte au recoin le plus obscur du cul-de-sac Bussy. Il fait nuit sombre. Le premier acte s'est déjà passé à la clarté des flambeaux. Le second, le quatrième et le cinquième se passeront dans la nuit noire, sur une scène, ou plongée dans les ténèbres, ou faiblement éclairée par la lueur sourde de quelque lanterne. Ce détail de mise en scène n'a rien de ragaillardissant.

Triboulet, au moment d'entrer chez lui, est abordé par Saltabadil. C'est Febvre qui représente le sacripant. Il l'a revêtu d'un costume très pittoresque; il dit toute la scène avec beaucoup de netteté et de fantaisie, et quand il prend congé de Triboulet, sur ces mots : *Adiousias, tout votre serviteur*, il s'élève de tous les coins de la salle un léger murmure d'approbation discrète, qui est à la Comédie-Française de plus de prix que les gros applaudissements des autres théâtres. La scène nous a positivement charmés.

Nous voilà en face du célèbre monologue : *Ce vieillard m'a maudit!* Ce monologue et la scène qui le suit, nous les entendons tous les ans au concours du Conservatoire, et, tous les ans, ils excitent, dans la salle de la rue Bergère, les mêmes transports d'admiration. Got les détaille avec une science incomparable; mais il y a dans toute sa personne quelque chose de bourgeois, qui ne rappelle point le monstre foudroyé par une malédiction; la voix n'est pas étoffée et profonde. Elle est arrêtée et sèche. Il démontre merveilleusement le morceau; il ne le fait pas sentir.

Et puis, il n'y a pas à dire, le morceau est terriblement long au théâtre. C'est un premier monologue qui sera suivi de beaucoup d'autres. Ce Triboulet parle à peu près tout seul dans ce drame, qui semble être un monologue en cinq actes.

Triboulet est entré chez lui; sa fille se jette dans ses bras. Ils causent, si c'est une véritable conversation que celle où l'un des deux interlocuteurs parle à peu près tout seul. Got trouve des accents attendris pour traduire quelques-uns des plus beaux vers du poète :

> Ah! ne réveille pas une pensée amère,
> Ne me rappelle pas qu'autrefois j'ai trouvé
> — Et, si tu n'étais là, je dirais : j'ai rêvé —
> Une femme contraire à la plupart des femmes,
> Qui, dans ce monde, où rien n'appareille les âmes,
> Me voyant seul, infirme et pauvre et détesté,
> M'aima pour ma laideur et ma difformité.
> Elle est morte, emportant dans la tombe avec elle
> L'angélique secret de son amour fidèle,

> De son amour sur moi passé comme un éclair,
> Rayon du paradis tombé dans mon enfer !
> Que la terre toujours à nous recevoir prête
> Soit légère à ce sein qui reposa ma tête.
> Toi seule m'es restée !

Si j'ai cité ces vers, ce n'est pas seulement qu'ils soient parmi les plus douloureux du drame, c'est que Got les a dits d'une voix pénétrée qui allait au cœur ; c'est qu'il les a mouillés de larmes ; c'est que le public s'est senti pris d'une profonde émotion et qu'il y a eu là, dans cette soirée néfaste, une éclaircie de joie et de tendresse.

Got dit encore avec une merveilleuse énergie le vers fameux :

> Et que dirais-tu donc, si tu me voyais rire ?

Mais bientôt le ciel se referme et redevient noir. Triboulet se répète ; il se répand en effusion d'amour paternel sans cesse renouvelée. Cette scène et les autres qui suivent me font songer à ces symphonies où le même thème, obstinément repris en divers tons, revient sans cesse et finit, quand le musicien s'abandonne à des développements sans mesure, par fatiguer l'attention de l'auditeur.

Ajoutez que M<sup>lle</sup> Bartet, qui est charmante de costume et d'attitude, a le tort de mimer le rôle plutôt que de le dire. C'est à peine si, dans tous les vers que le poète met en sa bouche, on peut par-ci par-là saisir au vol quelques mots d'un hémistiche que l'on reconstruit par la pensée. Toutes les oreilles se penchent ardemment vers la rampe ; mais la voix est si faible, que les sons n'arrivent, même aux premières loges, qu'estompés, par la distance. Le monologue de Triboulet n'est plus coupé que par des silences et des mouvements de lèvres.

A Triboulet succède (toujours dans la nuit) le roi François I<sup>er</sup> ; c'est un duo d'aimable galanterie d'un côté, de poétique tendresse de l'autre, que nous gâte la présence intéressée de dame Bérarde. Nous souhaiterions que, dans cette pièce sombre, cet intermède reposant jetât une note plus large et plus claire. Le poëte ne l'a pas voulu ; c'est dommage, car Mounet-Sully, que nous n'avions pas aimé au premier acte, prend ici sa revanche. Il est élégant, il est sceptique, il est séduisant, il est gai.

Le reste de l'acte est donné à l'enlèvement de Blanche par les seigneurs, à qui Triboulet tient l'échelle. Çà, c'est du pur mélodrame, mais le mélodrame, le nom seul l'indique, exige l'accompagnement d'une musique quelconque, d'un trémolo d'orchestre. Quant le poëte prend soin de jeter sur ces situations la pourpre de sa poésie, c'est le vers qui fait office de musique. Mais quand elles s'agitent sans paroles, comme à cette fin d'acte, on sent alors le manque de l'orchestre. Un ami se penche à mon oreille, et tout bas :

— C'est trop long, cet enlèvement.

Eh ! non, il n'est pas trop long ; il est même fort bien réglé. Mais toutes ces ombres qui passent et repassent dans la nuit, sans dire un mot, forment un spectacle qui paraît interminable, parce que la musique n'en marque pas les incidents et les progrès.

Le rideau tombe une seconde fois sur un public à la glace ; deux ou trois passages ont réussi ; l'impression générale est de tristesse navrée.

Au troisième acte, nous sommes dans l'antichambre du roi. On lui amène la fille de Triboulet. La scène, à la lecture, est déjà fâcheuse. Combien plus pénible au théâtre. Le public néanmoins l'accepte sans broncher. Il s'y était préparé d'avance. Le roi tire sa clef pour suivre Blanche qui s'est réfugiée dans sa chambre : un froid silence enveloppe la salle. On ne dit rien ; on ne veut rien dire. Mais l'impression est visible sur tous les visages : on est choqué, mécontent.

Triboulet survient. L'entrée de Got est admirable. Elle provoque de longs applaudissements, qui éclatent de toutes parts.

Mais, avouons-le : la scène est impossible, si on la joue d'une façon raisonnable. Jetez-moi sur les planches un fou furieux, un énergumène qui se cogne la tête contre des portants, pousse des cris inarticulés, se roule par terre, saisisse à la gorge ceux qu'il rencontre, peut-être serai-je touché, peut-être comprendrai-je que tous ces seigneurs se laissent accabler d'invectives, sans flanquer à la porte Triboulet à demi assommé. Mais quand on nous présente un Triboulet, à peu près dans son bon sens, et des seigneurs corrects, se groupant d'un mouvement automatique devant la chambre du roi, pour empêcher le malheureux père de passer, non, cela n'est plus admissible ; la part faite à la convention est trop forte ; si l'on veut qu'elle ne nous chagrine pas, il faut nous la sauver par un peu de musique. La musique nous transporte au pays des rêves, loin de la plate réalité.

La porte s'ouvre, Blanche paraît.

Comment devrait-elle paraître ? Affolée, en désordre ; car elle vient d'être victime d'un outrage abominable. Mon dieu ! je sais les nécessités du théâtre et ne demande pas que rien dans son habillement trahisse l'injure, mais les convenances défendent-elles que son visage égaré, qu'un bout de gorgerette entr'ouvert, que son allure précipitée et folle ne révèlent la scène où elle a joué un si affreux rôle ? M<sup>lle</sup> Bartet ne l'indique que par ses cheveux dénoués, et elle se jette dans les bras de Triboulet, avec l'emportement d'une fille qui n'a pas vu son père depuis longtemps.

Je ne sais ; mais, plus j'avance dans cette analyse, plus

je me persuade que cette mise en scène de la Comédie-Française, pour somptueuse qu'elle soit, a beaucoup contribué à nous refroidir. C'est que la mise en scène se compose de deux éléments très distincts : le choix des décors et des costumes, qui est en effet une partie de l'art que M. Perrin possède admirablement, comme tous les directeurs de Paris, avec l'aide des tapissiers et des couturières. Et puis de quelque chose de plus rare, de plus délicat, de plus malaisé. C'est le don de traduire aux yeux, par des mouvements heureusement combinés, la pensée du poète. C'est de donner au public la sensation de l'idée qui est exprimée en beaux vers. C'est ce second point où il m'a semblé que la Comédie-Française était faible, en cette représentation solennelle.

Dans cette fin d'acte, je n'ai à citer qu'un vers qui a été dit par Mlle Bartet avec une puissance extraordinaire :

O Dieu ! n'écoutez pas ; car je l'aime toujours !

Ces éclats soudains, où se révèle la grande artiste, consolent de bien des défaillances.

Ce troisième acte s'achève au milieu d'un douloureux étonnement. On s'en veut de n'être pas plus ému ; on se fouette le sang, on s'excite, on rappelle les artistes. Personne ne peut lutter contre cette vérité qui s'impose à tous les esprits ; on s'ennuie tout bas ; on enrage de s'ennuyer ; on ne se l'avoue pas à soi-même ; mais on s'ennuie. C'est une déroute, c'est un effondrement.

Au quatrième acte le rideau se lève sur un décor très pittoresque. Mais, du premier coup, ceux qui ont l'habitude du théâtre devinent que la plantation de ce décor va gêner singulièrement l'action du drame. Le théâtre est coupé en deux : à droite, une maison dont le rez-de-chaussée et le premier étage ouvrent sur la salle ; à gauche, un vaste espace au fond duquel coule le fleuve.

Quand la scène est ainsi partagée, la chambre où doit se passer une partie de l'action s'avance jusqu'au manteau d'arlequin, où les acteurs viennent débiter leur rôle, de façon qu'ils puissent être vus de tous les côtés de la salle. Il y a mieux : la partie de la cloison qui sépare la maison de la rue est interrompue à partir du premier plan, pour laisser plus de liberté à l'œil du spectateur, placé de l'autre côté.

M. Perrin n'a pas jugé à propos de bâtir ainsi son décor. Il a édifié une petite maison, qui s'élève de quelques pieds sur le plancher de la scène, et qui ressemble comme deux gouttes d'eau à un jouet d'enfant, à un guignol.

Ce ne serait rien, si cette similitude n'avait d'autre effet que de prêter à quelques méchantes plaisanteries. Mais les personnages qui vont jouer leur rôle dans ce guignol ne pourront être vus d'une bonne moitié de la salle. Ils n'auront pas de place pour se retourner, pour évoluer dans l'étroit espace où ils sont confinés. Du balcon même on ne les aperçoit qu'à mi-corps, d'autant mieux que la scène se passe dans la nuit.

J'ai beau me creuser la tête, je ne comprends pas quelle raison a pu engager M. Perrin à adopter un aménagement du décor si préjudiciable à la clarté de l'action. Il faut qu'il ait eu des motifs bien puissants ; car, en agissant ainsi, il a rompu avec toutes les habitudes. Mais je les cherche sans les trouver.

Je ne puis ici qu'en constater le résultat, qui a été déplorable.

Toute une partie de l'acte se passe dans la masure de Saltabadil. C'est là que la sœur du bandit, la belle Maguelonne, reçoit, sans le connaître, le beau cavalier que son frère lui donne pour l'amant de sa nuit. Elle est tout à fait appétissante à voir, cette Maguelonne, sous les traits riants de M¹ˡᵉ Jeanne Samary.

Elle a de belles dents, un joli rire, et d'aimables câlineries. Eh bien! tout cela est perdu pour la moitié de la salle, et à peine entrevu par l'autre. On dirait des marionnettes qui s'agitent dans la nuit, à la clarté douteuse d'une lampe, sur le haut d'une baraque de la foire.

La fille de Triboulet revient, comme on sait, habillée en homme, et elle écoute, le regard avidement penché sur une fente de la porte, le terrible dialogue qui s'échange entre Saltabadil et Maguelonne. Elle le ponctue de réflexions douloureuses. Le malheur veut que M¹ˡᵉ Bartet, démontée par la froideur toujours croissante de la salle, ait absolument perdu la voix. On n'entend plus un mot de ce qu'elle dit, et alors il ne reste plus devant nous que des personnages muets, Saltabadil aiguisant son grand couteau, auprès de lui Maguelonne cousant le sac mortuaire, au premier, le roi couché sur son lit et dormant; et au milieu de la scène, Blanche remuant les lèvres et les bras, sans qu'aucun son paraisse sortir de sa bouche. De la musique, alors! rendez-nous la musique!

On m'assure qu'une des choses qui ont le plus contribué à troubler M¹ˡᵉ Bartet, à lui enlever ses moyens physiques, c'est le tonnerre qui roulait derrière elle et couvrait sa voix.

Eh bien, voyez ici l'inconvénient de la mise en scène, quand elle ne se tient pas discrètement à sa place.

On s'est, dans les journaux, pâmé d'admiration devant l'exactitude avec laquelle avait été rendu l'orage; on a décrit les engins à l'aide desquels M. Perrin avait peu à peu assombri le ciel, l'avait poussé au noir d'encre, et l'avait enfin troué d'éclairs.

Tout cela est parfait, j'en conviens.

Mais qu'arrive-t-il ?

C'est qu'au moment où le ciel a commencé de changer de couleur, toutes les lorgnettes se sont braquées sur ce fond de scène, et qu'il ne s'est plus, dans la salle, trouvé une seule personne — je dis pas une seule — pour écouter les vers du poète. C'est que, le tonnerre s'étant mis de la partie, l'actrice a perdu la tête, s'est reconnue incapable de lutter contre ce bruit, et l'acte s'est terminé par une pantomime.

Est-ce là ce que désirait le poète ? Est-ce là le dernier but de la mise en scène ? Eh ! que m'importe cette poursuite d'une réalité mesquine, que l'on atteint toujours avec un bon machiniste ? *Le temps s'est fait du ciel une écritoire*, dit un des personnages. A moi, cela me suffit. Je m'imagine l'orage. Soulignez-moi le vers d'un coup de tonnerre et d'un éclair, il ne m'en faut pas davantage, et retournons au poème. La belle avance, quand, au lieu de vers magnifiques ou sombres, j'entendrai le bruissement de la pluie qui coupe l'air en sifflant. Est-ce donc chose si rare, que le bruit de la pluie ?

La toile tombe et personne n'est ému. Toute cette abominable histoire de Saltabadil rappelle trop le vieux mélodrame, et elle n'est pas relevée par quelque belle tirade qui vous enlève, d'un coup d'aile, dans les régions sacrées de la fantaisie. Que vous dirai-je ? Au susurrement du couteau aiguisé par Saltabadil sur une faulx, on a souri d'incrédulité.

C'est un désarroi dans la salle. J'ignore si les artistes, de l'autre côté du rideau, s'en rendent compte. Mais la partie est perdue. A chaque fois que quelques zélés essayent de lancer l'enthousiasme, le public suit poliment ; mais il est aisé de voir que c'est affaire de courtoisie. Au fond tout le monde est désenchanté, et furieux de l'être. Mais au théâtre, on ne lutte pas contre une impression générale.

Nous touchons au dénouement : le théâtre continue d'être plongé dans une nuit profonde. Saltabadil tire le sac où Triboulet croit trouver le corps du roi, et qui renferme celui de sa fille habillée en homme. Le poète a cru que cette mise en scène ferait dresser les cheveux d'horreur. Hélas ! nous sommes préoccupés de tout autre chose : nous nous demandons tous si c'est vraiment M<sup>lle</sup> Bartet, ou un mannequin, qui est dans le sac, si c'est bien la tête de la jolie sociétaire qui frappe et rebondit sur les marches.

Ah ! c'est qu'il n'y a rien de trompeur comme la mise en scène ! Vous croyez faire de l'effet avec des engins et des machineries plus ou moins compliqués. Au lieu de s'effrayer, on cherche le truc. Que de gens, quand M<sup>lle</sup> Croizette, dans le *Sphinx*, se tordait de douleur et écumait, oubliaient de s'émouvoir pour tâcher de deviner comment elle se verdissait le visage !

Voilà donc Got en possession du sac, et il faut qu'à tous ses monologues il en ajoute un, le plus long, le plus formidable, et, il faut bien le dire, le moins touchant de tous. Triboulet a déjà, depuis quatre actes, escompté tous les effets que l'on peut tirer de l'amour paternel. C'est le même thème qui revient encore, emplissant le dernier morceau de la symphonie, et l'allongeant de développements interminables. On croit qu'il a fini, il recommence ; il ajoute les sanglots aux pleurs, et les imprécations aux cris de colère.

La salle est en proie à une sourde impatience. On a hâte qu'il ait fini ; car on sent que chacun de ses recommencements ajoute à l'écœurement de tous et retarde l'instant de la délivrance. Le rideau tombe enfin sur le dernier vers :

J'ai perdu mon enfant! j'ai perdu mon enfant!

On bat des mains; mais ce n'était point là l'ovation rêvée. Ces applaudissements avaient un faux air de ces bravos que l'on distribue à un chanteur de salon quand il a terminé sa dernière roulade.

Au dehors, une foule énorme attendait; une foule qui ne savait rien de nos impressions, que les mines déconfites et navrées qui s'allongeaient sur l'escalier du départ n'avaient avertie, ni refroidie. C'étaient des milliers de jeunes gens qui étaient venus voir un mur derrière lequel il se passait quelque chose, et qui attendaient le grand poète pour le porter en triomphe.

C'est là que l'ovation a eu lieu, spontanée, éclatante. Cette multitude s'agitait et criait : Vive Victor Hugo! Vive Victor Hugo!

C'est elle, après tout, qui était dans le vrai, et je sens bien que nous étions un peu ridicules avec notre maussaderie. Mais vrai! ce n'était pas trop de notre faute. Le génie de Victor Hugo est hors de cause; hors de cause aussi le talent des artistes, et le goût de M. Perrin, et notre admiration.

Avec tout cela, la représentation a été exécrable. Il n'y a pas deux mots pour la qualifier ; elle a été exécrable. Et je ne sais pas pourquoi nous ne dirions pas tout haut ce que tout le monde, en sortant du théâtre, disait tout bas. Est-ce que cet échec entame en rien la gloire du grand poète? Savez-vous ce que j'ai fait le lendemain? J'ai pris la pièce et me la suis lue à moi-même, et je me suis débarbouillé de la représentation de la veille dans cette lecture, où j'ai pris un extrême plaisir. Je vous engage à faire de même.

27 novembre 1882.

## LUCRÈCE BORGIA

La semaine a été marquée par un grand événement : on a repris, à la Porte-Saint-Martin, la *Lucrèce Borgia*, de Victor Hugo. Nous n'attendions pas cette représentation sans quelque impatience. C'est une chose si différente de connaître une pièce pour l'avoir lue seulement, ou pour l'avoir vu jouer ! Les feux de la rampe éclairent d'une lumière si impitoyable tout ce qu'il y a, dans un drame déjà ancien, de démodé et de faux ? Et, en revanche, ils découvrent les beautés vraiment dramatiques, celles qui souvent touchent le moins à la lecture.

Nous avions compté sans les fanatiques de Victor Hugo, qui nous ont empêché d'écouter *Lucrèce Borgia* à notre aise. Il me semble qu'ils ont été bien peu respectueux pour l'œuvre du maître. Ils n'ont cherché, dans la représentation de son drame, qu'un prétexte à des manifestations politiques, et je ne sais pas si Hugo a dû être bien content qu'on détournât ainsi, à tout propos, l'attention du public.

Il est vrai que la plupart de ses premières représentations ont été jadis des batailles. Mais en ce temps-là, c'est pour lui, c'est pour ses drames qu'on se battait. C'est maintenant à propos de lui, et autour de son œuvre. Il n'a pas trop gagné au change.

Nous y avons, nous, beaucoup perdu. Comment s'abstraire de ce public tumultueux, bruyant, qui saisissait au vol les allusions les plus lointaines, et les soulignait de longues clameurs ; qui interrompait les plus belles tirades par de triples salves de bravos ; qui forçait les acteurs à s'arrêter sur un geste pathétique, et coupait à chaque instant le fil de la scène. Il était impossible de se livrer paisiblement aux impressions que le poëte avait voulu exciter. On était sans cesse distrait, agacé, par ces partis pris d'applaudissements, dont pas un n'allait à l'œuvre même.

Les entr'actes n'étaient guère plus tranquilles. Tandis qu'à l'ordinaire, c'est de la pièce jouée que l'on s'entretient dans les couloirs, chacun donnant son opinion, et tous s'excitant les uns les autres, soit à l'admiration, soit au dénigrement, on ne s'occupait cette fois que des questions politiques mises en jeu par cette représentation. Il y a même eu un scandale, sur lequel j'aime mieux ne pas m'appesantir, dans un journal grave, et qui poursuit des objets plus sérieux. Il est inutile de conter par le menu les plaisanteries de mauvais goût, auxquelles se sont livrés les dilettantes de Belleville : tout cela ne vaut pas la peine qu'on y arrête un instant la vue.

Parlons plutôt de *Lucrèce Borgia*.

Le premier acte est admirable, et la scène qui le termine est une des plus splendides qui soient au théâtre. Les maris, les amants, les frères de ceux que Lucrèce Borgia a fait emprisonner, empoisonner, assassiner lui barrent le passage, et, l'un après l'autre, lui crachent au visage le récit de ses crimes. Et elle, affolée de terreur, d'angoisse et de colère, se voyant ainsi accablée de malédictions, en présence du seul être qu'elle respecte et qu'elle aime, de son fils Gennaro, veut en vain fuir, ou leur imposer silence ; il faut qu'elle écoute, jusqu'au bout, cette sombre litanie :

— Assez ! assez ! crie-t-elle au désespoir.

Et ce seul mot, lancé par M<sup>me</sup> Laurent avec un indescriptible accent d'effroi, a soulevé dans toute la salle une émotion prodigieuse.

Il est superbe, ce finale ! J'ai quelque regret à me servir, pour un drame de Victor Hugo, des mots qui sont consacrés à l'Opéra. Mais le rapprochement est inévitable. Ces pièces sont taillées pour être des opéras. Je ne recommencerai pas aujourd'hui pour *Lucrèce Borgia* la démonstration que j'ai faite, ici même, il y a un an, pour *Hernani*. Mais qu'on suive l'œuvre avec attention, on verra qu'elle est coupée pour offrir, soit au poète, soit au musicien, des duos de passions ou des tirades de bravoure. Les situations sont très nettes, comme il les faut pour la musique, et toujours pathétiques; mais il faut, pour y arriver, sacrifier ce qui est le fond des drames ordinaires, la vraisemblance et le bon sens.

Où le poète a ramassé tout l'effort de son génie, naturellement porté au terrible, c'est dans la grande scène du troisième acte. Lucrèce Borgia est venue demander à son mari, le duc Alphonse d'Este, justice d'un outrage, commis, la nuit, contre elle, par un inconnu. Il se trouve que le coupable est Gennaro, son fils, un fils né de l'inceste, et qu'elle n'a jamais avoué. Alphonse, qui l'a surprise rôdant autour de ce jeune homme, croit que c'est un amant, et il est ravi de cette occasion qui s'offre de tirer de cet amour une vengeance à l'italienne.

Il a promis à sa femme de punir l'insulteur. Il le punira. Elle le prie, elle le supplie de lui accorder la grâce de ce jeune fou; il résiste, il tient bon :

— C'est qu'il est votre amant, madame !

lui dit-il, poussé à bout, et dans un couplet terrible, tout plein de haine et de colère, il lui jette à la face ses désordres, ses crimes, ses incestes.

Gennaro périra donc, et c'est elle qui lui versera le poi-

3

son, le fameux poison des Borgia. Toutes ses prières, et même ses menaces, viennent échouer contre l'inflexible résolution de son mari.

Il semble que, poussée ainsi à bout, elle n'aurait plus qu'à dire la vérité :

— Ce n'est pas mon amant, monsieur, c'est mon fils !

Qui la retient ? Ce n'est pas la crainte du mépris. Après les reproches dont vient de l'accabler le duc, son mari, un enfant de plus ou de moins, ce n'est pas une affaire. Pourquoi se résout-elle à lui verser elle-même un poison qu'elle sait sans remède. Elle ne peut prévoir que son mari, une fois la chose faite, la laissera toute seule avec celui qu'il croit son amant pour leur permettre d'exécuter un dernier duo de tendresse.

Supposez que le poison bu, Alphonse d'Este fasse remmener Gennaro par ses gardes, rien ne peut plus sauver le malheureux d'une mort désormais inévitable. On ne comprend pas que Lucrèce Borgia expose à un aussi effroyable danger l'enfant qu'elle adore pour garder un secret qui, au point de mauvaise réputation où elle est arrivée, ne la compromettrait pas beaucoup davantage.

Il est impossible, en écoutant le développement de la scène, de ne pas faire cette réflexion, qui la gâte. Elle est très pathétique, très violente, féconde en beaux cris de passion ou de fureur, mais elle repose tout entière sur une invraisemblance, dont on sent tout le creux, et qui inquiète.

L'auteur a tenu à conserver, pour le dernier mot de son drame, la fameuse phrase : *Je suis la mère !* et il est certain que si Lucrèce la laisse échapper auparavant, le drame est fini. Aussi aurait-il fallu lui trouver une raison de se taire. L'auteur la met au contraire dans une position où le silence est inexplicable.

Elle reste seule avec son fils, qui vient de boire le poison. Elle lui offre un contrepoison dont elle connaît seule le secret, et le conjure, à mains jointes, de le prendre, car il n'y a pas un moment à perdre. Gennaro, qui ne sait pas quel sorte d'intérêt la fait agir, lui dit fort sensément :

— Mais qui m'assure que ce n'est pas votre prétendu contrepoison qui est du poison ?

Que répondre à cela ?

— Crois en moi, je suis ta mère !

Car enfin, pour une mère qui aime son fils de l'amour furieux que le poète prête à Lucrèce Borgia, mieux vaut encore être méprisée de lui que de l'assassiner de ses propres mains. Elle persiste à se taire, et si Gennaro ne cédait pas de bonne grâce, il mourrait à ses pieds, sans qu'elle trahît le mystère.

La même situation se reproduit au dernier acte, plus cruelle encore et plus invraisemblable. Gennaro a bu, avec ses cinq amis, le poison qui avait été préparé pour eux seuls par Lucrèce Borgia. Elle l'apprend avec épouvante, et veut rester seule avec son fils. Il s'agit de le décider, encore une fois, à boire le contrepoison. Qu'il se hâte, car il porte la mort dans ses veines !

Mais lui, désespéré et farouche, ne l'écoute point. Il a saisi un couteau sur la table du festin, et il dit à Lucrèce Borgia :

— Je vengerai le meurtre de mes amis : tu vas mourir !

Il semble que Lucrèce, pour être fidèle à son caractère, devrait lui dire :

— Tue-moi, si tu veux ; mais toi, je ne veux pas que tu meures, je suis ta mère !

Point du tout : cette mère, si furieusement passionnée, oublie absolument que son fils est empoisonné, et n'en a plus que pour dix minutes. Elle le supplie, se traînant à ses genoux, non pour lui, mais pour elle, et ne lui donne pas la seule raison qui doive faire tomber le couteau de la main de ce fils.

On serait tenté de crier à cette étrange mère : Mais tu te trompes ! ce n'est pas pour ta vie que tu dois craindre; c'est pour la sienne. Et le poison ! tu oublies donc le poison pour ne songer qu'au couteau !

Oui, mais ce serait alors la répétition exacte du duo du troisième acte. Il ne s'agit pas ici de vraisemblance et de naturel, mais de musique. Tout à l'heure, la mère avait à exprimer les angoisses qu'elle sentait pour son fils, et le fils une sorte de défiance mêlée de mépris. A présent, il faut qu'elle traduise les craintes qu'elle éprouve pour sa propre vie; et le fils, une ardeur de colère et un emportement de vengeance.

Tout cela est faux, mais merveilleusement coupé pour l'opéra, et ajoutons vite d'une exécution puissante.

La raison a beau regimber contre ces surprises de la sensibilité : on est vaincu. Il y a dans ces deux grandes scènes, où se résume tout le drame, un intérêt haletant, qui vous serre le cœur, et ne vous laisse plus respirer. On n'a pas le loisir même d'être choqué de ces petits enfantillages de mauvais mélodrame, qui feraient sourire dans une autre œuvre : ainsi les recommandations d'Alphonse d'Este sur le flacon d'or, et les coups d'œil à Lucrèce Borgia, qui veut substituer au vin empoisonné de ce flacon d'or le vin inoffensif du flacon d'argent.

L'émotion est si poignante, qu'elle tient bon même contre ces détails mesquins de la mise en scène des Pixérécourt. Quelque opinion qu'on ait du théâtre de Victor Hugo, on se sent en présence d'un maître homme, qui vous pétrit à son gré, de sa large main, l'imagination et le cœur.

Le style a vieilli par place, et l'on y voit trop cette boursouflure romantique de 1830, dont la prose s'accommode moins aisément que les vers. Mais il est d'une allure très fière et d'une sonorité superbe. A tout prendre, *Lucrèce Borgia* fait encore plus d'effet à la scène que je ne l'aurais supposé après la lecture. Ce n'est pas une très belle œuvre; car il n'y a de vraiment beau que ce qui est à la fois simple, juste et puissant; mais elle s'impose à l'imagination : en elle, il s'y trouve du grand et de l'héroïque.

Je ne l'ai pas vu jouer par ses premiers interprètes. C'est Mélingue, Taillade et M<sup>me</sup> Marie-Laurent qui nous l'ont rendue cette fois. Ne disons rien de Taillade; quand celui-là n'est pas excellent, il est exécrable, et il n'a pas été excellent. On m'a dit qu'il était malade, et le fait est qu'il avait la voix très enrouée. Mélingue a été charmant; je me sers de ce mot à dessein : costumé à ravir, avec une élégance de geste incomparable, une voix douce à la fois et mordante; on ne peut rêver un duc d'Este plus chevaleresque et plus félin. Il a été, à plusieurs reprises, applaudi par toute la salle.

Il manque à M<sup>me</sup> Marie-Laurent, pour jouer Lucrèce Borgia, la dignité du visage et du maintien. Mais qu'elle est pathétique! quels transports d'enthousiasme elle a excités, quand, se traînant aux pieds de son fils, s'attachant à ses mains, elle l'a supplié de ne pas commettre un crime épouvantable! Peut-être lui reprochera-t-on quelques intonations un peu bourgeoises qui vont mal avec ce style à panaches; mais cette réserve faite, il ne reste plus qu'à la louer.

7 février 1870.

## MARIE TUDOR

Je n'avais point relu *Marie Tudor* depuis tantôt vingt-cinq ans. En ces derniers jours, j'avais senti une vive démangeaison de m'en rafraîchir la mémoire. J'y avais résisté. Je m'étais dit qu'il valait mieux ne pas arriver avec des idées préconçues, et un siège tout fait. Il y a dans la première audition d'une œuvre inconnue une fleur d'émotion qui est charmante, et que l'on ne retrouve plus.

J'avoue que je suis sorti stupéfait de la représentation. Eh quoi! c'est là cette *Marie Tudor* dont on avait gardé un si long souvenir, et qui, je me le rappelais vaguement, avait effrayé et amusé ma jeunesse! Mais ce n'est qu'un mélodrame maladroitement bâti; tous les gros effets des Pixérécourt et des Ducange, sans le mouvement et la naïveté qui distinguent leurs œuvres; le style en plus, cela va sans dire; on n'est pas Victor Hugo pour rien. Et encore cette fois le poète s'est-il réduit à l'humble prose.

— Ah! mon Dieu, me disais-je, est-ce que par hasard *Marion Delorme* ou *Hernani*, s'ils n'étaient pas écrits en vers, et en beaux vers, m'eussent produit une impression analogue!

Je n'en revenais pas, et je suis tout saisi. La déception a été complète, et ce sentiment est trop récent encore pour que j'en puisse amortir la vivacité par des atténuations de mots.

Écoutez ce premier acte, je vous en prie, écoutez-le. Y eut-il jamais exposition plus longue et plus morne? Que de récits! que de préparations! que de mystères! Et quand on songe que de toutes ces machinations il ne sortira qu'une intrigue d'une innocence vraiment primitive, on reste confondu! Il dure bien trois quarts d'heure, ce premier acte : trois quarts d'heure, dans la demi-obscurité d'une nuit éclairée par une lanterne, et il est presque tout entier en narrations, faites par des gens qui n'ont aucun besoin de les dire à des gens qui n'ont aucune envie de les entendre, dans l'endroit et au moment le plus mal choisi pour ces confidences.

On m'assure que ce premier acte obtint un grand succès jadis, le soir de la première représentation. Il faut donc ou que les esprits fussent autrement disposés, ou que la pièce ait été autrement jouée. Je ne puis parler que de ce que j'ai vu et de ce que j'ai senti. Je me suis ennuyé ferme, et il ne m'a pas paru que le public s'intéressât beaucoup à cette série d'histoires. Il n'y a eu qu'un moment où il a été secoué de son silence, c'est quand Dumaine s'est écrié dans un transport de fureur : Ma vie à qui me donnera le moyen de me venger! C'est le mouvement de l'artiste que l'on a admiré, et le rideau est tombé sur de longs applaudissements.

Je n'ose pas dire l'effet que m'a produit le second acte. Non, tout cela tourbillonne encore et bout dans mon cerveau, je me défie de mon impression première, et pourtant!... ce n'est, à vrai dire, qu'un monologue cet acte étrange, et quel monologue! Voilà une reine... c'est une forcenée, c'est une goule, c'est Marie Tudor, c'est tout ce qu'on voudra enfin, c'est une reine, n'est-ce pas? Elle avait un amant, elle est trahie par lui ; elle le fait venir, puis, appelant toute sa cour, devant tous les seigneurs assemblés, elle l'accable des outrages les plus violents ; elle lui crache à la face les épithètes les plus déshonorantes ; et quand on croit qu'elle a fini, elle recommence, elle ressasse les mêmes injures : infâme ! misérable ! traître ! Ces mots reviennent sans cesse à travers un torrent de reproches qui coule d'un flux intarissable ; et à chaque instant elle lui crie qu'il sera pendu !

Mais, sapristi ! s'il doit être pendu, qu'on le pende tout de suite ! L'injure et la corde, c'est trop d'une. Et lui ! de quel air piteux il écoute tout cela ! Il prie, il supplie, il se jette à genoux ; c'est à peine s'il a, vers la fin, un éclair de révolte et d'orgueil humilié !

Les amis du poète me diront que c'est de la vérité historique, que Marie Tudor était une furie, capable de ces emportements ; qu'une fois débridée et partie, rien ne l'arrêtait plus. Je ne dis pas le contraire ; mais au théâtre, je ne raisonne pas tant ; cette scène me choque horriblement ; elle est trop longue, infiniment trop longue ; elle est pénible ; on sent qu'elle ne mène et ne peut mener à rien. C'est un grand morceau de bravoure, mais d'une violence de sonorité si excessive que l'on en a les oreilles déchirées.

Pourquoi cette reine, qui est si absolue, qui a si peu de souci du qu'en-dira-t-on, se croit-elle obligée, pour perdre son amant, de l'accuser d'un crime imaginaire, d'inventer une histoire à dormir debout, pour faire rendre contre lui une sentence légale, qui est absolument ridicule ? Quand on se donne les licences qu'elle vient de prendre, il semble qu'on n'ait pas tant de ménagements à garder, et qu'on puisse faire disparaître un homme qui vous gêne sans tant de formalités et de complications ! Marie Tudor prend là une peine qui nous paraît fort inutile. Elle n'aurait qu'à lever un doigt, et Fabiano serait frappé d'un coup de poignard ou jeté à la Tamise, aux applaudissements du peuple qui l'exècre, des grands qui le jalousent; personne assurément ne demanderait à la reine compte du sang versé, le sang d'un Italien !

Mais cette même Marie Tudor qui piétine sur toutes les lois et sur toutes les convenances, est prise en cette occasion d'extraordinaires scrupules de légalité. Il est vrai que, si elle ne les avait pas, la pièce serait finie tout de suite. On conduit donc en prison Fabiano, et en même temps l'homme du peuple, le ciseleur qui l'accuse.

Le troisième acte nous mène en leur prison, l'un des deux à droite, l'autre à gauche. Tout le reste du drame sera fondé sur cette disposition des lieux; il s'agira tout le temps de savoir lequel des deux on a sauvé de la mort, celui de gauche ou celui de droite.

C'est, pour aboutir à ce piètre résultat, un mélange inouï d'invraisemblances inexplicables. Cette reine qui veut sauver son amant ne le peut pas, empêchée qu'elle en est par des règlements de prison, et par l'opposition d'un grand seigneur jaloux, qui soulève le peuple. Et ce qu'elle ne peut faire elle-même devient la chose du monde la plus facile à une amie, qui parle en son nom, et à qui elle confie ses pouvoirs. Ce qu'il y de pis en tout cela, c'est que nous ne nous intéressons à aucun de ces personnages, et qu'il nous est indifférent de savoir si elle réussira ou non. Cette reine est une bête féroce, ce Fabiano un misérable, ce grand seigneur un coquin ténébreux; l'amie de la reine, une malheureuse qui s'est prostituée à Fabiano ; quant au ciseleur, la seule figure un peu sympathique de ce drame, il a joué dans toute cette intrigue un rôle bien singulier !

Mais à quoi bon m'appesantir sur la façon dont ce mélodrame est conduit? Personne, j'imagine, ne la défendra.

Ce qui me fâche plus encore, c'est que les morceaux brillants, par où l'auteur se sauve dans ses autres pièces, manquent ici ou ne soient pas traités avec l'ampleur souveraine qu'il a mise dans d'autres pièces. Le duo d'amour entre le ciseleur et l'amie de la reine est peu touchant. L'imprécation de Marie Tudor contre la révolte qui gronde m'a laissé froid. Un seul mot s'en est détaché avec vigueur, et il a été longuement applaudi, plutôt à cause de l'allusion qu'il renferme que pour sa beauté poétique :

— De la canaille ! s'écrie la reine exaspérée.

— Madame, riposte son conseiller, vous pouvez dire encore à présent : de la canaille ; dans un quart d'heure, vous serez obligée de dire : le peuple !

Au dernier acte, on retrouve mieux le Victor Hugo de l'opéra : nous avons une procession funèbre, un solo de fureur, un duo entre les deux femmes, une prière à deux voix, tandis que la cloche tinte le glas des morts, et enfin l'explosion de joie et de tendresse des deux amants réunis.

Tout cela est trop long. Ce duo des deux femmes est un énorme rabâchage où éclatent par-ci par-là quelques traits superbes. Il rappelle la grande scène de Marion Delorme aux pieds de Louis XIII et demandant la grâce de Didier. Elle était déjà, celle-là, un peu prolongée et terriblement difficile à dire. Cependant la nécessité du vers avait forcé le poète à resserrer sa pensée à de justes bornes. Ici, il a lâché la bride à sa prose. Je plaignais de tout mon cœur cette malheureuse Dica-Petit, forcée de se traîner si longtemps à genoux, de répéter dix fois les mêmes prières, les mêmes raisonnements, les mêmes puérilités qu'elle sait et que l'on sait inutiles.

La salle a beaucoup applaudi. Je ne m'inscris pas en faux contre cet enthousiasme. Je veux bien le croire sincère. Je ne donne jamais que mon opinion, et je la donne pour ce qu'elle vaut : très fâché, quand je ne sens pas comme tout le monde. La vérité est que je me suis cruellement ennuyé ce soir-là, et que *Marie Tudor* m'a paru, non pas seulement un des moindres ouvrages de Victor Hugo, mais encore une pièce très faible, à la prendre en soi.

29 septembre 1873.

# RUY BLAS

Il était évident qu'un jour ou l'autre *Ruy Blas* entrerait dans cette collection de chefs-d'œuvre dont se compose le musée du Théâtre-Français. J'aurais préféré, je l'avoue, qu'avant de nous donner *Ruy Blas* M. Perrin choisît un autre drame du maître, qui nous fût moins connu, le *Roi s'amuse*, par exemple. Il n'y avait pas longtemps que nous avions vu *Ruy Blas*, admirablement monté à l'Odéon. Mieux eût valu peut-être attendre que l'impression de nos souvenirs se fût un peu affaiblie et ne nous contraignît point à faire des comparaisons peu obligeantes. Ce qui a décidé M. Perrin, c'est sans doute qu'il avait sous la main un artiste pour chacun des rôles de sa pièce, et avant tout M<sup>lle</sup> Sarah Bernhardt, qui avait jadis, à l'Odéon, créé le rôle de la reine d'Espagne avec une incontestable supériorité. Après tout, la chose a réussi, et, quelles que puissent être nos réserves sur ce système de ne rien faire d'autre à la Comédie-Française que de reprendre des œuvres consacrées, nous applaudissons de bon cœur à ce succès.

C'est une remarque que j'ai déjà souvent faite, comme les beaux ouvrages des grands artistes, quand ils sont décidément passés chefs-d'œuvre, s'élèvent au-dessus de toutes les critiques. Songe-t-on aujourd'hui à chicaner Molière et Corneille sur des points de détail, qui avaient mis autrefois leurs contemporains en ébullition? Ces défauts ont disparu dans le rayonnement de l'œuvre. On ne les sent plus; ils sont en quelque sorte consacrés. Que dis-je? Il peut se faire même, et cela est arrivé quelquefois, notamment pour Molière, qu'ils ont fini par être érigés en qualités et proposés pour modèles aux apprentis poètes.

On se ferait moquer de soi, à cette heure, si l'on allait renouveler contre *Ruy Blas* les critiques qui l'accueillirent à sa naissance. Ce n'est pas que ces critiques au fond n'aient été justes dans leur temps. Lisez l'histoire de *Ruy Blas*, une courte brochure qu'ont écrite MM. Alexandre Hepp et Clément Clameret, et qu'ils ont publiée chez M. Paul Ollendorf. Vous verrez combien furent nombreuses et passionnées les restrictions que mirent les contemporains à leur admiration, quand ils admiraient : car il s'est encore à cette époque-là trouvé beaucoup de gens qui n'étaient touchés que des défauts, et pour qui même les plus admirables beautés n'étaient que des défauts plus monstrueux.

Il a suffi d'un demi-siècle pour balayer toute cette poussière de critiques, et *Ruy Blas* est entré glorieusement dans cette région sereine où planent les véritables chefs-d'œuvre. Personne ne s'inquiète plus de marquer les invraisemblances ni les absurdités de ce conte de fées étrange sur lequel Victor Hugo s'est plu à jeter la pourpre de sa poésie. Personne ne songe plus à critiquer cet intermède bouffon, placé au quatrième acte, juste au moment où d'ordinaire l'action devient dans le drame plus serrée et plus palpitante. Personne ne demande plus à Ruy Blas pourquoi il est si sot au troisième acte en présence de don Salluste, pourquoi don Salluste est si imprudent et si naïf au cinquième avec Ruy Blas, comment la reine d'Espagne, qui est si étroitement asservie aux règles d'une jalouse étiquette au second acte, peut si aisément courir les champs au cinquième, et tant d'autres questions auxquelles il n'y aurait nulle réponse. On a passé condamnation sur tout cela; on n'y fait plus attention. On prend même en pitié les retardataires qui s'amusent à ces objections inutiles. On est tout entier et sans partage aux beautés qui ont fait, avec l'aide du temps, de l'œuvre du poëte un éternel chef-d'œuvre.

Toute cette poussière de critiques est tombée. Ce n'est pas une raison pour trop en vouloir à ceux qui l'ont soulevée dans le temps. Avouons-le, beaucoup de ces critiques nous ont paru justes autrefois, et ce n'est que peu à peu, jour à jour, que nous en avons dégagé notre esprit et que nous nous sommes avancés vers la vue nette et claire du chef-d'œuvre.

Il y a pourtant dans toute cette polémique, oubliée aujourd'hui, un côté qui me tracasse encore et que je ne m'explique point. Je comprends fort bien les objections qui portaient sur l'invraisemblance de la fable, sur la composition du drame, sur l'incohérence de certains caractères, sur l'énormité de certains autres; celles même qui n'étaient pas tout à fait justes avaient au moins l'apparence du sens commun. Elles se pouvaient soutenir sans ridicule.

Ce qui m'étonne prodigieusement, ce dont je ne saurais à cette heure donner la raison, c'est que l'on attaquait Victor Hugo sur sa langue, sur son style, sur sa versification. Oui, je me le rappelle comme si c'était hier, nous avions été nourris au collége dans cette idée que Victor Hugo parlait un français monstrueux, et qu'il avait — funeste iconoclaste — brisé le marbre pur de l'alexandrin; qu'il fallait pour conserver la pureté de son goût, se garder et de ce style et de ce vers. Et telle est la force des préjugés de l'éducation que j'ai eu, moi qui vous parle, une peine infinie à me débarrasser de celui-là.

Nos professeurs étaient pourtant des gens instruits, et dont le métier, le seul, était de se connaître à ces choses. Par quelle incroyable aberration d'esprit ces mêmes hommes, qui admiraient de si bon cœur et qui analysaient avec tant de sûreté un morceau de Corneille, pâlissaient-ils d'horreur à une tirade de Victor Hugo, cela m'est incompréhensible. Car *Ruy Blas*, je l'écoutais hier, et avec quelle ardeur d'attention! vous le devinez sans peine, ce *Ruy Blas*, c'est précisément une merveille de style et de versification.

Jamais, depuis Corneille et Molière, on n'a parlé au théâtre une langue, je ne dis pas plus colorée, plus imagée, mais plus saine, et, pour trancher le mot, plus classique. Le français de Victor Hugo est puisé aux meilleures sources du seizième et du dix-septième siècle, rajeuni et accru encore par son travail personnel. C'est une constante et incroyable propriété d'expressions; c'est une variété inouïe de tours, tous pris aux entrailles mêmes de la langue. C'est une correction qui passe tout ce qu'on saurait imaginer, et que n'ont jamais eue, sachez-le bien, ni Corneille, ni Molière, ni même Racine. Oui, assurément, cela est classique, dans la grande acception du mot.

Et cette correction (j'insiste sur ce caractère) n'a rien d'étroit ni de mesquin. Elle s'allie avec une extraordinaire richesse de mots, de tours et de métaphores. On a parlé des impeccables qui forment un tout petit groupe sur un coin de notre Olympe contemporain. Mais Victor Hugo, qui ne se pique point du nom, est leur maître à tous. Je défie que l'on me montre, dans cette œuvre de longue haleine, un seul terme qui ne soit pas pris en son sens propre, qui ne reluise pas de son éclat personnel; un seul tour qui soit en désaccord avec le génie de notre langue. *Ruy Blas* (relisez-le, je vous en supplie), à ce point de vue, pourrait passer tout entier dans ces *anthologies* que l'on met entre les mains de nos écoliers pour leur apprendre la bonne langue et le bon style.

Et quel vers! comme il est toujours plein et sonore! Jamais il n'en fut de plus compact et où l'air se jouât avec plus de liberté et d'aisance. C'est proprement un charme d'entendre cette poésie. La musique en est tour à tour sévère et tendre, mais toujours harmonieuse ; elle fortifie le sens de la phrase ; elle en donne l'impression à l'oreille. Les beaux vers éclatent de toutes parts, des vers drus, serrés, tout d'une venue, d'où jaillit une métaphore étincelante. Mais ce ne sont pas encore ces alexandrins solitaires qui m'étonnent davantage. Non, ce qu'il y a de plus merveilleux dans cette poésie, ce sont ces longues périodes, qui suivent le mouvement de la pensée avec tant d'aisance, de variété et d'harmonie, et qui traînent l'auditeur, tout d'une haleine, à travers des plis et des replis d'incises, jusqu'au bout de la phrase musicale et de l'idée.

Parmi les artistes chargés d'interpréter le drame de Victor Hugo, deux ont obtenu un de ces succès comme on n'en voit qu'aux premières représentations : succès immense, succès d'acclamations et de rappels. C'est Coquelin et M<sup>lle</sup> Sarah Bernhardt. Et savez-vous pourquoi? C'est que tous deux se sont appliqués à dire le vers de Victor Hugo et à le faire sonner à l'oreille.

Coquelin n'était pas à coup sûr le don César de Bazan rêvé par le poète. Mélingue, qui a joué le rôle à l'Odéon, en possédait bien mieux les conditions plastiques. Coquelin est un valet de l'ancien répertoire; il serait tout au plus un don Japhet d'Arménie, et sa première apparition a quelque peu déconcerté le public, qui avait conservé le souvenir de son prédécesseur. Ce n'était plus cette mine hautaine et insouciante de capitaine d'aventure que Mélingue mettait au plein vent. Oui, mais Mélingue ne savait pas dire le vers; il ne se doutait même pas de l'effet singulier de la poésie sur le public, et rappelez-vous de quelle façon navrante il manqua le superbe quatrième acte.

C'est que, dans ce quatrième acte, le comique n'est ni dans la situation, ni même dans l'esprit du dialogue. C'est un comique tout particulier qui résulte tout entier de la sonorité de l'alexandrin et du contraste de cette sonorité avec l'idée exprimée par le vers ou les mots employés par lui. Il y a là, comme dans tout contraste, une source de comique qui n'est à l'usage que des excellents ouvriers en vers, et Victor Hugo est le premier de tous. Gautier s'en est servi également dans le *Tricorne enchanté*, et Banville en a repris la tradition dans ses *Odes funambulesques*. Ce dernier a fait en ce genre des chefs-d'œuvre d'excellente bouffonnerie. Aucun n'approche du quatrième acte de Victor Hugo.

Et si Coquelin a tant amusé le public, s'il a soulevé à plusieurs reprises de longs rires et des tonnerres d'applaudissements, c'est qu'il n'a pas, comme faisait Mélingue, cherché finesse à tout cela, il n'a pas voulu trouver de l'esprit où il n'y en avait pas, il a lancé à toute volée, de sa voix retentissante, ces vers de bouffonnerie superbe. La rime, qui sonnait comme une fanfare dans sa bouche, provoquait, par sa merveilleuse plénitude de son, une hilarité qui allait croissant à chaque membre de la période. Cela était étourdissant; étourdissant à la lettre, étourdissant de verve et de gaieté, mais plutôt encore étourdissant de sonorité pleine.

Un des amis de Coquelin me contait qu'il n'était pas sans inquiétude sur ce rôle, qu'il ne comprenait pas très bien. Quel bonheur qu'il n'ait pas essayé de le mieux comprendre! Ah! qu'il l'a bien mieux rendu en se contentant d'emboucher sa trompette, et de lancer en notes éclatantes cette poésie sonore!

Et Mlle Sarah Bernhardt! elle est charmante à coup sûr; elle a toute la grâce languissante et tendre du rôle! Il y a des mots qu'elle a dits à ravir avec une finesse spirituelle; ainsi : *Il est bien ennuyeux!* d'autres qu'elle a jetés au quatrième acte avec l'impétuosité d'une passion qui rompt ses digues. Mais ce n'est pas encore là le meilleur de son succès. Où est-il donc? Eh! mon Dieu! c'est qu'elle a chanté, oui, chanté, de sa voix mélodieuse, ces vers qui s'exhalent comme une plainte que le vent tire d'une harpe suspendue :

> Blessé! qui que tu sois, ô jeune homme inconnu,
> Toi, qui me voyant seule, et loin de ce que j'aime,
> Sans me rien demander, sans rien espérer même,
> Viens à moi, sans compter les périls où tu cours;
> Toi qui verses ton sang et qui risques tes jours
> Pour donner une fleur à la reine d'Espagne;
> Qui que tu sois, ami dont l'ombre m'accompagne,
> Puisque mon cœur subit une inflexible loi,
> Sois aimé par ta mère et sois béni par moi!

Cette délicieuse cantilène a été soupirée, d'une voix dolente, par Mlle Sarah Bernhardt; elle n'y a point cherché de nuance; c'était une longue caresse de sons, qui avait dans sa monotonie même je ne sais quoi de doux et de pénétrant. Elle n'a fait qu'ajouter la musique de sa voix à la musique du vers. Et, au troisième acte, de quelle voix tendre et harmonieuse elle a dit le grand morceau :

> Tu fuis la reine, eh bien! la reine te cherchait;
> Tous les jours, je viens là..., là, dans cette retraite,
> T'écoutant, recueillant ce que tu dis, muette, etc.

suspendant par intervalles cette longue phrase musicale, où

le poëte lui-même avait indiqué des temps d'arrêt, et trouvant alors pour marquer ces pauses et ces reprises des intonations d'une simplicité exquise, d'une adorable tendresse. Toute la salle était ravie : c'est que l'artiste avait eu le bon sens de comprendre qu'il faut dire de beaux vers comme ils ont été écrits, et que la poésie au théâtre doit être chantée.

Si les autres ont fait moins de plaisir, c'est uniquement, croyez-le bien, parce qu'ils ne se sont pas mis assez résolument au service du poëte. Je ne voudrais point que les Parisiens jugeassent Mounet-Sully sur la première représentation. Il est très vrai qu'il s'y est montré faible durant les quatre premiers actes ; mais il avait été infiniment supérieur à la répétition générale. Il faut compter qu'aux représentations suivantes, une fois la première émotion disparue, il se retrouvera et réparera cet échec.

Une bonne partie de son insuccès relatif dans ces quatre premiers actes vient de ce qu'on ne l'entendait pas assez. Il bredouillait certains passages, il en laissait tomber d'autres à demi-voix. Il allait trop vite. J'en reviens là : si Victor Hugo se donne la peine d'écrire des vers admirables de sonorité, c'est apparemment pour qu'ils sonnent ; un artiste n'a pas le droit de les étouffer. Tout au plus lui accorderais-je que dans un rôle si long, si plein, si pénible, il lui est permis de déblayer quelques passages moins importants, mais sans se dispenser pourtant d'une articulation nette, qui laisse chaque mot arriver à l'oreille.

Mounet-Sully n'a repris complètement possession de lui-même qu'au cinquième acte. Là, il a été magnifique, et la grande scène de Ruy Blas avec don Salluste et la reine a été jouée de verve, comme elle ne l'avait jamais été et comme elle ne le sera probablement jamais. Les artistes ont été secoués d'une étincelle électrique et portés cette fois au-dessus d'eux-mêmes ; à partir du moment où Ruy Blas s'écrie :

> Je m'appelle Ruy Blas et je suis un laquais,

toute la salle frissonnante, éperdue, a suivi avec une extraordinaire émotion, et qui par intervalles éclatait en applaudissements aussitôt réprimés, ce dialogue si pathétique, cette poésie si merveilleuse. Et quand Mounet-Sully, s'avançant d'un pas sournois jusqu'à don Salluste, lui a tiré prestement l'épée du fourreau, et la brandissant en l'air, d'un geste superbe, semblable à l'ange exterminateur, s'est écrié :

> Je crois que vous venez d'insulter votre reine !

non, rien ne peut peindre l'enthousiasme du public, et alors Mounet-Sully, d'une voix vibrante, a entamé cette terrible imprécation, une des plus belles qu'ait jamais écrites un poète, et il a donné à chaque vers toute son énergie, et c'étaient des applaudissements, des cris ! Et qu'il a été beau encore, lorsque, sortant du cabinet où il a tué don Salluste, il arrive hagard, et d'un geste automatique, essuie la sueur qui lui coule du front. La déroute s'était changée en triomphe.

Il avait dans cette scène capitale pour partenaire Febvre, chargé du rôle de don Salluste. Febvre lui a donné la réplique avec un art admirable. Il a su, tout en ayant l'air d'un ténébreux coquin à la fin démasqué, garder encore les allures d'un vrai grand seigneur.

Il faut bien l'avouer, pourtant : Febvre a laissé beaucoup à désirer dans les premiers actes. Il était, comme il l'est toujours, superbement costumé, et ce sera un lieu commun de le comparer à un Vélasquez descendu de son cadre. Mais Febvre a la rage de vouloir être vrai et de parler naturellement. Il prétend dire les vers de Victor Hugo sans enfler la voix, sans scander le débit; est-ce que cela est possible? Je le préviens que ni moi ni aucun de mes voisins n'avons entendu la moitié de son rôle. Et c'était la même chose à la répétition générale, où j'avais une autre place. Il y a eu telle scène entre lui et Mounet que nous avons devinée par les gestes; mais c'est à peine si un bout de vers arrivait par-ci par-là jusqu'à nos oreilles.

Et puis, à mon avis au moins, Febvre fait don Sallusto trop uniformément sombre et impérieusement dur. Le poète a ménagé quelques éclaircies de détente, et Geffroy, qui a créé le rôle à l'Odéon, en profitait pour donner au personnage quelques teintes plus claires. Ainsi la fameuse tirade du troisième acte:

> Et d'abord, ce n'est pas de bonne compagnie,
> Cela sent son pédant et son petit génie
> Que de faire sur tout un bruit démesuré.
> Un méchant million plus ou moins dévoré...

Geffroy accentuait ces vers avec une légèreté sarcastique pleine de hauteur. C'est ainsi qu'eût pu parler un Talleyrand. Febvre affecte toujours le ton méchant et dur. Le rôle qui est déjà triste le devient plus encore par cette interprétation.

Le rôle de don Guritan est tenu par Martel. Talien y avait laissé d'excellents souvenirs; Martel n'a pas été moins remarquable de tenue, et il a dit avec plus d'ampleur les vers amusants des deux provocations en duel. Citons encore M<sup>lle</sup> Baretta, qui dit très gentiment le petit bout de rôle de Casilda, et M<sup>lle</sup> Jouassain qui s'acquitte avec toute la raideur nécessaire de celui de la pédante duchesse d'Alburquerque.

*7 avril 1879.*

# DUMAS PÈRE

## HENRI III ET SA COUR

Le succès de *Henri III et sa cour* tire à sa fin ; je crois que l'intention de M. Jules Claretie est de laisser se reposer la pièce et d'en donner seulement quelques représentations pendant l'Exposition. La fortune de cette reprise aura été fort brillante. *Henri III et sa cour* a été joué cinq fois par semaine durant les deux mois de janvier et de février avec des recettes qui ont flotté de 7.500 à 8.400 ; on fait encore à cette heure 5.000, qui est un chiffre très honorable, et que l'on n'atteint guère qu'avec des nouveautés.

Beaucoup de nos confrères ne s'y attendaient pas le soir de la première représentation. Ils avaient vu le public si morose, qu'ils avaient cru la pièce perdue et s'étaient imaginé qu'on avait fait une sottise en reprenant l'œuvre du vieux Dumas. Quelques-uns même étaient venus me parler de leur mécompte, et ils l'avaient fait avec beaucoup de vivacité.

— Je suis au contraire, leur disais-je, convaincu que la pièce se relèvera demain et fera beaucoup d'argent.

Et comme ils s'étonnaient en demandant le pourquoi, le comment ?

— Mon Dieu, il n'y a là dedans ni comment, ni pourquoi. Je m'amuse et voilà tout ; et je suppose que les braves gens qui vont au théâtre, non pour épiloguer sur le théâtre, mais pour y goûter le plaisir du théâtre, s'y amuseront comme moi, car *Henri III*, c'est du théâtre.

Il en sera de *Henri III et sa cour*, ajoutais-je, comme d'*Adrienne Lecouvreur*, qu'on a reprise l'année dernière. Vous étiez tous là, le soir de la première, à crier que c'était une vieillerie indigne, que ça ne ferait pas un sou. J'avais beau vous dire : Mais regardez donc là-haut comme ils écoutent ! Vous ne vouliez pas me croire. *Adrienne* s'est jouée trente fois devant des salles combles, devant des publics toujours intéressés et attentifs. Elle reparaît encore de temps à autre sur l'affiche, et on la voit toujours avec plaisir. C'est tout simplement qu'avec tous ses défauts et toutes ses faiblesses *Adrienne* est une œuvre merveilleusement coupée pour le théâtre ; c'est du théâtre, et j'en reviens toujours là, il y a beaucoup de gens — et ce sont ceux précisément qui payent leurs places — qui ne viennent au théâtre qu'avec l'idée de voir et d'écouter, non une étude de psychologie, non un document d'histoire, non une dissertation de philosophie, non un récit de roman, mais tout simplement un drame, un ouvrage de théâtre.

*Henri III et sa cour* est peut-être dans l'œuvre immense de Dumas père, la pièce où éclate le mieux son génie dramatique, la plus hardie, la plus émouvante et en même temps la plus habile.

Oui, la plus habile.

Mon ami Jules Lemaître s'est efforcé de prouver que c'était un drame mal fait : « *Henri III*, dit-il, contient un tableau historique et un drame de passion. Le tableau d'histoire a soixante pages, le drame de passion en a quinze. J'ai compté. Les deux sont parfaitement indépendants l'un de l'autre... »

Lemaître analyse ensuite les trois scènes qui composent les quinze pages réservées, selon lui, au drame. Il n'y voit qu'une pantomime véhémente.

« Reste, ajoute-t-il, le tableau d'histoire. Il tient, je vous le rappelle, soixante pages sur quatre-vingts, et il remplit notamment tout le quatrième acte, ce quatrième acte où, d'après Sarcey, doit être le point culminant de l'action dans les pièces qui en ont cinq. *Henri III* serait-il une pièce mal faite? Je frémis en y pensant... »

Il faut que je rassure Jules Lemaître. *Henri III* est une pièce très bien faite, admirablement faite, et ce n'est même que parce qu'elle est si bien faite qu'elle a plu au public, qui sent d'instinct ce mérite, sans demander qu'on le lui explique. Mais, puisque Lemaître, et après lui M. Émile Faguet qui a dit à peu près les mêmes choses, quoique avec moins de vivacité, semblent avoir besoin d'explications et m'invitent nommément à les donner, je ne demande pas mieux.

Dumas vient de lire dans un volume dépareillé de l'histoire d'Anquetil, qui lui est par hasard tombé sous la main, quelques lignes où l'historien conte que le duc de Guise, soupçonnant Saint-Mégrin de faire la cour à sa femme, la força, en lui tordant les bras et les mains, à écrire une lettre de rendez-vous à son amant et le fit assassiner, comme il venait à ce rendez-vous.

Comme il est né pour le théâtre, il voit tout de suite que la scène, qui sera le pivot du drame tout entier, la scène où il se résume, la scène à faire, c'est celle où le mari contraindra, par des voies de fait, sa femme à écrire à son

4

amant un rendez-vous où il doit certainement trouver la mort.

Elle est bien tentante, cette scène, car il est certain qu'elle sera très pathétique ; mais aussi comme elle est périlleuse ! Songez donc ! Il faut mettre en scène un mari assez brutal pour saisir le poignet d'une femme, qu'il faudra évidemment peindre faible et intéressante, pour la faire crier de douleur. Le public supportera-t-il ce spectacle ? Ne se révoltera-t-il pas contre cette cruauté lâche et froide ? Mais voici qui est bien pis. Il faut que la femme cède. Il le faut absolument, sans quoi il n'y a plus de pièce. Il faut qu'elle écrive sous la dictée de son odieux mari la lettre de rendez-vous et de mort, qu'elle mette elle-même l'adresse, qu'elle la donne à porter.

Comment les femmes prendront-elles cette faiblesse ? Ne s'indigneront-elles pas de cette défaillance ? S'il y en a seulement vingt dans la salle qui, au lieu de frémir et de s'apitoyer, se disent : « Jamais, je n'aurais écrit cette lettre ; j'aurais trouvé un autre moyen. On n'est pas bécasse à ce point... » c'en est fait de la scène, c'en est fait de la pièce.

Tout l'effort de l'auteur va donc se porter sur un seul point : amener, préparer, justifier cette scène ; la rendre vraisemblable. Que dis-je ? vraisemblable ! Il faudra qu'en voyant le duc de Guise meurtrir le poignet de la duchesse, et la duchesse céder, tout le monde pense à la fois dans la salle : Ça ne pouvait pas se passer d'autre sorte ! Il eût été absurde que le duc de Guise agît d'autre façon et que sa femme ne succombât point.

Comment va s'y prendre Dumas ? Et remarquez bien, je vous prie, qu'il n'a fait aucun des raisonnements que je vais lui prêter. Il a, comme tous les hommes de génie, procédé d'instinct, sans se rendre compte de ce qu'il faisait.

C'est nous, critiques, qui reconstituons après coup la genèse et l'ordre des pensées, en vertu desquelles ils ont agi sans les avoir. Si Dumas père pouvait me lire, il me dirait avec un haussement d'épaules : « Moi, je n'ai pas songé un mot de tout cela ! » Et il aurait raison, sans doute ; mais je n'aurais pas tort non plus en lui répondant : Vous y avez songé, mais vous n'en savez rien, votre métier n'étant pas de le savoir. Vous portez des fruits comme un bel arbre qui ne sait point du tout de quels éléments se compose le suc dont il les forme. C'est le chimiste qui le lui apprend.

Comment donc le vieux Dumas va-t-il s'y prendre ?

C'est une des théories que j'ai le plus souvent expliquées au cours de ces feuilletons : préparer une scène, c'est bien, si l'on veut, exposer la suite des évènements et des passions qui ont amené les choses au point où cette scène les montre ; mais c'est avant tout, c'est surtout mettre les spectateurs dans un tel état d'esprit que, sans savoir pourquoi, quelquefois même contre toute vraisemblance et tout bon sens, ils acceptent ce que l'auteur leur fait voir dans cette scène.

Tenez ! Il se trouve que la réalité a reproduit, il y a trois ou quatre ans, la situation inventée par Dumas. Vous n'avez pas oublié sans doute le procès Fenayrou. Ce pharmacien avait précisément agi comme le duc de Guise ; il avait forcé sa femme à écrire une lettre qui devait attirer le malheureux Aubert dans la maison de Chatou. La chose était vraie pourtant. Eh bien, rappelez-vous l'étonnement qu'elle a excité ; rappelez-vous comme on est allé chercher dans la physiologie toutes sortes de raisons mystérieuses pour expliquer un fait qui n'en est pas moins demeuré inexplicable, tant il paraissait monstrueux. On l'a porté au théâtre en Italie, et là il a paru si invraisemblable que la pièce est tombée à plat. C'est que les auteurs s'étaient contentés sans doute de découvrir au public les mobiles de l'action qu'ils mettaient en scène. Ils n'avaient pas su s'emparer de l'esprit du public, et lui faire voir, pour me servir d'une locution populaire, des étoiles en plein midi. Ils s'étaient dit : « Puisque c'est vrai, ça paraîtra vrai. » Mais pas du tout, une chose ne paraît vraie au théâtre qu'à ceux qui sont dans une disposition d'esprit à vouloir, quelquefois contre toute raison, qu'elle soit vraie. C'est affaire au poète, qui est un magicien, un prestigieux conducteur d'âmes, d'émouvoir si bien, par des moyens mystérieux, par des moyens à lui, la sensibilité et l'imagination du public, que ce public s'écriât tout entier d'une seule voix : Comme c'est ça ! voilà ce que j'aurais fait à sa place.

Eh bien, les deux premiers actes sont tout entiers consacrés à cet accaparement des esprits. Dumas nous a, sans que nous puissions nous méfier, par de lentes et habiles préparations, disposés à écouter sans révolte ni murmure l'acte abominable de ce Fenayrou du XVI$^e$ siècle.

Il est vrai que le premier tableau n'est pas des mieux venus. J'ai déjà, avec tout le monde, passé condamnation sur cette exposition longue et terne. Dumas lui-même a, dans ses Mémoires, avoué qu'elle avait ennuyé le public. Il fallait bien, pour ouvrir le drame, que Guise trouvât une preuve du commerce secret de sa femme et de Saint-Mégrin. Mais la façon dont il la trouve est d'un romanesque enfantin et presque ridicule. Heureusement l'acte se termine par un de ces mots comme Dumas seul sait en trouver.

— Saint-Paul ! Qu'on me cherche les mêmes hommes qui ont assassiné Dugast.

Ce mot est comme un jet de lumière sur l'âme du duc de Guise. Voilà un homme qui est capable de tout : brusque, violent, hautain, vindicatif, tout entier au premier emportement de la passion. Quoi! pour un mouchoir qu'il a vu traînant sur une chaise longue, sans se mettre en peine de rien approfondir, tout de suite il donne l'ordre qu'on aille lui chercher des spadassins, et quels spadassins? Ceux qui déjà lui ont rendu le service de le débarrasser d'un ennemi. Voilà un homme qui se tient au-dessus de toutes les lois et de toutes les convenances. Il se croit trahi; il n'examine rien, et, de prime saut, il a recours, non à l'épée mais au poignard.

Ce n'est qu'un éclair que ce mot. Mais l'impression qu'il fait dans notre âme va se fortifier de tout ce que nous allons voir dans le second acte.

L'auteur nous y montre la cour de Henri III. Jules Lemaître s'est moqué avec beaucoup d'esprit de quelques-uns des détails de cette restitution historique qui, selon lui, est d'un toc ébouriffant. Je vous confesserai que je suis médiocrement familier avec la cour de Henri III, et, en cela, je ressemble au public, qui n'a sur les mœurs de ce temps-là que des notions générales assez vagues. Que les traits dont l'auteur les a marqués soient vrais ou faux, voilà qui m'est à peu près indifférent, puisque je ne saurais les contrôler. L'important est d'abord qu'ils ne soient pas en contradiction avec le peu que je sais de l'histoire de ces gens-là; car si Dumas s'était avisé de faire jouer les mignons de Henri III au baccara au lieu de leur mettre aux mains un bilboquet, je me serais rebiffé et cet étonnement m'eût gâté mon émotion. C'est ensuite, c'est surtout qu'il s'en dégage une impression générale qui me prédispose à accepter la grande scène du troisième acte.

Eh bien, qu'est-ce que Dumas me montre? De jeunes seigneurs, très frivoles, très superstitieux et très braves, qui jouent gaiement leur vie pour un oui et pour un non,

4.

mais des têtes à l'évent, des âmes tout au plaisir. Ils sont vêtus d'habits magnifiques et s'y complaisent. Ils traitent en riant les affaires d'État; un costume à essayer au bal ou une amourette est leur grande affaire et leur tient bien plus au cœur qu'une question politique ou religieuse. On les voit qui voltigent, rient et jasent, tout étincelants de soie et de velours, quand Guise entre.

Il est casqué, cuirassé, sombre. De quoi parle-t-il? Je dirai à Jules Lemaître qu'historiquement parlant ça m'est égal qu'il ne dise que des niaiseries. Au point de vue dramatique, il dit des choses sérieuses, des choses terribles, où j'entrevois, moi, spectateur qui n'ai su d'histoire que ce qu'il en faut pour le baccalauréat, c'est-à-dire rien du tout, que, lui, c'est un homme à part, un homme sérieux, un homme farouche, un ambitieux, qui marche droit à son but et qui brisera tous les obstacles, sans scrupule sur les moyens à employer.

J'en appelle à Lemaître lui-même : qu'il se détache des détails qui, au théâtre, n'ont aucune importance. Est-ce que ce n'est pas l'impression générale qui se dégage de ces scènes du second acte : un homme de fer, un condottière au milieu de jeunes godelureaux fats, spirituels, et braves, mais frivoles?

Cette idée, il fallait, puisque nous sommes au théâtre, où tout nécessairement se tourne en un ramassé lumineux, il fallait la résumer dans une formule courte, visible, qui s'imposât à l'imagination.

Dumas a eu une trouvaille de génie. Saint-Mégrin, qui n'aime pas le duc, et l'on sait pourquoi, trouve plaisant de lui dire, en le raillant sur la cuirasse d'acier qu'il porte à une réception au Louvre :

— M. le duc croit toujours entendre siffler la balle de Poltrot à ses oreilles...

— Quand les balles m'arrivent en face, s'écrie Guise, voilà qui prouve que je ne me détourne pas pour les éviter.

Et il montre la cicatrice qui lui avait valu le nom de Balafré.

— C'est ce que nous allons voir, reprend l'autre.

Tous les jeunes seigneurs avaient, par mode, des sarbacanes, avec lesquelles ils s'amusaient à envoyer des pois chiches aux moineaux. C'était un jeu de gamin.

Saint-Mégrin prend sa sarbacane, vise le duc :

— A vous, monsieur le duc!

Et la petite balle vient frapper la cuirasse retentissante.

Est-ce que ce n'est pas là un jeu de scène merveilleusement propre à enfoncer dans l'esprit du public l'image de cette opposition entre la frivolité de Saint-Mégrin et le sérieux de Guise.

On sent que Guise ne pardonnera point : Saint-Mégrin est un homme mort. Comment Guise le tuera-t-il? On n'en sait rien encore. Mais un pareil homme ainsi insulté ne reculera devant aucun moyen.

Les scènes qui suivent sont d'un pittoresque merveilleux. Saint-Mégrin provoque le duc. On sent bien qu'il est enchanté de se battre avec le duc, non pas pour venger le roi des ennuis que lui cause en politique ce duc de malheur, mais parce qu'il aime sa femme et serait ravi de la débarrasser d'un mari qui la gêne. Et de même le duc accepte le cartel; car il hait dans Saint-Mégrin non pas seulement le mignon du roi, mais l'amant de sa femme. Il l'accepte; mais il nourrit d'autres desseins et il ne nous le laisse pas ignorer.

— Tu me provoques trop tard, dit-il entre ses dents, parlant de Saint-Mégrin; ton sort est décidé.

Ton sort est décidé! Il a donc un projet en tête. Ce

projet, quel est-il? Nous ne le saurons qu'au troisième acte. Mais nous prévoyons qu'il ne peut être qu'abominable : une ténébreuse et horrible vengeance. Nous sommes dans un état d'esprit à nous attendre à tout.

Et c'est ce second acte que l'on prétend ne pas tenir à l'action! Mais sans ce second acte, la grande scène du troisième serait inintelligible, inadmissible. Elle ne passerait pas. Dumas, au contraire, par un artifice merveilleux, n'a cessé, tout en nous parlant et de la Ligue dont Guise veut être nommé chef, et des hésitations du roi, et des intrigues de Catherine, de nous préparer à la trahison monstrueuse que Guise médite.

Nous y voilà enfin, à cette admirable scène; écoutez-la, je vous prie. Dès les premiers mots, on sent vaguement que quelque chose de formidable va se passer. Que sera-ce? Nous n'en savons rien encore; mais nous frémissons déjà. L'inquiétude de la duchesse qui veut garder son page auprès d'elle, le ton péremptoire et cassant du duc qui le renvoie, les mots brefs et impérieux par lesquels il enjoint à sa femme de prendre la plume, indiquent assez au spectateur qu'au fond de ses préparatifs s'agite une question de vie et de mort.

Et comme la scène va rapide, haletante, coupée de phrases qui se choquent comme des épées de combat, jusqu'à ce cri admirable : « Vous me faites mal, Henri! » A quoi le duc ne répond qu'un mot : « Écrivez, vous dis-je! »

« Vous me faites mal! — Écrivez! » Voilà l'homme de théâtre. Mais, croyez-le bien, ces deux répliques n'ont leur effet que parce qu'il y a un second acte qui nous les a rendues possibles et vraisemblables. Oui, sans doute, à ne considérer la scène qu'au point de vue du bon sens étroit, de la vraisemblance exacte, elle est absurde. Elle prête le flanc à toute sorte d'objections; mais le mérite de l'auteur, c'est que le public, une fois sous le joug, et il y a été mis au second acte, n'a plus le loisir de se livrer à ses réflexions; il ressemble à un cheval dompté par un cavalier fort et adroit : il se rend; il obéit.

Je ne cesserai de le répéter : le théâtre, comme les autres arts après tout, n'est qu'une grande et magnifique tromperie. Il n'a point pour objectif la vérité vraie, mais la vraisemblance. Or, la vraisemblance est bien moins dans la réalité des faits que dans l'imagination émue des hommes sous les yeux de qui l'auteur dramatique les expose.

Est-il vrai que, lorsqu'on voit le duc de Guise serrer la main de sa femme comme dans un étau, et la faire écrire la lettre sous cette pression, on trouve la chose naturelle? Lemaître sera bien forcé d'en convenir, puisque, depuis un demi-siècle, la scène a fait frémir une foule énorme de publics qui l'ont tous acceptée. On la trouve naturelle : elle l'est donc, et l'on aura beau me démontrer ensuite par *a* plus *b* que c'est un tour de passe-passe, que m'importe! puisque l'art de la prestidigitation dramatique consiste précisément à exécuter ces tours d'adresse de façon que nous y soyons pris.

Nous y sommes pris, cela n'est pas niable. Et nous n'y sommes pris que parce que Dumas père avait deviné et mis en pratique la règle formulée plus tard par son fils : « Le théâtre est l'art de préparer. »

Quel art singulier que celui du théâtre! Il n'y en a pas de plus intuitif; il n'y en a pas où l'instinct soit plus puissant. Voilà Dumas : il n'avait guère que vingt-cinq ans; il ne s'était pas occupé d'art dramatique. Il s'y met, comme emporté par une sorte de folie, et du premier coup il fait *Henri III*, une merveille de composition, une merveille d'audace!

Pour en bien comprendre l'extraordinaire hardiesse, il faut se reporter au temps où la pièce a été faite. Nous sommes habitués, aujourd'hui, à ce mélange du familier et du terrible, et la scène de la sarbacane ne nous étonne plus ; à cette façon brusque et rapide de prendre le taureau par les cornes, à cette furie et à cette brutalité d'exécution, et le : « Vous me faites mal, Henri ! — Écrivez, madame ! » nous paraît tout simple. Mais combien ces procédés étaient nouveaux alors et rompaient en visière à toutes les traditions de la tragédie classique !

Alexandre Dumas, dans l'amusant récit qu'il a donné de ses débuts, touche ce point avec sa bonne humeur et sa grâce accoutumées. Il raconte qu'il est allé lire sa pièce au baron Taylor, alors administrateur de la Comédie-Française. On l'introduit dans une chambre d'attente, et là, prêtant l'oreille, il entend — c'est lui-même qui parle — dans une chambre à côté, des sons confus et glapissants, qui tantôt avaient l'air d'accents de fureur, et tantôt formaient une basse monotone et continue.

C'était un tragique de la vieille école qui, ayant surpris Taylor au bain, lui lisait son œuvre. Le bain avait refroidi ; l'impitoyable tragique lisait toujours. Taylor s'était élancé de sa baignoire, effaré, grelottant encore de cette pluie d'alexandrins, et il avait invité le jeune Dumas à déployer son manuscrit.

Toute cette scène est évidemment arrangée pour l'effet ; la vérité n'est pas ordinaire si pittoresque ni si spirituelle. Il était impossible de figurer par une légende plus ingénieuse et mieux en scène la dissemblance de cette vieille école figée dans le classique avec cette nouvelle manière si chaude, et, comme disait Théophile Gautier, si truculente.

Et c'était un tout jeune homme qui l'apportait. D'autres,

sans doute, Mérimée, Stendhal, de Vigny et le maître à tous, Victor Hugo, avaient lancé de superbes manifestes, où ils criaient sur tous les tons : Ça ne peut pas durer, il nous faut autre chose. Mais cet « autre chose », c'est lui, ce garçon de vingt-quatre ans, assez ignorant d'ailleurs, et peu mêlé au mouvement romantique, qui l'avait trouvé presque sans s'en douter et qui lançait la révolution.

Avez-vous remarqué qu'au théâtre les plus belles œuvres sont presque toujours des œuvres de jeunesse, des œuvres d'inconscients! Racine ne fera jamais mieux qu'*Andromaque*, Corneille que le *Cid*, Molière que l'*École des Femmes*, Dumas père que *Henri III*, Dumas fils que la *Dame aux Camélias*, Rossini que le *Barbier de Séville*. Ils donneront des œuvres plus fortes peut-être, plus étudiées et plus savoureuses, mais non des œuvres plus géniales.

Jules Lemaître supprimerait volontiers le quatrième acte, qui, selon lui, n'a pas ombre de rapport avec le drame.

Mais il n'est question, au contraire, que du drame dans ce quatrième acte. Il s'ouvre par la scène où Saint-Mégrin reçoit du page le billet écrit par la duchesse, sous la dictée de son mari.

Il fallait pourtant bien que cette lettre lui fût remise, que l'on nous rendît témoins et de sa joie et de ses incertitudes et de ses appréhensions. Nous sommes persuadés que Guise ira jusqu'au bout; mais comme cette conviction va s'affermir et s'enfoncer dans nos âmes en voyant l'épisode qui va suivre! Guise avait manœuvré pour être nommé chef de la Ligue, autant vaut dire roi de France. Il croyait être sûr de son fait. Vous savez ce qui arrive : c'est Henri qui s'en nomme le chef. Voilà toutes les espérances de Guise renversées, toutes ses ambitions déçues, et Dumas, qui est homme de théâtre par excellence, a imaginé pour caractériser cette situation, pour la rendre visible aux yeux, tant elle était précise à l'esprit, un jeu de scène qui est une trouvaille.

Le roi a signé l'acte constitutif de la Ligue; il passe la plume à Guise :

— A vous, mon cousin, dit-il avec une politesse goguenarde.

Guise la prend et, entraîné par son tempérament, il va mettre sa signature à côté de celle du roi :

— Non, mon cousin, lui dit le roi, signez au-dessous.

Et la cour applaudit malignement, et tout le public part de rire, à voir l'air déconfit et furieux du duc.

Et je sais bien, mon cher Lemaître, que vous allez vous récrier là-dessus et me dire : Quoi! c'est ça que vous appelez une trouvaille?

Oui, c'est ça; c'est ce simple détail, parce qu'il est la formule visible, tangible, sensible d'une situation qu'il fallait enfoncer dans les yeux du public. Ce n'est pas grand'chose, si vous voulez, que ce détail; mais, pour le rencontrer, il fallait avoir le don du théâtre, il fallait être né auteur dramatique.

On ne s'étonne plus, dès lors, que Guise ne respire plus que vengeance. Il vient d'être offensé si grièvement! Il a servi de risée à tous ces jeunes godelureaux et à leur maître. Le maître, on verra après; ce n'est pas le drame. Mais il y a tout au moins un de ces beaux mignons, dont il réglera le compte tout à l'heure. Ah! celui-là, il n'a qu'à venir!...

Viendra-t-il?

Toute la fin de ce quatrième acte, où notre ami Lemaître assure qu'il n'est pas question du drame, est consacrée à cette question. Saint-Mégrin a rendez-vous à minuit avec la duchesse. Plus tard, les portes de l'hôtel seraient fermées. Et le roi retient son favori, il veut lui donner une leçon de duel, et l'heure passe, et Saint-Mégrin se désespère.

Le voilà libre, enfin ! Il appelle son fidèle page. Écoutez le dialogue, il n'y en a pas de plus rapide et de plus sinistre :

— Le temps est à l'orage.
— Oui, il n'y aura bientôt plus une étoile au ciel.
— Et vous allez sortir à pied ?
— Oui, à pied.
— Sans armes ?
— J'ai mon épée et mon poignard, cela suffit.
— Voulez-vous que je vous accompagne ?
— Non, il faut que je sorte seul.

Et la scène se poursuit ainsi, et chaque réplique fait tressaillir le public : un malheur est dans l'air ; on le sent qui s'approche !

Et c'est là ce que Lemaître appelle : ne pas parler du drame ! Mais ils ne parlent pas d'autre chose, au contraire. On est tout oppressé, tout haletant d'impatience et de crainte, quand le rideau se lève sur le cinquième acte.

Dans ce cinquième acte, Lemaître ne voit qu'une pantomime véhémente. Et vous ne vous apercevez pas que Dumas a osé un des dénouements les plus hardis qu'il y ait au théâtre.

Vous vous rappelez les derniers mots de Guise, regardant par la fenêtre Saint-Mégrin aux prises avec les sbires qui l'assassinent. Il jette par la croisée le mouchoir de la duchesse de Guise :

— Serre-lui, crie-t-il à Saint-Paul, serre-lui la gorge avec ce mouchoir ; la mort lui sera plus douce ; il est aux armes de la duchesse de Guise !

Le mot est superbe, d'un dramatique imprévu et puissant. Mais, pour y arriver à ce mot qui devait enlever la salle, à ce mot qui est une trouvaille (que de trouvailles!), il fallait faire accepter au public un acte inouï, invraisemblable, monstrueux, révoltant.

Et lequel?

Et, mais! pour qu'on assassinât Saint-Mégrin dans la rue, il fallait que, surpris dans son rendez-vous avec la duchesse, il l'eût laissée là toute seule et eût fui par la fenêtre.

Eh bien! Dumas serait venu me lire son drame, avant de le donner au théâtre, que je lui aurais dit certainement : jamais, non jamais vous ne ferez passer ça. Jamais en France nous n'accepterons qu'un homme, pris avec une femme par son mari, s'échappe par la fenêtre, au lieu de rester à la défendre et à mourir avec elle; c'est l'action d'un pleutre. Elle est lâche et ridicule.

La chose a passé pourtant, et elle passe encore tous les soirs. Ce n'est pas seulement parce que la scène est très bien menée, parce que c'est la duchesse qui lui dit elle-même : Sauve-toi, sauve-toi; parce que les événements se précipitent de si furieuse façon qu'on n'a pas le temps de se reconnaître. Non, il y a une raison bien plus profonde : c'est que la scène est préparée.

Ah! mon cher Lemaître, vous avez regardé comme des hors-d'œuvre aussi brillants qu'inutiles les scènes où Saint-Mégrin provoque Guise, où le roi règle les conditions du duel, où Henri III veut donner à son favori une leçon de terrain, comment ne voyez-vous pas que ces scènes sont la justification de la fuite de Saint-Mégrin devant les assassins apostés pour l'assassiner?

Est-ce qu'il a peur? Nous savons bien que non, puisque, dans quelques heures, il va se trouver face à face avec son ennemi, l'épée à la main et qu'il est convenu que l'un des deux doit rester sur le carreau. Guise n'est plus seulement un mari jaloux, qui se venge de l'amant de sa femme; c'est un chevalier félon, qui se dérobe aux chances d'un combat singulier. Saint-Mégrin, en sautant par la fenêtre, n'est plus un amant qui fuit devant un danger, mais un adversaire qui court au rendez-vous d'honneur où l'on aurait dû l'attendre.

Tout se tient, tout s'enchaîne dans cette pièce qui semble avoir été fondue d'un seul jet. On lui peut faire tous les reproches que l'on voudra, mais celui d'être mal composée, jamais de la vie!

Le second et le quatrième acte sont aussi nécessaires à la pièce que le troisième et le cinquième. Ce sont même ceux qui à cette reprise ont le plus réussi. Je retrouve à ce propos dans mes papiers une lettre bien curieuse, qu'un maître du théâtre m'a fait l'honneur de m'écrire. J'avais écrit un article, où j'expliquais pourquoi certaines scènes qui avaient ému le public de leur temps laissaient froid celui du nôtre.

« ... Vous avez tellement raison, m'écrivait M. Ernest Legouvé, que ce n'est pas seulement tel ou tel effet de scène qui change, c'est l'intérêt même des pièces qui se déplace. Les personnages qui étaient au second plan passent au premier. Dans *Horace*, du temps de Corneille, le personnage principal était Sabine; aujourd'hui, c'est Camille. Dans *Andromaque*, c'était Andromaque; aujourd'hui, c'est Hermione. Dans *Bajazet*, c'était Bajazet et Atalide, aujourd'hui, c'est Roxane. De même dans *Henri III*. En 1829, où allait l'intérêt? à la duchesse de Guise et à Saint-Mégrin; le duc et le roi étaient des personnages risqués et qu'il fallait sauver. Aujourd'hui, ce sont eux qui sauvent la pièce. Pourquoi? parce que, aujourd'hui, ce qui nous attire, c'est précisément le risqué, l'osé, le dangereux. Le romanesque nous ennuie. On est encore amoureux; mais on n'aime plus l'amour... »

L'observation est bien juste et bien fine. Je crois pourtant que les acteurs ont une bonne part dans ces changements. C'est Mlle Rachel qui a tiré au premier plan Camille, Hermione, Roxane. Dans *Henri III*, les rôles du roi et du duc ont été joués par deux artistes excellents, MM. Worms et Febvre, qui s'y sont montrés tout à fait supérieurs.

J'ai revu à deux reprises M. Mounet-Sully dans Saint-Mégrin ; il a beaucoup gagné depuis le premier soir. Ce n'est pas encore cela. Il est trop sombre pour le rôle, qui doit faire contraste avec celui de Guise. Mlle Brandès a tout à la fois plus de mesure et de passion que nous ne lui en avions vu à la première représentation. Elle sera tout à fait de la maison quand elle nous y aura dit des vers.

1er avril 1889.

# ANTONY

Il y avait une quinzaine d'années que nous n'avions vu jouer *Antony*; il avait été repris en ce temps-là par le directeur du théâtre Cluny, pour les représentations de Laferrière et de Mⁱˡᵉ Duverger. Cette reprise ne piqua point la curiosité des Parisiens; le théâtre Cluny n'était déjà plus à la mode, il fallait passer les ponts pour aller entendre Antony s'écrier en jetant son poignard : Elle me résistait, je l'ai assassinée! Laferrière avait perdu tout son prestige, et Mⁱˡᵉ Duverger, bien qu'elle ne fût pas une comédienne indifférente, était plus célèbre pour ses diamants que pour son talent d'actrice.

Ce spectacle passa inaperçu. Il sembla au public de la rive droite qu'un directeur de province le conviait, dans une petite ville, à une *représentation extraordinaire avec le concours de* M. LAFERRIÈRE, *de la Porte Saint-Martin, et de* Mⁱˡᵉ DUVERGER, *des Variétés*; il ne le prit point au sérieux; quelques amateurs y allèrent et furent ravis. Mais, dès le troisième soir, on ne trouva plus, pour écouter le chef-d'œuvre de Dumas, que les gens du quartier et la pièce disparut de l'affiche après un petit nombre de représentations.

Elle était donc plus célèbre que réellement connue; tout le monde en parlait, les uns de souvenir, les autres par ouï-dire et même pour l'avoir lue, quoiqu'en France on ne lise guère les pièces de théâtre qui ont amusé la génération précédente, mais bien peu de gens avaient pu juger par eux-mêmes de l'effet qu'elle pouvait produire à la lumière de la rampe. C'était donc une nouveauté pour la plupart des Parisiens et même pour ce public spécial des *premières* qui est si au courant des choses du théâtre. Je ne crois pas qu'hier soir, à l'Odéon, il y eût cent personnes qui eussent vu *Antony* à l'origine, entre 1831, date de la première représentation, et 1840 ou 1845, date où les reprises successives de l'œuvre durent enfin s'éteindre.

Nous nous disions tous : il va y avoir là-dedans bien des parties démodées. Certaines phrases d'un ton romantique nous remontaient à la mémoire et nous craignions qu'au lieu de faire trembler elles ne fissent sourire : — « Elle est bonne, la lame de ce poignard. — Satan en rirait. — Tu es à moi comme l'homme est au malheur. — Demandez à un cadavre combien de fois il a vécu !... Comment ces phrases, qui passionnaient les hommes de 1830, seraient-elles accueillies par un public qui aime le simple et qui a tourné dans ces derniers temps vers le naturalisme ? C'était un grand succès peut-être que l'Odéon allait chercher là ; et le directeur lui-même avait remonté la pièce espérant qu'elle lui ferait honneur, mais sans compter qu'elle pourrait jamais être ce qu'on appelle un succès d'enthousiasme et d'argent.

Il pourrait bien s'être trompé et je dois dire que nous nous étions trompé avec lui, car nous avions été tourmenté des mêmes craintes. Ces fâcheuses prévisions ne se sont pas réalisées. *Antony* a produit un grand effet et le drame a tenu d'un bout à l'autre, anxieux et haletant d'émotion, un public où beaucoup de gens étaient venus sans doute pour s'égayer des fureurs mélodramatiques du bâtard révolté contre l'ordre social.

C'est qu'il n'y eut jamais de pièce aussi rapide, aussi émouvante et pathétique qu'*Antony*. Dumas, en l'écrivant, créait sans s'en douter un nouveau genre que son fils a repris depuis quand il a composé : la *Princesse Georges* et le *Supplice d'une Femme*, qui sont toutes les deux bâties sur le même patron. J'entendais hier autour de moi comparer *Diane de Lys* et *Antony*. Il est vrai que dans ces deux pièces le sujet est à peu près le même, mais c'est là que s'arrête la ressemblance. Dans le *Supplice d'une Femme*, au contraire, vous retrouvez le procédé, la façon de faire, en un mot la forme même d'*Antony*, et, au théâtre comme devant les tribunaux, c'est la forme qui emporte le fond.

Quel est ce procédé, quelle est cette forme ?

C'est à Dumas fils en personne que je vais avoir recours pour en dévoiler le secret. Car il l'a lui-même exposé dans son histoire du *Supplice d'une Femme*, une brochure un peu oubliée aujourd'hui, mais que j'engage tous les amateurs de théâtre à lire et à méditer, car elle est pleine de vues ingénieuses et nouvelles sur l'art dramatique.

Dumas y conte que, lorsque Émile de Girardin vint lui apporter la donnée première et l'embryon du *Supplice d'une Femme*, il était encore tout chaud de la leçon qu'il avait reçue avec l'*Ami des Femmes*, dont on lui avait reproché les développements physiologiques, les conversations interminables, les complications et les bizarreries de sentiments :

« Je m'étais dit, ajoute-t-il, que décidement le théâtre vit d'intérêt, de faits, d'action, de mouvement et de progression. Tout en faisant mes réserves sur la valeur intrinsèque de mon pauvre *Ami des Femmes* (vanité, tu ne nous abandonnes jamais), je m'étais bien promis de changer ma manière le cas échéant et de profiter de cette expérience, car je ne suis pas entêté et je suis de l'avis de celui qui disait de Voltaire :

— Il y a quelqu'un qui a plus d'esprit que lui, c'est tout le monde.

« Pouvait-il se présenter une meilleure occasion de faire cette épreuve nouvelle ? Était-il un sujet qui demandât plus de rapidité, plus de concision, plus d'adresse ? Fallait-il procéder autrement que par le mouvement, le fait et les larmes ? Le temps de reprendre haleine, le public était révolté ; un entr'acte d'un quart d'heure qui permît de réfléchir, la pièce était perdue.

« Le spectateur devait subir ce drame comme un accès de fièvre, sans le prévoir ; en sentir la vérité dans les pulsations de son cœur, et n'en connaître le danger qu'après, c'est-à-dire trop tard. »

C'est bien cela. Prendre un fait de passion, l'imposer du premier coup au public, et s'emparer si bien après de ce public, qu'il suive d'un trait le drame qui court rapide et fiévreux au dénouement. Point de préparations oiseuses ; point de développements inutiles ; l'action une fois lancée file à son but, traînant après elle le spectateur, hors d'état de réfléchir, éperdu et frissonnant.

Remarquez bien que je ne donne pas ce genre comme le comble de l'art, fort au contraire. Le développement, quand il n'est pas physiologique, bien entendu, car c'est ce goût de physiologie crue qui nous avait gâté l'*Ami des Femmes*, le développement, c'est là ce qui fait la grandeur, la beauté, la poésie du drame. Mais enfin c'est un genre dont l'effet est irrésistible sur le public et qui, de plus, est si difficile à manier, qu'à part Dumas père et Dumas fils je ne vois personne qui ait osé ou qui ait su se servir de l'outil, du procédé que l'un avait créé, que l'autre a recueilli de ses mains.

Point de préparations! Cela est aisé à dire. Mais il en faut toujours, des préparations, et quand on dit : Point de préparations, on entend par là qu'il faut supprimer toutes celles qui ne sont pas rigoureusement indispensables, toutes celles qui n'iront pas droit à ce but, d'imposer d'autorité le fait au public.

Mais, le difficile, l'impossible même pour tout homme qui n'est pas doué, et doué d'une façon particulière, c'est précisément de trouver dans la foule des détails qui se présentent à l'esprit les deux ou trois traits qui auront ce pouvoir magique. Tenez, voilà le drame d'*Antony!* Au moment où il s'ouvre, on voit qu'il repose sur un postulatum qui est terrible à admettre. Adèle d'Hervey est mariée à un homme qui l'adore; elle a de lui un enfant qu'elle aime passionnément; or, ce mari habite à Strasbourg et elle demeure à Paris. Et ce n'est pas là un détail indifférent, car, si le mari habite avec sa femme, il n'y a plus de pièce. Voilà un point de départ tout à fait singulier. Mettez un homme qui ait simplement du bon sens en face de cette donnée; ou il dira : Jamais vous ne ferez avaler cela au public! ou il cherchera toutes sortes de raisons pour expliquer la chose et la rendre vraisemblable.

Que fait l'homme de théâtre? Il se dit : Je n'expliquerai jamais cela, et, plus je donnerai de raisons, plus le public, averti de l'étrangeté de la situation, y trouvera moins de vraisemblance. Il y a un moyen bien plus simple : c'est de donner l'invraisemblance comme réalité et de s'arranger de façon que le public ne s'en occupe plus; c'est de la lui faire oublier. Ce mari, c'est un colonel, cela suffit; je n'ai pas

5.

même besoin de dire qu'il est avec son régiment à Strasbourg ; il a laissé sa femme à Paris, le fait est accepté ; maintenant, marchons.

Cette résolution était d'autant plus difficile à prendre que ce mari, on parle de lui tout le temps ; son ombre est toujours présente entre les deux amoureux ; c'est vers lui que la femme se sauvera pour fuir l'amant qui l'obsède ; c'est lui qu'on attendra tout le long du drame comme le dieu vengeur et dont l'apparition seule terminera le drame.

Il faudra donc qu'on y pense sans cesse et qu'on oublie toujours pourquoi il n'est pas là.

Que de préparations ne semble-t-il pas qu'il eût fallu pour expliquer une si extraordinaire anomalie ! Eh bien, c'est là le coup d'œil de l'auteur dramatique qui, bien entendu, n'a fait aucune de ces réflexions, qui a obéi tout simplement à un instinct obscur : il voit qu'un fait dont il a besoin, sur lequel repose toute sa pièce, est absurde, il le fait oublier ou il l'impose, mais il ne l'explique pas.

Il faut que nous sachions qu'avant son mariage M<sup>me</sup> d'Hervey a passionnément aimé Antony, qui l'aimait de même et l'avait demandée en mariage. Cette passion a dormi silencieuse au fond de son cœur. Antony a-t-il conservé pour elle les mêmes sentiments ? Car il n'y aura drame que s'il a toujours pour elle la passion d'autrefois.

En dix lignes, nous sommes au courant de tout et non par des conversations indifférentes, mais par des coups pressés, répétés, qui frappent en tumulte sur l'âme du spectateur.

M<sup>me</sup> d'Hervey est en scène avec sa sœur. On apporte une lettre. Elle reconnaît l'écriture, elle tressaille : c'est de lui ! Cette lettre est d'une correction parfaite. Antony demande seulement à être reçu par M^me d'Hervey à titre d'ancien ami. Clara fait observer, et avec raison, à sa sœur que cette lettre est celle d'un homme du monde et non d'un amant passionné, Adèle n'en est pas moins agitée, pleine de trouble.

« Je ne veux pas le revoir, dit-elle, tu le recevras à ma place. »

Sa voiture est en bas, attelée, elle y monte, les chevaux s'emportent; un homme est là qui se jette au-devant, les arrête et tombe évanoui.

Adèle rentre effarée; elle a cru reconnaître Antony :

— C'est lui ! c'est bien lui !

Toute l'agitation de ces scènes précipitées nous enfonce au plus profond du cœur cette idée qu'Adèle aime passionnément Antony et qu'elle entend rester honnête femme, fidèle à ses devoirs.

On a transporté le blessé dans une galerie de la maison. Adèle veut éclaircir ses soupçons, elle prie Clara de voir si ce jeune homme n'aurait pas sur lui quelque papier qui révélât son identité. Un domestique apporte un portefeuille à la jeune femme; elle l'ouvre dans un mouvement d'inexprimable angoisse.

C'est son portrait qu'elle trouve, puis une lettre, la seule qu'elle ait jamais écrite à Antony. Et alors... Voyez quel admirable artifice de composition... c'est elle-même qui, dans un transport de passion, avec un mouvement de scène d'une rapidité inconcevable, nous apprend tout ce que nous avons besoin de savoir. En dix lignes brûlantes, elle fait l'exposition de la pièce. Antony l'aime toujours, c'est son image qu'il garde sur son cœur; cette lettre, le seul témoin de leurs amours passées, si elle s'en emparait, si elle l'anéantissait ! Mais non, se dit-elle, quand il reviendra à lui et qu'il mettra la main sur son cœur, c'est cette lettre qu'il cherchera, et il ne la trouverait pas !

Quel mot, quel admirable mot, plein de sensibilité et de grâce !

Et quand on pense que c'est un mot d'exposition, car l'exposition de la pièce se fait tout entière, dans ce bout de scène, en pleine passion.

On apporte Antony blessé ; elle le contemple elle l'appelle doucement. Il s'éveille enfin. C'est la première fois qu'ils se revoient, et, grâce à ces quelques touches hardiment jetées dès les premières scènes, nous avons tout de suite, et cela sans en être inquiets, ni étonnés, une brûlante explosion d'amour. La passion est du premier coup à son paroxysme. Adèle appartient à Antony, nous le comprenons, nous l'admettons. L'art du poète a été tel, que cette monstrueuse dérogation à toutes les habitudes, à toutes les convenances, à tous nos préjugés, nous paraît la plus naturelle du monde. Nous sommes pris, et, comme on dit à présent, empoignés par ces deux amants. Et le mari ? Ah ! bien, le mari, ce brave colonel, il peut bien commander les manœuvres de son régiment. En voilà un à qui nous ne pensons plus, et, si nous y pensons, c'est pour être enchantés qu'il ne soit pas là.

Et déjà, cependant, nous sentons sourdement, au milieu de notre émotion, surgir cette crainte qui ne fera que grandir d'acte en acte. S'il allait revenir pourtant ? Et, quand il reviendra, que se passera-t-il ?

Car Adèle ne l'a pas oublié, elle. Elle tremble qu'il n'apprenne par quelques méchants propos du monde cette hasardeuse démarche d'avoir accueilli sous le toit conjugal un homme qui, au vu et au su de tout le monde, l'a aimée et demandée, de l'y avoir gardé et soigné.

— Il faut partir, lui dit-elle, vous ne pouvez rester

ici ; je n'aurais d'excuse que si vous étiez mourant.

— Ah ! c'est ainsi ! s'écrie Antony.

Et d'un geste fou, arrachant le bandage que l'on a mis sur sa plaie :

— Je suis mourant, à cette heure, gardez-moi !

Elle est superbe, cette fin de scène. Et comme elle conclut d'une façon dramatique l'exposition ! Voilà par un coup de théâtre, sur la vraisemblance duquel il est impossible de réfléchir, tant il est rapide et véhément, voilà Antony installé chez la personne qu'il aime. Et cette personne est mariée, et elle est honnête, et elle est femme du monde. Elle se craint elle-même, elle craint son mari, elle craint l'opinion publique ; n'importe ! elle est forcée de subir la situation, et c'est nous, public, qui nous révolterions contre elle si elle manquait assez de cœur pour faire remporter, ce qui eût été pourtant si simple, Antony sur une civière.

Et ce qu'il y a de plus étrange dans cette mainmise d'autorité sur nous par le poëte, c'est que nous ne savons pas même quel est cet Antony. Antony ? Ce n'est pas un nom, cela, c'est un prénom. Quel est ce monsieur qui s'appelle simplement Antony ? D'où vient-il ? Quel est son état dans le monde ? Amoureux d'Adèle, ce n'est pas une position sociale. Dumas ne nous a même rien dit de tout cela, et c'est encore un merveilleux artifice de composition. Il a d'abord voulu nous imposer l'amour d'Antony pour Adèle ; la chose faite, il s'est tourné vers nous et il nous a dit : vous tenez à ce que je vous présente mon Antony ; tout à l'heure cela nous aurait retardé, j'aurais été obligé d'entrer dans une foule d'explications qui vous auraient donné le temps de réfléchir ; maintenant vous êtes à moi, nous allons causer.

Et, de fait, nous apprenons qu'Antony est un bâtard,

qu'il n'a jamais reçu les baisers d'une mère, qu'un père inconnu lui envoie, il ne sait d'où, de quoi suffire à une large existence; c'est un paria dans la société; elle l'a repoussé, il la hait, il ne lui doit rien, il est tout entier à son amour.

Et ces confidences, croyez-vous que l'auteur nous les fasse uniquement pour que nous soyons au courant? Non. Elles se tournent en moyen d'action. A mesure qu'Antony est revenu à la vie, Adèle s'est tenue à l'écart avec plus de soin, car elle a peur de son amour. Une seule fois, qui sera la dernière, elle a consenti à le voir pour recevoir ses adieux. La conversation commence par ces banalités ordinaires, puis bientôt Antony s'échauffe, il rappelle à Adèle les vieux souvenirs du temps où ils s'aimaient. Et pourquoi ne l'a-t-il pas épousée? Ah! c'est qu'un secret pèse sur sa vie! C'est qu'il est maudit! C'est qu'il est le rebut des hommes, de ces hommes qu'il méprise!

A cet aveu, un intérêt plus tendre s'éveille dans le cœur d'Adèle; à sa passion première pour Antony, se joint ce goût dominant qu'ont toutes les femmes dont l'âme est noble, pour consoler, guérir, relever le cœur meurtri d'un déshérité, malheureux et souffrant. Peu à peu, elle se laisse aller à la passion envahissante; dans un moment d'extase, elle tombe dans les bras d'Antony, et, quand il lui dit tout bas à l'oreille : Dis-moi encore que tu m'aimes, dis oui! Elle répète : Oui! oui! d'un air égaré et sans savoir même ce qu'elle dit.

L'incident vulgaire d'une porte qui s'ouvre interrompt ce tête-à-tête. Antony se retire cérémonieusement, mais emportant l'espoir que bientôt sa maîtresse va le suivre. Sa sœur la rappelle à son devoir. Elle n'obtiendrait rien d'une femme dont la tête est perdue, mais elle prononce le nom de sa fille, Adèle court l'embrasser, retrouve du courage à son berceau : elle ira rejoindre son mari, et elle part en poste, laissant pour le pauvre Antony une lettre froide qui lui donne son congé.

— Le ciel te garde! dit Clara, en la voyant partir. Et ce mot, sur lequel tombe le rideau, relie le second au troisième acte.

Ce troisième acte est une merveille de conception et d'exécution. Il se compose de deux monologues, et la situation est si violente, que ces deux monologues serrent le cœur du public et lui donnent l'illusion d'un mouvement emporté. Tout le reste de l'acte est en allées et venues, en courts dialogues avec des gens de service, et ces dialogues composés de répliques courtes et négligemment jetées produisent une sensation extraordinaire, parce qu'à chaque mot on voit poindre, surgir et s'approcher une horrible catastrophe.

Il y en a un qui est une trouvaille : c'est celui d'Antony avec son domestique. Il lui donne ordre d'aller à Strasbourg, de louer une chambre en face de l'hôtel où loge l'invisible mari d'Adèle, de le surveiller, et, si jamais ce mari se met en route, de prendre les devants et de venir l'avertir une heure avant que l'autre arrive.

Si vous réfléchissez un instant à cet ordre, il faut bien l'avouer, ça n'a pas le sens commun, c'est d'une invraisemblance absurde. Pourquoi cependant la scène est-elle d'un intérêt si poignant? C'est qu'elle évoque tout à coup, au milieu des préparatifs de l'adultère, le spectre de Banco. Ce mari, on l'avait oublié; on voit tout à coup l'ombre de ce spectre qui plane dans le lointain; on se dit tout bas : Il reviendra, cela est sûr! Ce n'est pourtant pas une chose bien étonnante qu'un mari revienne chez sa femme; cela se voit tous les jours. Dumas a l'art de rendre ce fait si simple effrayant à notre imagination. Et quel coup de théâtre lorsqu'à la fin du quatrième acte, au milieu d'une nouvelle scène d'amour, le domestique arrivera tout poudreux :

— Je ne le précède que d'une heure ; dans une heure, il sera ici !

La terrible phrase mélodique de Mozart annonçant l'arrivée du commandeur n'est pas d'un effet plus saisissant.

On a épuisé toutes les formes de l'admiration pour louer le cinquième acte et le merveilleux dénouement qui le termine. Il est devenu légendaire, ce dénouement. Qui n'a répété cent fois et d'un air de moquerie le : « Elle me résistait, je l'ai assassinée ! » Voyez pourtant ce que c'est que la puissance du drame et la force de la situation. Cette phrase, hier, chantait dans toutes les mémoires, elle a fait l'effet d'un coup de foudre. C'est que la scène qui la précède est une des plus belles qui soient au théâtre. Antony et Adèle sont ensemble, répétant, mais avec plus de fièvre que jamais, leur dernier duo d'amour. Ce sont des cris de passion et de désespoir. L'idée de la mort se mêle à toutes leurs effusions de tendresse.

Ce coup de poignard, Dumas, avec un art incomparable, l'a fait entrevoir et presque désirer, en sorte que le dénouement, si imprévu qu'il soit, satisfait la logique du drame et soulage l'angoisse du public. Il n'y a pas beaucoup de beaux dénouements au théâtre ; les vieux lecteurs du *Temps* peuvent se rappeler que j'ai écrit ici même sur le dénouement au théâtre de longs articles d'esthétique où j'ai passé en revue les diverses façons que les écrivains dramatiques avaient trouvées pour conclure leurs pièces.

De tous les dénouements passés et présents et même peut-être futurs, celui d'Antony nous avait semblé le plus éclatant, le plus inattendu, le plus logique, le plus rapide ; une trouvaille de génie.

Quel dut être l'effet de ce drame étonnant quand il tomba sur cette génération enfiévrée des hommes de 1830. C'étaient des procédés nouveaux, un art original ; c'étaient aussi des effervescences et des violences de passion comme on les aimait à cette époque. C'étaient des cris de révolte et de rage, comme ceux auxquels Byron et les écrivains romantiques, après lui, avaient habitué le public. Tous ces emportements où nous sentons aujourd'hui quelque peu d'exagération paraissaient naturels aux héros des journées de Juillet, aux spectateurs de *Marion Delorme* et d'*Hernani*. Il faudrait pouvoir rendre à *Antony*, pour en bien comprendre l'énergie et la puissance, son public d'autrefois, mais peut-on rendre à Molière le parterre de 1666 ?

On ne voit plus :

> Le grand Condé pleurant aux vers du grand Corneille.

Et Corneille n'en reste pas moins grand, pour n'avoir plus, à la représentation de ses tragédies, que le public des mardis, qui ne pleure guère.

Il faudrait aussi qu'on pût nous rendre les artistes de la création. Ils étaient faits pour dire cette prose. Je n'ai vu Bocage que bien vieux et je n'ai jamais vu M^me Dorval, mais ils ont laissé l'un et l'autre un si profond souvenir dans ces deux rôles, qu'il est impossible de ne pas croire qu'ils y ont été admirables. Nous avons là-dessus le témoignage d'Alexandre Dumas lui-même : il a conté l'histoire de cette première soirée, qui fut un des plus éclatants triomphes de l'époque. On pourrait, il est vrai, récuser le témoignage de Dumas, qui ici parle de lui-même et de ses artistes ; sans compter que parfois il est volontiers hâbleur. Mais l'admiration est cette fois si naïve et si débordante, que, même, en faisant la part de la vanité naturelle à tout écrivain et des complaisances d'éloges qu'il doit à ses interprètes, on est encore ébloui et touché de cette sincérité d'émotion, de cette explosion d'enthousiasme.

M. Paul Mounet et M<sup>me</sup> Tessandier ont ce bonheur d'échapper à toute comparaison, puisqu'à part des exceptions très rares personne n'avait vu ni M<sup>me</sup> Dorval ni Bocage.

Paul Mounet a rendu avec un charme infini tous les passages de tendresse; sa voix profonde et légèrement voilée donne à l'amour une expression de pathétique discret dont l'effet a été immense dans quelques parties du rôle. Ce qui lui manque, c'est l'ironie amère et quelque peu satanique, c'est la mélancolie sombre et cet air d'étrangeté fatal que doit porter avec lui le bâtard révolté et qui excuse et ses emportements furieux, et ses divagations philosophiques.

Mounet n'a qu'une corde dans la voix, une corde charmante, d'une sensibilité profonde et d'une tendresse exquise, mais le rôle d'Antony est très complexe ; ce n'est pas seulement un amoureux jeune, impétueux, déchaîné même : c'est encore un cousin des Lara, des Manfred et des Werther. Le spectre de la mort marche toujours à son côté. Aussi je ne voudrais pas que l'on glissât légèrement sur ces phrases typiques : Elle est bonne, la lame de ce poignard — Satan en rirait —, qu'on les dérobât, pour ainsi dire, dans le tissu général de la diction; j'aimerais mieux à tout hasard qu'elles sonnassent avec la véhémence qu'on y mettait autrefois.

Ce ne sont point là des critiques chagrines. Je me plais à reconnaître que M. Paul Mounet, dans ce rôle difficile, a obtenu un très vif et très légitime succès, et que cette création lui fait grand honneur; ce sont des regrets que j'exprime.

M⁻¹ Tessandier me permettra de lui dire, à elle aussi, qu'elle ne s'est pas assez livrée; il est probable qu'elle n'a pas osé, surtout à une première, s'abandonner à des emportements de gestes et à des éclats de voix qui l'eussent fait accuser d'exagération par un public légèrement sceptique et gouailleur. Elle s'est retenue, le geste a été trop concerté, la voix trop composée. C'était un rôle très correctement joué par une artiste de grand mérite, mais sans ces élans de sensibilité, sans ces traits de vérité familière et puissante qui font tressaillir toute une salle.

Ainsi, au troisième acte, où elle doit être agitée, fiévreuse, scrutant avec inquiétude les portes et les fenêtres, elle n'a pas su communiquer au public cette terreur secrète : elle n'était ni assez nerveuse ni assez agitée. Elle est pourtant admirable en deux ou trois endroits à la scène d'extase du second acte, par exemple, et au cinquième, quand elle s'écrie, apprenant le retour de son mari : Mais je suis perdue alors !

Les deux partenaires, sur qui pèse tout le poids du drame, seront plus sûrs d'eux-mêmes et plus libres dans deux ou trois jours.

21 avril 1884.

# CHARLES VII CHEZ SES GRANDS VASSAUX

La génération nouvelle ignorait presque tout entière *Charles VII chez ses grands vassaux*, qui n'a pas été, que je sache, repris, depuis 1863, à la Porte Saint-Martin, et cette reprise n'avait fourni qu'un petit nombre de représentations.

Pour moi, je l'avais vu en ma jeunesse, vers 1845 ou 46, je ne me rappelle plus au juste ; j'étais encore au collège en ce temps-là. C'était déjà sans doute une reprise; car la pièce date de 1831. Elle eut peu de succès à son origine ; Alexandre Dumas fils a conté avec beaucoup d'agrément ce lointain souvenir de sa première enfance ; il se rappelait la figure préoccupée de son père, au sortir de la représentation, et le silence qu'il avait gardé lui-même, sentant d'instinct que ce n'était pas le moment de causer, et que son pauvre papa avait bien du chagrin.

Cette chute n'étonnera point si l'on se reporte aux préjugés de l'époque. En 1831, et surtout dans les parages de l'Odéon, où *Charles VII* fut donné pour la première fois, la tragédie était encore toute florissante. Ce drame, qui rompait par tant d'endroits avec la tradition classique, put fort bien n'être pas goûté du premier coup par un public entêté de préjugés raciniens.

On conte que Dumas, allant, trois ou quatre jours après,

en soirée chez un poëte dramatique, auteur de beaucoup de tragédies parfaitement oubliées, dont une *Frédégonde* et un *Charles VI*, fut entrepris par la fille de la maison sur sa manie de romantisme. Elle le gronda doucement, et voulant lui donner une leçon de goût :

— Vous voyez, lui dit-elle, où cela mène : voilà votre *Charles VII* tombé; il ne se relèvera jamais.

— Ah! pardon, mademoiselle, lui dit Dumas, qui commençait à rager intérieurement ; ne confondriez-vous pas Charles VII avec Charles VI?

Il est certain que *Charles VII* se releva au contraire; car la pièce traversa les ponts et alla s'installer à la Comédie-Française. C'est là que je l'ai vue, dans une des dernières années du règne de Louis-Philippe. Pourquoi certaines images demeurent-elles obstinément fixées dans la mémoire, tandis que d'autres s'évanouissent dès le lendemain et disparaissent ? De toute cette représentation, dont le souvenir s'est presque tout entier effacé, il ne me reste que deux ou trois points lumineux, mais qui sont aussi visibles pour moi que le soir où ils frappèrent mes yeux pour la première fois.

Je vois encore Agnès Sorel, foudroyée par les reproches de Savoisy, tomber à ses pieds, lui crier grâce, lui promettre d'envoyer le roi aux combats. Ligier lui saisissait les mains, la relevait d'un geste superbe, et la lançant à la bataille :

— Essayez! lui disait-il d'une voix de stentor.

Chose singulière! je me rappelle encore très exactement la scène du roi dormant sur l'épaule d'Agnès Sorel, tandis que tonne le canon, dont elle prend le grondement pour le bruit de l'orage. Je ne sais qui jouait ces deux rôles ; il est fort probable que ce n'étaient pas des acteurs de premier ordre; car les personnages sont de second plan. Mais j'avais été charmé de la grâce leste et de la désinvolture impertinente du roi, et il me semble que toute la salle avait tressailli, comme moi, quand Savoisy, entré brusquement, avait crié aux deux amants endormis : Réveillez-vous!

Je ne me souvenais guère, en revanche, de Beauvallet, avec qui je fis connaissance vingt ans plus tard dans le rôle d'Yacoub, qu'il jouait admirablement.

J'avais emporté du drame une impression profonde. On pourra dire tout ce qu'on voudra contre *Charles VII*: il y a là dedans trois actions qui marchent parallèlement et ne sont pas reliées entre elles ; les deux derniers actes rappellent l'*Andromaque* de Racine, sans l'égaler. Les caractères, et surtout celui de Bérangère, sont tracés d'une main flottante ; les explosions de sa jalousie ne sont point préparées avec cet art savant qui les rend intelligibles et excusables au public.

Qu'on entasse critiques sur critiques, je défie ceux mêmes qui sentiront le mieux les défauts du drame de n'en être pas émus. C'est que Dumas avait au théâtre la maîtresse qualité, qui est le mouvement. Ses personnages vivent et ils vous emportent dans l'élan de leur passion. Le style est creux, je le sais bien ; il n'a pas de dessous. Mais comme la surface en est brillante ! Que de vers pittoresques ! Quel étincellement d'images ! Prenez ce fameux récit de la chasse au lion. Il ne faut pas certes examiner chaque détail à la loupe ; ce travail ne peut se faire que sur Corneille ou Victor Hugo. Racine lui-même n'y résisterait pas toujours. Mais voyez-le d'ensemble. Je ne puis le comparer qu'aux récits de Voltaire : dans *Mérope*, par exemple, celui d'Œgiste tuant Polyphonte. C'est le même emportement de narration, le même éclat d'expressions et d'images, une verve endiablée, qui fait que l'on passe sur tout le reste.

En 1868, la pièce, en dehors de Beauvallet, dont la voix

profondo faisait merveille dans Yacoub, avait été fort médiocrement monté à la Porte Saint-Martin. C'est Montdidier qui jouait Savoisy. Montdidier était un acteur de boulevard, qui ne savait point l'art de dire les vers. Il avait la réputation d'être distingué ; mais la distinction, comme dit Ollivier de Jalin, ça dépend des quartiers. On peut être fort distingué dans un mélodrame de Bouchardy et faire pauvre figure dans une œuvre de Dumas. Ce Montdidier faisait sonner terriblement les *r*. Il n'en mettait que trois ou quatre dans la prose ; mais en poésie, pour faire honneur à l'alexandrin, il allait à la demi-douzaine. M<sup>lle</sup> Périga jouait Bérangère. C'était une excellente comédienne, que M<sup>lle</sup> Périga, mais de visage méchant et de voix sèche. Le rôle de Bérangère, qui est tout en larmes et en fureur, ne lui convenait guère.

Il faut dire aussi que la direction de la Porte Saint-Martin avait depuis longtemps commencé de donner dans la féerie ou dans la pièce à spectacle. Elle avait remonté *Charles VII* entre le *Pied de Mouton*, qu'elle avait joué deux cents fois de suite, et les *Pilules du Diable*. C'était pour elle un spectacle d'attente ; elle n'y avait consacré que peu de soins, et le public n'y avait apporté que peu d'empressement.

La Rounat au contraire a repris sérieusement *Charles VII chez ses grands vassaux*. Il l'a monté vite ; parce que c'est une des nécessités de son théâtre d'aller rapidement. Mais il est secondé par une troupe jeune et vaillante ; et le travail, pour avoir été hâtif, n'en a pas moins été bien fait.

9 octobre 1882.

# LA TOUR DE NESLE

J'avais vu une première fois la *Tour de Nesle* en mon enfance; mais il ne m'en était resté dans la mémoire qu'une sensation générale et confuse. En 1861, Marc Fournier remonta, avec un luxe merveilleux de décors et de costumes, et avec une éclatante distribution de rôles, le chef-d'œuvre d'Alexandre Dumas et de Gaillardet. C'était Mélingue qui jouait Buridan, et Mᵐᵉ Marie Laurent qui faisait Marguerite. Ce temps n'est pas si loin que je ne me rappelle encore l'émotion profonde dont je fus saisi, en écoutant le récit de ces terribles aventures. Ce fut comme un accès d'enthousiasme, et j'écrivis tout chaud un feuilleton dithyrambique.

Seize ans ont passé depuis lors, et il y a beau temps que la Seine, au lieu de charrier des cadavres de gentilshommes assassinés, ne roule plus bourgeoisement que des chats noyés et des poissons le ventre en l'air. Notre époque est plus amie de la vérité, qui est cruellement prosaïque. On pouvait craindre que les effroyables crimes et les phrases retentissantes des héros de la *Tour de Nesle* ne parussent quelque peu démodés et ridicules. Eh bien, non, l'effet est toujours puissant sur la foule, et nous avons tous écouté ce drame étrange avec un extraordinaire frémissement. Il a étonné, il a épouvanté comme au premier jour.

Quel art singulier que celui du théâtre!

Je suppose qu'un jeune homme, un inconnu vienne m'apporter, comme fit jadis Gaillardet quand il entra, son manuscrit sous le bras, chez Harel, le directeur de la Porte Saint-Martin, le canevas, l'embryon de cette *Tour de Nesle* qui, depuis 1832, a passionné trois générations de spectateurs. J'aurais vite pris connaissance du sujet. J'aurais vu qu'il s'agissait d'une reine de France, adultère, parricide, infanticide, incestueuse, qui ajoute à toutes ces horreurs l'infamie gratuite d'attirer des jeunes gens dans son repaire, et de les faire assassiner après leur avoir donné une nuit de plaisir. J'aurais vu qu'elle était sur la scène la maîtresse d'un de ses deux fils, et que tout le temps de la pièce, on devait la soupçonner d'avoir l'autre pour amant; je me serais récrié du premier coup : Non, tout cela n'est pas possible! Jamais le public n'acceptera ce ramas d'abominations! Elles lui soulèveront le cœur.

Et si j'étais descendu au détail, c'eût été une bien autre affaire. Les monstrueuses invraisemblances dont fourmille la pièce m'auraient révolté. Une reine de France courant la nuit par les rues, le sceau de l'État dans sa poche et signant dans un bouge la destitution de son premier ministre, par peur des menaces d'un aventurier qu'il serait si facile de faire assassiner au coin d'une rue; cette même reine qui n'a reculé devant aucune audace et aucun crime, tremblant devant des papiers problématiques qu'un inconnu doit remettre au roi le lendemain, comme si elle ne devait pas être là pour les intercepter; et tant d'autres impossibilités qui vont jusqu'à l'extravagance! tout ce que j'aurais pu accorder après avoir lu ce fatras, c'eût été de dire, comme fit Harel lui-même : Il y a pourtant quelque chose là dedans! et de conseiller à l'auteur d'écrire une autre pièce qui fût plus sensée.

Mais, si le bon sens est au théâtre une qualité utile, le mouvement en est une autre plus essentielle. Qu'importe à un public assemblé qu'une aventure soit invraisemblable s'il est assez occupé, assez ému, pour n'en pas voir l'invraisemblance? Un lecteur raisonne; la foule sent. Elle ne se demande pas si la scène qu'on lui montre est possible, mais si elle est intéressante, ou plutôt elle ne se demande rien; elle est toute à son plaisir ou à son émotion. Au lieu que les délicats s'inquiètent de la légitimité des moyens qui ont amené une situation forte, le public s'y laisse prendre franchement par les entrailles, et si la scène à faire est bien faite, si elle est nettement enlevée, si elle porte coup, il tient l'auteur quitte du reste.

Je ne sais rien de comparable aux quatre ou cinq premiers tableaux de la *Tour de Nesle* pour la vivacité de l'exposition, pour le nombre des coups de théâtre, qui sont tous imprévus et brillants, pour la rapidité et l'éclat du dialogue. Quelques expressions ont vieilli. Qu'importe! *Tavernier du diable*, ou *ce sont de bien grandes dames* ne sont pas des locutions plus ridicules que les fers traînés par l'Oreste de Racine et les feux dont il est brûlé. Chaque époque a sa phraséologie qui fait sourire la génération suivante. Mais comme tous ces gens-là disent vite et net ce qu'ils ont à dire! Il n'y a pas un mot inutile, pas un mot qui ne coure à l'action.

Relisez ce court prologue : que de choses en dix minutes! Philippe d'Aulnay tombant à coups d'épée sur des truands qui ont mal parlé de son frère, le capitaine Buridan prenant fait et cause pour lui, l'amitié scellée entre ces deux jeunes gens, les deux rendez-vous d'amour donnés tour à tour à l'un et à l'autre, et se faisant pendant en quelque sorte, l'arrivée de Gaultier, ses sages conseils si mal écoutés des jeunes gens, mais qui jettent l'inquiétude dans l'esprit du public, et ce dernier mot d'Orsini, ce mot qui sonne comme un glas de mort :

— Et nous, enfants, à la Tour de Nesle !

On en a bien abusé, de cette phrase et l'on a pu, dans la conversation, la rendre ridicule par l'emploi ironique que l'on en fait. Au théâtre, elle saisit toujours l'imagination. Personne n'a mieux connu que le vieux Dumas le secret de ces mots puissants sur lesquels tombe le rideau, et qui mettent le feu aux poudres de la curiosité. A ce cri : Et nous, enfants ! à la tour de Nesle ! on frissonne d'épouvante. Que va-t-il se passer ?

Vous vous le rappelez cet acte si émouvant de l'orgie à la tour ! L'épingle arrachée aux cheveux de Marguerite et enfoncée dans sa joue, le meurtre de Philippe d'Aulnay, contremandé d'abord, puis ordonné à nouveau ; le récit écrit avec du sang sur les tablettes accusatrices ; Buridan sauvé tout à coup de la mort par un moyen ingénieux, un vrai moyen de théâtre, et rapide, et imprévu ! Il eût fallu à tout autre une scène de préparation : deux lignes suffisent à Dumas :

— Tiens, Landry !
— Vous, mon capitaine !
— Peux-tu me sauver ?

Et, enfin, le dernier mot (car la *Tour de Nesle* en est pleine de ces mots qui achèvent un tableau par un trait éblouissant).

— Voir ton visage et mourir, disais-tu. Regarde et meurs !

— Marguerite, reine de France !

Est-ce fait, cela, est-ce fait de main de maître ? Sommes-nous emportés par un courant d'action assez rapide ? Il n'y a pas moyen de respirer.

La scène qui suit est superbe.

Absurde, si vous voulez, parce qu'elle est d'une invraisemblance monstrueuse ; mais superbe et d'un effet prodigieux. C'est celle où Buridan, déguisé en nécromancien, conte tout bas à Marguerite les crimes de la nuit et lui assigne un rendez-vous chez le tavernier. Et cette scène, Dumaine, qui n'avait pas été bon jusqu'alors, l'a jouée avec une autorité incomparable. Non, il n'avait pas été bon. Il avait voulu nous donner un Buridan simple et bonhomme, qui eût été de mise dans le drame bourgeois et réaliste que nous aimons aujourd'hui.

Mais la *Tour de Nesle* est de Dumas père et non de Dumas fils ! elle est romantique d'allure et de style, elle date de 1832, elle porte un panache au chapeau et une rapière au côté ! Elle ne veut pas qu'on dise : ce sont de grandes dames, de bien grandes dames ! du même ton bon enfant et rond dont on dirait aujourd'hui : ce sont de petites dames ! de jolies petites dames ! Ces héros du drame de cape et d'épée de 1830 sont convaincus, mais d'une conviction profonde et ardente, que les grandes dames passent leurs soirées à de monstrueuses orgies et ajoutent aux voluptés de l'amour le piment de l'assassinat. Je ne me rappelle aucunement Bocage, mais j'ai vu Mélingue qui lançait le fameux passage à toute volée. Dumaine l'a dit, comme s'il croyait jouer encore le Crève-Cœur des *Bohémiens de Paris*.

Nous craignions déjà qu'il n'eût pris le rôle tout entier de cette façon, et que, pour me servir d'une des locutions familières à l'argot parisien, il ne nous l'eût faite à la simplicité ; nous avons été charmés de le voir arriver, puissant et magnifique, sous la robe du nécromancien, avec une longue barbe blanche, qui donnait un grand caractère à sa physionomie, se promener à travers cette cour avec l'assurance naturelle à un capitaine d'aventures, et de sa voix basse, profonde, chuchoter à l'oreille de Marguerite la phrase terrible :

— Marguerite, n'est-ce pas qu'à ton compte, il manque un cadavre ?

Toute la salle a frémi de terreur.

Au tableau suivant, passez sur l'extravagance inouïe qu'il y a à montrer une reine de France en conférence avec un Buridan dans une taverne ; et je vous assure que personne n'y songe. Comme la scène est rapide ! comme le mot : « Mais je veux tout cela ! » tombe à l'improviste sur le public qui éclate de rire ! et la scène suivante, celle où Marguerite, par une ruse de femme, se fait remettre les tablettes accusatrices, en arrache la page qui forme preuve contre elle et les rend à Gaultier d'Aulnay qui n'y voit que du feu, comme elle est menée vivement ! Ah ! ce n'est pas Dumas père qui s'attarde aux analyses de la passion ! Le fait, rien que le fait ! Il faut que les tablettes passent un instant aux mains de Marguerite ; Dumas ne met que juste ce dont a besoin le public pour comprendre la faiblesse de Gaultier d'Aulnay. Il n'insiste que sur ce point : sur le serment prêté.

— J'ai juré, répète Gaultier, juré sur l'honneur.

Croyez-vous que ce soit pour faire de belles phrases sur le sentiment de l'honneur. Vous seriez loin de compte. C'est que tout à l'heure, pour un coup de théâtre, un des plus beaux qu'il y ait dans l'histoire de l'art dramatique, il sera obligé d'invoquer la religion du serment, et sera bien aise de trouver cette foi profondément imprimée au cœur de son public.

L'acte qui suit est un des plus étonnants que je connaisse.

L'arrestation du premier ministre par Buridan, à la porte du Louvre, au milieu de toute la cour qui attend, forme un spectacle curieux, et d'autant plus saisissant que l'on aperçoit à la fenêtre Marguerite qui complote avec Gaultier d'Aulnay et lui désigne du doigt le capitaine.

Gaultier descend et c'est lui qui, à son tour, après avoir disposé ses hommes, demande à Buridan son épée.

— Mes tablettes? riposte Buridan.

L'autre les donne; la page a été déchirée.

C'est là que se place le coup de théâtre dont je parlais tout à l'heure. Il y a longtemps que je le connais : je l'attendais, et cependant il est si soudain, si terrible, que je n'ai pu m'empêcher l'autre soir d'en tressaillir.

Avec la page a disparu la preuve que Philippe d'Aulnay avait été assassiné par l'ordre de Marguerite, et c'est Marguerite qui l'a arrachée, cette page, profitant de la faiblesse de Gaultier d'Aulnay qui a trahi son serment.

— Mais qu'y avait-il donc écrit sur cette page?

— Il y avait...

Et ici toute la salle pense que Buridan va dire la vérité; qu'il va prendre à partie Marguerite, qui assiste à l'entretien du haut de sa fenêtre. Marguerite le croit elle-même, car elle crie aux soldats : « Emmenez cet homme ! emmenez-le ! » Elle a donc peur d'une révélation.

Mais remarquez que cette scène, si l'auteur avait le tort de s'y engager, ne saurait aboutir. La page et l'accusation qu'elle contenait n'existent plus; jamais Buridan, quelle que soit la force de ses serments, ne convaincra Gaultier. Ce ne sera donc plus qu'une scène de récriminations inutiles, une scène qui ne mènera à rien, qui n'ira pas vers une fin certaine. Et cependant, cette scène, on la prévoit, on l'attend. Comment se tirer de là?

Par une inspiration de génie.

Buridan regarde Gaultier entre les deux yeux, et d'une voix méprisante :

— Il y avait sur ces tablettes, il y avait : Gaultier d'Aulnay est un homme sans foi et sans honneur, qui ne sait pas garder un jour ce qui a été confié à son honneur et à sa foi. Voilà ce qu'il y avait, gentilhomme déloyal, voilà ce qu'il y avait !

C'est comme si Buridan disait : J'ai perdu la partie; je renonce à la lutte. Mais il le dit d'une façon imprévue, éclatante, souveraine, comme il convient à un héros.

S'il s'avoue vaincu, c'est donc que la pièce est terminée; car le sujet du drame, c'est la lutte de Buridan et de Marguerite; mais non, il se retourne vers la reine, et la regardant au balcon :

— Bien joué, Marguerite ! à toi, la première partie, mais à moi la revanche, je l'espère !

Et la pièce rebondit sur ce mot qui termine l'acte.

Je ne vois guère de franchement mauvais et ennuyeux dans cette *Tour de Nesle* que l'acte où le roi Louis X rentre dans sa bonne ville de Paris. Ce n'est pas seulement parce que ce roi est d'un ridicule achevé : c'est qu'il n'a rien à faire dans l'action. Il pourrait commettre d'aussi prodigieuses extravagances que sa femme, on les lui pardonnerait, volontiers, si elles étaient utiles aux développements de toute cette aventure. Mais point; il n'arrive au Louvre que pour édicter des impôts dont nous ne nous soucions point, et pour donner sa main à baiser. Il est là et ne fait rien; c'est un personnage inutile, et aussitôt le drame languit.

L'action reprend par bonheur aux deux derniers tableaux et se précipite, haletante, vers cet admirable dénoûment, qui est classique aujourd'hui. L'effet, me dit-on, en fut foudroyant le premier soir : il nous a encore émus l'autre jour, malgré l'heure avancée de la nuit et la fatigue d'une représentation interminable.

Dumaine avait été pris vers le milieu de la soirée d'un cruel enrouement qui lui a retiré une partie de ses moyens. Il m'a semblé qu'il criait trop ; peut-être voulait-il lutter contre la brume dont sa voix était couverte.

M^me Marie Laurent me semble être mieux restée que Dumaine dans la tradition romantique. Elle a donné à Marguerite de Bourgogne l'aspect farouche qui lui convient ; elle a exprimé avec force et grandeur ses passions sauvages ; elle a remporté un de ces grands succès dont elle est coutumière. Taillade est bien nerveux et bien saccadé. Il n'a pas, ce me semble, ces allures libres et fières qui siéent au drame de 1830. Ce n'en est pas moins un artiste très convaincu, et qui a toujours dans tous ses rôles quelques superbes éclairs de passion. Louis X est dans la pièce un triste sire ; mais il faut avouer aussi que l'on a choisi pour le représenter un singulier comparse, qui a fait plus d'une fois sourire les spectateurs.

1<sup>er</sup> octobre 1877.

# MADEMOISELLE DE BELLE-ISLE

La Comédie-Française vient de reprendre avec un grand éclat *Mademoiselle de Belle-Isle*, pour le troisième début de Mᵐᵉ Émilie Broisat. Elle avait en même temps, pour augmenter encore l'intérêt de cette représentation, confié le rôle du duc de Richelieu à Delaunay, qui le jouait pour la première fois.

Mᵐᵉ Broisat a beaucoup réussi. Ce personnage élégiaque est un de ceux qui vont le mieux à sa figure et à son talent. Elle a dit les premières scènes avec beaucoup de grâce et de dignité. Elle a eu, dans les dernières, d'adorables mouvements de passion et des emportements de douleur qui ont ému toute la salle. Sa voix est une musique délicieuse, et les notes tendres en ont un charme pénétrant. Lorsque, jetant les bras autour du cou de son amant, elle s'est écriée : Je t'aime toujours, m'aimes-tu encore? il y avait tant de câlinerie amoureuse et chaste dans la façon dont cette phrase a été modulée, que le public tout entier a battu des mains.

Delaunay ne donne peut-être pas à Richelieu la désinvolture impertinente et la légèreté cynique de badinage que nous sommes habitués à chercher dans ce personnage. Il le joue plus en homme de nos jours; il en fait un Delaunay. Il marche plutôt qu'il ne pirouette sur ses talons rouges. Il a trop l'air de croire à tout ce qu'il dit. C'est une autre façon de concevoir le personnage : cette interprétation le modernise, et peut-être, après tout, Delaunay a-t-il bien fait de le prendre ainsi, ne cherchant point à forcer ses qualités naturelles, ne s'occupant que de bien dire.

Il a trouvé, dans cette voie, des effets nouveaux et curieux. Vous vous rappelez cette fameuse partie de dés, où l'enjeu n'est autre que la vie. Le chevalier d'Aubigny amène neuf. Le duc de Richelieu secoue longtemps les dés dans le cornet, et les jette sur la table : ils marquent onze. Leroux se levait lestement d'un air de triomphe :

— Onze! criait-il d'une voix gaie.

Delaunay reste penché sur le tric-trac :

— Onze! laisse-t-il tomber tout bas, comme à regret, avec l'air de dire : Pauvre garçon! quel dommage! il va se croire obligé de se tuer! j'en suis vraiment fâché pour lui.

Ce n'est qu'un détail assez mince, mais qui peut vous donner une idée de cette interprétation nouvelle en son ensemble. Les passages que j'appellerai humains, ceux où l'on sent battre un cœur presque attendri, ont été dits à merveille par Delaunay. Ceux où s'étale l'insolente fatuité du grand seigneur libertin n'ont pas été (à mon avis au moins), enlevés avec assez d'éclat. On y sent la note bourgeoise.

Nous avons déjà vu les autres acteurs dans leurs rôles, sauf Joumard, que je ne me rappelle pas dans le duc d'Aumont. Il le joue assez plaisamment; mais ce jeune artiste me semble avoir le comique un peu monocorde.

La pièce a été écoutée avec un plaisir extrême, et il est vrai que c'est une des mieux faites qu'il y ait au théâtre. Je parle fort souvent, depuis un an ou deux, de rythme et de mouvement dans ces études d'art dramatique. Voici une comédie où ces qualités sont bien sensibles et se peuvent analyser facilement. Je suppose l'œuvre connue de vous; si vous ne l'avez ni vue ni lue, vous ne trouverez aucun goût aux réflexions qui vont suivre.

Remarquez tout d'abord, comme les personnages s'opposent les uns aux autres et se font pendant. D'un côté, vous avez Richelieu et M^me de Prie, dont la gaieté est brillante et légère; qui ne voient dans l'amour qu'un plaisir d'une heure. De l'autre, d'Aubigny et sa fiancée, deux personnages tendres et tristes, dont la passion a quelque chose des fièvres et des fureurs du romantisme. Ces rôles se répondent et donnent à l'esprit, grâce à leurs dissonances calculées, cette sensation d'harmonie, sans laquelle il n'y a pas d'œuvre d'art.

Vous lirez souvent chez les critiques dramatiques, qu'au théâtre il faut toujours, si l'on présente des coquins ou des drôlesses sur la scène, que l'on corrige l'impression fâcheuse qu'ils produiraient, en mêlant parmi eux un honnête homme ou une femme vertueuse. On en donne pour raison que le public ne saurait supporter le vice sans mélange; qu'il a un secret besoin de vertu... et l'on dit juste en parlant ainsi.

Mais à cette raison, toute morale, on en pourrait ajouter une autre tirée des lois qui règlent tout art. C'est qu'il n'y a point de belle œuvre, en aucun genre, sans opposition symétrique, sans correspondance plus ou moins exacte des diverses parties qui se rappellent les unes les autres en se faisant face. Il est bien évident que toute liberté est laissée dans le jeu de ces oppositions; qu'il n'y a pas besoin d'une rigoureuse symétrie, qui souvent ennuierait les yeux; mais dans tous les arts, et avant tout au théâtre, l'esprit ne goûte un plein repos et un plaisir sans mélange que dans l'arrangement de parties bien équilibrées qui se répondent.

Il y a, quand on joue *Mademoiselle de Belle-Isle*, une

vive satisfaction pour le public dans cet entre-croisement de scènes qui ramènent les deux couples, à intervalles à peu près égaux, et les fait valoir par l'opposition même qui s'établit entre eux.

Le drame est fondé tout entier sur l'erreur d'un homme qui a cru se trouver seul la nuit avec une jeune fille qu'il prétendait déshonorer, tandis qu'il l'a passée avec une ancienne maîtresse à lui, qui lui a joué ce tour. Si *Mademoiselle de Belle-Isle* avait été en trois actes, c'est à la fin du premier acte qu'il aurait fallu mettre cette situation primordiale. Ainsi a fait Scribe, pour une situation à peu près semblable, dans les *Malheurs d'un amant heureux* que nous avons vu jouer dimanche dernier, à une matinée du Gymnase. Mais la pièce de Dumas est en cinq actes ; c'est donc au second que le tableau a dû être reculé ; la comédie a été ainsi coupée en deux parties dont la longueur est inégale, parce que leur importance l'est en effet, mais qui ne sont pourtant pas si dissemblables qu'elles ne puissent se faire contrepoids.

Cette situation était bien scabreuse ; tranchons le mot, elle était bien absurde, d'une révoltante absurdité. Il fallait donc l'imposer au public, la lui faire avaler de gré ou de force ; car si l'on n'y réussissait point, il n'y avait plus de pièce.

Oui, ce point de départ blesse à la fois et la vérité et les bienséances. Il est incroyable aussi bien qu'inadmissible. Il a été admis pourtant, et du premier coup et sans réserve, par un public qui n'y a jamais vu que du feu. C'est qu'en art dramatique on n'a point affaire à un philosophe qui raisonne, mais à douze cents spectateurs qui sentent ; on a cause gagnée quand on trouve moyen, fût-ce contre tout bon sens et toute vérité, de les étourdir et de les mettre dedans. Pour cela, la logique ne sert à rien ;

elle ne pourrait même que nuire ; c'est ici l'instinct qui triomphe, le tempérament, le don, le génie.

Quand ces audaces ont réussi, il ne reste plus qu'à le constater, en s'inclinant. Mais elles ont bien leurs périls. Ainsi Dumas, dans cette même pièce de *Mademoiselle de Belle-Isle*, en avait rêvé une autre, qu'on l'a, par bonheur, empêché de mettre à exécution. Vous vous souvenez que Raoul, croyant tenir en main les preuves certaines de l'infidélité de sa fiancée, la presse et la force en ses derniers retranchements. Elle, qui n'est point coupable, qui ne peut s'expliquer ce concours inouï de circonstances fatales, ne sait et ne peut répondre qu'en protestant. Poussée à bout enfin, elle disait dans la première version :

— Je suis à vous, Raoul, et ne serai jamais qu'à vous. Voici la clef de ma chambre ; vous êtes, dès aujourd'hui, mon maître et seigneur ; demain, je serai votre femme, si vous me jugez encore digne de ce titre.

Il est clair que je ne cite pas les termes exprès d'un texte qui n'existe plus ; mais c'était le sens. Raoul prenait la clef, et la toile tombait. Quand elle se relevait, on voyait Raoul sortir de la chambre de sa maîtresse :

— Et moi, s'écriait-il, qui l'avais accusée ! Misérable que je suis, je la calomniais...

On me conte que M. Régnier, à qui fut communiquée d'abord la scène ainsi faite, regarda Dumas d'un air effaré :

— C'est une plaisanterie, lui dit-il. Vous ne pensez pas sérieusement à mettre sur la scène une situation semblable ?

Mais non, ce n'était pas une plaisanterie. Il paraît que l'on eut beaucoup de peine à faire renoncer Alexandre Dumas à son idée. Il est bien probable que celle-là n'eût pas été acceptée. Elle offre à l'esprit des images trop dé-

7

sobligeantes. L'instinct cette fois se trompait et faisait fausse route, bien qu'on ne puisse savoir, le projet n'ayant pas eu de suite, quel accueil il aurait rencontré chez le public.

Revenons à la version définitive de *Mademoiselle de Belle-Isle*. Le duc de Richelieu a jeté son billet par la fenêtre ; le chevalier d'Aubigny l'a ramassé. Il est évident que l'acte suivant doit être consacré tout entier à l'explication qui ne peut manquer d'avoir lieu entre l'amoureux jaloux et sa fiancée qui ne sait rien de tous ces événements. L'explication est d'autant mieux attendue qu'à l'acte précédent M<sup>lle</sup> de Belle-Isle a donné rendez-vous au chevalier à huit heures du matin.

Elle se résume dans ces deux mots :

— Que signifie ce billet ? Vous avez donc reçu le duc hier soir ?

— J'ignore ce que vous voulez dire.

Eh bien ! prenez l'acte ; vous verrez ce que c'est que le mouvement dans une pièce. Toutes les idées qui sont les corollaires de cette double phrase, tous les sentiments qu'elle comporte vont dans un ordre admirable, et par une progression continue, jusqu'à leur dénoûment inévitable :

D'Aubigny s'élance hors de la chambre en s'écriant :

— Que le ciel vous pardonne, alors ! Mais ce que je sais bien, c'est que je ne vous pardonnerai pas.

Et, de son côté, M<sup>lle</sup> de Belle-Isle tombe à genoux, et sanglote :

— Mon Dieu ! mon Dieu ! ayez pitié de moi.

La situation est arrivée à son dernier degré d'intensité ; les deux amants n'ont plus rien à se dire ; ils ont épuisé de part et d'autre les raisons et les sentiments qu'elle enferme, et la toile tombe.

C'est une longue phrase musicale, qui a ses temps d'arrêt et ses retours, ses rappels de ton. Elle commence piano; d'Aubigny est nerveux, agité, inquiet; il prélude quelque temps aux reproches qui vont éclater; les voilà qui partent et qui grondent; ils se mouillent bientôt des excuses que la passion trouve toujours; il suppose à un événement qui lui semble monstrueux, impossible, des causes qui écartent du front de sa maîtresse tout soupçon d'infidélité; mais il ne tarde pas à comprendre qu'il se flatte de chimères, et c'est à ce moment qu'il y a un premier temps d'arrêt, une modulation, si vous voulez.

Le duc, lui, doit savoir la vérité du fait. Il n'y a qu'à la lui faire attester. Raoul écoutera caché la conversation qui va se tenir entre le prétendu séducteur et la chaste fiancée. Il y consent, et l'entretien a lieu en effet, le chevalier écoutant.

Remarquez, je vous prie, que d'objections la scène soulèverait, si l'on jugeait les choses au point de vue de la raison seule. Comment d'Aubigny peut-il écouter si longtemps, sans mot dire, une conversation si étrange, et qui doit lui briser le cœur. Je vous prie de vous y reporter! Quoi! il a vingt-cinq ans, une épée au côté, il ne s'élance pas sur la scène, il ne prend pas le duc à la gorge, il ne le provoque pas!

Eh! mon Dieu, non! et personne ne songe à lui en vouloir. C'est que le mouvement de la situation nous porte ailleurs. La phrase musicale des reproches n'a été qu'interrompue tout à l'heure; nous sentons qu'elle va reprendre à l'instant sur un rythme plus accéléré, et nous l'attendons. Il nous tarde que le duc de Richelieu soit parti pour voir d'Aubigny sortir de son cabinet et le duo recommencer.

Il reprend en effet, plus douloureux, plus terrible, jusqu'à ce que Mlle de Belle-Isle, n'en pouvant plus, crie un mot qui nous brûle à tous les lèvres :

— J'ai fait un serment ! j'ai juré... un serment terrible.

Et à ce nouveau point culminant de la scène, une nouvelle modulation :

— N'y aurait-il point quelqu'un, demande d'Aubigny, qui pourrait vous relever de ce serment ?

— Eh ! oui ! la marquise...

Le duo s'arrête une seconde fois... Mais la marquise est sortie ; elle ne rentrera pas de la journée...

Le temps d'arrêt n'est que d'une seconde, la période rythmique se remet en marche ; elle court, elle se précipite, jusqu'aux deux cris suprêmes qui la terminent, et laissent le public haletant.

Ça, voyez-vous, c'est le style dramatique. Relisez cet acte ; il est médiocrement écrit ; ce sont des phrases inachevées ; des formules de langage démodées ; parfois même du bric-à-brac de mélodrame romantique ; vous pouvez en faire, à ce point de vue, toutes les critiques qu'il vous plaira. Oui, mais il a le mouvement : il vous emporte, d'un souffle régulier, par une progression continue, vers un but déterminé d'avance. Il est d'un écrivain de théâtre.

Le cinquième acte n'est pas moins admirable en ce genre. C'est la même scène, renouvelée par les circonstances, qui en ont changé l'aspect, tout en laissant les personnages dans les mêmes sentiments où nous les avons vus. Vous y trouverez deux des plus merveilleuses modulations qui se puissent entendre au théâtre.

Vous savez que d'Aubigny a joué sa vie contre le duc de Richelieu et qu'il a perdu ; il n'a que six heures avant de payer sa dette ; il n'a pas voulu quitter la vie sans faire ses adieux à celle dont l'infidélité le tue. Au moment qu'on le voit entrer, on sait très bien qu'il vient prendre congé avec l'intention formelle de ne pas souffler mot du dessein qu'il médite.

Et, en effet, il ne parle à sa maîtresse que d'un voyage qu'il va faire, et il lui remet des papiers qu'elle doit ouvrir en cas de malheur. Mais son air est si sombre, en parlant ainsi, que sans deviner la vérité, elle soupçonne un malheur :

— Vous ne partirez pas, s'écrie-t-elle. Vous partez, parce que vous me croyez coupable; mais je ne la suis pas...

Et, n'en pouvant plus, elle laisse échapper une partie du secret qu'elle a juré de garder pour elle. Mais cette partie ne suffit pas à désabuser son amant; c'est l'autre qu'il faudrait pouvoir dire, et elle ne le peut que si le duc de Bourbon a quitté le pouvoir. Or un mot, que le hasard fait tomber des lèvres de d'Aubigny lui apprend que le duc vient en effet d'être destitué.

C'est là, sur ce mot, que la phrase musicale reste suspendue, et, par une modulation très puissante que Dumas s'est plu à marquer d'un fort temps d'arrêt, change de caractère.

— Ah! Raoul, nous sommes sauvés.

Et aussitôt elle explique à son amant tout ce qui s'est passé, et ce que nous savons depuis longtemps, comment le duc de Richelieu n'a pu la voir, puisqu'en cette nuit fatale, elle était à la Bastille, dans les bras de son père.

C'est un duo triomphant qui commence; des effusions de tendresse et de reconnaissance, ils sont heureux; plus de doutes, plus de craintes. L'orchestre déchaîne toutes les sonorités de la victoire et de la joie, quand tout à coup on entend une nouvelle modulation qui s'annonce et se prépare de loin :

— Mais si cela est ainsi, s'écrie d'Aubigny, il mentait

donc, ce duo! c'était donc un infâme! Une demi-heure seulement pour le retrouver et me venger de lui!... Oh! une demi-heure! rien qu'une demi-heure!

La malheureuse jeune fille ne comprend rien à ce changement de tonalité. Qu'y a-t-il encore? que se passe-t-il? Et Raoul, en phrases entrecoupées, lui conte l'histoire du duel, du coup de dés, et comment il lui faudra, sous peine de forfaire à l'honneur, dans une heure au plus tard, se faire sauter la cervelle.

Et le duo reprend, duo éperdu, duo de passion exaltée, de douleur, de colère, d'amour, de désespoir, jusqu'à ce qu'une voix dans la coulisse l'interrompe, comme fait le coup de trombone qui annonce, dans l'opéra de *Don Juan*, l'arrivée du commandeur. C'est celle du duo. Il apporte le dénoûment.

Peut-être bien des gens trouveront-ils cette analyse un peu longue et subite. Je les prie de considérer qu'elle n'est pas faite pour l'unique plaisir de critiquer une pièce de Dumas père, qui, après tout, n'est pas un chef-d'œuvre de premier ordre. Elle a des visées plus hautes et plus générales. Vous pouvez, à votre gré, transporter cette étude et l'appliquer à une foule de scènes du vieux répertoire ou du répertoire moderne. Elle rend raison de nombre de succès, qui étonnent parfois.

On se demande pourquoi telle scène réussit, qui souvent n'a pas l'ombre du sens commun; pourquoi telle situation, impossible ou ridicule, saisit le spectateur et lui arrache des applaudissements. Cherchez bien, vous trouverez le plus souvent que vous cédez à l'attrait obscur du rythme dramatique. L'auteur a ce don magique du mouvement, et il vous entraîne où il veut, malgré vous, derrière lui.

12 avril 1875.

# SCRIBE

## BERTRAND ET RATON

Quand j'entrai dans la critique, en 1859, *Bertrand et Raton* était encore au répertoire courant, comme la *Camaraderie*, *Une Chaîne* et le *Verre d'eau*. On jouait toutes ces pièces, comme on fait aujourd'hui du *Gendre de M. Poirier*, ou de l'*Ami Fritz*, sans convier la presse. Si le chef d'emploi abandonnait un rôle, le second prenait sa place; on lui donnait le matin en raccord, et tout était dit.

C'est M. Perrin qui a laissé disparaître de l'affiche les quatre grandes œuvres de Scribe; il n'a gardé de lui au répertoire que deux ouvrages d'une moindre envergure et nous pouvons ajouter d'un mérite moindre : *Bataille de Dames* et *Oscar ou le mari qui trompe sa femme*. Toute une génération nouvelle s'était élevée, qui n'avait plus conservé qu'un souvenir vague de *Bertrand et Raton*. Beaucoup même ne l'avaient jamais ni vu ni lu, non plus que la *Camaraderie*, non plus même que le *Verre d'eau* et *Une Chaîne*, qui ont pourtant duré plus longtemps, grâce à Bressant, qui avait trouvé dans le lord Bolingbroke de l'un et dans le mari trompé de l'autre deux de ses rôles les plus brillants.

Non, ils ne l'avaient ni vu ni lu pour la plupart, et ils n'en déclaraient pas moins par avance que l'œuvre devait être démodée, ennuyeuse, vieux jeu; ils étaient, avant que le rideau se levât, déterminés à n'y prendre aucun plaisir. Scribe, il ne faut pas se le dissimuler, a beaucoup perdu dans l'estime publique. Il est en baisse, comme on dit. Nous ne sommes plus guère qu'un petit nombre « d'adorateurs zélés », qui, tout en reconnaissant les défauts de sa manière, le tenons pour le plus ingénieux, le plus fécond, le plus habile ouvrier en art dramatique qu'il y ait jamais eu dans le monde. Quand nous nous avisons de le louer, on nous accable d'un mot, que Banville a mis à la mode : « Ah ! oui, *monsieur Scribe* ». Ce *monsieur Scribe* prononcé d'une certaine manière, avec une intonation à la Prudhomme, répond à tout. Comment avoir le courage d'admirer un homme dont on ne parle qu'en l'appelant : *Monsieur Scribe!*

Quelle chose étrange que la vogue cependant ! Voilà un écrivain qui a, durant trente années, régné sur la scène ; il a prodigué les grandes pièces par centaines et les vaudevilles par milliers ; il a formé une école d'où il est sorti des écrivains dramatiques supérieurs, et il en est demeuré le chef incontesté; il a compté à lui tout seul plus de succès, et de succès de tous les genres, que tous nos dramaturges contemporains réunis; il résume le théâtre de son temps. Un beau jour, le goût change ; aussitôt son répertoire s'en va presque tout entier à vau-l'eau, la foule ne sait plus de lui que son nom, qui évoque des images de manches à gigot et de chapeaux en cabriolet; les beaux esprits le raillent et croient l'avoir étranglé d'un mot, qui n'est qu'une turlupinade. Sardou a beau répéter aux jeunes gens : Lisez Scribe ! Étudiez Scribe ! C'est chez lui que vous apprendrez

le théâtre. Non, le pli est pris; c'est *monsieur Scribe*, il n'en
faut pas plus; et quand la Comédie-Française, reprenant
une de ses œuvres les plus admirées, convie à l'écouter le
public ordinaire des premières représentations, elle trouve,
au lieu d'auditeurs prévenus de sympathie, des gens maus-
sades ou gouailleurs, qui ont pris leur parti de juger la
pièce exécrable et de s'y ennuyer.

Cela est certain : le rideau s'est levé sur le premier acte
devant une salle, je ne dirai pas hostile, mais défiante et
revêche.

Il n'était pas fait, ce premier acte, pour les ramener et
les apprivoiser.

Scribe a pour habitude, dans les pièces qui doivent se répandre sur cinq actes, d'employer le premier tout entier à
disposer patiemment et ingénieusement tous les fils de
l'intrigue future. Il ne s'inquiète pas d'amuser son public
pour le moment : il se contente de le mettre au courant. Il
a besoin qu'on sache tel et tel événement; il les raconte; à
un premier récit en succède un autre. Il a besoin que vous
fassiez connaissance avec les personnages qui mèneront
l'action; il vous les présente l'un après l'autre : celui-ci
est monsieur un tel, il a tel caractère; il est capable, tel
cas échéant, de se conduire de telle ou telle façon. Il a l'air
de dire aux spectateurs : Voyons! convenons bien de nos
faits, n'est-ce pas? Nous sommes d'accord. Vous savez
que les choses se sont, jusqu'à l'heure où s'ouvre le drame,
passées de la sorte; quand monsieur reviendra, dans le
courant de la pièce, vous le reconnaîtrez bien, n'est-ce pas?
à ce petit signe que j'ai mis à son chapeau. Voilà qui est
parfaitement entendu : en route maintenant.

Un premier acte ainsi conçu n'est jamais très divertissant. Il demande beaucoup à l'attention du public, et ne
fait pas grand'chose pour son plaisir.

7.

Notre manière est tout autre.

Le premier acte dans les pièces contemporaines (dans un grand nombre, tout au moins) nous jette tout à coup dans une action violente, en plein drame. Les personnages s'agitent et se livrent devant nous, sans nous avoir été présentés, à tous les transports de la passion qui les occupe. Si la pièce, au lieu d'être dramatique, appartient à la comédie de genre, ils commencent par tirer des feux d'artifice d'esprit et de verve qui nous éblouissent. Les premiers actes de nos ouvrages contemporains sont toujours bien plus gais, bien plus brillants, dans le vaudeville, bien plus émouvants, bien plus pathétiques, dans le drame, que ceux de Scribe et de son école.

Oui, mais Scribe reprend ses avantages aux actes suivants. Il ressemble au jockey qui a ménagé son cheval au départ.

Quand vous avez fini d'écouter ce premier acte de *Bertrand et Raton*, j'avoue que vous n'avez pas goûté un plaisir bien vif. On s'y ennuyait peut-être un peu moins il y a quarante ans qu'aujourd'hui, parce qu'on était arrivé au théâtre avec cette idée préconçue qu'un premier acte n'est jamais et ne doit jamais être divertissant. On ne s'y amusait pourtant pas. Que de choses en revanche vous avez apprises, qu'il vous fallait absolument savoir, pour suivre avec intérêt une action aussi compliquée que celle qui emplit ces cinq actes !

Vous avez fait connaissance avec le diplomate Rantzau ; et vous savez que les imbéciles qui l'entourent seront des marionnettes, dont il gardera les fils en main, sans en avoir l'air. Vous savez l'amour d'Eric, le fils d'un simple commerçant, pour la charmante Christine de Falkensfield, qui doit épouser ce sot vantard et poltron, le colonel de Koller. Vous avez vu, dans une scène épisodique, que l'auteur a rattachée avec un art merveilleux à la donnée principale, la bonne figure importante et réjouie de Raton Burkenstaff, le marchand de soieries ; on vous a laissé entrevoir que ce Raton allait, sans s'en douter, tirer du feu les marrons que croquera Rantzau, le fin matois. Le sujet est exposé avec une clarté et une sûreté admirables. Il n'y aura pas, dans tout le cours de la pièce, une seule scène, un seul coup de théâtre dont vous ne retrouviez les origines dans le premier acte, que vous n'eussiez pu prévoir vous-mêmes en suivant logiquement les indications de la donnée.

C'est là un résultat qui valait bien sans doute que vous vous résignassiez à prendre quelque peine. Et d'ailleurs, cette peine, ne la prenez-vous pas dans les trois quarts des œuvres tirées de notre vieux répertoire ? Est-ce que jamais dans nos tragédies classiques ou dans nos antiques comédies le premier acte se compose de rien autre que de récits ou de scènes d'exposition ? C'est la nécessité des choses qui le veut ainsi ; et j'enrageais lorsque, au sortir du premier acte, on me disait dans les couloirs :

Eh bien, votre Scribe est-il assez crevant ?

— A la bonne heure, mais attendons la fin !

La fin ! Il n'y a pas même eu besoin d'attendre si longtemps. Dès le second acte, les esprits les plus moroses, les mauvaises humeurs les mieux roulées en boule de hérisson, ont commencé de se détendre et de s'égayer.

C'est qu'il est charmant, ce second acte, et ce qui a fort surpris ce public grincheux, c'est que, loin d'être vieilli, démodé, troubadour et vieux jeu, comme on l'avait prédit, il avait l'air d'être écrit d'hier.

Il se passe, comme vous savez, dans le magasin de Raton Burkenstaff, le marchand de soieries. Ce pauvre homme est le premier type de ces bourgeois vaniteux et tracassiers qui se mêlent des affaires publiques sans y rien connaître, et font des révolutions sans les avoir prévues. Raton s'imagine être devenu l'idole du peuple ; il croit que c'est lui qui a déchaîné l'émeute, et qui peut, d'un seul geste, tout faire rentrer dans l'ordre. Il ne se doute pas qu'il n'est qu'un instrument commode aux mains de Bertrand de Rantzau, qui le fait mouvoir en s'effaçant derrière lui.

L'importance et l'infatuation de ce bourgeois sont marquées de traits d'une vérité qui a surpris les jeunes gens. Il y a sur les révolutions des mots d'une profondeur et d'un à-propos qui ont saisi d'abord le public étonné, et puis qui l'ont fait éclater en applaudissements.

— Eh mais ! ce Scribe n'était donc pas si superficiel qu'on voulait bien le dire ! Lui aussi, c'était un observateur à sa manière ! Ce Raton de Burkenstaff, avec ses prétentions à la politique ; sa femme, la M<sup>me</sup> Jourdain du *Bourgeois gentilhomme*, avec son bon sens de verte allure, mêlé d'une sensibilité que ne lui avait pas donnée Molière ; son commis, Jean, le gavroche parisien, prompt aux émeutes, criant n'importe quoi pour n'importe qui, parce que c'est amusant de faire du bruit ; ce Rantzau, le diplomate froid et fin ; ce Koller, le soldat qui perd la tête, demande conseil à tout le monde et se range toujours de l'avis du dernier qui parle : tous ces gens-là avaient une physionomie particulière et distincte. A supposer même qu'ils n'eussent pas le relief prodigieux qu'un Molière, un Augier ou un Dumas donne à ses figures, ils étaient encore reconnaissables à de certains traits généraux suffisamment marqués. Ils vivaient d'une vie propre.

Et peu à peu je vis avec un plaisir infini le public se laisser prendre, en dépit de ses résolutions premières, à cette action si ingénieusement conduite, dont les fils se croisent, se dénouent et se remmêlent sans cesse, jusqu'à ce que le dénouement, un dénouement logique et spirituellement amené, remette chacun à sa vraie place, Raton à sa boutique, d'où il n'aurait jamais dû sortir, et Bertrand au pouvoir, dont il est seul digne, car il n'y a que lui, parmi ces imbéciles, qui ait de l'esprit, qui sache ce qu'il veut, et qui le veuille.

A mesure que les actes passaient, la curiosité devenait plus vive dans la salle. Il n'y avait pas à dire, on s'amusait. Je ne soutiendrai pas, par exemple, qu'on ne fût quelque peu dépité de s'amuser; qu'on n'en voulût pas à *monsieur Scribe* de l'amusement que donnait sa pièce. Mais on s'amusait; la chose était visible. Et, quand le rideau tomba sur le dernier acte, les applaudissements éclatèrent d'eux-mêmes; *monsieur Scribe* avait reconquis le plus difficile des publics, un public qui était entré dans la salle prévenu contre lui et déterminé à le traiter de perruque. Il aura moins de peine avec ceux qui suivront.

Et il faut d'autant mieux la louer que la pièce n'a pas été jouée par des artistes qui avaient le sens de Scribe.

Entendons-nous : ce n'est pas une critique que je veux adresser à d'éminents comédiens, qui ont du talent et qui en ont beaucoup déployé dans cette soirée de résurrections. C'est un fait que je constate, et que je voudrais vous faire toucher du doigt.

Tenez, prenons pour exemple M<sup>lle</sup> Bartet.

M<sup>lle</sup> Bartet avait été chargée, au défaut de M<sup>lle</sup> Baretta, empêchée aujourd'hui, du rôle de Christine de Falkensfield. M<sup>lle</sup> Bartet l'a rendu avec sa supériorité accoutumée. On lui a battu des mains, et, le lendemain, tous les journaux se sont épuisés à louer son ardeur de passion, sa diction juste et véhémente, tout cet ensemble de qualités qui font d'elle une comédienne de premier ordre.

Je souscris à tous ces compliments; je les crois mérités. J'ajouterai même que, cette fois comme toutes les autres,

M¹¹ᵉ Bartet s'est montrée artiste incomparable. Elle a été pathétique, sublime, divine, tout ce qu'il vous plaira; je conviendrai de tout; seulement, ce n'était pas ça du tout; mais du tout, du tout; ce n'était plus du Scribe...

Éric, l'homme qu'elle aime, a été surpris dans sa chambre. Pour lui sauver l'honneur, il a déclaré qu'il était caché là comme conspirateur, et, comme il est le fils de Raton de Burkenstaff, le chef du peuple, on l'a cru aisément. On lui a fait son procès en vingt-quatre heures : il sera passé par les armes.

Christine veut le sauver; elle répand sa douleur dans le sein de M^me Raton, la mère d'Éric, et elle demande sa grâce à son père, le baron de Falkenstield, premier ministre.

Voilà des scènes émouvantes.

Savez-vous le tort de M¹¹ᵉ Bartet? Elle les joue comme *si c'était arrivé*, et, chez Scribe, *ça n'est pas arrivé!*

Vous allez me comprendre.

Nous sommes au dernier acte du *Médecin malgré lui*. Sganarelle vient d'apprendre qu'il sera pendu pour ses méfaits.

Sa femme entre : il l'instruit du sort cruel qui l'attend. Sa femme se désole. Supposez que l'actrice qui joue Martine se jette à son cou en pleurant de vraies larmes, qu'elle pousse des sanglots désespérés, qu'elle s'écrie avec de grands gestes d'épouvante et de douleur : Mon mari! mon pauvre mari! n'est-il pas vrai que vous sentiriez au fond du cœur une envie secrète de l'arrêter dans ses manifestations et de lui crier : Hé! là là! ne prenez pas tant la chose au sérieux. Votre mari sait bien, et nous savons aussi que tout cela n'est pas sérieux! C'est pour de rire, comme disent les enfants. Vous larmoyez à contre-temps et prenez une peine inutile.

Passons à une autre comédie, qui n'est plus de la farce pure.

Nous sommes au troisième acte de *Bataille de Dames*. Le jeune conspirateur (son nom m'échappe) a été arrêté par le terrible préfet, et, comme son jugement est exécutoire dans les deux heures, il est aussitôt envoyé au peloton qui doit le passer par les armes!

La situation est affreuse, n'est-ce pas?

Emmeline, qui l'adore, apprend le danger que court son amant; elle pleure, elle se désespère, elle se jette aux genoux du préfet.

Eh bien! supposez qu'au lieu d'être M$^{lle}$ Reichemberg, Emmeline se présente sous les traits de M$^{me}$ Tessandier, et que M$^{me}$ Tessandier, croie devoir, dans une situation aussi poignante, mettre au plein vent ses qualités dramatiques.

La voilà qui se tord les bras, qui rugit, qui se roule aux pieds de l'impassible préfet, qui lui joue une scène de tragédie ou, si vous aimez mieux, de drame romantique échevelé.

Vous êtes naturellement un peu surpris; vous lui dites :

— Non, ma fille, ne vous désolez pas comme ça; vous êtes chez M. Scribe, c'est un brave homme. Il a pitié des amoureux. Il vous rendra votre beau chevalier au dernier acte et vous mariera avec lui. Il fait semblant de lui mettre la tête sur le billot; nous faisons semblant de croire que sa tête pourrait tomber; faites semblant d'en être émue, car il faut être poli avec tout le monde, mais ça le gênerait, et ça nous gêne, nous, si vous êtes plus émue que de raison, s'il n'y a pas entre l'émotion que vous manifestez et la réalité des choses une certaine harmonie. La réalité, c'est que tout ça n'est pas réel. Ça n'est pas arrivé.

Et voilà pourquoi M$^{lle}$ Reichemberg est charmante dans

le rôle. M¹¹ᵉ Reichemberg n'est pas une grande jeune premičre ; non, c'est une simple amoureuse ; elle a la taille, les yeux, la voix d'une amoureuse, et d'une gentille amoureuse. Et quand de sa voix claire, ingénue et tendre, elle s'écrie : Ah ! mon Dieu ! il va périr sur l'échafaud ! nous sommes tous rassurés par son accent. Nous savons très bien que l'amoureux d'une personne qui a cette voix-là ne périt jamais sur l'échafaud ni autrement. Il se marie au troisième acte.

J'avoue que, lorsqu'il ne doit se marier qu'au cinquième, comme dans *Bertrand et Raton*, il faut pour expliquer ce retard un tantinet plus de conviction. Mais si peu ! si peu !

Mᵐᵉ Baretta ou M¹¹ᵉ Reichemberg eussent suffi à la besogne. M¹¹ᵉ Bartet fait tout de suite irruption dans le drame. Ce n'est pas sa faute. Elle est jeune première ; grande jeune première. Et quelle grande jeune première ! Toujours tumultueuse en dedans, et vibrante en dehors ! Elle a la voix chaude, passionnée, le geste pathétique. Elle pousse même le goût de la tragédie jusqu'à se donner ce qu'on appelle le hoquet tragique.

Cela est admirable de jeu et de diction. Mais Scribe eût frémi d'horreur et ses cheveux se fussent dressés sur sa tête ! Il n'aurait plus reconnu sa comédie.

C'est que chez Scribe, il ne faut pas l'oublier, la comédie n'est jamais que du vaudeville agrandi.

Il prend dans *Bertrand et Raton* l'histoire mystérieuse et terrible de Struensée. Mais pour lui Struensée est un nom qui fera bien dans sa pièce, parce qu'il servira peut-être à des exhibitions de costumes pittoresques. C'est une anecdote de la rue Saint-Denis qu'il entend conter sous le couvert de ce Suédois. Seulement, s'il avait mis la scène rue Saint-Denis, il eût composé la pièce en trois actes et l'eût donnée au Gymnase. Il s'agit de la Comédie-Française. Il l'écrit en cinq actes et la transporte à la cour de Danemark.

Aussi se garde-t-il bien de mettre Struensée au premier plan. Il ne le met même à aucun plan. Il le tient dans la coulisse, à la cantonade, comme il dirait lui-même. On parle sans cesse de Struensée; on ne le voit jamais; il n'a pas de rôle dans la pièce. Il n'en pourrait pas avoir.

Si Struensée paraît, il faudra qu'il prenne en main la direction de la pièce et nous aurons un drame historique. Mais non, c'est un vaudeville. Je veux dire un fait-divers du jour arrangé en forme de fable dramatique. C'est la convention particulière à ce genre de théâtre.

Eh bien, M<sup>lle</sup> Bartet sort de la convention, ou plutôt elle porte dans un genre la convention d'un autre. Elle est excellente en soi et déplacée là. Elle joue très bien; elle ne joue pas du Scribe. Je la supplie de ne point prendre mal ces observations, qui ne la frappent pas directement; j'ai pour son talent la plus vive estime; mais ce talent était cette fois employé hors de propos. Cela est si vrai, que n'importe quelle ingénue, M<sup>lle</sup> Muller, par exemple, eût joué le rôle, je ne dis pas mieux, mais d'une façon plus conforme aux idées de Scribe.

J'adresserai au reste de la troupe un reproche général, dont chacun de ces artistes peut prendre sa part.

Ils jouent trop lentement, trop solennellement, une pièce qui n'est, malgré sa coupe en cinq actes, qu'une comédie de genre, un simple et pur vaudeville. C'est le péché mignon de la Comédie-Française. L'inconvénient a dû, ce me semble, éclater à tous les yeux.

Ah! que je regrette qu'il n'y ait pas pour les pièces de théâtre comme pour les morceaux de musique un métronome qui commande aux acteurs. Il est clair que le vaudeville de Scribe est un six-huit, dont il faut presser l'allégro. Ils l'ont joué à quatre temps, moderato, largo, larghissimo.

Outre que ce sont les habitudes de la maison — la maison de Molière ! — je crois que la façon dont on monte les pièces aujourd'hui est pour beaucoup dans ce ralentissement, qui est très sensible, de tous les mouvements à la scène. Ce n'est un secret pour personne que la Comédie-Française a mis trois mois et quelques jours à monter *Bertrand et Raton*, une pièce dont la mise en scène était connue, et avait été réglée par Scribe lui-même.

Il y a là évidemment de l'exagération.

Nous n'aurions pas à nous préoccuper de ces pertes de temps, si elles n'avaient pas sur le jeu des acteurs une influence fâcheuse. Il est clair que, pour employer un temps si long à des études préliminaires, il a fallu passer des heures à régler tel jeu de scène, tel geste, telle intonation. Une fois que l'acteur en est bien en possession, il ne veut pas avoir perdu le bénéfice de son travail ; il insiste sur l'intonation ou le geste, qu'il a eu tant de peine à conquérir. Quelquefois la claque le souligne. Ce sont autant de points d'arrêt.

Un artiste des plus célèbres, avec qui je causais de cette question du mouvement au théâtre, me disait :

— Il y a un point que vous n'avez pas touché dans votre étude sur la mise en scène, et qui offre matière à des réflexions curieuses. La recherche de l'accessoire a beaucoup contribué à ce ralentissement général des mouvements dont vous vous plaignez. Quand on a dépensé beaucoup d'argent pour couvrir les fauteuils de somptueuses étoffes, pour suspendre aux fenêtres des tentures magnifiques, pour poser sur une table un coffret curieux qui soit du temps, vous ne voulez pas perdre vos frais. Vous vous arrangez pour que, dans le cours de la scène, le spectateur ait le temps d'admirer le coffret, la tenture, le fauteuil et le reste. L'acteur se prête à votre désir, et il a, lui aussi, un détail de costume à montrer, en même temps qu'un effet de voix à faire valoir. Ce ne sont, à chaque fois, que quelques secondes perdues; le mouvement général s'en ressent.

Le mouvement! C'est là ce qui fait le charme et la force de cette troupe de l'Odéon, qui est si jeune et si vaillante. Elle a le diable au corps. Aussi lui suffit-il, pour monter un grand drame en cinq actes et en vers, de vingt et un jours! Il n'y a pas de pièces, me disait un homme du métier, qu'on ne puisse monter en un mois, si l'on veut. Il aurait pu dire : qu'on ne doive monter en un mois. C'est un tort grave en art de s'appesantir sur le détail. La perfection de chaque détail nuit à l'effet de l'ensemble.

3 décembre 1883.

# UNE CHAINE

## I

La Comédie-Française vient de reprendre, après une assez longue interruption, *Une Chaîne,* qui est l'une des meilleures comédies d'Eugène Scribe. La pièce a parfaitement réussi, et elle a paru faire un vif plaisir au public tout entier.

Il est en train de s'opérer dans l'esprit de beaucoup de gens, en faveur de Scribe, une réaction dont je suis les progrès avec curiosité. L'heureux auteur du *Mariage de raison* et de la *Camaraderie* n'avait jamais pu, en son vivant, se faire accepter des lettrés, qui mettaient ses nombreux et incontestables succès au compte de la sottise bien avérée des bourgeois. Théophile Gautier terminait le feuilleton qu'il écrivit en 1841 sur la première représentation d'*Une Chaîne* par ces lignes, toutes pleines de mauvaise humeur :

« Quant à nous, quatre ou cinq années de critique, l'audition et l'analyse de trois ou quatre cents pièces de tout genre, nous ont amené à cette idée, confirmée par le succès de Scribe, que le théâtre, tel qu'on l'entend de nos jours, n'a rien de littéraire ; que la pensée n'y est que pour fort peu de chose... Nous proclamerons donc volontiers que, l'art dramatique n'étant plus qu'un exercice d'adresse, l'auteur d'*Une Chaîne* est l'homme le plus adroit de ce temps-ci ; mais, pour ce qui nous regarde, nous avouons qu'une œuvre sans portée et sans style nous intéressera toujours fort peu. »

C'était là le thème ordinaire de tous les articles écrits sur le théâtre de Scribe. Le public n'en tint d'abord pas grand compte ; car il va tout bonnement où il s'amuse, sans se mettre en peine de nos récriminations. Il pense comme la portière d'Henri Monnier : « Tout ça, c'est des mots d'auteur. »

Mais c'est un fait digne de remarque : le feuilleton, qui n'a point d'action immédiate et décisive, peut tout ce qu'il veut à la longue et à distance. Sa force est dans la répétition constante des mêmes idées. Il n'enfonce un clou qu'en frappant sans cesse dessus et à petits coups. La foule finit par se persuader qu'en effet Scribe n'était pas digne d'attirer l'attention des délicats ; la fatigue s'en mêlait aussi, et l'ennui de ses prodigieuses réussites. Bref, il était en baisse, et ses œuvres avaient subi une dépréciation terrible quand il mourut, assez heureusement pour lui, car l'heure des chutes avait sonné.

Je n'ai vu que ses deux dernières années 1860 et 1861 ; c'était comme un *tolle* général contre le favori d'autrefois. On se sentait contre toute œuvre partie de sa main une sorte d'instinctive défiance : on eût cru faire tort à son esprit de s'amuser à ses pièces. Il courait des phrases toutes faites, de ces phrases terribles, où les Parisiens serrent le cou d'un homme et l'étranglent net : *Scribe, un escamoteur ! — Scribe, le grand homme des portiers !* M. Dumas fils vient d'en trouver une dernière, qui a déjà fait fortune : *Scribe, le Shakespeare des ombres chinoises !*

Le Shakespeare des ombres chinoises ! cela frappe au premier abord. Il semble qu'il y ait là-dessous une pensée profonde. Oui, mais quand on creuse! Ah! diantre! il ne faut pas creuser ces sortes de mots! Quel est le premier mérite de Shakespeare? C'est de mettre en scène des personnages qui vivent d'une vie intense, qui ont une physionomie particulière, des traits caractéristiques, qui expriment une passion et l'éprouvent : Othello, le jaloux; l'ambitieux Macbeth. Le propre des ombres chinoises est au contraire d'être des ombres, des découpages sans consistance et sans réalité : en sorte que dire d'un homme qu'il est le Shakespeare des ombres chinoises, c'est affirmer qu'il est un Shakespeare qui n'est pas Shakespeare, un Shakespeare sans l'être : c'est, en dernière analyse, ne rien dire du tout.

Elle est d'ailleurs fort amusante cette prise à partie de Scribe par Dumas fils. L'auteur du *Demi-Monde* reprend et résume, dans un style vif et pittoresque, toutes les critiques qui ont été jamais adressées à son illustre confrère. Lisez dans l'*Art dramatique* de Th. Gautier (IV$^e$ volume, p. 236) ce qu'il dit de Scribe à propos de la première représentation d'*Oscar*, et prenez ensuite la préface que Dumas fils vient de mettre en tête du *Père prodigue*.

Ce sont les mêmes reproches et les mêmes plaintes : Scribe est bourgeois, il n'a ni le sentiment de la forme, ni du style; il est dénué d'enthousiasme et de passion; son mobile dramatique est l'argent, sa philosophie consiste à démontrer qu'il vaut mieux épouser un portefeuille qu'une femme qu'on aime; et que les intrigues d'amour offrent beaucoup inconvénients, tels que coryzas, chutes, sauts périlleux, surprises et duels.

Ces sentiments commerciaux, exprimés en prose assortie, n'ont plu à la foule que par leur platitude même. Le bourgeois qui assiste à une pièce de Scribe se dit en lui-même (et il a raison) qu'avec de l'habitude et beaucoup de collaborateurs, il en ferait bien autant : que tout le mérite de ce *faiseur* ne consiste que dans une habileté pratique, semblable à celle de l'homme qui a beaucoup joué aux dominos. Dumas même a dit le mot : il n'a que du *métier.*

Que Gautier parle ainsi, passe encore! Tout le monde sait que Gautier, comme Paul de Saint-Victor, méprise le théâtre, et le regarde comme une forme de l'art tout à fait inférieure. Il n'est pas bien étonnant qu'il n'estime pas à leur juste valeur ceux qui l'exercent, qu'il ne distingue pas aisément les endroits par où ils y excellent. Mais Dumas fils! lui qui se connaît si bien en art dramatique, qui en écrit si pertinemment! qu'il se trompe à ce point! cela ne peut s'expliquer que par la réflexion de la Rochefoucauld : Il n'y a rien de tel que l'intérêt personnel pour vous crever agréablement les yeux.

C'est bientôt fait de dire que Scribe n'a que du métier. Mais encore faudrait-il s'entendre sur ce mot, qui n'a pas un sens aussi net et aussi précis que l'on croit.

Il y a dans la vie trois forces qui la dirigent : le caractère, les passions, et les événements. De même aussi au théâtre. Une situation étant donnée, on peut la développer de trois façons, soit en peignant les hommes qui l'exploitent ou la subissent : ce sont les comédies de caractères; soit en mettant en jeu des passions, qui enflamment le cœur comme de rapides éclairs, et le poussent, dans le court instant de leur durée, à des résolutions violentes. Presque tous les drames relèvent de ce second mode d'envisager l'art.

Il est enfin permis de chercher, en dehors de ces grands mobiles des actions humaines, les caractères et les passions, la part d'influence qu'ont les événements qui naissent d'une situation et qui la compliquent. Nous sommes ici en plein vaudeville.

Je n'ai pas besoin de dire que ces trois formes du théâtre ne sont point séparées, dans la réalité des choses, d'une façon aussi absolue qu'on le voit dans cette analyse. Alceste n'est pas simplement un misanthrope ; il est amoureux, et il perd son procès. Hermione n'est pas seulement amoureuse ; c'est une femme fière, emportée, nerveuse, et, comme auraient dit les Latins, *sui impotens*.

Il suffit que, dans une comédie, un de ces trois caractères l'emporte sur les deux autres, pour savoir où la classer. De ces trois formes, Scribe a choisi la dernière. J'avouerai que ce n'est pas la plus haute : qu'il y a plus de mérite à observer les hommes et à créer des personnages comme Shakespeare et Molière ; à prendre une passion, comme Corneille, Racine et Marivaux, à en marquer les moments, à en suivre les évolutions, à en donner une sorte de monographie animée et vivante.

Mais enfin, cette forme, pour ne venir qu'après les deux autres, pour exiger de celui qui la pratique un moindre génie, n'en est pas moins légitime ; elle demande, pour être mise en œuvre, des aptitudes toutes particulières ; et si elle arrive à son point de perfection, elle n'en donne pas moins des chefs-d'œuvre, dignes de toute notre admiration.

Il est certain que toute situation, quelle qu'elle soit, est modifiée et compliquée par toutes sortes d'événements, dont les uns la produisent, les autres sont engendrés par elle, tandis que d'autres encore se jettent à la traverse et la font dévier. Que ces événements ne puissent, dans la vie ordinaire, se détacher des caractères et des passions auxquels ils sont liés, la chose est évidente. Mais l'art, il ne vit que d'abstractions, a le droit de les considérer en eux-mêmes, de les examiner, de mesurer leur force d'action, de les présenter isolés, et pour ainsi dire tout nus sur la scène.

C'est là, encore une fois, une œuvre moindre, et de second, ou, si l'on aime mieux, de troisième ordre ; mais enfin, c'est une œuvre particulière qui exige des dons spéciaux, qui, prise en soi, peut être excellente, achevée, et où l'on n'arrive point, quoi qu'en dise Dumas, par métier.

Il ne considère dans l'auteur dramatique qu'un homme qui met en jeu des caractères et des passions, et il remarque, avec beaucoup de justesse, qu'on ne devient pas cet homme-là par un effort de volonté ni de travail. On naît auteur dramatique ; on l'est tout de suite ou jamais, dit-il. C'est un caprice de la nature qui vous a construit l'œil d'une certaine façon pour que vous puissiez voir d'une certaine manière, qui n'est pas absolument la vraie, et qui cependant doit paraître la seule, momentanément, à ceux à qui vous voulez faire voir ce que vous avez vu.

C'est une science innée d'optique et de perspective, qui permet de dessiner un caractère, un personnage, une passion, une action de l'âme, d'un seul trait de plume. Un homme sans aucune valeur, comme penseur, comme moraliste, comme philosophe, comme écrivain, peut être un homme de premier ordre comme auteur dramatique, c'est-à-dire comme metteur en œuvre des mouvements purement extérieurs de l'homme.

Rien de plus juste assurément ; mais je dirai à mon tour : on n'apprend pas plus à faire mouvoir les événements que les caractères autour d'une situation. L'un n'est pas plus du métier que l'autre ; c'est un don des deux côtés, une qualité native, qui se perfectionne sans doute par l'étude et l'expérience, mais que l'on n'acquiert jamais, si l'on n'a pas reçu du ciel l'influence secrète.

Prenons *Une Chaîne*. Vous savez la situation. Un jeune homme a pour maîtresse une grande dame mariée : il se fatigue de cette liaison, et songe à épouser une jeune fille qu'il aime. Il est retenu par des liens de toutes sortes : reconnaissance, serments, vieux souvenirs d'amour, etc., etc. Il est clair qu'un drame complet serait celui qui, donnant aux divers personnages de cette action un caractère particulier, étudiant la passion qui les agite, tiendrait compte en même temps de la part d'impulsion des événements, qui ramasserait en sa main ces trois éléments, et les dirigerait vers un but déterminé. Mais cette œuvre-là est encore à faire, et ne se fera vraisemblablement jamais.

Scribe, poussé par l'instinct de son génie propre, a laissé de côté les caractères ; ses personnages ne seront que les pions de cette partie d'échecs : un mari, une femme, un amant, la jeune fille que cet amant doit épouser, et le père de cette jeune fille. Des passions qui les mènent, il ne s'en occupera que juste autant qu'il est nécessaire pour l'explication du sujet. Il est évident que certaines scènes d'amour et de reproches sont commandées par la situation même ; on ne peut les éviter ; il les traversera donc, mais sans s'y arrêter.

Non, un seul point le préoccupe, c'est de faire tourner autour de la situation tous les événements qui la commentent et l'éclairent. Craintes de surprises, lettres interceptées, duels, et la femme qui se cache, et le père de la jeune fille devenu, malgré lui, complice de l'adultère pour ne pas troubler par une révélation le repos de l'époux, son ami : tous les inconvénients que traîne à sa suite une liaison illégitime seront rassemblés et mis en lumière dans un spectacle de deux heures et demie.

Vous connaissez probablement *Une Chaîne*. Voyez comme tous les faits naissent d'une même situation, et y font retour. Avec quelle admirable logique ils sont disposés pour faire ressortir l'ennui d'une passion extra-légale ! Cette logique, que Dumas fils s'imagine n'exister que dans la peinture des caractères et des passions, elle règne également ici en maîtresse.

C'est elle qui amène le mari chez l'amant juste à l'heure où il y doit trouver sa femme; c'est elle qui l'oblige à se proposer comme médiateur dans un débat où il croit n'être pour rien, à entrer dans le cabinet où cet amant l'a cachée; c'est elle qui montre une à une toutes les faces de la situation, et qui ne lâche l'attention du public qu'après avoir épuisé la série.

Le génie s'applique ici à des objets moindres; mais c'est toujours le génie dramatique, le don. Il n'est peut-être pas du même ordre; il est de même nature. M. Dumas fils croit-il que le métier donne jamais cette incroyable fécondité de ressources dans l'agencement des scènes, cette dextérité prodigieuse à nouer en deux ou trois scènes l'intrigue la plus compliquée, pour s'en tirer d'un seul mot avec une aisance incomparable.

Mais si ce n'était là que du procédé : tous ceux qui s'en donneraient la peine ne tarderaient pas à l'acquérir. Voyez en peinture : qu'est-ce qui ne fait pas un paysage qui fuit? ou une colonnade qui semble sortir du tableau? Il n'y faut qu'un peu de science et beaucoup de main. Mais il y a, dans l'affaire de Scribe, invention, c'est-à-dire, génie.

Il a été créateur à sa manière. Il a pris une forme de l'art, encore en son enfance, et l'a menée à son point de perfection absolue. Beaumarchais était le premier qui, dans le *Mariage de Figaro*, eût donné cette importance au choix des événements, qui les eût maniés avec une aisance rapide qui leur eût donné de l'allure et une voix.

Mais combien Scribe, qui lui est inférieur sur tant d'autres points, plus importants sans doute, l'emporte à cet égard sur le père du *Barbier!* Le *Mariage de Figaro*, examiné de ce point de vue, ne tient pas sur ses pieds. La plupart des scènes souffrent des objections sans nombre : Figaro envoie des billets dont on n'a pas besoin, il se laisse prendre sans cesse, comme un sot ; il se démène durant cinq actes autour d'une intrigue, qui va sans lui, et souvent même contre lui.

Ce n'est pas Scribe qui commettrait ces fautes ! L'action de sa pièce est d'un bout à l'autre une œuvre de logique et de dextérité. Aussi, avec quelle attention on l'écoute ! comme il s'élève à l'entrée de tel ou tel personnage un frémissement universel ! C'est qu'il est en situation ; c'est que, par l'artifice de la composition, toute l'intrigue converge à ce moment sur lui, et qu'on ne sait comment il va se tirer du mauvais pas où il est engagé. Mais comptez sur l'auteur : il trouvera quelque moyen nouveau, rapide, spirituel, et la pièce évoluera sur un mot, un seul mot, mais logique, le mot de la situation.

Ces mots-là, ce n'est pas le métier qui les trouve, c'est un génie particulier. Scribe a mis sans doute en circulation bien des procédés, mais il a gardé la manière de s'en servir. Et c'est cette manière qui constitue son originalité propre. *Une Chaîne* est, dans un genre secondaire, une œuvre de premier ordre, et qui durera longtemps encore.

Elle a déjà vingt-cinq ans de date, et elle est encore aussi fraîche que le premier jour. Rien n'a bougé. En peut-on dire autant des drames de Dumas père, que j'admire d'ailleurs autant que personne ? Pourquoi ont-ils si terriblement vieilli, tandis que ces comédies sont restées jeunes ?

Comment *Une Chaîne* amuse-t-elle encore et le public et tous ceux des lettrés qui n'ont point de parti pris dans la question ? Comment se fait-il qu'elle ait même en ce moment comme un regain de nouveauté et de succès ?

Dumas fils rapproche le théâtre de Scribe de deux ou

trois proverbes de Musset, et leur donne la préférence. Je n'aime pas beaucoup que l'on mette ainsi en regard des quantités incommensurables : ce sont de purs jeux d'esprit. Mais enfin, puisque la comparaison a été faite, je dirai qu'*Une Chaîne* est une œuvre excellente en son genre comme le *Caprice* dans le sien ; et que s'il faut du génie pour écrire les tirades d'*Il ne faut jurer de rien*, il en faut aussi pour imaginer et ajuster les combinaisons dont se composent *Une Chaîne* et la *Camaraderie*.

Ne disons point de mal de Scribe, qui fut un inventeur, et qui reste un maître. Ne croyons pas l'avoir jugé en disant qu'il *n'avait pas de style*. Il écrivait mieux que beaucoup d'autres qui croient avoir du style ; car il ne cherchait pas à écrire. Son dialogue est de la conversation de tous les jours ; le tour en est vulgaire, j'en conviens, et l'esprit fade, mais la phrase au moins est sans prétention : j'aime encore mieux l'absence de style que le maniérisme du faux style.

J'engage tous mes lecteurs à voir *Une Chaîne*, et à s'y amuser bravement, sans fausse honte. Qu'ils se moquent de ceux qui les traiteront de bourgeois, d'esprits terre à terre, ce sont ou de faux connaisseurs ou des gens que le préjugé aveugle. Qu'ils sachent que, pour construire une pièce comme les grandes comédies de Scribe, il faut dix fois plus d'invention dramatique et de génie que pour écrire telle grande tirade qu'il est de convention d'admirer.

*Une Chaîne* est suffisamment jouée au Théâtre-Français ; mais c'est tout. Il ne reste de la distribution première que Régnier, qui a gardé le rôle de Balandard. Il y est, lui, excellent de tout point, d'une finesse et d'une gaieté vraiment charmantes.

C'est, avec le Destournelles de *Mademoiselle de la Seiglière*, et le médecin de la *Camaraderie*, un de ses meilleurs rôles.

8.

Bressant fait avec beaucoup de distinction le personnage de ce mari, qui est toujours trompé, sans jamais devenir ridicule. Mᵐᵉ Madeleine Brohan a hérité du rôle que laissait vide la retraite de Mᵐᵉ Arnould-Plessy. Hélas! le souvenir de sa devancière nous a un peu gâté le plaisir que nous eussions éprouvé à la voir.

Vous rappelez-vous? comme Mᵐᵉ Arnould-Plessy était belle et vraiment grande dame! quelle coquetterie altière, avec des retours de tendresse humiliée! quelle ardeur de passion! quelle résignation touchante et fière! comme elle occupait la scène, et ramenait à elle tout le drame!

6 juillet 1868.

## II

La semaine a été complètement vide de toute nouveauté. Je profite de cette circonstance pour répondre à M. Legouvé. Les lecteurs du *Temps* se souviennent qu'il y a quinze jours, le spirituel auteur de tant de comédies charmantes prit texte du feuilleton que j'avais écrit sur *Une Chaîne* pour présenter au public quelques observations sur un art qu'il connaît profondément.

Entre autres remarques ingénieuses et justes, il faisait observer que Scribe était d'un bout à l'autre d'*Une Chaîne* resté dans son sujet. Qu'avait-il voulu prouver en effet? C'est qu'il y a des situations inextricables, d'où l'on ne sort plus, une fois qu'on a eu le tort de s'y fourrer. Les incidents naissent des incidents, et chaque pas que vous faites pour sortir de ces épines vous y empêtre davantage. La multiplicité des événements n'est donc point un reproche à faire à l'ouvrage, puisqu'elle en est le fond au contraire.

Ceux mêmes dont on a blâmé l'invention, parce qu'ils ont paru peu justifiés et hors de vraisemblance, s'expliquent aisément dans cet ordre d'idées. Ainsi au quatrième acte, une femme respectée, la femme d'un amiral, qui est en visite chez un vieil ami de ce mari, se laisse cacher dans un cabinet dérobé, quand elle entend la voix de son mari; il lui eût été si facile de l'attendre, avaient dit des critiques, de se montrer à lui le front découvert, de ne pas se jeter dans tout cet embarras! L'auteur ne l'y a mise de sa grâce que pour préparer un coup de théâtre. — Oui, répond M. Legouvé, mais c'est une suite nécessaire de la situation primordiale. Une femme, en la situation où Scribe nous la montre au début, ne raisonne pas avec cette exactitude, elle perd aisément la tête, elle commet des sottises; et de ces sottises même, il est tout naturel qu'il naisse de nouveaux incidents, qui tous n'ont trait qu'à mieux prouver l'idée mère de l'œuvre : à savoir, qu'il y a des situations inextricables, et qu'on doit s'en garer avec soin.

Ce raisonnement est très sensé et très fin. Pourquoi cependant ne persuade-t-il qu'à moitié? Car enfin l'impression de la plus grande partie du public est telle que nous l'avons dite : les deux derniers actes fatiguent en même temps qu'ils éblouissent par un art incomparable de prestidigitation. Cette succession rapide de muscades que l'auteur escamote avec une dextérité prodigieuse finit par lasser l'attention, et même par refroidir l'intérêt. C'est la sensation que nous avons éprouvée presque tous à cette reprise, les délicats aussi bien que le gros de la foule. Et si je consulte les contemporains de la première représentation, ils m'assurent qu'elle fut éprouvée de même, à cette époque de vogue, bien que la fraîcheur de la nouveauté eût fermé plus aisément les yeux sur les défauts de l'œuvre.

En art dramatique, aucun raisonnement ne tient contre une impression, bonne ou mauvaise, puisque le but de l'art est précisément de la produire ou de l'éviter. Le plus sage est, quand on l'a bien constatée, d'en chercher les causes philosophiques. Il est bien rare que cette étude ne vous amène à donner raison au public, qui au théâtre a toujours raison puisqu'il est le public.

Il vous arrive souvent de dire, repassant vos souvenirs de jeunesse : Quand on pense que si je n'étais pas tel jour passé par telle rue, toute ma vie aurait été changée ! Il n'est en effet personne qui, à un moment donné, n'ait rencontré sur son chemin un hasard qui l'a détourné de la route suivie jusqu'alors, et l'a poussé dans un tout autre sens. Un exemple pour préciser les choses : un ami arrive chez vous à l'improviste, il va en soirée dans une maison que vous ne connaissez pas, il vous enlève; on vous y présente à une jeune fille; vous en tombez amoureux, vous l'épousez, vous êtes très malheureux en ménage, et vous vous répétez tout le long des quarante années qui vous restent à passer sur terre : Ah ! si j'avais été absent de chez moi ce soir-là !

Il est très vrai qu'il y a eu là un fait initial qui a exercé sur votre vie une longue et énorme influence, et en un sens votre récrimination est fondée.

Mais remarquez-le : cet incident, d'où est partie en effet l'impulsion première, n'a pas agi seul, ou plutôt son action se serait vite épuisée si elle n'avait été secondée par d'autres mobiles plus puissants.

Oui, sans doute, sans cette arrivée fortuite de votre ami, vous n'auriez jamais vu la jeune fille en question. Mais si, l'ayant vue, vous l'avez épousée sans prendre assez de renseignements, sans être assez sûr d'elle, par un mouvement de passion, c'est que vous aviez le caractère fait d'une certaine sorte. Bien des gens répondraient à vos plaintes : Bah! si ce n'avait pas été celle-là, ç'aurait été une autre! et ils n'auraient peut-être pas tort. Interrogez votre vie : vous verrez que les événements fortuits n'ont d'influence longue et décisive que s'ils poussent dans le sens où vous avaient déjà engagés les mobiles d'action bien plus efficaces : le caractère, la passion, les mœurs, les institutions sociales et le reste.

L'événement donne quelquefois le branle; mais ce sont des forces plus actives et plus permanentes qui continuent le mouvement. Il pourrait se comparer au coup de queue qui chasse la boule sur le billard; elle ne tarde pas à s'arrêter ou à jaillir d'autre côté au premier obstacle qu'elle rencontre; elle va toujours son train si une main la suit en la poussant.

Comme il n'y a pas d'art sans abstraction, il est très permis à un écrivain dramatique de prendre à part un événement, d'étudier quelle serait, dans un milieu factice où le caractère, la passion, les mœurs, seraient supprimées ou n'auraient que peu d'influence, sa puissance d'action particulière, quelle série de faits il pourrait soulever sur son chemin, et de le suivre ainsi jusqu'à ce que fût épuisé le mouvement initial qui l'a lancé.

Les neuf dixièmes des vaudevilles sont fondés sur ce principe.

L'écrivain choisit un incident de la vie ordinaire qui lui semble curieux. Le fait une fois mis en branle va se heurter à des obstacles, disposés avec art, contre lesquels il rejaillit, jusqu'à ce qu'enfin il s'arrête, à la suite d'un certain nombre de carambolages ou coups de théâtre, sa force d'action étant épuisée. En ce genre de pièces, l'auteur tient fort peu de compte des caractères, des sentiments et des mœurs, et souvent même il n'en tient aucun. C'est un joueur de billard, qui amuse d'autant mieux la galerie, que ses carambolages sont plus nombreux, plus imprévus et plus brillants.

C'est un genre, moins noble sans doute, mais fort difficile encore et très amusant, quand il est traité par une main habile.

Ce genre a ses lois, je veux dire qu'il a des conditions nécessaires d'existence qui résultent de son institution même.

La première de toutes, c'est de se renfermer dans des limites étroites de développement, c'est d'aller rarement jusqu'à trois actes et de ne les dépasser jamais. Quand vous mettez en jeu au théâtre des forces permanentes d'action, comme est un caractère ou une passion, et que vous en poussez à bout les conséquences, il est tout naturel que vous puissiez, sans ennuyer le spectateur, prendre plus d'espace ; si même vous vous resserriez dans des bornes trop exiguës, on vous accuserait d'étrangler votre sujet, qui comporte des observations plus sérieuses, qui donne lieu à des incidents plus variés, plus nombreux et surtout plus probants.

Un événement ne peut jamais vous mener bien loin. Vous arrivez assez vite au bout des complications qu'il provoque naturellement, et quelle que soit votre ingéniosité à les renouveler, à les multiplier, le moment ne tarde pas à venir où il faut conclure. Il le faut et pour vous, auteur, qui êtes à sec, et pour le public, chez qui cette succession d'incidents éveille plus de curiosité vaine que d'intérêt véritable ; qu'elle ne prend point par le cœur, qu'elle n'émeut ni ne transporte.

M. Legouvé remarquait, dans l'article d'où est parti tout ce débat, qu'*Une Chaîne* n'est qu'une reproduction agrandie des *Malheurs d'un amant heureux*, comme la *Ca-*

maraderie du *Charlatanisme*. Cette observation est fort juste. Eh! bien, prenons ce joli vaudeville des *Malheurs d'un amant heureux*.

Scribe aurait pu en faire, à sa fantaisie, soit une comédie de caractère, soit un simple vaudeville. S'il avait opté pour le premier parti, il se fût attaché à nous peindre le caractère de l'homme à bonnes fortunes, du don Juan, à qui toutes les femmes sont bonnes, qui ne respecte rien, ni le foyer conjugal d'un ami, ni l'innocence d'une jeune fille, qui ne s'embarrasse d'aucun des désespoirs qu'il laisse derrière lui, égoïste qui n'a d'autre dieu que son plaisir. La fable, qu'il eût imaginée pour encadrer cette peinture, n'aurait eu qu'une importance secondaire dans l'œuvre. Il eût porté tout son effort sur le portrait du personnage, sur le type.

Il n'avait pas de si hautes visées. Il a pris pour point de départ un incident dû à un simple hasard. Un soir, logeant à la campagne chez un ami, son héros s'est esquivé de son appartement pour aller à un rendez-vous. Il s'est trompé de porte; au lieu d'entrer chez sa maîtresse, une femme mariée, il s'est trouvé dans la chambre d'une jeune fille, la sœur de son camarade, la fille de son hôte. Quatre ou cinq mois après, il est en passe d'épouser une femme qu'il adore; la jeune fille qu'il a déshonorée cette nuit-là se dresse entre son bonheur et lui. Elle va être mère. Il faut qu'il répare sa faute.

Voyez la différence. Si Scribe avait eu pour premier objet de peindre un caractère, je ne sais s'il aurait jamais osé aborder une situation aussi infâme et aussi douloureuse. Il eût fallu bien des préparations pour faire admettre au public qu'un don Juan est assez ignoble pour violer la pudeur d'une jeune fille qu'il n'avait encore jamais vue, qui est fille et sœur de personnes qu'il aime et respecte.

L'action est si abominable que je doute qu'elle eût jamais été acceptée.

Mais ce n'est qu'un événement, un point de départ, un fait initial qui donnera le branle à l'action. Le public se dit tout simplement : Voyons comment il sortira de la difficulté. L'incident donne lieu à une série de complications, à une suite de coups de théâtre plus ou moins émouvants ; après quoi le héros épouse soit la jeune fille à qui il doit une réparation, soit la femme qu'il aimait et dont il était aimé.

C'est là un simple intérêt de curiosité. Mais j'en reviens là ; cette curiosité ne peut se soutenir longtemps. Les faits qui naissent de ce premier incident n'étant point nourris et renouvelés par une étude de caractère ou de passion, s'épuisent vite ; aussi la pièce n'a-t-elle que trois actes.

J'ignore si l'on pourrait la remettre à la scène. Et savez-vous pourquoi ? C'est précisément parce que nous nous contenterions sans doute à moins bon marché que nos pères. Nous n'admettrions pas que toute une pièce roulât sur un fait de séduction, sans que l'on nous fît faire une connaissance plus intime avec le séducteur, sans que l'on nous ouvrît son cœur, que l'on nous découvrît le secret des ressorts qui le poussent à l'action.

Beaucoup de choses nous paraîtraient grossières, n'étant point expliquées, que le public d'autrefois avalait sans sourciller. Il y a dans la pièce des mots qui sont terribles, sans parler de la situation principale, qui est ignoble. Le don Juan arrive chez un camarade de collège à la campagne ; et l'autre lui dit, tout tranquillement : « Ah çà ! j'espère que tu t'abstiendras de prendre ma sœur. » Le propos est cruel ; s'il était un trait de caractère, à peine pourrait-il être supporté.

La vérité est qu'il passait jadis comme une lettre à la poste. C'est qu'il y avait une convention tacite entre l'auteur et le public. Scribe, pour que l'événement qu'il avait choisi comme point de départ produisît tous ses résultats, avait besoin d'un fantoche de don Juan toujours vainqueur et irrésistible. Mais il était entendu entre lui et les spectateurs que tout cela n'était pas sérieux, que cette ombre de caractère n'avait pas d'autre valeur que tout autre incident à plaisir imaginé sur lequel l'événement principal allât frapper et rebondir.

Il ne m'est pas du tout démontré que la convention établie entre le public de 1834 et l'écrivain subsistât encore entière aujourd'hui. J'imagine que nous dirions à présent à l'auteur des *Malheurs d'un amant heureux* : Ou ne nous mettez pas un Lovelace en scène, ou, s'il est nécessaire à votre action, peignez-nous-le de traits plus nombreux, plus précis, plus réels. Il vous plaît de ne le considérer que comme une marionnette dont vous tenez les fils. Vous les tirez, selon le conseil des événements mis en jeu par vous. Mais nous voulons voir, nous, comment à son tour il agit sur les événements, comment il les modifie, à son image, quelle est sa vraie part d'action dans le drame qui se déroule sous nos yeux.

Scribe a supprimé à dessein toute cette partie de l'œuvre, la plus importante. Aussi n'a-t-il affiché la prétention d'écrire qu'un court vaudeville, pour un théâtre de genre. Trois actes rapides lui ont suffi pour épuiser les conséquences du fait initial, qui a été son point de départ.

Reconnaissons tout d'abord que si Scribe, en composant *Une Chaîne* sur la même donnée et dans le même esprit, s'était rigoureusement conformé à cette même théorie dramatique, jamais il n'eût trouvé matière à cinq grands actes; ou s'il avait étendu sa pièce jusqu'à cette mesure;

elle fût tombée, comme beaucoup d'autres de lui, qui, bien que signées de son nom aimé, n'ont obtenu qu'un succès très médiocre à la Comédie-Française.

L'honneur et le mérite d'*Une Chaîne*, c'est que précisément, rompant avec sa tradition constante, Scribe y a donné leur place à d'autres mobiles d'action plus efficaces que n'est le hasard de l'événement. Il s'agit d'une femme qui, étant la maîtresse d'un artiste, lui ayant tout sacrifié, ne veut pas que son amant la quitte, et s'attache désespérément à lui, par passion, par orgueil, par cette foule de sentiments très compliqués qu'une relation coupable, alors qu'elle est sérieuse, met toujours en jeu.

Le second acte presque tout entier est consacré à la peinture de ces sentiments. Aussi est-ce de beaucoup celui qui est resté le meilleur, celui qui fait le plus d'effet à la scène. Là, il ne s'agit plus du tout d'examiner les incidents qui naissent d'une situation, mais les sentiments qu'elle éveille : ce qui est bien différent.

La scène entre la femme abandonnée et son amant est admirable; c'est qu'elle est poussée vers son but par une force d'impulsion autrement curieuse et autrement noble que n'est la combinaison d'événements imprévus. Tous deux sont en présence, la femme doutant de son malheur, pressant l'autre de questions, l'accablant de toutes les raisons qui lui font un devoir de ne la pas quitter; l'amant interdit, ne sachant que répondre, n'osant dire ni oui ni non, se sauvant de l'embarras d'une déclaration franche par des équivoques. La femme se raccroche à toutes les branches. Plutôt que d'accepter l'horrible vérité qui lui crève les yeux, elle s'attache à un mot qu'a laissé tomber son amant, et d'où elle infère qu'il est jaloux :

— Jaloux! il est jaloux! C'est de là que vient sa froideur! que je suis heureuse!

Et tout aussitôt elle s'engage à écarter d'elle le soupirant qu'elle s'imagine porter ombrage à Emmeric; elle se rejette de plus belle dans sa passion, et voilà son amant rivé de nouveau et plus étroitement que jamais à la chaîne qu'il avait essayé de secouer.

Ici plus d'incidents, plus de faits s'enchevêtrant les uns dans les autres. Le drame se passe dans le cœur des personnages. C'est de la grande comédie, parce qu'à ce mobile de courte haleine, qui s'appelle le fait, le poëte en a substitué de plus nobles et de plus puissants, la passion et le caractère.

Si l'auteur eût persévéré dans cette voie, au lieu d'écrire un ouvrage qui est admirable par certains côtés et qui est amusant partout, il aurait fait un véritable chef-d'œuvre. Mais comme il transportait du Gymnase au Théâtre-Français le sujet des *Malheurs d'un amant heureux*, il a conservé les procédés qui lui avaient réussi en le traitant; il a appliqué à une grande comédie en cinq actes le système de composition qui convenait à un vaudeville en trois. Il n'a pas pu l'emplir.

*Une Chaîne* est donc le chef-d'œuvre d'un genre faux en soi ou du moins maladroitement dévié des conditions normales où il doit se mouvoir. Et encore ne doit-elle le meilleur de son succès qu'à l'oubli que l'écrivain a fait, durant tout un acte, de son procédé favori.

5 octobre 1874.

# OSCAR OU LE MARI QUI TROMPE SA FEMME

La Comédie-Française a repris *Oscar ou le mari qui trompe sa femme*, de Scribe. Repris n'est pas précisément le mot juste. *Oscar* n'a jamais quitté le répertoire ; on le jouait couramment sous l'ancienne administration pour terminer le spectacle, et je crois même l'avoir vu du temps de M. Perrin. Mais M. Perrin aime (et en cela il n'a pas tort) entourer ses représentations d'un certain éclat. Il faut en tout un peu de charlatanisme, puisqu'il n'y a pas moyen d'attirer autrement les badauds, qui sont en majorité, et de leur jeter de la poudre aux yeux. L'important est que la poudre soit d'or.

*Oscar* n'est qu'un grand vaudeville sans couplets. Et peut-être la solennité dont on a entouré sa prétendue résurrection a-t-elle nui quelque peu à l'effet qu'il avait coutume de produire. Bien des gens, qui ne l'avaient jamais vu ou qui l'avaient oublié, se sont écriés : Eh quoi ! ce n'est que cela !

Mon dieu ! oui, ce n'est que cela ; un vaudeville sans grandes visées, et écrit dans la langue de Scribe, mais amusant après tout, si l'on veut bien le prendre pour ce qu'il est, et ne pas lui demander plus qu'il n'offre et que le genre ne comporte.

Voulez-vous, puisque l'occasion s'en présente, éprouver sur cet ouvrage la théorie que nous avons faite ensemble du vaudeville?

Le vaudeville est, d'après notre définition, la pièce où de tous les mobiles d'action que l'on voit en jeu dans la vie humaine, l'auteur n'en a conservé d'autre que le fait. Il a, de parti pris, écarté la passion, le caractère, et cet ensemble de forces sociales qui composent ce que Taine appelle l'influence du milieu. Il a choisi un fait initial, et il s'est amusé à en suivre les conséquences jusqu'au moment où ce fait ayant épuisé sa force d'impulsion première s'arrête, comme la bille de billard qu'un choc a poussée en avant. Les personnes qui suivent ce cours d'esthétique théâtrale doivent être familières avec ces termes et la série d'idées qu'ils renferment; quant à celles qui ne lisent ce feuilleton que par hasard, il m'est impossible, pour le moment, de les leur rendre plus claires. Je ne puis à chaque fois reprendre à nouveau des démonstrations déjà faites.

*Oscar* va nous donner l'occasion d'examiner cette théorie à un point de vue nouveau et qui me semble curieux.

Quel est le fait initial qui donne le mouvement à la pièce?

Il est si honteux, si abominable, que j'éprouve quelque embarras à l'exposer.

Un mari — notez que ce mari est jeune, sa femme l'est aussi, qu'ils sont unis depuis fort peu de temps, — se trouve être, par la mort d'un vieillard, tuteur d'une jeune fille de quinze ans, qui vient habiter sous son toit. Savez-vous quelle est la première idée de cet honnête Oscar? C'est de séduire cette enfant, dont la loi l'a fait père. C'est de lui donner rendez-vous dans une grotte, le soir, au bout du parc. Ce rendez-vous est donné dans un billet, que la femme surprend, ou qui lui est livré par la destinataire.

Que fait Mᵐᵉ Oscar ? Elle va à ce rendez-vous, qui doit se passer dans la nuit et elle n'y est pas reconnue de son mari.

Je n'ai pas besoin, n'est-ce pas ? d'insister sur les impossibilités monstrueuses de cette histoire. Il y en a de matérielles, qui se présentent à l'imagination de tout homme, et sur lesquels il vaut mieux passer vite. Il y en a de morales qui sont bien plus graves. Le mari est parfaitement ignoble ; mais la femme, elle, ne sort-elle pas de là amoindrie, et quelque peu atteinte en sa pudeur d'honnête femme ?

Mais voici qui est bien plus fort. Au cours de la pièce, l'affaire s'étant ébruitée, et la jeune fille, Athénaïs, se trouvant soupçonnée d'être allée à cette grotte, Mᵐᵉ Oscar sent le besoin de la réhabiliter aux yeux de son prétendu ; elle ne veut pas avouer néanmoins sa part d'action dans toute cette aventure, et elle raconte, devant trois témoins, dont un notaire, s'il vous plaît, qu'il y a eu, en effet, rendez-vous donné à la grotte, qu'elle a surpris le billet, et qu'elle y a envoyé, au lieu d'Athénaïs, sa fille de chambre, Mariette.

Ainsi, cette honnête femme, cette femme mariée, cette brave bourgeoise, pour jouer une bonne farce au signataire du billet, lui aurait envoyé au lieu de sa pupille, une autre jeune fille, de seize à dix-huit ans, dont la vertu et l'honneur lui sont confiés ; et elle la lui aurait envoyée sachant ce qu'on en voulait faire, et ce qui lui arriverait : et Scribe, afin que personne n'en ignorât, a tenu à préciser les choses. Car comme Mᵐᵉ Oscar, faisant ce récit, ajoute en terminant que Mariette est allée en effet à la grotte, mais qu'à son retour elle a conté n'y avoir trouvé personne ni couru aucun risque :

— Oh ! la menteuse ! s'écrie à part le mari, avec un petit

air de fatuité conquérante. Ainsi Oscar croit avoir déshonoré sa pupille ; sa femme s'est soumise à une épreuve bien flétrissante pour son titre d'épouse, et elle se vante devant d'honnêtes gens qui ne bondissent pas d'indignation, qui semblent trouver la chose toute naturelle, d'avoir substitué à une fille de la bourgeoise une fille de moindre condition sans doute, mais dont la garde lui a été remise, et qu'elle chasserait assurément si elle la surprenait jamais coquetant avec un valet de chambre.

Voilà le fait qui sert de donnée au vaudeville.

Eh ! bien, prenez pour voir cette donnée, et tâchez d'en composer soit un drame, soit une comédie de mœurs. Vous n'y parviendrez pas, elle est trop repoussante ; elle choquera le public tout entier, même le plus libre...

... Ces passions ne sont que des accessoires. Il n'en faut tenir que le compte qu'elles méritent. Si vous y attachez trop d'importance, c'est vous qui êtes dans votre tort. Leur explosion n'est là que pour illustrer en quelque sorte l'événement d'où elles s'échappent.

Et le public ne s'y trompe pas. Au lieu d'écouter l'œuvre, regardez-le tandis qu'au premier acte on conte sur la scène les histoires qui constituent la donnée. Est-ce qu'il a l'air de se douter que tout cela est abominable ? Pas le moins du monde. Son attention est autre part ; elle est attachée uniquement sur la frayeur de ce mari qui s'imagine avoir, comme dit Balzac en ses *Contes drôlatiques*, truphé sa bonne femme, et que sa bonne femme s'amuse ainsi à promener de crainte en crainte. C'est le contraste de deux événements opposés l'un à l'autre qui divertit et fait rire ; en dehors de cela, il n'y a rien.

Ce genre a ses lois qui dérivent de sa définition. Ce serait de la plus haute imprudence à un auteur dramatique d'arrêter l'esprit du spectateur sur quoi que ce soit qui fût sérieux et capable de lui inspirer une envie de réfléchir. Permettez-moi de le dire en passant : c'est pour cette raison (et non pour une autre) que jadis le vaudeville était mêlé de couplets. Quand le dialogue s'arrêtait et que l'on entendait le violon attaquer la ritournelle du pont-neuf, c'est comme si l'auteur eût dit : Vous savez, ne prenez pas tout cela au sérieux. On ne chante pas dans la vie réelle, on ne s'y permet pas de couplet ni de pointes rimées. Je vous ai transportés dans un monde imaginaire où les faits, débarrassés de tous les accidents qui les gênent, comme dans un champ de course bien préparé, se lancent à toute vitesse pour arriver le plus promptement possible à un but marqué d'avance.

C'était une convention. Elle a été malheureusement abolie. Elle reviendra en honneur ; elle est nécessaire. Si *Oscar*, au lieu de se jouer au Théâtre-Français sous le titre de comédie, se donnait dans un théâtre de genre, et s'il était coupé de couplets, il n'aurait eu à subir aucun des reproches qui lui ont été adressés ; il aurait passé comme une lettre à la poste.

A défaut des couplets qui lui étaient interdits, même en ce temps-là, à la Comédie-Française, Scribe a usé de tous les artifices, qui pourraient jeter le public dans le courant d'idées et de sentiments, en dehors duquel sa pièce eût été monstrueuse et ridicule.

Remarquez d'abord qu'il a écarté le personnage d'Athénaïs. C'était pourtant, à ce qu'il semble, le personnage principal qu'exigeait cette donnée. Car enfin c'est cette Athénaïs que l'on veut séduire, à qui l'on donne un rendez-vous, qui est aimée du notaire, qui excite sa jalousie, qui épouse à la fin. Comment imaginer que ce rôle puisse être supprimé du drame !

Il l'est, et avec grande raison, étant donné le genre. Le

personnage d'Athénaïs ne pourrait éveiller chez le public que des idées sérieuses, et qui pis est, désobligeantes. On verrait avec chagrin l'honneur de cette jeune fille ainsi ballotté : il n'y avait pas moyen de tourner ses appréhensions et ses larmes en railleries; Scribe a donc fait sagement de la reléguer à la cantonade. Il s'est souvenu qu'il était vaudevilliste.

Je ne puis analyser toute la pièce, mais allez la voir avec cette idée : vous serez émerveillés de l'habileté prodigieuse de ce maître du théâtre. Toutes les terreurs du mari sont celles d'un Jocrisse. Les autres rôles sont tout en surface. La femme n'est qu'une caillette; le notaire est un amoureux du Gymnase. Il y a là dedans un personnage de vieux beau qui achève de donner à toute cette aventure l'air d'un conte de ma Mère l'Oie.

L'intrigue est menée d'un pas si leste que le public n'a pas le temps de faire un retour sur les faits qui la mettent en mouvement. C'est une sorte de contrat passé entre lui et l'auteur. Accordez-moi, dit l'auteur, cette donnée, qui, je le sais aussi bien que vous, est invraisemblable, absurde, monstrueuse, ignoble; mais je vous promets d'en tirer des effets bien plaisants. — Allez, répond le spectateur.

Scribe s'est tenu dans les limites de la convention et dans les bornes du genre. Et pourtant on ne saurait le nier, la pièce bien que fort jolie en soi, n'a pas trouvé cette fois, devant le public des premières représentations, un accueil aussi sympathique qu'on s'y attendait. Je ne parle pas pour moi, que toutes les manifestations de l'art dramatique intéressent et amusent, qui ris à un calembour de féerie d'aussi bon cœur qu'à une situation de Molière; mais la salle a paru demeurer froide, et les deux derniers actes ont été d'un effet médiocre.

C'est que la Comédie-Française n'est peut-être plus un

cadre bien approprié à ces bluettes, où le fait a le pas sur les caractères et les passions. C'est que le vaudeville y semble trop au large et peut-être déplacé.

On fait malgré soi un rapprochement entre les grandeurs que comporte ce nom : « la Maison de Molière », et ces légères productions d'un art évidemment inférieur et qui en paraissent peu dignes. Cette comparaison était moins cruelle autrefois. On avait moins le goût de la réalité; et les conventions étaient plus généralement admises. A cette heure, tout ce qui sort, au Théâtre-Français, du bon caractère et de la vérité, est renvoyé aux théâtres de second ordre, et encore là, les Meilhac, les Labiche, les Sardou, même les Augier et les Barrière, quand ils y ont mis le pied, nous ont-ils habitués à une observation plus exacte des mœurs humaines.

A mon avis, Coquelin joue à merveille le rôle d'Oscar, et je lui ferai justement un éloge de la critique qu'on lui a adressée. On lui a reproché d'avoir joué Oscar en valet de l'antique comédie, d'avoir pris le rôle comme aurait fait Ravel ou Geoffroy. Mais il a eu cent fois raison. C'est que le rôle est de simple vaudeville. J'admets sans doute qu'il faut, sur une vaste scène, comme l'est celle du Théâtre-Français, des gestes plus amples, une diction plus large et plus brillante. Mais Coquelin ne manque pas de ces qualités, sans lesquelles il n'y a pas de comique au Théâtre-Français. Il ne fait pas d'Oscar un homme du monde; eh! bien, Oscar est-il donc un homme du monde? C'est un être de fantaisie, et Coquelin nous le donne comme tel.

11 octobre 1875.

# CASIMIR DELAVIGNE

## LOUIS XI

La Comédie-Française a repris cette semaine, avec une certaine solennité, le *Louis XI* de Casimir Delavigne. La dernière reprise qui fut faite de cette œuvre rue Richelieu date de 1863. Elle avait été admirablement montée : c'est Geffroy qui jouait Louis XI et Delaunay Nemours. Mlle Favart, toute jeune alors et charmante, représentait Marie ; Régnier et Maubant représentaient Comine et Coictier.

Un détail de cette distribution me remonte à la mémoire, et si je le rappelle, ce n'est pas qu'il ait en soi quelque importance, c'est par amitié pour Bergerat ; je veux lui montrer que les petits abus dont il se plaint remontent plus haut que l'administration actuelle. En 1863, c'était M. Edouard Thierry qui gouvernait la maison, et vous allez voir qu'il ne faisait pas toujours ce qu'il voulait.

Il y a dans la pièce de Casimir Delavigne un épisode de mœurs villageoises. Marcel et Marthe viennent de se marier ; on chante, on danse et le roi, qui se promène par là, leur fait compliment en passant. La scène, pour le dire entre parenthèses, a été l'autre jour jouée à merveille par Berr et par Mlle Kalb. Berr, dans un rôle de rien du tout, a été délicieux de naïveté paysanne; Mlle Kalb pleine de gaieté franche avec une pointe de finesse. Ah! que Berr a dit avec un accent de terreur qui n'était que plus comique à force d'être vrai, ces vers qui, jusqu'à lui, avaient passé presque inaperçus :

> Aussi mon cœur s'en va, quand je vois, sur le soir,
> Le convoi d'un défunt, les cierges, le drap noir
> Et l'office des morts avec les chants funèbres;
> Je me dis : les démons sont là dans les ténèbres;
> Ils vont le prendre, et l'or qu'il aimait à compter
> Des griffes de Satan ne peut le racheter.

Quel merveilleux diseur que ce Berr, quel excellent comédien! Quand donc rencontrera-t-il dans une œuvre nouvelle un rôle qui le mette à sa place? Mais ce n'est pas de cela qu'il s'agit pour l'instant et je reviens à mes moutons.

M. Thierry avait donné le rôle de Marcel à Provost fils qui était un gringalet, de mine tout à fait jeunette. C'est à une soubrette que devait revenir celui de Marthe. La tradition voulait que, lorsqu'on remontait une pièce avec apparat, on offrît en premier lieu les rôles disponibles aux chefs d'emploi. C'était Mlle Augustine Brohan qui tenait en chef l'emploi des soubrettes. Elle répéta deux ou trois fois le rôle, puis, comme elle avait autant de bon sens et d'esprit que de talent, elle comprit qu'il y aurait peut-être quelque ridicule pour elle à se montrer en scène comme la femme de Provost fils; que le personnage n'était pas assez important pour que la supériorité de l'interprétation fît passer sur la disproportion de l'âge; qu'il fallait bien laisser ces bouts de rôles aux jeunes débutantes qui n'avaient que de rares occasions de faire leurs preuves et d'apprendre leur métier. Elle abandonna donc le rôle de Marthe.

M. Thierry eût pu le donner soit à M^lle Rose Didier, qui était fraîche comme un bouton de rose et jolie comme un cœur, soit à M^lle Dinah Félix, la dernière sœur de la grande Rachel, actrice des plus piquantes, dont la toute petite personne pétillait de malice. M. Thierry songea bien à elles; oh! comme il y songea! mais elles n'étaient que de simples pensionnaires, et il y avait derrière Augustine Brohan, une sociétaire, sa doublure, la plantureuse et imposante M^lle Bonval, qui faisait depuis longtemps et fort longtemps les jours gris de la Comédie-Française.

Elle réclama le rôle, c'était son droit; on le lui donna, c'était la règle. Elle apporta au personnage de Marthe tout ce que l'expérience a de plus mûr; elle dansa son quadrille avec une majesté puissante, et représenta avec le noble embonpoint d'une douairière arrivée au sociétariat la femme d'Eugène Provost, lequel avait vingt ans dans la pièce et en paraissait bien dix-huit.

Eh bien! ami Bergerat, ça marcha tout de même; il n'y a rien de parfait dans ce monde et il faut un peu d'indulgence pour les institutions comme pour les hommes. Vous ne connaissez guère que les théâtres où l'on joue vos pièces, ce qui fait que vous n'êtes pas content d'eux, passé la troisième représentation. Ah! si vous connaissiez tout aussi bien ceux où on les refuse! Vous verriez que les erreurs de distribution sont tout aussi fréquentes sous un autocrate, comme est le directeur du Vaudeville, que sous un roi constitutionnel, comme est l'administrateur de la Comédie-Française. Répétons, pour nous consoler, cette maxime d'un sage : « C'est un vice ou deux qui font l'honnête homme. »

Depuis 1863, *Louis XI* avait disparu de l'affiche de la

Comédie-Française. Geffroy parti, on ne la joua plus. La pièce n'était pourtant point inconnue des générations nouvelles. On l'a représentée à l'Odéon, au Trocadéro, et, tout dernièrement encore, au théâtre de la République où Taillade, le curieux et puissant artiste, porta les restes d'une ardeur qui tombe et d'une voix qui s'éteint.

Le rôle faisait envie à la fois à Silvain et à Leloir. Peut-être eût-il été plus facile à Leloir de se grimer en Louis XI. Car il est maigre de corps et de visage, mais je crois que sur ce point, le public est comme moi. Il ne tient pas beaucoup à la ressemblance physique. C'est tant mieux, sans doute, si l'acteur peut se donner l'air et la figure du personnage qu'il représente. Mais si le facies ne s'y prête pas, le public en prend aisément son parti, pourvu que le comédien traduise avec une vérité puissante le caractère et les sentiments dont le poète l'a marqué.

C'est assurément un éloge qui a son prix : « On dirait un portrait descendu de son cadre ». Mais si ce portrait ne quitte son cadre que pour dire des banalités, et pour les dire insuffisamment, on ne s'émerveille pas longtemps de la ressemblance. Je me souviens qu'au Vaudeville Febvre, qui était déjà un artiste très amoureux de vérité pittoresque, mais qui n'était pas encore l'excellent comédien qu'il est devenu depuis, eut à représenter Mirabeau. Il passa de longues heures à étudier le visage de son modèle, et il se fit une tête, qui à la première représentation ravit le public. C'était Mirabeau lui-même, tel que nous le connaissons d'après les gravures et les bustes, tel qu'il flamboyait dans notre imagination. Ce premier moment de surprise passé, on écouta la pièce, et dame!...

Silvain a bien été forcé de composer avec son visage trop plein, avec sa taille trop épaisse. Les journaux ont conté en grand détail, à l'aide de quels arrangements ingénieux il s'est, autant que la chose était possible, rapproché de son original. Mais, si nous n'avions que ce compliment à lui faire, la louange serait mince.

Il a, par bonheur, un autre mérite et qui est plus essentiel. Il a creusé profondément le rôle, et il en a rendu, avec beaucoup de vérité et de puissance, les aspects très divers. C'est une composition très étudiée et qui lui fait le plus grand honneur.

Savez-vous bien que ce personnage de Louis XI est un des plus vivants qui aient été mis sur la scène. Il est encore de mode aujourd'hui de blaguer Casimir, ce mort qu'il faut qu'on tue. Je vois se préparer un revirement d'opinion. Déjà, Jules Lemaître, dans une conférence spirituelle, a tâché de réhabiliter celui qui fut, en 1830, un rival de Victor Hugo et qui depuis s'était perdu, anéanti, dans le vaste éblouissement du grand poète. Larroumet a, lui aussi, parlant de *Marino Faliero*, à l'Odéon, essayé de réagir contre cette mésestime si peu justifiée. La soirée de l'autre jour leur a donné raison.

Il y avait là un public très mélangé. Ce n'était pas précisément le public des premières, car nombre de Parisiens sont encore à la campagne. Beaucoup de provinciaux et d'étrangers, et parmi eux une foule d'artistes dramatiques et de gens de lettres, chez qui le préjugé contre Casimir Delavigne est très vivace. Tout ce monde a paru fort surpris de s'intéresser aussi vivement à une vieille pièce de ce poète de transition. Le premier acte a semblé long, et il l'est en effet. Là se trouvent des récits qui préparent à l'action, qui établissent les caractères et les positions des personnages. Ces détails nécessaires doivent être relevés par l'éclat du style; et celui de Casimir Delavigne, quand il n'est pas échauffé et soutenu par la situation, est souvent flasque, prosaïque et chargé de fausses élégances. Mais dès le deuxième acte, comme l'attention se réveille, à l'entrée en scène du roi, apostrophant le comte de Dreux :

> Ne vous y jouez pas, comte, par la croix sainte !
> Qu'il me revienne encore un murmure, une plainte,
> Je mets la main sur vous et, mon doute éclairci,
> Je vous envoie à Dieu pour obtenir merci.
> Le salut de votre âme est le point nécessaire.
> Dieu la prenne en pitié ; le corps c'est mon affaire.
> J'y pourvoirai...

Voilà qui est vraiment de franche et haute allure.

Et il faut tout de suite à ce propos que je soumette un doute à Silvain. Il fera de ma critique ce qu'il voudra, le rôle étant établi à cette heure. Je la crois juste pourtant. Il a pris un soin infini à nous rendre dans le personnage de Louis XI ce qu'il y a de cauteleux et d'oblique ; il en a fait un personnage qui se rapproche de Tartuffe ; un Tartuffe bourgeois et, comme disaient nos pères, grand raillard. Il a oublié que ce Tartuffe est roi et qu'un roi, fût-il hypocrite, ami des petites gens et des propos gaillards, garde l'instinct, l'habitude, le geste et la voix du commandement. Il y a des moments où il se retrouve souverain.

Tenez, un exemple.

A la fin du troisième acte, Louis XI apprend tout à coup que Charles de Bourgogne, son ennemi, vient d'être vaincu. Il y a là une explosion de joie toute naturelle, mais qui n'est pas celle d'un petit bourgeois qui vient de gagner son procès devant la cour ; c'est celle d'un chef d'État, d'un grand politique, qui tout de suite ordonne et prévoit tout ce qu'il faut pour tirer parti de la situation.

> Montjoie et saint Denys ; Dunois, à nous les chances !
> Sur Péronne au galop cours avec six cents lances.
> En Bourgogne, Torcy ! Que le pays d'Artois,
> Par ton fait, Baudricourt, soit France avant un mois !

A cheval, Dammartin ! Main basse sur la Flandre...
Etc., etc., etc.

Il est évident que l'homme qui, surpris par une nouvelle imprévue, donne coup sur coup ces ordres si précipités et si nets, est un maître roi, qui a depuis longtemps prévu toutes les éventualités, qui sait ce qu'il veut, et qui se redresse pour le commandement.

Je sentais cette nuance chez Geffroy ; elle apparaît moins distinctement chez Silvain. Il garde l'allure d'un huissier, qui, dans une conjoncture grave, donne ses ordres à ses clercs et leur distribue la besogne. Il va sans dire que je force la note, pour la rendre plus sensible ; mais il y a quelque chose de cela.

Ajoutez que Silvain, pour mieux montrer l'hypocrite tortuosité du roi, baisse la voix, toutes les fois que le poète prête au personnage un de ces mots perfides, par où se trahit son caractère. Ils sont perdus pour le spectateur. On ne saurait accuser Silvain de bafouiller ; il possède une des plus belles, des plus nettes et des plus riches dictions que nous connaissions au théâtre. C'est de dessein formé qu'il étouffe, en quelque sorte, un certain nombre de membres de phrase et surtout de finales. Il part de cette idée qu'un tartuffe prend l'habitude de glisser à l'oreille ce qu'il a à dire ; l'idée est juste en soi ; mais outre qu'au théâtre il y a une loi qui s'impose par-dessus toutes les autres, c'est d'être toujours entendu des douze cents personnes qui écoutent, Silvain ne doit pas oublier qu'après tout Louis XI est le roi de France et qu'il n'a pas à user de ménagements avec des gens qui sont à lui.

Il arrive parfois dans la pièce, telle que l'a conçue et écrite l'auteur, il arrive que Louis XI se complaît à jouer, sans nécessité, de son hypocrisie. Prenons un exemple.

Louis XI, au second acte, vient d'être insulté par le comte de Rethel, l'ambassadeur de Charles de Bourgogne; il a été obligé de mettre sa signature au bas d'un traité que le comte remporte. Il voudrait bien ravoir son papier et se venger de l'insolent. Il lui offre au départ une escorte d'honneur; Tristan la commandera. Pendant le voyage, Tristan fera naître une querelle et se jettera, lui et ses gens, sur le comte de Rethel.

Louis XI mande donc Tristan pour lui donner ses instructions. Il n'aurait qu'à lui prescrire nettement ce qu'il attend de lui. Ce n'est pas le premier assassinat que rêve et commande Louis XI, et Tristan, son compère, est habitué à ces besognes. Aucun d'eux n'a à se gêner ni à rougir l'un devant l'autre.

Mais Casimir Delavigne a profité de la situation pour accentuer l'hypocrisie de Louis XI. Le roi et Tristan, son âme damnée, jouent aux propos interrompus, l'un ne voulant pas donner l'ordre, l'autre cherchant à le deviner. Louis XI a l'air de dire aussi au public :

— Hein ! suis-je assez tartuffe ? Voyez comme je le suis. On ne peut pas l'être davantage.

J'ai vraiment, lorsque j'entends cette scène, des envies de faire comme le Giboyer des *Effrontés* qui, entendant Vernouillet parler de la conscience et de la dignité de la presse, affectait de regarder sous les tables et d'ouvrir les tiroirs.

— Ah çà ! que diable fais-tu là ? lui demandait Vernouillet.

— Je cherche pour qui tu dis tout ça.

Pour qui diantre ! Louis XI fait-il tant de mines et d'histoires ?

La scène est à effet, je n'en disconviens pas; elle n'est pas vraie; elle est de pure convention théâtrale. Il me semble me rappeler que Geffroy la sauvait par je ne sais quel air de hauteur. C'était bel et bien, à travers ces tergiversations de parole, un ordre que recevait Tristan, un ordre politique, un ordre qui importait à la sûreté de l'État.

Je crois que Silvain aurait avantage à ne pas laisser glisser le rôle au bourgeoisisme. Les scènes où ce bourgeoisisme est de mise n'en auraient que plus d'effet. Ainsi il a été excellent et même de premier ordre dans les scènes où il cause avec ces bons bourgeois dont il est l'ami; avec les paysans, à qui il distribue de bonnes paroles et des pièces d'or.

Il a retrouvé encore toute sa supériorité dans les situations tragiques, qu'il a jouées en grand tragédien. Il a été admirable dans tout le quatrième acte.

Vous savez... je vous parle de la pièce, comme si vous la connaissiez, et, de fait, vous devez la connaître, et si vous ne la connaissez pas, rien ne vous est plus facile que de la lire... vous savez donc qu'il se trouve dans ce quatrième acte une des situations les plus pathétiques que nous ayons dans notre théâtre.

Louis XI, vieux et souffrant, a fait venir saint François de Paule qui a la réputation de faire des miracles; il espère que le saint guérira ses maux et prolongera sa vie. Le saint a rendez-vous avec le roi dans sa chambre à coucher. Or, par une suite de circonstances fort habilement aménagées par l'auteur dramatique, le comte de Rethel ou plutôt Nemours, le mortel ennemi de Louis XI, qui a fait périr son père, a trouvé moyen de se cacher, un poignard à la main, dans les rideaux du lit.

Il va écouter l'entretien du roi avec le saint.

Cet entretien tourne à la confession; car le saint ne promet son appui près de Dieu que si son royal pénitent avoue ses fautes et s'en repent. Louis XI commence cette confession; mais à chaque crime qu'il rappelle, il en donne une justification politique :

> Les intérêts d'État sont des raisons si hautes.
> — Confessez, mauvais fils, n'excusez pas vos fautes,

interrompt le saint, et le défilé continue, et le roi en arrive au meurtre du père de Nemours, dont il relate les circonstances les plus aggravantes, sans se douter que tout ce récit tombe dans l'oreille du fils.

Il se traîne aux pieds du saint; il lui demande à mains jointes de prolonger sa vie. Cette vie est horrible; cette vie est empoisonnée de remords, elle lui est un affreux supplice; mais il en a besoin, il en a soif : « La vie! s'écrie-t-il, ah! prolongez ma vie! »

François de Paule le laisse à ses remords; Louis XI récite dévotement un *Pater :*

> Que votre volonté soit faite,
> Dieu clément, et la mienne aussi!

Il se retourne, et se trouve en face de Nemours, qui s'élance sur lui un poignard à la main. La scène est superbe, et elle a saisi le public tout entier.

Ce que c'est pourtant au théâtre que la situation! Peut-être s'était-il rencontré jusqu'à ce moment dans la salle quelques railleurs acharnés, qui s'étaient égayés du style de Delavigne, de ses inversions, de ses prosaïsmes, de ses métaphores; à l'apparition soudaine de Nemours surgissant en face du roi blême de peur, tout ce mauvais vouloir, toutes ces menues critiques furent emportés, roulés dans un torrent d'intérêt et de curiosité. On assista anxieux, haletant, au duel de ces deux hommes, l'un priant, gémissant, se tordant les bras; l'autre, sûr de la vengeance et enfonçant au cœur de la victime désignée le souvenir de tous les crimes qu'elle venait de conter et du plus odieux de tous. Il lève le poignard, il va frapper. Comment se tirer de là? Car enfin il ne peut pas le tuer; il n'y a pas moyen de fausser l'histoire à ce point.

Ah! que c'est là une trouvaille ingénieuse! Ingénieuse n'est pas assez dire; c'est, quoi qu'elle soit de Casimir Delavigne, d'un poète de transition, une trouvaille de génie.

Nemours jette l'arme qu'il brandissait sur la tête du roi couché à ses pieds. Il n'y a pour un misérable comme ce roi d'autre supplice à lui infliger que la vie :

> Qui, moi, t'en délivrer! Je t'ai vu trop souffrir;
> Achève donc de vivre ou plutôt de mourir...
> Dieu! je connais ses maux, j'ai reçu ses aveux;
> Pour me venger de lui, je m'unis à ses vœux.
> Satisfaites, mon Dieu! son effroyable envie;
> Un miracle! La vie! Ah! prolongez sa vie!

Silvain a traduit ces sentiments si divers avec une extraordinaire puissance; il a fait à diverses reprises frissonner toute la salle.

C'est Albert Lambert qui jouait Nemours. Il s'y est montré tour à tour tendre, mélancolique, chevaleresque, terrible. Il est jeune, il est beau, il a du panache. Il me semble bien, à distance, qu'il est supérieur à Delaunay, dont la voix de tenorino ne suffisait pas à ces éclats de passion violente. Il convient d'ajouter pourtant que Delaunay était infiniment plus varié de diction; il y a de la monotonie dans le jeu et le débit d'Albert Lambert. La monotonie, même héroïque, fatigue toujours un peu.

Quand le rideau est tombé sur le quatrième acte, de longs applaudissements se sont élevés de toute la salle. On a rappelé jusqu'à trois fois les acteurs; mais les bravos n'allaient pas seulement à l'interprétation; l'auteur était en droit d'en revendiquer une bonne part. Que de gens se sont dit, le soir, au sortir de la Comédie-Française :

— Ah ! si l'on nous donnait aujourd'hui un drame en vers qui, tout en étant à la mode du jour, eût cette puissante envergure, cette magnifique ordonnance, ces coups de théâtre si pathétiques et si brillants, comme nous nous récrierions tous d'admiration !

Et notez que ce style, ce fameux style dont on parle tant, je ne puis certes pas le louer sans réserve. Oh ! non ; mais dans ce quatrième acte, il est infiniment plus ferme ; la langue est plus nette, le vers plus robuste et plus sonore. Écoutez ce passage où Louis XI peint son état d'âme à François de Paule :

> Ah ! si dans mes tourments vous descendiez, mon père,
> Je vous arracherais des larmes de pitié.
> Les angoisses du corps n'en sont qu'une moitié,
> Poignante, intolérable et la moindre peut-être.
> Je ne me plais qu'aux lieux où je ne puis pas être ;
> En vain je sors de moi : fils rebelle, jadis,
> Je me vois dans mon père et me crains dans mon fils.
> Je n'ai pas un ami...

La tirade est des mieux frappées ; elle est animée d'un souffle cornélien.

C'est M<sup>lle</sup> Leconte qui jouait le dauphin. C'est un rôle assez difficile parce qu'il est complexe. Il y faut déployer les grâces aimables de l'adolescence ; mais il faut aussi de la force ; à un moment le dauphin s'élance le premier et, relevant le gant de défi qu'a jeté Nemours aux pieds du roi :

— Pour Valois et les lys ! s'écrie-t-il.

Ce cri exige une voix plus pleine et plus sonore que celle qui sort naturellement du gosier d'une ingénue. On a besoin de se prêter à la convention. Le dernier acte, où le dauphin ceint la couronne, que son père a laissée sur la table, réclame de lui une certaine dignité d'allures. Je ne dirai pas que Mᵐᵉ Leconte a été partout égale au personnage : charmante dans les scènes de tendresse et de chagrin, elle a faibli quand il a fallu qu'on devinât le futur roi sous le petit jeune homme. Elle est un peu grêle. Ce n'est pas sa faute. Le mieux est de la louer des parties qu'elle a fort bien dites, avec une grâce juvénile, tantôt attendrie et tantôt rieuse.

Mˡˡᵉ du Minil joue avec correction et non sans charme le rôle (un rôle médiocre, il faut bien le reconnaître) de Marie, la fille de Comines et la petite amie du dauphin. Il me semble que Marie est une ingénue plutôt qu'une jeune première. J'y aurais essayé Mˡˡᵉ Muller ou Mˡˡᵉ Lara, qui auraient mieux répondu au signalement.

C'est Prudhon qui faisait Coictier, le médecin grondeur. Je supplie Prudhon de veiller sur sa diction. Je puis lui affirmer qu'on ne l'entend pas toujours, et le défaut est d'autant plus sensible que tout son rôle est en récits, ou en observations philosophiques. Le sens général de la scène n'aide pas à combler le vide que fait dans la phrase une articulation insuffisante. Fenoux est un assez bon Comines ; je le souhaiterais plus fin, plus délié. Comines, c'est le courtisan avisé qui tâche de se tenir bien avec tout le monde. Il a par-ci par-là un accès de sensibilité ; au fond, c'est un sceptique qui regarde, observe et profite.

J'aurais voulu aussi que Delaunay, qui donne à François de Paule une dignité et une onction trop uniformes, fût plus un homme (un saint homme, si l'on veut) qu'un bon curé de mélodrame. C'est l'abbé Constantin que ce François de Paule. Il serait plus simple, plus affable, plus souriant avec les humbles, plus irrité et plus violent contre le roi. Toute passion disparaît sous cette couche savonnée de bonté angélique. Citons encore Hamel dans Tristan et Villain dans Olivier Le Daim.

Vous voyez que l'ensemble est encore digne de la grande maison. J'ai noté au passage des défaillances. Quelques-unes disparaîtront aux représentations suivantes. Ainsi M<sup>lle</sup> Marie Leconte, qui n'avait jamais jusqu'à ce jour porté le travesti, ne se sentira plus gênée par ses jambes nues et se raffermira. Silvain, qui est un comédien si consciencieux et si intelligent, achèvera ce qu'il a si bien commencé.

Je ne serais pas étonné que la maîtresse tragédie de Casimir Delavigne attirât un gros public et restât longtemps encore sur l'affiche.

19 septembre 1898.

# LES ENFANTS D'ÉDOUARD

## I

C'est bientôt fait de sourire au seul nom de Casimir Delavigne et de répéter les fameux vers de Fernand Desnoyers sur les morts qu'il faut qu'on tue. Il n'en reste pas moins vrai que ce Casimir Delavigne, pour lequel on affecte tant de mépris à cette heure, a joui d'une popularité énorme, que ses ouvrages excitaient un incroyable enthousiasme, que ses vers étaient dans toutes les bouches. Je suis assez vieux malheureusement pour ne point parler de tout cela par simple ouï-dire. Mon père, qui, comme tous les bourgeois de 1830, était grand admirateur du poète des *Messéniennes,* en savait par cœur de longues tirades, qu'il me récitait, à moi enfant, pour m'inspirer le goût de la belle poésie.

Je ne me rappelle plus à quel âge je vis pour la première fois les *Enfants d'Édouard,* mais j'étais tout enfant, et je me souviens que j'en emportai une impression profonde. Je vois encore, après tant d'années écoulées, Ligier ramassant d'un geste de fureur tragique son chapeau que le roi vient de jeter à terre. Mais ce n'est pas encore Ligier dont j'ai le mieux gardé la mémoire. Il y avait à cette époque-là, pour jouer Tyrrel, un acteur de second plan, le vieux Joanny, mais qui, dans certains rôles, était de premier ordre. Il avait ce que les comédiens appellent *du foyer*; c'est-à-dire l'art de faire croire chez eux à une sensibilité brûlante et de l'émouvoir chez les autres.

Il me remua profondément, et, le lendemain, je me mis à apprendre avec rage la célèbre tirade :

> Ah ! celui-là, mylord, troublera mon sommeil.
> Si vous les aviez vus, hier, à leur réveil,
> Les yeux fermés, le plus jeune des frères
> Tenant encore entre eux ce livre de prières, etc.

Chose bizarre que le pouvoir des souvenirs d'enfance. Il me semble encore, tandis que je transcris ces vers, entendre sonner à mon oreille la voix de l'artiste qui les disait avec une chaleur si communicative.

C'est M<sup>lle</sup> Mars qui, à l'origine, créa le personnage de la reine Élisabeth. Mais elle avait quitté le théâtre, quand je commençai d'y aller. Le rôle était tenu par M<sup>lle</sup> Noblet, une actrice qui n'a laissé aucun nom à la Comédie-Française, mais qui, à moi, me parut ce jour-là la plus belle et la plus touchante du monde.

J'ai depuis revu quelquefois les *Enfants d'Édouard*, car la pièce est restée assez longtemps au répertoire courant de la Comédie-Française. Je crois même qu'elle n'en est sortie que quand les héritiers de Casimir Delavigne, qui s'étaient fâchés avec le théâtre, lui enlevèrent d'un même coup le bagage entier de ses œuvres. C'est alors que *Don Juan d'Autriche* fut joué à la Porte Saint-Martin et sans beaucoup de succès (1874). Au temps de M. Thierry on donnait chaque année, et presque toujours le dimanche, quelques représentations des *Enfants d'Édouard*.

La pièce était toujours écoutée avec plaisir, et faisait verser beaucoup de larmes. Ne croyez pas que j'exagère. Je vous dis qu'elle faisait pleurer. Eh ! mon Dieu, l'autre soir, à l'Odéon, n'ai-je pas vu, dans toute la salle, au dernier acte, les mouchoirs faire leur office :

— Ah çà ! mais, on pleure ! me disait avec stupéfaction la personne que j'avais emmenée avec moi ; il n'y a pas à dire : on pleure.

Et l'on pleurait en effet, et l'on pleurait beaucoup. C'est que le drame, si l'on veut bien laisser de côté les questions de style qui ne touchent guère la foule, c'est que le drame en lui-même est attendrissant. Il sera toujours difficile à une femme de voir, sans être émue, deux jeunes enfants nobles, beaux, charmants, à la veille d'être égorgés ; et leur mère en pleurs les pressant dans ses bras, les accablant de baisers et d'adieux.

Toutes les fois que le rôle de la reine Élisabeth sera tenu par une actrice qui a, comme on dit, des larmes dans la voix, la pièce retrouvera son succès accoutumé de larmes. Il faut reconnaître qu'elle est adroitement disposée pour exciter cette grosse sensibilité de la foule. Elle est d'ailleurs intéressante dans son ensemble, et c'est un drame bien fait.

Mais vraiment il est trop mal écrit ! plus nous allons, moins il nous est possible de souffrir cette indigence de poésie, cette fausse élégance de style. Nous pardonnons aisément son méchant français à un mélodrame, s'il n'affiche d'autre prétention que de nous amuser par un jeu varié d'événements qui se choquent les uns contre les autres. Mais les *Enfants d'Édouard* se piquent d'être une œuvre littéraire et même poétique, puisqu'ils sont écrits en vers.

Et quels vers, bonté divine ! Casimir Delavigne faisait les vers français comme nous composions jadis des vers latins. Il s'étudiait à y mettre des *élégances*. Ainsi l'inversion passait en ce temps-là pour une élégance. Il en fourre partout, je ne dirai pas sans rime ni raison, car ce procédé lui sert à trouver plus aisément la rime. Il ne dira pas : *Faites-moi la grâce de m'écouter,* mais

> De m'écouter, mylord, vous me ferez la grâce.

Et encore :

> De vous joindre aux prélats n'êtes-vous point jaloux ?

Et encore :

> De cette fantaisie à la fin je me lasse...
> De sa santé pourtant les couleurs ont pâli...
> Mais de ses traits charmants la grâce est plus touchante...
> Quand d'horreur à ce cri vous avez pâli tous.

Et tout le temps comme cela. C'est un procédé; il deviendrait bien vite irritant, si cela ne rappelait le joli vers de parodie, que l'on attribue à Victor Hugo :

> Il part et de chemin suit son petit bonhomme.

Casimir Delavigne a un autre genre d'inversions, qui est constant chez lui, et qui n'est pas moins insupportable. Il aime à mettre, et sans ombre de motif, le régime d'un verbe avant ce verbe. Ainsi, il ne dira pas comme tout le monde : *Il faut lui cacher les coups que je lui porte;* mais bien :

> Et les coups que je porte, il faut les lui cacher.

Et encore :

> Quoi ! de nos courtisans je fais ce que je veux !
> Nos vieux lords, dont l'intrigue a blanchi les cheveux,
> Nos légistes profonds à l'envi je les joue,
> Et c'est contre un enfant que ma prudence échoue.

Quel drôle de style ! S'il avait mis : « Quoi ! je fais ce que je veux de nos courtisans ! Je joue à l'envi nos vieux lords blanchis dans l'intrigue, nos légistes profonds, et ma prudence échoue contre un enfant ! » dame ! ça ne ferait pas encore de bien bonne prose, car : *je joue à l'envi* est de médiocre français. Mais avec toutes ces inversions, avec cette façon saugrenue de parler : « dont l'intrigue a blanchi les cheveux », avec cet amas de fausses élégances, toute cette prétendue poésie est d'une lecture insupportable.

Voulez-vous d'autres exemples :

> Jetant trésors, contrats, regrets par la fenêtre,
> J'y jetai ma raison : il fallait oublier.
> Du désordre opulent qui m'était familier,
> Je descendis plus bas : je bus jusqu'à la lie
> De la taverne enfin la grossière folie... etc.

Quel style : Descendre plus bas d'un désordre opulent qui vous est familier. Cela veut dire : J'avais vécu jusqu'alors dans le désordre, mais le désordre d'un homme riche ; je descendis plus bas. Y eut-il jamais langue plus incorrecte et plus vague ? Et que dites-vous de : « Boire jusqu'à la lie de la taverne enfin la grossière folie. » Est-il possible de s'exprimer d'une façon plus prétentieuse à la fois et moins nette ?

Comment avons-nous pu jamais nous laisser prendre à tout cet étalage de fausse poésie ? Je me souviens que parmi les morceaux qui m'avaient séduit autrefois se trouvait le récit de Buckingham, contant à lord Glocester son entrevue avec les marchands de la Cité : cela m'avait paru d'une ironie charmante :

> Et vous voyez d'ici mon illustre auditoire :
> Le lord-maire d'abord, enflé d'un tel orgueil
> Qu'à peine s'il tenait sur son large fauteuil ;
> Des graves aldermen la majesté robuste,

10.

> Et ce que la Cité contient de plus auguste
> En figures de banque, avec leur front plissé,
> Où l'on voit que la veille un total a passé...

C'est à faire frémir la nature. *Ce que la Cité contient de plus auguste en figures de banque;* et ces figures *où l'on voit qu'un total a passé la veille!*

Et songez que la tirade se termine par ces deux vers :

> Je ne sais plus pour qui leur poitrine s'exerce :
> Mais je suis confondu des poumons du commerce!

Être confondu des poumons du commerce! Et notez que je choisis exprès les passages célèbres. Glocester veut entraîner Tyrrel au meurtre en lui peignant les délices d'une soirée de jeu :

> Sois l'homme d'autrefois. Je veux que cette orgie
> Surpasse en beau désordre, en brûlante énergie,
> En joie, en mets exquis, comme en vins généreux,
> Tous tes vieux souvenirs retrempés dans ses feux.

Passons sur ces vieux souvenirs *retrempés dans des feux*, bien que la métaphore soit des plus bizarres. Mais une orgie qui surpasse *en brûlante énergie,* des souvenirs, retrempés ou non. L'énergie d'une orgie! A-t-on jamais parlé de la sorte?

Courez toute la pièce d'un bout à l'autre; je viens de le faire par curiosité. Je vous défie d'y trouver une image; je vous défie d'en détacher un passage où le mot propre, juste et pittoresque donne quelque éclat à la pensée. C'est de la prose flasque, attifée par un rhétoricien habile. Quant au vers, il n'emplit jamais l'oreille d'une sonorité puissante. C'est rarement le mot de valeur, le mot qui peint, que l'on voit à la rime.

Casimir Delavigne s'arrête et s'amuse au petit détail,

enluminé de façon bourgeoise, même dans les grandes crises. Édouard et le duc d'York attendent ou leurs partisans qui doivent les tirer de la Tour et leur rendre la couronne, ou les meurtriers qui sont chargés de leur donner la mort. Édouard s'est endormi; le duc d'York veille et écoute :

> Dors! je suis sûr de moi; je prêterai l'oreille;
> J'aurai les yeux ouverts... Réunis tous les trois,
> Chaque jour nouveaux jeux, nous n'aurons que le choix.
> Windsor nous reverra courant sur sa prairie;
> Ma première caresse à toi, mère chérie!

Voilà tout ce qu'il trouve à un moment pareil :

> Chaque jour nouveaux jeux, nous n'aurons que le choix.

Rappelez-vous de même dans cette fameuse *Messénienne* de la mort de Jeanne d'Arc :

> Tranquille elle y monta : quand debout sur le faîte
> Elle vit ce bûcher qui l'allait dévorer,
> Les bourreaux en suspens, la flamme déjà prête,
> Sentant son cœur faillir, elle baissa la tête,
>     Et se prit à pleurer.
>     Ah! pleure, fille infortunée!

Et pourquoi faut-il qu'elle pleure, cette Jeanne d'Arc qui a sauvé la France, que son roi abandonne, et qui périt victime de son patriotisme?

> Tu ne reverras plus tes riantes campagnes.
> Ton temple, ton hameau, tes champs de Vaucouleurs,
>     Et ta chaumière et tes compagnes
> Et ton père expirant sous le poids des douleurs.

Mais ce serait Gothon, la vachère, qui mourrait d'une indigestion, qu'on pourrait lui dire également qu'elle ne reverra plus ses riantes campagnes, ni son père expirant sous le poids des douleurs.

Casimir Delavigne a fait là ce qu'on appelle en style d'école un développement de rhétorique. Le professeur donnant le texte à ses élèves dicterait :

1° Peinture des apprêts de l'auto-da-fé;
2° Jeanne monte sur le bûcher;
3° Sentiments qui agitent Jeanne; elle regrette la vie.

Et là-dessus, le rhétoricien, fouillant d'un doigt fiévreux le *Gradus ad Parnassum,* écrirait, à grand renfort d'épithètes :

> Non rursus, Virgo, non prata virentia rursus,
> Non aras humiles, humilis non jugera vici, etc., etc.

des vers à la douzaine. C'est tout ce qu'il faut pour conquérir au lycée un premier prix de vers latins. Mais une réputation de poète, c'est autre chose.

6 juin 1882.

## II

Les lecteurs de ce feuilleton se souviennent peut-être que je leur ai parlé, il y a quinze jours, des *Enfants d'Édouard* de Casimir Delavigne. M. Legouvé, mon éminent collaborateur, a bien voulu m'écrire, à ce propos, une lettre que vous lirez, je crois, avec le plus vif plaisir :

« Mon cher confrère et ami,

« Voilà plus de trois jours que je me promets de vous écrire à propos de votre article sur Casimir Delavigne. Il m'a fort intéressé; mais il me semble qu'il appelle un *post-scriptum.* Vos critiques sont justes; les vers que vous citez sont mauvais, et emberlificotés de fausses élégances. Mais il me semble qu'il serait juste de ne pas citer seulement ceux-là. Il ne faut jamais donner trop tort à nos vingt ans.

« Votre enthousiasme de jeune homme ne se trompait pas tant que vous paraissez de croire. Si Casimir Delavigne n'a pas laissé de monument complètement durable — et qui est-ce qui en laisse? — il reste de lui des parties admirables. L'*Ame du Purgatoire* est un chef-d'œuvre; l'élégie sur la *Vente de la Madeleine* est exquise. Les *Limbes* que j'ai cités dans la *Lecture en action* sont un tableau digne de Corot.

« Son premier ouvrage, les *Vêpres siciliennes,* se sentent de l'inexpérience d'un début; mais la scène finale du quatrième acte est une des plus émouvantes du théâtre moderne. A la première représentation, l'effet en fut tel que les applaudissements durèrent tout le temps de l'entr'acte.

« Vous rappelez-vous les *Chœurs du Paria?* Que de grâce et d'esprit dans le prologue d'ouverture de l'Odéon! Dans l'*École des Vieillards,* il est vrai que les personnages d'Hortense et de sa mère n'ont pas de physionomie. Mais quel relief, mais quelle passion, vraie souvent, chez Bonnard et chez Danville! La scène du cinquième acte est tout simplement digne de Molière.

« Eh bien! mon cher confrère et ami, il me semble que le rappel de quelques-uns de ces beaux passages aurait bonne grâce sous votre plume.

« Dans la grande salle vitrée de l'École des beaux-arts, à côté des magnifiques statues d'empereurs ou de dieux, s'élèvent de petits socles où figurent quelques fragments épars : ici un torse, là un buste, plus loin une tête. Ayons tous notre salle vitrée où, à côté des grands dieux, nous donnerons place dans le temple à quelques débris des *dii minores*. Nous autres fervents de poésie, prenons dans ces temps d'iconoclastes le rôle d'iconophiles.

« Bien des amitiés.

« E. LEGOUVÉ. »

Mon Dieu ! je trouve ces réflexions aussi justes dans le fond que la forme en est spirituelle et aimable. Mais ce n'est pas tout à fait ma faute, et je ne suis pas sans excuse. Mon intention, quand j'ai, l'autre jour, parlé des *Enfants d'Édouard* de Casimir Delavigne, n'était point de faire un travail d'ensemble sur le poète. Non, je suis l'homme de l'impression du moment. J'étais allé au théâtre avec l'idée que j'allais y retrouver, fraîches et vivantes, les sensations de ma jeunesse. Je m'assieds dans ma stalle ; j'écoute :

C'est une désillusion complète : eh quoi ! voilà ce que j'avais admiré ! Voilà ce qui me tirait des larmes ! cela n'est pas possible. Je reviens à la maison : je me jette sur le volume, pour contrôler mes sensations par la lecture. Et, tout aussitôt, les vers plats, les incorrections de langage, les rimes fâcheuses, les fausses élégances semblent se détacher du livre et me dansent devant les yeux. Chacune d'elles accuse le poète et me fait l'effet de se moquer de mon innocence. C'est décidément le théâtre qui avait raison.

Je prends la plume et me voilà parti ! Ce feuilleton ne vaut que par la sincérité de l'émotion du moment. C'est Fénelon qui disait de l'orateur : Il pense, et la parole suit. On devrait dire du critique de théâtre : Il sent, et la parole suit.

Ah! si j'écrivais dans une revue! si je composais un livre!...

Mais j'écris dans un journal, c'est-à-dire au jour le jour, disant les choses du jour, dans la langue du jour.

J'ai dit beaucoup de mal de Casimir Delavigne lundi dernier, et j'avais raison ; car, ainsi que vous le faites remarquer vous-même, les critiques étaient justes en soi. Il peut se faire que la semaine prochaine je vous entende dire, mon cher confrère, ces *Limbes* que vous avez analysés d'une plume si délicate, que je revienne transporté du poëte, l'ayant vu à travers le lecteur, et que je me répande, dans le *lundi* suivant, en éloges enthousiastes. Et j'aurai encore raison. J'avais dit ingénument ce que je pensais l'autre jour; je le dis encore cette fois-ci; si le langage a changé, ce n'est peut-être pas à moi seul qu'il faut s'en prendre.

Ça m'amuse toujours quand, fouillant mes feuilletons, on cherche à me mettre en contradiction avec moi-même. La belle découverte, parbleu! mais j'y suis sans cesse en contradiction avec moi-même. Souvent, c'est moi qui ai changé. J'admirais beaucoup Casimir Delavigne ; je suis aujourd'hui plus sensible à ses défauts. J'ai longtemps été rebuté des audaces de Victor Hugo ; me voilà à cette heure passionné pour le maître. Ce ne serait pas la peine de vieillir, de méditer, de travailler, de faire effort pour demeurer toujours au même point.

Souvent, ce n'est pas moi qui me suis modifié, c'est le point de vue particulier où je me suis mis ; ainsi l'on peut dire à la fois de Scribe, et beaucoup de bien, — car il est le plus merveilleux artisan de situations que le monde ait jamais connu; et beaucoup de mal, car personne n'a usé d'une langue plus bourgeoise pour exprimer des sentiments plus communs.

Enfin, c'est quelquefois aussi l'artiste qui a décru où

s'est amélioré. Combien n'en vois-je pas qui viennent me dire avec un doux reproche : Vous qui avez été si bon pour moi, comme vous me traitez à présent !... — Eh ! mon ami, c'est peut-être que tu étais excellent autrefois et que tu ne l'es plus à présent ; c'est que tu donnais en ce temps-là de belles promesses et que tu ne les a pas tenues. Que veux-tu que j'y fasse ? *Je sens, et la parole suit.*

20 février 1882.

# DON JUAN D'AUTRICHE

Il y a trente-cinq ou quarante ans, lorsque j'entrais dans la critique, *Don Juan d'Autriche* était une des pièces avec lesquelles, au Théâtre-Français, on était sûr le dimanche de faire une grosse recette. Ce n'est pas qu'on ne la jouât en semaine ; car, à cette époque, elle figurait au répertoire courant. Mais vous savez que le public du dimanche est ou plutôt était un public particulier, qui avait ses préférences et qu'il fallait servir selon ses goûts. On lui donnait plus volontiers le *Mariage de Figaro*, *Don Juan d'Autriche* et, plus tard, quand Ponsard eut porté sa pièce à la Comédie, *l'Honneur et l'Argent*. C'était un brave et bon public de petite bourgeoisie, celui qui au théâtre ne va point chercher des curiosités de psychologie ou des raffinements de style, mais qui se plaît aux sentiments généraux exprimés dans une langue claire, sous une forme dramatique, qui se laisse, comme disait Molière, prendre par les entrailles.

*Don Juan d'Autriche* a depuis longtemps disparu de l'affiche du Théâtre-Français; la dernière reprise qui en a été faite, et sans grand succès, date de 1885 ; il est maintenant admis, parmi les jeunes gens de la génération nouvelle, que la pièce de Casimir Delavigne est aussi démodée, aussi vieux jeu que l'auteur lui-même ; leur excuse, c'est qu'ils ne l'ont pas lue; c'est qu'ils ne connaissent peut-être Casimir Delavigne que par le sixain légendaire de Fernand Desnoyers, qui sans doute ne l'avait pas lue davantage.

J'étais bien aise de voir si, malgré les dédains et les blagues des beaux esprits, *Don Juan d'Autriche* avait gardé son action sur ce même public qui avait si longtemps fait sa fortune. Le public des lundis classiques de l'Odéon est composé à peu près des mêmes éléments que celui qui se rendait le dimanche à la Comédie-Française. Eh! bien, malgré la douceur exceptionnelle de la température, qui invitait à respirer au dehors l'air frais du soir, la salle était comble. Et si vous aviez vu comme elle s'est amusée, comme elle a ri, comme elle a battu des mains!

Ce qui a le plus vieilli de la pièce, c'est la partie mélodramatique. L'inquisition et tout l'appareil de vieille ferraille qu'elle évoque ne sauraient être pris au sérieux aujourd'hui. J'inclinerais à penser que Casimir Delavigne n'y croyait pas lui-même : il n'avait d'autre idée, en prenant le sombre Philippe II pour tête de turc, que de flatter les rancunes et les préjugés des libéraux de la monarchie de Juillet, qui avaient deux bêtes noires : Ignace de Loyola et saint Dominique. Il faisait œuvre de polémique, et ces œuvres-là ne sont pas de durée au théâtre. Il a fallu en couper beaucoup; on a retranché le rôle du grand inquisiteur qui apparaissait au cinquième acte comme un croque-mitaine jaillissant d'une boîte à surprise et toute une bonne moitié de la scène où don Quesada se traîne aux genoux du roi d'Espagne. Ces suppressions remontent fort loin; je ne me rappelle pas avoir vu représenter l'ouvrage dans son intégrité.

C'est une comédie, une pure comédie, que Casimir Delavigne a voulu écrire, sous le couvert de noms historiques. L'édition de ses œuvres porte : *Don Juan d'Autriche,* comédie. En 1874, la Porte-Saint-Martin eut l'idée de reprendre la pièce et d'en faire un mélo. On accompagna d'une musique sourde les entrées et les sorties; il fut convenu qu'on annoncerait l'entrée du traître par une noire ritournelle de contrebasse, et que l'on marquerait d'un coup de cymbales le point culminant d'une scène à effet.

C'était Taillade qui jouait Philippe II; et vous pensez si, avec son jeu saccadé et nerveux, sa voix nette et vibrante, il avait accusé les férocités du personnage; Mlle Patry avait déployé dans le rôle de doña Clorinde les emportements les plus farouches; en revanche Dumaine avait fait de Charles-Quint au couvent de Saint-Just un Jean des Entommeures d'une bonhomie ronde et joyeuse; et Mangin — c'est lui qui faisait Quesada — non, vous n'imaginez pas la joie de ce public des premières, quand elle vit ce conseiller de Charles-Quint, un vieillard qui avait occupé les places les plus importantes de l'État, et à qui le poète avait donné toujours un langage élégant et noble, dire tout son rôle du ton dont Lebel s'écriait autrefois : « Encore une étoile dans mon assiette ! »

En 1885, à la Comédie-Française, *Don Juan d'Autriche* fut joué, comme il devait l'être, en comédie. C'est Delaunay qui jouait don Juan; il y portait sa légèreté et sa bonne grâce accoutumées; peut-être n'était-il pas assez impétueux; il ralentit le mouvement général de la pièce; Duflos, qui faisait Philippe II, avait, en ce temps-là, un défaut dont il lui reste quelque chose : c'était une diction trop appuyée et monotone; il faisait un sort à tous les mots. Mlle Tholer, qui était fort jolie et toute gracieuse, manqua d'énergie et d'emportement dans le rôle de doña Clorinde, où Mme Favart avait été admirable. Il n'y eut, d'ailleurs, dans cette distribution, que Thiron qui rendit à merveille les terreurs du pauvre Quesada. Cette interprétation, qui n'était pas de premier ordre, explique la réserve avec laquelle fut accueillie la reprise d'un ouvrage qui avait contre lui le préjugé du public, j'entends du public de la Comédie-Française, et notamment de celui des mardistes et des jeudistes.

On ne voulait plus d'un genre qui avait eu ses beaux jours de 1828 à 1850, la comédie historique. Il consistait à jeter des personnages célèbres dans l'intrigue d'une comédie de genre. *Bertrand et Raton*, le *Verre d'eau*, *Don Juan d'Autriche* sont les chefs-d'œuvre de ce genre, qui est fort amusant, quand on ne lui demande pas autre chose que ce qu'il entend donner. Il est clair que, si vous allez comparer le Bolingbroke et la reine Anne du *Verre d'eau* aux personnages qui, dans l'histoire vraie, ont porté ces noms, il y aura un déchet terrible. Mais est-ce que l'auteur a affiché la prétention de faire au théâtre un cours d'histoire? Il a prétendu simplement mettre sous forme dramatique cette idée générale, qui est vieille comme le monde, que les plus grands événements sont quelquefois produits par les plus petites causes; c'est l'idée que Pascal a formulée dans une phrase si pittoresque. « Cromwell allait ravager toute la chrétienté; la famille royale était perdue, et la sienne à jamais puissante, sans un petit grain de sable qui se mit dans son urèthre. Rome même allait trembler sous lui; mais, ce petit gravier s'étant mis là, il est mort, sa famille abaissée, tout en paix et le roi rétabli. » Ce petit grain de sable, c'est le *Verre d'eau*, de Scribe, qui en a fait un grand vaudeville. Pourquoi exiger d'un vaudeville que les personnages qu'il met en jeu soient conformes à la vérité historique? Est-ce que c'est son affaire? Est-ce qu'il vous a promis rien de pareil?

*Don Juan d'Autriche*, c'est la lutte de deux jeunes gens qui aiment une même femme, l'un roi, l'autre bâtard qui n'a que la cape et l'épée. Ce bâtard est le fils de Charles-Quint. C'est qu'au cinquième acte l'auteur aura besoin pour sortir de l'impasse où son action l'aura acculé de l'intervention d'un dieu, et ce dieu sera Charles-Quint, qui fera le dénouement. La femme est une juive et le roi est Philippe II ; vous imaginez-vous que ce soit pour étudier, comme on dit aujourd'hui, l'état d'âme de l'Espagne catholique à cette époque, que l'auteur a pris pour héros Philippe II et a fait de doña Clorinde une juive ? C'est qu'au moment d'être prise de force par le roi qu'elle n'aime pas, elle l'arrêtera par ce mot qui fera coup de théâtre : « Je suis juive ! » C'est qu'ensuite Philippe II reprendra ses avantages, la menaçant du bûcher, si elle ne cède point.

Et don Quesada, vous figurez-vous que, si Casimir Delavigne a fait de ce conseiller de Charles-Quint un trembleur si plaisant, c'est qu'il avait exhumé ce caractère d'une vieille chronique ? Point du tout ; c'est qu'au cinquième acte, ce trembleur, sous le coup d'une émotion vive, emporté par sa tendresse pour don Juan, son fils adoptif, tiendra tête au roi, se jettera à ses genoux, offrira sa vie ; c'est que, de ce contraste, jaillira une scène imprévue et pathétique, qui se terminera par ce mot à effet :

— Relevez-vous, vieillard, vous êtes encore tout pâle de votre courage !

Cela est-il émouvant ? Oui, sans doute ; eh ! bien, que ne vous laissez-vous émouvoir, sans chercher ce qui manque, ce qu'on ne s'était pas engagé à vous donner ! Toute cette pièce avec ses conflits de passion qui se heurtent, ne renouvelle-t-elle pas à chaque instant la curiosité ? ne tient-elle pas d'un bout à l'autre l'attention en haleine ? Apparemment puisque, depuis tant d'années, tant de publics composés de gens qui ne vont pas chercher midi à quatorze heures, s'attendrissent, rient et battent des mains, en dépit de vos critiques chagrines. Qu'est-ce que ça me fait à moi que ce ne soit pas là le vrai Philippe II ? C'est un roi, à qui la religion fait une loi de détester les juifs et qui se trouve aimer passionnément une juive, voilà tout. Je voudrais plus sans doute dans un drame d'histoire ; je voudrais autre chose, tout au moins. Mais c'est ici une comédie de genre, un vaudeville, si vous préférez ce terme. Vous n'aimez pas le vaudeville ; à la bonne heure ! Les goûts sont libres. Mais n'allez pas répétant partout et sur tous les tons que le public ne l'aime pas. Il l'a dans l'os, au contraire, le public français. Faites un tour à l'Odéon, et vous m'en direz des nouvelles.

2 avril 1891.

# BALZAC

## LA MARATRE

C'était pour Balzac une entreprise singulièrement hardie, pleine de hasards et de périls, que de transporter du roman au théâtre les scènes de la vie privée.

Il fallait nettement répudier tous les moyens ordinaires par où se prennent le cœur et les yeux du public ; faire sortir l'émotion des plus vulgaires accidents de la vie réelle, de ces détails intimes que l'accoutumance a depuis longtemps vidés pour nous de tout intérêt ; il fallait, en un mot, *faire vrai* au théâtre, comme dans le roman, sans avoir en main les ressources du roman, et sauter d'un bond dans les terreurs du drame domestique, sans prendre son élan cinquante pages à l'avance.

L'œuvre semblait impossible ; Balzac l'a tentée, et il a réussi. La *Marâtre*, qu'on vient de jouer avec un si éclatant succès au Vaudeville, est le premier essai d'une comédie nouvelle ; on s'y heurte à chaque pas à des maladresses et à des incertitudes ; on sent que l'auteur cherche et tâtonne ; mais ce sont les tâtonnements du génie.

Vous apercevez, à mi-pente d'un coteau, une jolie maison de campagne, ombragée d'un bouquet de bois, baignée d'un ruisseau, qui court à quelques pas de là mettre en mouvement les roues d'une usine; vous vous récriez : « Le délicieux séjour! comme il ferait bon vivre là en petite et aimable compagnie. » Vous entrez : le maître de la maison est un vieux général de l'Empire, bon, affable, et qui répand autour de lui le travail et les bienfaits. Sa femme, un ange de douceur, qu'il a épousée en secondes noces, et qui s'est dévouée à sa vieillesse; sa fille, un ange de pureté; son fils, un charmant petit démon, composent toute sa famille. Point d'hôtes incommodes; peu d'amis; un médecin, vieux camarade d'enfance, qui vient le soir faire son whist, et un jeune homme qui dirige l'usine, et qui est pour le général plutôt un fils aîné qu'un homme d'affaires. Cet intérieur, si uni, si calme, vous séduit et vous touche : vous enviez cette paix qui sait jouir d'elle-même. Quel bonheur de cacher ainsi ses derniers jours, dans un coin tranquille, à l'abri des orages !

Attendez un peu : ce bon et respectable vieillard est un vieux fanatique, qui nourrit contre ses compagnons d'armes, devenus traîtres à l'empereur, une haine féroce, et qui sacrifierait à sa vengeance sa vie et celle de ses enfants. Sa femme est une indigne créature qui joue depuis douze ans la comédie à son chevet. Elle l'a épousé, comptant sur sa mort prochaine pour enrichir son amant, et s'est consolée des ennuis de l'attente en faisant venir cet amant sous le toit même de son mari. Ce Ferdinand, que le général traite comme un fils aîné, n'est qu'un misérable qui trahit son bienfaiteur en lui volant sa femme, qui trahit sa maîtresse en séduisant sa belle-fille... Cette jeune fille même, aux yeux candides, cache sous un front de dix-huit ans les passions les plus violentes; elle a un caractère de fer que rien ne saurait plier, et un instinct de ruse qui mettrait en défaut les yeux même d'une rivale.

Voilà cette agréable famille! Si Balzac eût conté son histoire, au lieu de la mettre sur la scène, il eût pris tout un volume pour nous peindre ce beau lieu, cette maison d'apparence si honnête et si calme; il y eût amené par la main chacun de ses personnages, les présentant l'un après l'autre au lecteur, lui faisant toucher du doigt les passions et les circonstances par lesquelles ils ont été fatalement conduits où il les trouve, lui expliquant leurs caractères, et le lançant en quelque sorte d'avance dans le courant des événements qui vont suivre.

Mais le théâtre n'attend point; il faut couper court aux longs détails; Balzac choisit les plus caractéristiques et les ramasse dans une exposition vive, serrée, lumineuse, l'une des plus belles assurément qui se puissent voir au théâtre, un chef-d'œuvre! Ce premier acte débute comme une idylle; on se croirait en plein roman anglais; l'âme s'y épanouit d'aise; il semble qu'on y respire, sous un ciel bleu, par un beau soleil, un petit vent frais tout embaumé de vertu. Mais il y a là-bas un point noir à l'horizon; il grandit de scène en scène, tout chargé d'histoires ou terribles ou honteuses. On se sent peu à peu envahi par ce malaise inquiet dont tout homme est péniblement oppressé à l'approche d'un orage; on étouffe.

Le premier coup de tonnerre éclate au second acte. Un riche propriétaire normand, bête mais finaud, M. Godard, qui se fait appeler de Rimonville, est venu demander au général la main de sa fille; Pauline l'a refusé net. Cela l'étonne. On ne refuse pas un homme comme lui, qui a quarante mille bonnes livres de rentes en *mouchoirs à bœufs*; il y a quelque amour sous roche. Il veut en avoir le cœur net.

11.

Ferdinand, le jeune factotum de la maison, est le seul qu'il puisse soupçonner. Il prend à part Napoléon, ce charmant petit démon que vous savez. « Veux-tu faire une bonne farce? lui dit-il; sors une minute et reviens en t'écriant : Bon ami s'est cassé la jambe. » Bon ami, c'est Ferdinand. A cet horrible piège se prennent les deux femmes : Pauline tombe évanouie sur un canapé; Gertrude laisse échapper une tasse qu'elle tenait à la main; toutes deux se sont devinées à leur émotion : elles aiment le même homme, elles sont rivales.

Un frisson court de l'orchestre aux loges, et il s'élève de toute la salle comme un long frémissement Eh! quoi, tant d'émotion pour une tasse qui se brise? C'est qu'avec elle tombe en morceaux le masque de paix et de bonheur sous lequel se cachaient des passions perverses et que nous savons implacables. Nous connaissons ces deux femmes; on nous a laissé voir ce qu'elles peuvent oser l'une et l'autre; nous pressentons quelque affreuse lutte, où toutes deux, sans hésiter, mettront pour enjeu l'honneur d'un vieillard et leur propre vie.

Cette lutte commence sourde et à voix basse pour ne point éveiller des yeux jaloux ou simplement curieux; et tandis qu'elles vont s'épiant, se menaçant, la main toujours posée sur un poignard ou sur une fiole de poison, à côté d'elles, la vie domestique poursuit paisiblement son cours, sans savoir si l'on va s'égorger sur ses bords. Les incidents les plus vulgaires se jettent à la traverse de ce drame, et l'arrêtent ou le précipitent, comme un passant attardé qui siffle indifféremment sa chanson dans la rue, suspend ou hâte un duel de nuit qu'il ignore en le coudoyant.

C'est ce qui fait que l'acte le plus simple a, dans cette pièce, son intérêt et son effroi. La famille vient de se séparer; le docteur retourne à ses malades; le général et Ferdinand vont à la fabrique; les deux femmes restent un moment seules. L'une d'elles remonte la scène et va mettre le verrou; une porte qu'on ferme, ce n'est pas grand'chose en vérité; mais elle se ferme sur deux rivales que l'on sait capables de tout, et ce détail si ordinaire vous saisit et vous fait froid.

La Bruyère disait du poëme tragique, « qu'il vous serre le cœur dès son commencement; vous laisse à peine dans tout son progrès le temps de respirer; ou s'il vous donne quelque relâche, c'est pour vous replonger dans de nouveaux abîmes et de nouvelles alarmes ». Cela est admirablement vrai de la pièce de Balzac. Elle ne laisse pas respirer. Je l'avais lue bien des fois, et comptais bien n'apporter au Vaudeville que la curiosité d'un critique. Je me suis senti pris et subjugué, malgré moi, comme tout le monde. On avance dans ce drame ainsi qu'en un rêve affreux. Je ne puis mieux en comparer l'effet qu'à cette oppression douloureuse d'un cauchemar qui pèse sur la poitrine, et la tient serrée, tant que dure la nuit. L'émotion est trop violente, les nerfs en sont ébranlés et malades. Il y a dans la plupart des romans de Balzac des situations tout aussi terribles; elles n'ont point cet effet poignant sur le lecteur.

C'est que, dans le roman, l'émotion répandue sur la surface d'un long ouvrage perd de sa force en se dispersant. Mais à la scène elle est ramassée dans le court espace du drame, et se décharge par des éclats de passion, coup sur coup répétés, qui épouvantent et fatiguent. Le drame grossit, pour la perspective, les personnages et les objets que le roman peint de grandeur naturelle; l'un fait voir ce que l'autre raconte, et le chemin est court des yeux au cœur. Enfin Balzac, qui n'avait pas encore l'habitude du théâtre, a certainement ici passé la mesure; la pièce manque d'air; on ouvrirait volontiers la fenêtre pour y laisser entrer une rafraîchissante bouffée de sentiments honnêtes.

Il y a parfois plaisir à pleurer; les larmes sont douces et soulagent. Mais on ne pleure point dans ce drame; on y suffoque. Les dernières scènes même, qui sont les plus faites pour émouvoir, étreignent l'âme d'une douleur sèche. Cette femme qui se débat, tout effarée, contre une accusation d'empoisonnement sous les yeux des magistrats impassibles et d'un père au désespoir, cette fille qui se tord dans les convulsions d'une mort violente, ravie d'emporter avec elle sa rivale dans la tombe, tout ce tableau est affreux; il n'est point attendrissant. On souffre d'un malaise qui accable, et l'on sort du théâtre, anéanti.

Balzac est le premier à qui l'étude de nos mœurs actuelles ait révélé ce qu'il y a de vraiment terrible dans l'apparition de la loi au milieu d'un drame domestique. Voyez-vous ce monsieur, de visage pâle, d'allures graves, avec ses lunettes d'or, sa cravate blanche et son habit noir? Il ne paye pas de mine; rangez-vous pourtant; c'est la peine au pied boiteux des poètes antiques, c'est le spectre de Banquo des drames shakespeariens, c'est M. le procureur du roi. Rien de saisissant comme l'entrée de ce personnage officiel dans la pièce de Balzac. Il ne s'agit pas de rire; ce n'est pas un de ces commissaires de l'ancienne comédie qu'on rossait après les avoir bernés. Grâce à 89, nous ne vivons plus *sous un prince ennemi de la fraude*, nous n'avons d'autre maître que la loi. Ce monsieur est le représentant de la loi, et il porte, dans ce carnet où il prend des notes au crayon, la justice des hommes, qui vaut bien la justice de Dieu.

En somme, la *Marâtre*, quoi qu'on ait pu dire, n'est

point un chef-d'œuvre ; il s'en faut de beaucoup ; elle est bien mieux que cela : elle est une révolution. Chapeau bas, s'il vous plaît ; c'est le réalisme qui prend possession du théâtre. Le drame de Balzac, comme l'armure du Cid, a gagné sa première grande bataille. Ah ! s'il vivait encore ! mais c'est à M. Dumas fils que je m'adresse, c'est lui qui est aujourd'hui, par la mort du maître, à la tête de la nouvelle école, chef moins puissant, mais plus habile, et par malheur sans autre soldat qu'un caporal, M. Théodore Barrière. La cause est remise entre ses seules mains ; c'est à lui de la défendre, mais au Théâtre-Français et non au Gymnase.

12 septembre 1859.

# MERCADET

C'est un véritable événement, pour notre petit monde dramatique, que cette reprise d'un chef-d'œuvre de Balzac. J'aurais été bien aise de dire mon avis sur le remaniement de l'œuvre primitive fait par d'Ennery; je le trouve excellent pour ma part, et sais fort bon gré au directeur de n'être pas remonté, comme le lui conseillaient quelques hommes de lettres, au texte primitif du grand romancier. Mais le temps me manque aujourd'hui pour traiter cette question, et je ne puis que constater le résultat de la bataille.

La curiosité de la soirée était presque tout entière dans la tentative de Got. Il y a toujours quelque danger à reprendre, à quinze ans de distance, sous les yeux de la même génération, un personnage qui a été brillamment créé, sur une autre scène, par un homme de talent. Ce n'est pas une mince affaire que de lutter contre des souvenirs qui sont parés du charme de la jeunesse. Mais Got est un comédien très amoureux de son art et très hardi. C'est lui qui a désiré cette reprise; c'est lui qui en a cherché le péril. Il faudra toujours, quelle qu'ait été l'issue du combat, lui savoir gré de l'avoir affronté.

Il n'y a eu, à vrai dire, ni victoire bien caractérisée, ni

chute bien certaine. Il est évident que Got a, durant les deux premiers actes, laissé son public très indécis et presque froid, et qu'il l'a emporté au troisième. Ce double résultat, dont l'un est si contraire à l'autre, part d'une même cause, qu'il ne me paraît pas difficile à démêler.

Mercadet, dans les deux premiers actes et dans la première moitié du troisième, joue la comédie avec ses créanciers. Il les trompe, il les berne, il leur escroque, à force de mensonges et de hâbleries, ce qu'ils ont de plus cher au monde, leur argent. Got a été frappé de cet aspect du personnage, et il a voulu le rendre visible aux spectateurs. Il s'est fait ce raisonnement : Mercadet joue la comédie; il faut donc que j'indique au public, par mon geste, par ma démarche, par le ton de ma voix, que toutes les fois que Mercadet parle, c'est un comédien en scène, et non un homme convaincu.

Le résultat a montré que le calcul de l'artiste était faux; mais il me semble que la théorie le pouvait faire prévoir. Il est très vrai que Mercadet joue ses créanciers; mais on peut assurer aussi qu'un homme d'imagination comme il se montre, est bientôt dupe lui-même des scènes qu'il invente. Un de ses créanciers le presse; il faut gagner du temps, et aussitôt de sa cervelle féconde jaillit l'idée du *pavé conservateur*.

C'est une bourde; mais il n'en a pas plus tôt commencé à exposer les avantages qu'il se grise de sa propre parole. Il croit à cette conception de son cerveau; pour un peu, il prendrait des actions. Il ressemble à ces prédicateurs qui pleurent à chaudes larmes quand ils suent à grosses gouttes. Les gens qui ont l'imagination si vive ne sauraient être de parfaits hypocrites. Ils ne savent plus eux-mêmes, une fois qu'ils sont lancés, où finit le mensonge, où commence la réalité; ils subissent les premiers l'entraînement de leurs discours, et ne recouvrent leur sang-froid et leur claire vue des choses que lorsque se sont dissipées les fumées de leurs propres paroles.

C'est là, je crois, le caractère de Mercadet. Mais à supposer que je me trompe, que le faiseur de Balzac ne fût pas un Bordelais sanguin, mais un Parisien flegmatique et spirituel, je ne pense pas que Got eût encore eu raison d'indiquer lui-même au public qu'il joue la comédie. Un exemple entre dix : Mercadet veut arracher mille écus à son vieil ami Verdelin, qui lui a déjà prêté de l'argent. Il emploie, pour le séduire, toutes les ressources de son esprit diabolique, et comme il se heurte toujours contre un refus inébranlable, il en arrive aux grands moyens, et s'écrie dans un transport de douleur et de désespoir qu'il va se faire sauter la cervelle. Got a prêté exprès à ce cri une note fausse. Il a dit la tirade de façon à ce que tous les spectateurs fussent persuadés que Mercadet n'avait pas la moindre envie de se tuer. Admettons, pour lui faire plaisir et contre notre opinion, qu'à ce moment Mercadet ne soit pas de bonne foi; qu'il n'a pas été gagné le premier à la scène qu'il a imaginée, et qu'il n'a pas fait comme tel autre, qui finit par se croire véritablement l'homme du rôle qu'il joue : c'est encore une faute de marquer trop clairement son hypocrisie.

Le spectateur ne peut manquer de se dire : « Mais ce Verdelin est donc un imbécile? Comment! il se laisse duper à une bourde si visible! Je m'aperçois, moi qui n'y ai aucun intérêt, que toute cette comédie est fausse ; et lui, dont l'argent est en jeu, n'en voit rien! Mais cela n'est pas possible! » Du moment que Mercadet fait illusion à un créancier, il doit aussi, pour me servir de ses expressions, mettre le public dedans, et ce public ne sera content que s'il y est mis.

Au fond, toutes ces malices de Mercadet sont cousues de fil blanc. Il ne faudrait qu'un peu de loisir et d'attention pour ne pas donner dans ses mensonges. Si l'acteur ne les emporte pas dans un torrent d'éloquence étourdissante, il laisse aux spectateurs comme aux créanciers le temps de les reconnaître et d'y échapper. Toutes les scènes en deviennent fausses et froides.

Got a été admirable au troisième acte. C'est qu'il n'a plus été contraint par parti pris d'hypocrisie. Là, Mercadet est ému pour son propre compte. Son étonnement et sa joie sont également sincères. L'acteur ne s'est donc plus occupé, en les rendant, de traduire des sentiments contraires ; il s'y est franchement abandonné, et il a retrouvé toute sa verve. Aussi ce dernier acte, qui est de beaucoup le moins bon, qui peut même passer pour n'être que de la bouffonnerie du Palais-Royal, a-t-il obtenu un succès étourdissant. Got est très capable d'animer pareillement les deux autres. Mais il faut qu'il change résolument la conception générale du rôle ; qu'il ne garde de l'interprétation première que certaines intonations amères et profondes données à des mots qui n'étaient jadis, dans la bouche de Geoffroy, que des saillies d'imagination, et qui, dans la sienne, sont devenues des traits de caractère.

A côté de lui, toute la troupe a vaillamment donné, mais avec des succès divers. Il faut citer en première ligne Febvre, qui est charmant dans le rôle de M. de la Brive, et, à mon avis, très supérieur à Dupuis. Il s'est fait une tête de gandin payé par les femmes, qui est vraiment bien amusante. Il dit spirituellement et juste. Il a été fort applaudi.

26 octobre 1868.

crois plutôt qu'elle se laissait pénétrer aux objets, et les reflétait avec l'inconscience d'un fleuve qui reproduit, la tête en bas, les paysages qui se mirent sur ses rives.

Elle ajoutait à ce don celui de transformer, d'embellir, d'idéaliser tout ce qu'elle touchait de sa plume d'or; en sorte que le train ordinaire de la vie quotidienne, reproduit par elle, revêtait une grâce extraordinaire, et je ne sais quel charme poétique.

C'est l'union de ces deux qualités qui a fait son succès au théâtre, quand le hasard du sujet choisi par elle les a harmonisées, sans permettre qu'elle versât dans un sens plutôt que dans un autre.

*Claudie*, à mon avis, est son chef-d'œuvre. C'est une des peintures les plus exactes et les plus charmantes de la vie rustique. Je ne connais rien de simple et de grand comme le premier acte de cette majestueuse idylle. La première fois que j'entendis cette admirable prière qui le termine : « Gerbaude! sainte Gerbaude!... » je fondis en larmes. Vingt ans plus tard, je retrouvai cette impression tout aussi vive, et il me semble qu'elle était partagée de tout le monde. Je voudrais bien qu'un théâtre de drame, aujourd'hui que les passions politiques sont apaisées, remontât cette pièce, en supprimant une douzaine de phrases à tendance, qui sont d'ailleurs inutiles au développement du sujet.

Ce qui a peut-être le plus réussi dans *François le Champi* et dans le *Marquis de Villemer* n'appartient pas entièrement à M<sup>me</sup> Sand. C'est le rôle de Bonnin dans *François le Champi* et celui du duc d'Aléria dans le *Marquis de Villemer*. Pour ce dernier, ce n'est un secret pour personne qu'Alexandre Dumas fils a passé par là, et il est aisé de reconnaître sa main à la facture particulière de certains mots qui portent sa marque de fabrique.

Bonnin est un type que M^me Sand a mieux connu et qu'elle aurait pu peindre seule. Il est certain qu'elle l'a reproduit à diverses reprises dans quelques-uns de ses romans et de ses ouvrages de théâtre. La tradition veut pourtant qu'un de ses hôtes l'ait aidée cette fois à le porter sur la scène. Et je ne serais pas étonné qu'elle dît vrai. Bonnin n'appartient pas au roman d'où *François le Champi* a été tiré. C'est une intercalation, dont l'idée a probablement été suggérée à l'auteur, dont quelques détails ont dû lui être fournis par un ami mieux au courant des habitudes dramatiques. Le rôle est si joli, si bien venu que tous les acteurs qui s'en chargent y sont excellents; le personnage les porte.

Si je me livre à ces réflexions, ce n'est point pour rabaisser le mérite de M^me Sand. Après tout, c'est celui qui signe une œuvre qui en est responsable devant la postérité. Mais un analyste a bien le droit de chercher comment un romancier de génie, qui s'est par bouffées occupé de théâtre, y a si souvent échoué, et quelquefois réussi, mais réussi de façon à éclipser même les plus célèbres en ce genre.

Un critique très autorisé de l'époque, Gustave Planche, fit remarquer avec beaucoup de sens que les qualités par lesquelles M^me Sand se distinguait au théâtre étaient précisément celles qui avaient fait la gloire de Sedaine. Gustave Planche avait raison : car le mérite propre de Sedaine, c'est un don d'observation singulier qu'il a appliqué aux menus détails de la vie domestique. Mais M^me Sand avait quelque chose de plus et quelque chose de moins que Sedaine.

L'endroit par lequel elle l'emportait sur l'auteur du *Philosophe sans le savoir*, c'était la faculté d'agrandir les choses par le style, de les ravir dans les champs sacrés de l'idéal, de les revêtir d'une sérénité lumineuse. Mais où elle était inférieure, c'est que Sedaine avait le don de la scène, l'instinct dramatique; et c'est tout au théâtre. Il mettait naturellement le doigt sur la situation, et il y courait, négligeant tous les accessoires où s'attarde souvent M<sup>me</sup> Sand, qui avait plutôt le génie du roman.

Néanmoins la parenté intellectuelle de M<sup>me</sup> Sand et de Sedaine était incontestable. Une fois M<sup>me</sup> Sand avertie par le critique, elle se mit à étudier Sedaine qu'elle n'avait jamais lu, et c'est de là que naquit cette délicieuse comédie, le *Mariage de Victorine*.

12 juin 1876.

# CLAUDIE

Cluny nous a convoqués pour une nouvelle reprise de la *Claudie* de M^me Sand : le destin de cette pièce est un de mes étonnements au théâtre. C'est, de l'avis de tous les gens de goût, le chef-d'œuvre de M^me Sand ; la pièce est plus qu'intéressante ; elle ferait pleurer des pierres, et, toutes les fois qu'on l'a reprise, j'ai vu, à la première représentation, tout le monde fondre en larmes. Elle a été à l'origine jouée à merveille par Bocage, Fechter et M^lle Lia Félix ; plus tard elle a rencontré de moindres interprètes, mais qui avaient encore du talent et l'oreille du public. Avec tout cela, *Claudie* n'a jamais obtenu un long succès près de la foule. *François le Champi* et le *Marquis de Villemer*, qui lui sont inférieurs, ont réussi plus bruyamment et ont gardé un public plus nombreux.

D'où vient cela ? Je n'en sais rien. Il est bien vrai qu'au troisième acte M^me Sand, au lieu de se contenter d'excuser la fille mère, d'appeler sur elle la pitié, réclame pour elle l'estime et le respect ; que ce n'est plus même une réhabilitation, mais bien une apothéose ; que cela est excessif et déplaisant. Mais ce seraient quarante lignes à retrancher au dénouement, qui devrait se faire plus vite et par un coup de passion.

Le reste est admirable ; et ce reste, ce n'est rien de

moins que deux actes et demi. Avant-hier, il n'y a pas à dire, nous avons tous pleuré, mais pleuré sans vergogne, comme La Bruyère voulait que l'on pleurât au spectacle.

On parle sans cesse de naturalisme au théâtre. Mais en voilà, du naturalisme, et du meilleur, car il est relevé par une poésie merveilleuse. Comme ces trois figures, le père Rémy et sa fille et Denys Ronciat, sont vraies et vivantes ! et le père Chauveau et la mère Chauveau, et leur fils Sylvain sont-ils assez *nature !* Quelle charmante scène que celle où Sylvain supplie son père de payer Rémy et sa fille, pour leur travail de la moisson, *comme un et demi !* Quelle scène pathétique que la première rencontre de ce Denys Ronciat, le coq de village, avec cette Claudie qu'il a séduite ! et ces scènes, à la fois si simples et si élevées, est-ce qu'elles perdent quelque chose à se mouvoir dans un cadre d'une grandeur et d'une majesté champêtres qui saisit l'imagination ?

Je ne sais rien de plus beau et de plus pathétique à la fois au théâtre que cette magnifique invocation à la Gerbaude, — lancée par le père Rémy, selon les anciens us. Et remarquez-le bien, ce n'est pas un hors-d'œuvre imaginé pour faire décor ; la scène tient à l'action ; car c'est en passant devant la Gerbaude que Denys Ronciat voudra, pour faire comme les autres, déposer son offrande, et que le père Rémy, lui arrêtant le bras, révélera, par le geste, à la dame Rose le secret de son infamie.

J'ai horreur de la mise en scène pour la mise en scène ; mais quand elle n'est comme ici qu'un cadre à l'action, et que ce cadre est à la fois émouvant et superbe, il n'y a rien qui fasse plus de plaisir, qui enlève mieux les âmes. Imaginez ce tableau présenté dans un grand théâtre avec toutes les ressources dont il pourrait disposer ; l'éclat en serait incomparable, et l'émotion n'en serait pas moindre. Je n'ai jamais pu entendre ce morceau, qui a je ne sais quel tour de beauté antique, sans que le cœur me fondît dans la poitrine. Ah! comme Got, le vieux Reb de l'*Ami Fritz*, le dirait avec onction et force! et quel rôle pour les débuts de M<sup>lle</sup> Bartet que celui de Claudie!

Je l'ai vu dans le temps supérieurement joué par M<sup>lle</sup> Fayolle, dont la Comédie-Française ne fait pas grand'chose. Elle excellait à rendre ces rôles en dedans, presque muets, où il faut que, sous une attitude de réserve chaste, sous une parole brève et rare, perce un vague souvenir de passion, plutôt senti qu'aperçu. Et quel joli rôle pour Coquelin ou pour Febvre que celui du coq de village. Quel dommage que M. Perrin se soit amouraché dans le temps du *Mariage de Victorine*, une pièce triste, un pastiche sans joie et sans soleil! Enfin, la chose est faite; il n'en faut plus parler.

Le second acte est plus touchant peut-être encore que le premier. Ce qu'il y a d'admirable dans ce plaidoyer en faveur d'une fille, victime de la séduction, contre l'infâme séducteur, c'est qu'à vrai dire ce n'est pas un plaidoyer en règle. M<sup>me</sup> Sand ne soutient pas une thèse. Ce sont les mouvements de passion des personnages qui se tournent en arguments.

Qui pourrait garder ses yeux secs quand le père Rémy, pressant dans ses bras sa fille que l'on veut chasser comme une malheureuse indigne de pardon :

« Eh bien! oui, s'écrie-t-il, c'est vrai qu'à l'âge de quinze ans elle a écouté un garçon sans cœur et sans religion. Elle l'a aimé; elle l'a cru honnête; il n'y a que celles qui n'aiment point qui se méfient. Oui, c'est vrai qu'un enfant méconnu et abandonné de son père a été élevé dans notre pauvre logis. Le pauvre enfant! si beau, si doux, si ca-

# GEORGE SAND

## GEORGE SAND AUTEUR DRAMATIQUE

M^me Sand appartient à ce feuilleton par un des côtés de son génie. Elle n'a donné qu'un assez petit nombre de pièces au théâtre; son œuvre tient dans quatre courts volumes, et c'est peu de chose en comparaison des innombrables romans qu'elle a semés d'une main si prodigue. Mais trois ou quatre de ces comédies sont des ouvrages remarquables; j'ignore ce que la postérité en pensera et si elle les mettra au rang des chefs-d'œuvre, mais elles nous ont charmés et elles sont placées très haut dans l'estime des contemporains.

Chose bizarre! M^me Sand n'avait pas, autant du moins que l'on peut affirmer ces sortes de choses, non, je ne crois pas qu'elle eût le don du théâtre. Les événements ni les passions ne se présentaient à elle sous la forme dramatique. Elle a pour ainsi dire rencontré en ce genre les succès qu'elle a obtenus. Ce furent d'heureux hasards.

Elle avait, à un degré étonnant, le goût de la vérité dans le détail de la vie domestique. Je ne sais si l'observation était chez elle une qualité voulue et de parti pris. Je

ressant, si malheureux ! un ange du bon Dieu, qui nous consolait de tout, et qui ne nous faisait pas de honte, nous l'aimions trop pour cela ! Et, dans notre endroit, chacun l'aimait et le plaignait d'être si chétif qu'il ne pouvait pas vivre. Pauvre petit ! il était nourri de larmes, et vous nous reprochez cela ! »

Est-ce que tout cela n'est pas d'une vérité et d'une éloquence poignantes ? Il a cent fois raison, le vieux, et d'autant plus raison qu'il ne proclame pas, d'un ton sentencieux, la parfaite innocence de sa fille. Il exprime un sentiment que tout homme éprouve au fond de son cœur. Elle a failli, cela est vrai, mais elle a été si malheureuse ! et le grand coupable, est-ce que ce n'est pas l'autre ? — Vous chassez ma fille, répond le père Rémy, vous la chassez comme une vagabonde, et vous ne chassez pas à coups de fourche cet infâme qui, après lui avoir promis le mariage, l'a délaissée, oubliée dans sa misère, et qui ose encore venir près de vous l'accuser du tort qu'il lui a fait ! Vous avez pourtant vu comme cette fille souffre et travaille ! Vous ne lui avez jamais entendu faire une plainte ni un reproche, etc.

Quelle véhémence de passion et quelle vérité ! Comme cela sort du cœur ! J'enrage quand je vois qu'au troisième acte M<sup>me</sup> Sand m'a un peu gâté ce père Rémy, d'une simplicité biblique aux deux premiers, et qu'elle en fait un idéologue phraseur. Mais j'en reviens là : il n'y aurait que cinquante lignes au plus à retrancher du texte primitif au dénouement. Cette *Claudie* serait un pur diamant.

22 septembre 1879.

# LE MARIAGE DE VICTORINE

Le *Mariage de Victorine* n'est pas, à proprement parler, une suite du *Philosophe sans le savoir*. L'année dernière, en exposant dans une demi-douzaine de feuilletons consécutifs la théorie des dénoûments, j'ai montré que toute œuvre de théâtre qui mettait en jeu des forces permanentes était susceptible d'être reprise et continuée. Ainsi M$^{me}$ Aubray consent à marier son fils à une fille qui a commis une faute, à braver le préjugé social, et la toile tombe sur ce dénoûment.

Mais le préjugé social est une force permanente, dont l'action durera toujours, même après le mariage terminé. Ce mariage viendra se heurter contre cet obstacle : il y a donc lieu à faire une suite. Que deviendra ce jeune ménage ?...

Le comte Almaviva a enlevé Rosine avec l'aide de Figaro. La pièce est achevée, et l'on ne demande plus rien, à vrai dire. Mais il y a des caractères en mouvement dans cette comédie, et le caractère est une force permanente, qui s'accuse encore après que l'événement auquel il a pris part a accompli son cycle. Du même fond de légèreté amoureuse dont le comte Almaviva s'est épris de Rosine, il fera, une fois marié, la cour aux jolies filles des environs;

et si sa fantaisie le porte vers la fiancée de Figaro, celui-ci se défendra contre son maître avec le même esprit d'intrigue dont il a fait preuve jadis pour le servir dans ses amours.

Dans le *Philosophe sans le savoir*, qu'est-ce que cette Victorine dont M$^{me}$ Sand s'est emparée pour la transporter, avec tout son entourage, dans une pièce nouvelle qui serait la suite de la première ? Est-ce que c'est un caractère ? Non, son mérite est plutôt de n'en pas avoir, de ressembler à toutes les jeunes personnes. Elle n'a qu'une originalité, mais une originalité charmante, c'est de représenter un moment très fugitif que traversent toutes les jeunes filles, et qu'il était fort difficile de marquer au théâtre de traits précis, celui de l'amour inconscient.

Ce sont les premiers troubles et les premières rougeurs de l'âme qui s'éveille ; on ne saurait dire qu'elle laisse échapper son secret ; elle l'ignore. Il y a là une heure fraîche et délicieuse de la passion ; mais ce n'est qu'une heure. Ce givre lumineux de sentiments délicats et pudiques dont se glace, en quelque sorte, comme une pêche au matin, l'amour instinctif de la jeune vierge qui ne sait pas encore voir clair dans son cœur, est bien vite enlevé. Au moindre souffle qui le touche, il s'évanouit.

Le mérite extrême de Sedaine, c'est d'avoir fixé, d'avoir rendu sensible au feu cru de la rampe ce qui n'est qu'une vapeur, un arome. Il n'a pu le faire qu'en rejetant au second plan le rôle de Victorine, qu'en faisant d'elle un personnage épisodique, une figure discrète, qui passe à travers l'action par intervalles. Il eût été impossible de manier trop souvent ce duvet floconneux sans en altérer le velouté.

M$^{me}$ Sand est charmée, comme tout le monde, de cette peinture admirable. Comme tout le monde, elle est ravie de ce secret penchant qui porte Victorine, sans qu'elle s'en doute, vers le jeune Verderck : Pourquoi ne les marierions-nous pas ? se dit-elle, et elle les marie.

Sans doute, c'est une continuation de la pièce de Sedaine, et une conclusion. Mais voyez que l'idée première du personnage va nécessairement disparaître. Sa grâce consistait dans son inconscience. Aussitôt qu'il s'agira de mariage, cette ignorance de son propre cœur fera place chez la jeune fille à un sentiment plus tendre, plus ferme et plus éclairé.

C'est autre chose qui commence ; c'est une nouvelle pièce qui n'aura de commun avec l'ancienne que les noms de ses personnages. J'oserai même dire qu'étant donné la maison Vanderck, telle que l'a peinte Sedaine, la pièce qu'a imaginée M<sup>me</sup> Sand n'est point logique.

Le jeune Vanderck, lui, n'a pas les mêmes ignorances que M<sup>me</sup> Sand garde, un peu contre toute vraisemblance, à Victorine. Il est officier de marine, il a vingt-huit ans ; ne lui en donnons que vingt-cinq si vous voulez ; à cet âge-là, que diable ! un jeune homme n'est plus tout à fait le Daphnis de Chloé ou le Paul de Virginie. Il sait s'il aime et qui il aime.

Il connaît la loyauté de son père ; il a maintes fois éprouvé combien ce père excellent est exempt des sots préjugés, combien il aime son fils, estime Antoine et apprécie Victorine. Il n'aurait qu'à lui aller dire très nettement : « Mon père, j'aime Victorine. J'ignore si elle me le rend ; mais il n'est pas difficile de s'en assurer. Voulez-vous la demander pour moi à son père ? »

A cette franche ouverture, M. Vanderck père, le Vanderck qu'on nous a montré dans la pièce de Sedaine, n'aurait rien à faire qu'à donner son consentement, après s'être assuré que c'était là non une amourette d'écervelé, mais une passion sincère et sérieuse.

12.

Au lieu de faire cette démarche, qui serait décisive, Vanderck fils continue dans la pièce de Mme Sand le manège de l'amour inconscient qu'il avait commencé dans celle de Sedaine. Mais ce manège avait alors sa raison d'être. Ce jeune homme qui avait vu grandir Victorine, dans la maison paternelle, qui avait joué avec elle au temps de leur enfance, ne s'était point rendu compte de l'instinct secret qui le portait vers elle. Le jour où il s'est agi de la marier, il a dû être averti. Pour elle comme pour lui, les choses ont été changées, et Mme Sand s'épuise à conserver, dans la nouvelle situation où elle les jette, cette même naïveté de sentiments ingénus qui ne convenait qu'à l'autre.

Elle a été obligée d'introduire un nouveau personnage : c'est un commis de la maison, nommé Fulgence, qui aime profondément Victorine, qui l'a demandée en mariage et à qui Antoine a fiancé sa fille, avec la permission de M. Vanderck. Ce Fulgence est pour Mme Sand la personnification du prolétaire âpre, fier et jaloux, qui se redresse avec un sentiment d'orgueil souffrant contre la noblesse et la fortune. Le malheur est qu'elle ait placé ce Fulgence dans le milieu de Sedaine.

On ne s'explique pas aisément la mauvaise humeur de ce personnage, pour qui tout le monde est complaisant et bon. La hautaine arrogance avec laquelle il repousse les bienfaits de M. Vanderck, les boutades chagrines dont il rudoie Antoine, la roideur morose avec laquelle il parle à Vanderck fils, tous ces accès de colère puritaine qui éclatent chez lui au moindre mot semblent détonner dans cette maison patriarcale et douce. On a peine à comprendre comment M. Vanderck ne met pas à la porte un commis si grognon, comment Antoine ne sent pas que ce hérisson, toujours en boule, ne rendra pas sa fille heureuse. Son départ est un soulagement pour toute la salle.

La lutte était entre lui et le fils Vanderck : mais voyez-vous que l'idée première de Sedaine a dévié ou plutôt que M^me Sand a, sous prétexte de suite, écrit une autre pièce à laquelle Sedaine n'a jamais songé, et qui ne sort pas logiquement de son œuvre. Nous n'avons plus que le *Roman d'un jeune homme pauvre* retourné. Ce sujet est un des plus jolis et des plus sympathiques qui se puissent traiter au théâtre ; mais M^me Sand, gênée plutôt que servie par les souvenirs de Sedaine, engagée dans cette peinture de l'amour inconscient qui n'avait plus rien à faire ici, n'a pas traité ce thème avec la liberté d'esprit qu'elle a retrouvée plus tard, quand elle a écrit le *Marquis de Villemer*. Au fond, le *Marquis de Villemer* n'est autre chose que le *Mariage de Victorine*, mais plus franchement fait, sans arrière-pensée de pastiche.

Le *Mariage de Victorine* ne me paraît pas être une des meilleures comédies de M^me Sand. Les conversations y sont nombreuses et parfois longues ; le troisième acte y est embarrassé d'incidents assez peu vraisemblables ; le dénoûment, prévu depuis la première scène, s'y fait trop longtemps attendre. Et cependant, avec tous ses défauts, cette pièce a un grand attrait : c'est le rôle de Victorine.

Cette pauvre fille qui a, sans presque s'en douter, levé les yeux sur le fils de son maître, qui n'ose s'avouer à elle-même ce redoutable secret, qui voudrait de tout son cœur aimer l'homme qu'on lui impose pour mari et qui n'en peut venir à bout ; qui est irritée contre elle-même aussi bien que contre les autres, a été peinte par M^me Sand d'une touche extrêmement délicate, et rendue par M^lle Baretta avec un charme exquis.

Voilà le premier grand succès que M^lle Baretta obtient à la Comédie-Française. Elle n'avait qu'à demi réussi dans le *Philosophe sans le savoir*. Nous l'y avions trouvée trop compliquée, trop nerveuse. Cette grâce un peu fébrile nous a beaucoup plu dans la pièce de Mᵐᵉ Sand. Mˡˡᵉ Baretta a été rappelée après chaque acte, et c'est un beau triomphe devant un public aussi difficile et aussi froid que l'est celui des mardis.

Barré est excellent dans le rôle du vieil Antoine; Maubant d'une solennité raide et tirant sur le tragique, dans celui de Vanderck père; Laroche, suffisant et rien de plus, sous les traits de Vanderck fils. En joignant le *Mariage de Victorine* à quelque pièce du vieux répertoire, on pourra offrir au public un spectacle intéressant où il sera permis de conduire les jeunes filles, même les plus sévèrement élevées.

13 mars 1876.

# MAUPRAT

L'Odéon a donné la reprise de *Mauprat*, drame en cinq actes et six tableaux, de George Sand. Cette reprise n'a pas eu tout le succès qu'en espéraient les admirateurs de l'illustre écrivain. Nous avions tous présent à la mémoire cet admirable roman de *Mauprat*, dont notre jeunesse a été comme éblouie. Il y a bien trente ans que je lus pour la première fois cette histoire d'amour. Je me souviens encore de l'impression que j'en emportai, comme si elle datait d'hier. Le bonhomme Patience, et Marcasse, le preneur de rats, hantèrent longtemps ma jeune imagination. Je n'avais pas eu occasion de voir la pièce que M<sup>me</sup> Sand en avait tirée pour le théâtre. Mais tous ceux qui avaient jadis assisté à l'une des représentations me parlaient avec émotion de l'effet considérable qu'elle avait produit sur le public.

Il en faut rabattre aujourd'hui, comme de beaucoup d'enthousiasmes de la vingtième année. Vous l'avouerai-je? Je n'ai pas osé, au sortir du *Mauprat* que nous a rendu l'Odéon, non, je n'ai pas osé reprendre en main le roman, que j'avais tout prêt sur ma table de travail, et m'en rafraîchir la mémoire. Si, là encore, j'allais éprouver quelque désillusion! Si quelque écaille allait tomber encore de la statue dont j'avais gardé, toute rayonnante, l'image en mon souvenir! J'étais bien convaincu que je pouvais, sans crainte, affronter cette chance. Elle était si merveilleusement belle cette figure d'Edmée, apprivoisant un jeune loup! et lui, quelle férocité de caractère! quelle ardeur de tempérament! quels accès de sensibilité farouche! Rien d'émouvant comme cette lutte de l'instinct sauvage du bandit, contre la haute raison d'une civilisation plus douce!

N'importe! j'ai préféré ne pas gâter le charme de mes impressions printanières en m'exposant aux réflexions chagrines dont l'habitude de la critique développe le besoin dans un âge plus mûr.

Le malheur de ce drame, tiré d'un roman, c'est qu'il y avait dans le livre trois sujets très distincts, et que l'auteur n'a pas eu le courage, transportant son œuvre à la scène, de choisir nettement celui qu'elle voulait traiter et de sacrifier les deux autres sans miséricorde.

Dans un roman de longue haleine, l'unité de composition s'accommode encore de cette diversité de buts que poursuit l'auteur. Il suffit que le sujet principal se dégage dès l'abord et se poursuive jusqu'au bout. Les idées accessoires où l'auteur s'attarde de temps à autre sont comme des remous qui n'empêchent point qu'on ne sente par-dessous le grand courant du récit. Dans *Mauprat*, le premier, le vrai sujet, c'est la transformation d'une nature née sauvage et qui a crû parmi des sauvages, transformation opérée par l'éducation et l'amour. Tout l'intérêt de l'œuvre est dans le progrès lent de cette métamorphose.

Cette idée primordiale, qui anime le roman d'un bout à l'autre, se complique de deux objets très importants. Mᵐᵉ Sand a voulu peindre ce moment où les derniers bandits de la féodalité, qui allait d'ailleurs disparaître tout entière, traqués dans leurs repaires seigneuriaux ou gagnés à une civilisation plus douce, avaient été les uns pendus, les autres changés en gentilshommes libéraux. C'est cette suprême lutte de la vieille et farouche féodalité contre les mœurs nouvelles que Mᵐᵉ Sand a essayé de peindre, et qui emplit tout le premier quart de son volume. On voit aisément par quels liens cette idée se rattache au premier sujet ; elle ne forme assurément pas un hors-d'œuvre inutile ; elle est même, à mon avis, la partie la plus saisissante et la plus neuve du récit. Mais elle peut se traiter à part ; et l'on en retrancherait les développements sans que la thèse primordiale y perdît rien qu'un ornement magnifique.

Enfin Mᵐᵉ Sand a compliqué cette étude morale sur la puissance de l'éducation, d'une foule d'inventions romanesques qui rappellent les procédés d'Anne Radcliffe. Il se trouve, dans cette partie du livre, des gens que l'on croit morts et qui reviennent ; des assassinats ; des maisons machinées, avec des portes secrètes et des souterrains ; des châteaux en ruines avec des cachettes mystérieuses ; des innocents arrêtés comme meurtriers, traînés devant les juges et sauvés au dernier moment par une intervention quasi surnaturelle.

Je ne serais pas étonné que toute cette fantasmagorie n'eût fortement contribué au succès du roman à l'époque où il parut. On aimait, dans le récit, tout ce vieil attirail du mélodrame ; et comme il était cette fois revêtu de tous les prestiges d'un style incomparable, il faisait encore plus d'illusion.

Ces trois sujets pouvaient se développer parallèlement et de bonne amitié dans le livre. Au théâtre, il fallait opter. Il était certes permis à Mᵐᵉ Sand de se rabaisser à la besogne des Victor Ducange, d'écarter résolument de sa pièce toute idée philosophique et politique, de n'y mettre que les aventures de Bernard de Mauprat accusé du meurtre qu'a commis cet abominable revenant de Jean le Tors. C'eût été un mélodrame assez vulgaire ; mais il eût réussi comme tous les mélodrames de cette espèce, quand ils sont bien faits. Et je n'en veux qu'une preuve, c'est que, dans cette reprise, la scène qui a excité le plus long frémissement dans l'auditoire, c'est celle où Jean le Tors, que l'on croit mort depuis longtemps, se lève de sa cachette, et traverse silencieusement la chambre où dort Bernard de Mauprat.

M⁰⁰ Sand pourait encore choisir pour sujet exclusif cette métamorphose d'une bête en homme ; et il fallait alors, d'un côté, passer très rapidement sur les incidents du massacre des frères de la Roche-Mauprat, lesquels deviennent inutiles, et de l'autre retrancher tout à fait cette fin postiche, d'un goût si romanesque, qui change une étude sérieuse en mélodrame vulgaire.

Il serait alors resté du temps pour l'analyse des sentiments de Bernard et d'Edmée qui eût fait le fond du drame. A la scène, les transformations de Bernard de Mauprat, trop hâtées et présentées à l'improviste, ne s'expliquent plus. Nous le voyons d'abord en affreux coupe-jarret ; à l'acte suivant, il est devenu une manière de gentilhomme rustaud, violent et rude ; plus tard, il s'est changé en philosophe et, comme nous dirions aujourd'hui, en libéral ; il nous apparaît enfin sous la forme d'un officier de fortune aventureux, qui revient de la guerre d'Amérique, où il s'est battu pour l'émancipation des peuples.

Toutes ces transitions ne sont pas assez ménagées. On nous met brusquement des effets devant les yeux, sans prendre le temps de nous montrer les ressorts qui les amènent. C'est que ce temps, on ne l'a plus, parce qu'on s'est mis trop de choses sur les bras.

Et cependant tel est notre goût d'analyse morale que l'acte qui a été écouté, je ne dis pas avec le plus d'émotion, avec le plus de sympathique curiosité, c'est le second (troisième tableau), où l'héritier des bandits prend de la bouche d'Edmée les premières leçons de civilisation. Les traits de cette éducation ne sont pas tous bien choisis ; Bernard ressemble trop parfois au vulgaire collégien, que nous voyons tous les jours, assommé de grec et de latin, donner en boudant à ses livres de classe un coup de poing qui les jette en l'air ! N'importe ! il y a là des scènes vraies, curieusement étudiées, et où l'on sent la main de la grande artiste.

Le troisième acte, qui est consacré au même objet, va encore, bien qu'il répète le second plutôt qu'il n'y ajoute. Mais l'auteur, pressé par l'heure qui s'avance, s'échappe tout à coup de son sujet et nous lance, sans dire gare, en plein mélodrame. Il n'avait plus été question de Jean de Tors depuis le premier acte, c'est à peine même si l'on avait pu s'y intéresser, l'ayant à peine vu. On le croyait mort, ou, pour mieux dire, on n'y pensait plus. Personne ne se doutait qu'il dût jouer un rôle. Le voilà qui sort d'une boîte à surprises. Il arrive en rampant, et c'en est fait de toute analyse morale, de toute étude. Nous sommes en plein d'Ennery. Nous avons même la fameuse scène du pont sur le torrent, scène chère aux vieux mélodramaturges.

A ces complications de sujets, joignez le nombre et la variété des personnages qui encombrent l'action. Ce père Patience et ce brave Marcasse, le tueur de belettes, dont la physionomie est si caractérisque dans le roman, font maigre figure à la scène. M^me Sand aime à faire la leçon par la bouche des simples. Elle introduit volontiers, dans un monde où ils ne pénètrent guère ordinairement, des paysans prophètes, des Isaïe en bourgeron qui philosophent dans un langage tout plein d'images champêtres. Dans le roman, on se prête aisément à la convention. On accepte ces rustres sublimes qui instruisent les savants, qui pardonnent et qui maudissent, qui sont les rois de la pensée. A la scène, on est obligé de voir ces personnages grandioses à travers les acteurs qui les représentent. Ils en sont diminués. Ce pauvre Marcassel a semblé fatigant, l'autre soir, avec ses monosyllabes trop courts et ses gestes trop longs ; pour le bonhomme Patience, la poésie du personnage s'était presque entièrement évaporée.

L'accueil fait à *Mauprat* a été respectueux, comme il devait être, mais froid. La pièce est médiocrement jouée.

30 avril 1877.

# LE MARQUIS DE VILLEMER

La Comédie-Française a repris le *Marquis de Villemer*, de M<sup>me</sup> Sand. M. Perrin, quand il fait l'honneur à un chef-d'œuvre contemporain de lui ouvrir les portes du répertoire, se plaît à mettre une grande solennité dans la façon dont il accueille cet hôte illustre. Il entoure la représentation d'un éclat magnifique. Il prend toujours soin d'en relever l'attrait par quelque détail capable de piquer davantage la curiosité du public. On est sûr avec lui que ces reprises feront autant de bruit qu'une nouveauté importante signée d'un nom célèbre; qu'elles seront un événement pour ceux qui composent le fameux tout-Paris du théâtre.

La salle était fort belle l'autre soir; et je ne pouvais m'empêcher en la regardant de me reporter, par le souvenir, de quatorze ans en arrière, et de me rappeler celle de l'Odéon, le premier soir où fut révélé le *Marquis de Villemer*. Était-ce nous qui étions plus jeunes en ce temps-là? Est-ce qu'en effet on s'intéressait plus passionnément aux choses de l'esprit? Est-ce que les étudiants du quartier Latin avaient le privilège d'animer les foules où ils se mêlaient, d'en élever la température? Je vois cela comme si c'était hier : quelle émotion et dans la salle et jusque dans la rue!

Cette vaste place de l'Odéon était pleine d'une foule tumultueuse qui attendait au dehors des nouvelles du spectacle, et lorsqu'à chaque entr'acte des spectateurs bénévoles venaient conter le succès de l'œuvre, c'étaient dans cette multitude houleuse des hourras frénétiques. On criait : Vive Mᵐᵉ Sand ! on agitait les chapeaux. Tout le monde applaudissait avec une généreuse expansion de joie le triomphe de la grande artiste.

Et dans le théâtre même, c'était une sorte de délire. La présence du chef de l'État, qui d'ordinaire impose un certain respect et glace les représentations, n'avait pu refroidir l'enthousiasme du public. C'était des tonnerres d'applaudissements à chaque mot un peu saillant ; c'était des rappels sans fin, des trépignements et des cris si furieux, que les acteurs, surpris eux-mêmes de ces bruyantes démonstrations, et incertains du sentiment auquel il fallait les attribuer, tremblaient comme la feuille et eurent beaucoup de peine à se remettre.

J'ai vu depuis bien des premières représentations, et j'en ai vu de très chaudes ; aucune qui pût se comparer à celle du *Marquis de Villemer* pour l'émotion profonde, pour la joie tumultueuse dont témoigna le public. Ce que c'est pourtant que l'entraînement des premières représentations ! L'œuvre est plutôt du genre tempéré ; c'est un drame intime, qui ne semble pas très propre à emporter ainsi une salle hors des gonds. Rien dans l'ensemble ni dans les détails ne justifie cette fièvre qui nous troubla tous. Que voulez-vous ? l'atmosphère était ce soir-là chargée d'électricité. Le public avait ses nerfs.

Il est sujet à des crises d'admiration comme à des accès de colère ou de rire. Expliquez, si vous le pouvez, comment il se fait qu'au second acte de la *Boîte à Bibi* toute une salle a été prise à la fois d'un fou rire qui a duré dix minutes, et qui est presque allé jusqu'au spasme. Il est clair qu'aux représentations suivantes ces surexcitations ont disparu; tout rentre dans le calme, et le public juge l'œuvre avec une plus paisible impartialité.

Rarement drame a été aussi bien joué que le fut le *Marquis de Villemer* à son origine. M. Charles de la Rounat, aujourd'hui notre confrère, alors directeur de l'Odéon, avait monté l'œuvre avec un soin exquis, et il avait eu le bonheur de rencontrer des artistes qui semblaient taillés exprès sur le patron des personnages qu'ils avaient à représenter. Il n'en reste plus un seul, hélas! Les uns sont morts, les autres ont disparu de la scène et sombré dans la vie bourgeoise. Mais ils ont tous laissé dans cette pièce un souvenir qui est encore vivant dans toutes les mémoires.

Pauvre Ribes! c'était lui qui faisait le marquis de Villemer! Ah! il n'était pas beau, celui-là; non, pour un beau jeune premier, ce n'était pas un beau jeune premier.

Mais, sous ces traits amaigris et tordus, dans cet œil cave, à travers ces gaucheries d'attitude qui sentaient la province, quel feu de passion sombre! quel accent désespéré de tristesse! Il était déjà profondément atteint, le malheureux garçon, de la maladie qui devait l'emporter quelques mois plus tard. Il avait cette voix particulière aux phtisiques, voix rauque, qui semble péniblement s'arracher du fond de la poitrine, et qui vous déchire l'âme.

Quand il portait, dans la grande scène du troisième acte, son mouchoir à ses lèvres, on n'eût pas été surpris qu'il l'en retirât taché de sang. Quand il parlait de sa mort à son frère, on la sentait prochaine en effet; il y avait dans l'expression de son désespoir un si sincère accent de résignation farouche que l'on était remué jusqu'au fond des entrailles. Ce n'était plus un acteur sur la scène; c'était le personnage même; c'était la créature humaine laissant échapper de son cœur blessé à mort le sang, les larmes et la vie. Aucun artiste, si grand qu'il soit, ne pourra nous rendre ces sensations; l'art n'atteint pas à cette puissance d'expression; et l'on ne peut raisonnablement exiger d'un comédien qu'il soit phtisique pour jouer un amoureux éconduit.

A côté de lui, c'était Berton qui faisait le duc d'Aléria. Il y a bien quelques notes fausses dans ce rôle si pimpant et si gai. Un duc, alors même qu'il est poursuivi par des créanciers, ne couche pas sous un arbre, comme un simple bohème de lettres; il ne se livre pas contre une jeune et jolie femme, fût-elle un peu prétentieuse, aux taquineries d'un rapin mal élevé. On oubliait ces légers défauts en voyant l'artiste, tant on se laissait prendre à la désinvolture hautaine et à la grâce tapageuse de ce mauvais sujet de gentilhomme. Il donnait un éclat singulier à tout le premier acte dont il était le rayon et la joie; il animait de sa voix mordante et de son jeu spirituel la scène de la présentation, et il n'y avait rien de si touchant et de si comique à la fois que de le voir au dernier acte à genoux aux pieds de la marquise, la suppliant avec toutes sortes de gentillesses de donner son consentement au mariage.

Et M<sup>lle</sup> Thuilier! vous souvient-il de M<sup>lle</sup> Thuilier? ce n'était pas une beauté, à vrai dire, que M<sup>lle</sup> Thuilier; mais elle avait bien mieux que la beauté; son corps semblait n'être que la frêle enveloppe d'une âme chaste, fière et tendre, qui brillait d'une douce lueur au travers, comme une lampe derrière un verre dépoli. Elle avait des regards voilés et des sourires pâles qui lui gagnaient tous les cœurs. On sentait chez elle cette aimable résignation des gens qui ont beaucoup souffert, et dont la mélancolie s'éclaire de la joie d'avoir toujours fait son devoir. Sa voix n'était pas très puissante ni très variée; mais le timbre en était clair et harmonieux, et certaines inflexions d'une douceur pénétrante étaient pour l'oreille une caresse. Lorsqu'au troisième acte, elle avait installé sur le canapé où il devait passer la nuit le marquis de Villemer étendu sans connaissance, elle glissait autour de lui d'un pas suspendu, comme une sœur de charité, baissait la lampe et contemplait longuement son malade... c'était dans toute la salle une extraordinaire impression de silence et de tendresse.

Berton et Ribes sont morts. Qu'est devenue M^lle Thuilier? On n'en sait rien; les uns disent qu'elle s'est retirée au couvent; les autres qu'elle vit paisiblement d'un modeste revenu, dans quelque coin écarté de la province. Il est certain qu'avec son visage émacié, son aspect souffreteux, elle avait moins l'air d'une actrice que d'une religieuse égarée sur les planches du théâtre et cet air même lui prêtait une grâce nouvelle dans le rôle de M^lle de Saint-Geniex.

M^me Ramelli, qui jouait la marquise, a quitté également la scène. Mais elle, c'est à son corps défendant, c'est après avoir épuisé tous les mauvais vouloirs de la déveine. Son histoire est bien étonnante. Voilà une femme qui avait de la figure, du talent, et qui n'était point arrêtée par le cruel obstacle de la misère, où se heurtent aux débuts de la route beaucoup de nos jeunes comédiennes. Elle eut le bonheur de rencontrer dans sa carrière un rôle où elle déploya des qualités de premier ordre et obtint un succès immense; elle pouvait se croire en passe d'arriver, dans son art, à une haute position et à un grand nom. Depuis lors, rien ne lui a plus réussi, sans que j'aie jamais su pourquoi.

Elle est entrée à la Comédie-Française; elle y a trouvé devant elle M^lle Nathalie qui ne lâchait pas aisément ses rôles; elle ne s'est pas obstinée dans une lutte qu'elle sentait impossible; elle a passé au Gymnase, puis est revenue à l'Odéon, puis est retournée au Gymnase, où nous l'avons vue dans les *Vieilles filles* de M. de Courcy, et, après toutes ces tentatives infructueuses, a pris son parti de disparaître. Je l'ai regrettée pour ma part ; car depuis il s'est présenté au Gymnase nombre de comédies où elle aurait contribué au bon ensemble en se chargeant des rôles qui ont été remis aux mains de M⁻ᵉ Prioleau.

Il faut bien convenir que l'excellente M⁻ᵉ Prioleau manque de prestige. M⁻ᵉ Ramelli savait conserver un grand air tout en restant bonne et aimable femme. Elle porta dans ce personnage de la marquise, que M⁻ᵉ Sand a peint si aisée et si noble tout ensemble, un ton de familiarité digne, qui nous charma tous. Rien de plus joli que la façon dont au premier acte elle embrassait sur la joue, comme à la dérobée et malgré elle, avec une petite moue grondeuse, son mauvais sujet de fils, tandis qu'il lui demandait pardon en lui baisant les mains. Je suis fâché que M⁻ᵉ Madeleine Brohan ait cru devoir en cet endroit changer la tradition, prendre son fils par le cou et l'embrasser au front. Rien de plus spirituel que le geste dont elle accentuait le mot qui dénoue le drame : va me la chercher !

Les rôles épisodiques n'étaient pas tenus avec moins d'agrément. C'était M^lle Delahaye qui jouait la baronne d'Anglade. M^lle Delahaye, qui est devenue M⁻ᵉ Borelli, est en ce moment pensionnaire du théâtre de Saint-Pétersbourg, et l'une des pensionnaires les plus goûtées du public. Elle était fort jeune alors, et le rôle n'est pas des meilleurs. Car cette baronne, qui tenait tant de place dans le roman qu'elle emplissait de sa frivole et turbulente étourderie, ne paraît guère à la scène que pour recevoir les nasardes dont la comble le duc, et pour insinuer contre M^lle de Saint-Geniex une accusation aussi odieuse qu'elle est inutile.

M^lle Delahaye avait sauvé ce personnage ingrat par la gaieté piquante de sa physionomie, par les éclats de sa voix fraîche, par la bonne grâce de son jeu animé. Mlle Leprovost — encore une dont nous avons perdu la trace — avec ses grands yeux clairs et son air d'innocence, donnait au rôle de la jeune échappée de couvent un caractère d'aimable ingénuité. Saint-Léon, mort aujourd'hui, disait avec bonne humeur le comte de Dunière, et Rey, qui d'artiste a passé professeur et excellent professeur de déclamation au petit théâtre de la Tour-d'Auvergne, imprimait au personnage du valet de chambre un cachet de gravité solennelle, qui nous semblait à nous un peu exagéré, mais qui devait sans aucun doute répondre aux sentiments secrets de Mme Sand.

C'était pour la Comédie-Française une lourde tâche que de reprendre, après un si petit nombre d'années écoulées, quand les souvenirs que je viens de rappeler sont vivants encore dans toutes les mémoires, la comédie de Mme Sand. Mais cette hardiesse lui avait déjà réussi, lorsqu'elle emprunta au répertoire du Gymnase le *Gendre de M. Poirier* qui n'avait pas été moins bien joué à l'origine. Il y eut, les premiers soirs, dans le public quelque hésitation à accepter, sans comparaison fâcheuse, l'interprétation nouvelle. Elle a triomphé à la longue, et nos imaginations ne se représentent plus à cette heure le bonhomme Poirier que sous la redingote et les traits de Got.

Le premier soin de M. Perrin, quand il voulut remettre le *Marquis de Villemer* à la scène fut de chercher un marquis de Villemer. Il aurait pu, je crois, se contenter de Laroche qu'il avait sous la main, et donner à ce jeune comédien, qui a joué dans ces derniers temps, avec un grand zèle et une réelle supériorité, des rôles malheureusement médiocres, l'occasion d'une superbe revanche et d'un succès incontesté. Mais M. Perrin aime les coups d'éclat. Il avait l'intention d'engager Worms, qui s'était, depuis son retour de Russie, distingué par des créations de premier ordre. Il aurait pu attendre que l'engagement de Worms avec le Gymnase eût pris fin ; il préféra le racheter tout de suite. Confier le rôle du marquis de Villemer à Laroche, qui est de la maison, c'était faire les choses simplement ; c'était recevoir ses conviés avec le menu de tous les jours, et M. Perrin a la passion des extras. Worms débutant dans la pièce de Mᵐᵉ Sand, c'était un mets exotique, d'un ragoût plus curieux.

L'engagement ne se fit pourtant point sans protestation. MM. les sociétaires auraient préféré que l'on attendît, pour ouvrir les portes à leur nouveau camarade, qu'il fût libre de tout engagement, et n'apportât pas avec le renfort de son talent un dédit à payer. Mais M. Perrin tint bon, et l'événement lui a donné raison. Car le succès de Worms a été immense.

On ne pouvait pas raisonnablement lui demander les effets de séduction morbide que Ribes puisait dans la certitude de la mort prochaine. Il n'était pas trop comédien, ce pauvre Ribes. C'était un acteur de tempérament. J'ignore où il avait fait ses études ; mais j'imagine qu'elles n'avaient été ni longues ni fortes. Worms, au contraire, sait admirablement son métier ; il en connaît tous les secrets, et il joint aux dons que lui a faits la nature toutes les ressources de l'art le plus consommé.

Je ne lui adresserai que deux reproches, ou, pour parler plus justement, je ne lui ferai que deux observations : il y a dans le rôle une nuance que je n'ai pas retrouvée dans son jeu. Il a fait le marquis de Villemer sombre et jaloux, ce qu'il est en effet ; il a, je le crois, oublié de le faire gauche. Urbain, qui vit toujours enfoncé dans ses livres, est maladroit avec les femmes, et son air maussade vient surtout de sa maladresse. Ce côté du rôle était mieux mis en relief par Ribes, que son visage triste et grognon, sa taille dégingandée, ses allures sans grâce, servaient merveilleusement en cela.

Ainsi, dans la scène de la présentation, Worms n'a que l'air contraint et ennuyé d'un homme que l'on force à faire une corvée désagréable, en répondant à de jolis badinages de galanterie mondaine. Il faudrait que l'on sentît dans sa contenance et dans le ton de ses rares paroles que, voulût-il même faire l'agréable, il n'en viendrait pas à bout. C'est un être de passion intérieure, à qui manquent les formes aimables des salons de la bonne compagnie. Le rôle ainsi compris s'oppose plus spirituellement à celui du duc d'Aléria qui, lui, possède à merveille le grand art de causer avec les femmes des mille riens dont elles s'amusent, mais qui serait incapable d'une tendresse sérieuse et d'un amour profond.

Ma seconde remarque, c'est que Worms vibre avec une intensité trop uniforme. La nature lui a donné une voix très mordante, qui s'assombrit dans les passages de douleur comme un instrument aux notes éclatantes sur lequel on jetterait un crêpe. Peut-être en abuse-t-il. Le rôle prête à ces effets; mais, s'ils se répètent trop souvent, l'impression finira par en être moins vive.

A part ces deux réserves, il n'y a plus que des éloges à faire de Worms. Il a dit la grande tirade de la querelle du troisième acte avec un extraordinaire emportement de passion qui a enlevé le public. La scène qui suit est toute de pantomime; il l'a exécutée avec une précision et une adresse admirables, et lorsqu'il est venu tomber à demi-mort sur le canapé, et de là rouler sur le tapis, les applaudissements ont éclaté de toutes parts. Le voilà de la maison, et personne ne songera plus à lui demander par quelle porte il y est entré.

C'est Delaunay à qui était échue la redoutable responsabilité de reprendre le rôle si brillamment créé par Berton père. Il en sentait vivement le poids. Je l'ai déjà souvent fait observer en ces études. Delaunay n'est pas l'homme des premières représentations. Il ne compose pas un personnage d'un seul jet; il est obligé de s'y reprendre à plusieurs fois, il corrige sans cesse, et n'arrive qu'après beaucoup d'essais et d'études à l'interprétation définitive, qu'il gardera ensuite pour toujours. Ajoutez qu'il était, ce soir-là particulièrement, en proie à une émotion qui ne lui laissait pas toute la liberté de ses moyens.

Il y a eu d'excellentes parties dans le rôle de Delaunay, il y en a eu de moins bonnes, il y en a eu, ce me semble, de manquées. Je préfère ne parler que des premières, sachant que les autres sont déjà, comme Horace voulait qu'on fît des mauvais vers, renvoyées à la fonte. C'est au dernier acte que Delaunay s'est montré tout à fait supérieur. Soit que les sentiments exprimés allassent mieux au tour propre de son génie, soit qu'il eût plus complètement repris possession de lui-même, il a été charmant de bonne grâce juvénile, quand il s'est mis aux genoux de sa mère pour la prier de vaincre ses préjugés, et comme la marquise ne se rend point encore, il lui rappelle, en quelques mots touchants, qu'elle aussi, quand elle se résolut, elle, veuve du duc d'Aléria, à épouser le marquis de Villemer, elle eut à surmonter les objections de sa noble famille, qu'elle passa outre et fut parfaitement heureuse. Non; vous ne sauriez croire avec quelle discrétion émue Delaunay a dit toute cette tirade : à demi-voix, d'un ton de tendresse si caressante, de sensibilité si profonde, sous son air de légèreté habituelle, avec des nuances de diction si délicates, que toute la salle, charmée, a éclaté en longs applaudissements. C'est là un passage que nous a révélé Delaunay, car il m'a paru tout nouveau, et cependant les souvenirs que m'avait laissés Berton étaient tous présents à ma mémoire.

Le défaut général de Delaunay, c'est d'avoir plutôt l'élégance d'un bourgeois que la souveraine bonne grâce d'un duc. Il tâche de le corriger par la sémillante vivacité des allures, par la variété des intonations ; il n'y réussit pas toujours. Il y a dans son jeu des trous qu'il parviendra à boucher ; je doute qu'il arrive jamais à rendre cette nuance de gaminerie aristocratique qu'avait si bien saisie son prédécesseur.

Il faut dire qu'au Théâtre-Français la pièce a paru s'embourgeoiser tout entière ; ce n'est plus chez la marquise de Villemer que l'action se passe ; c'est chez de bonnes gens, qui ont gagné jadis une honorable fortune à vendre de la toile. En passant de la rive gauche à la rive droite, la marquise de Villemer semble avoir émigré du faubourg Saint-Germain dans la rue du Sentier.

Mᵐᵉ Madeleine Brohan est une fort appétissante et fort agréable vieille, sous ses cheveux blancs d'une coquetterie magnifique. Elle a dit son rôle avec une bonne humeur aisée et souriante, qui a fait plaisir. Que lui manque-t-il pour être la marquise de Villemer ? Je ne peux pas le dire, car c'est le *je ne sais quoi*. On sent, en l'écoutant parler, qu'elle n'est point *née*, et l'on est tout surpris de lui voir un fils qui est marquis et l'autre qui est duc. On n'avait pas de ces étonnements avec Mᵐᵉ Ramelli.

Mˡˡᵉ Reichemberg, à qui cette année aura été particulièrement heureuse, et qui va de succès en succès, a été charmante de tous points dans le joli rôle de Diane de Xaintrailles. Elle dit bien gentiment : Écoutez, c'est un ange qui passe.

J'ai tardé autant que j'ai pu à parler de Mˡˡᵉ Croizette. Il y faut bien venir à la fin. Il est fâcheux de contrister une femme de tant de grâce, une comédienne de tant de talent, en lui disant qu'elle a cette fois manqué son affaire. Mais c'est un peu sa faute et celle du directeur. Mᵐᵉ Sand avait voulu que le rôle fût donné à Mˡˡᵉ Sarah Bernhardt. S'il était impossible d'attendre cette dernière, qu'une longue maladie retenait au lit depuis deux mois, Dumas fils avait indiqué Mˡˡᵉ Broisat, qui venait de jouer avec beaucoup de succès le rôle mélancolique de Kitty Bell.

On n'a écouté ni Mᵐᵉ Sand ni Dumas fils. Mˡˡᵉ Croizette s'est obstinée, contre l'avis de ses admirateurs les plus éclairés, à s'emparer d'un personnage qui ne lui convenait sous aucun rapport. Elle a échoué, et si durement, qu'il y aurait de la cruauté à insister davantage. C'est une . ur, et une erreur sans excuse.

Le succès de la pièce n'en a pas moins été très vif. Elle est charmante, et si l'on en retranchait les quatre ou cinq dernières scènes qui sont absolument inutiles et retardent, sans profit pour personne, un dénoûment connu et accepté, ce serait un petit drame intime, très digne de se maintenir longtemps au répertoire.

11 juin 1877.

# ERNEST LEGOUVÉ

## UNE LEÇON D'ART DRAMATIQUE

Dimanche dernier, on a représenté, à la Gaîté, un ancien drame de Bouilly, l'*Abbé de l'Épée*, qui ne se joue plus guère qu'en province, et encore à de longs intervalles. C'est M. Ernest Legouvé qui a fait la conférence.

M. Ernest Legouvé avait plus que personne qualité pour parler de cette œuvre. Il en a connu l'auteur, alors qu'il était enfant ; il lui a gardé pour ses bons soins une reconnaissance et une affection inaltérables. Cette gratitude l'a bien inspiré. Il a fait, ce jour-là, en parlant de l'écrivain et de son drame, la meilleure conférence que j'aie entendue de lui. Elle était, comme le sont toutes celles de M. Legouvé, claire, spirituelle, semée d'anecdotes piquantes, agréablement dites par un homme du meilleur monde ; elle avait de plus ce mérite, qui est plus rare : le fond en était neuf, au moins pour le public, et il vaut que nous nous en occupions.

M. Ernest Legouvé ayant à parler d'une de ces pièces dont les connaisseurs disent pour tout éloge que c'est une pièce bien faite, a essayé de démontrer, sur ce vivant exemple, comment on s'y prenait pour faire bien une pièce.

Mais avant d'entrer dans le détail de son exposition, il faut que tout de suite nous fassions une restriction dont il n'a point parlé, parce que sans doute il était décidé à louer toujours et quand même.

C'est que d'une pièce bien faite à une bonne œuvre, il y a loin. On peut en effet donner des procédés pour bien faire un drame, quoique, après tout, il y ait encore la manière de s'en servir qui n'est pas très commode : c'est que la facture n'est qu'une affaire de métier, et le métier s'apprend toujours plus ou moins. Mais, si au lieu d'un habile agencement de scènes, M. Ernest Legouvé eût eu à signaler dans l'*Abbé de l'Épée* ou des caractères bien tracés, ou des passions profondément étudiées, ou des hardiesses d'intrigue, comme celles qu'a imaginées Beaumarchais, il eût trouvé là un élément irréductible à toute analyse, le génie, qui invente les procédés, ou même qui se passe de tout procédé.

L'*Abbé de l'Épée* n'est qu'un fait-divers de journal, arrangé en forme de pièce par un menuisier en drame, qui connaissait admirablement les secrets du métier. Ces secrets, M. Legouvé qui les sait aussi pour les avoir pratiqués, les découvre au public et les lui livre. Son analyse est des plus curieuses. Je n'en reproduirai naturellement que les traits principaux.

Voici le fait divers :

Un enfant de dix ans, sourd et muet, a été trouvé sur le pavé de Paris, et remis à l'abbé de l'Épée, qui venait d'inventer l'art de converser avec ces déshérités de la nature. L'abbé de l'Épée se convainct bientôt, en interrogeant son nouvel élève, que c'est un fils de grande famille, orphelin, qui a été volontairement perdu. Par qui ? par quelque tuteur sans doute, qui se sera approprié ses dépouilles.

Comment le retrouver? L'abbé de l'Épée se met en route avec son élève, et, sur des indications assez vagues, arrive à Toulouse. Là, il découvre le scélérat qui a volé ce malheureux enfant. Il le poursuit devant les tribunaux, et fait rendre à l'héritier légitime les biens dont il avait été injustement frustré.

C'est là sans doute une histoire intéressante, où l'on aperçoit du premier coup s'agiter vaguement des situations dramatiques. Mais de quelle façon s'y prendre pour la tourner en pièce de théâtre? Faudra-t-il chercher d'abord le premier acte, puis le second, et de là passer au troisième, au quatrième, qui mènera au dernier? Il semble que ce soit là l'ordre logique. Devra-t-on, au contraire, d'abord chercher le dénoûment, et inventer ensuite, en remontant d'acte en acte, des ressorts qui y poussent forcément l'action?

Non, répond M. Legouvé.

Il y a dans tout fait-divers propre à être porté à la scène une situation capitale; c'est celle-là qui doit être le point culminant, le noyau, le générateur de la comédie tout entière. C'est autour d'elle que doit, par voie d'agglomération successive, se former le reste de la comédie. C'est donc à elle qu'il faut s'attacher d'abord.

Ici, quelle est-elle?

Il est évident que c'est le moment où l'abbé de l'Épée s'en vient, suivi de son élève, chez le méchant tuteur, et lui réclame les titres et les biens qu'il a usurpés. Il y a là certainement une situation très forte, qui donne lieu à d'intéressants combats de passion. La chaleur et l'indignation de l'abbé, l'innocence du jeune sourd-muet, la fureur du scélérat qui essaie de retenir le fruit de son crime : voilà bien des mouvements de scène, qui devront exciter dans l'âme du spectateur des émotions douces et terribles.

C'est à cet endroit qu'est le point capital du drame. Car c'est là que doivent aboutir toutes les préparations : c'est de là que doit sortir le dénoûment. Où mettrons-nous cette scène, qui est comme l'analyse de la pièce future ?

Au quatrième acte.

M. Legouvé a fort bien remarqué que, dans les pièces en cinq actes, le plus important, je dirais presque le seul, c'est le quatrième. S'il est manqué, le cinquième, si bon qu'il soit, n'efface jamais la mauvaise impression que le public en a reçue. S'il est excellent, le public applaudit le cinquième, si faible qu'il puisse être, par reconnaissance, par entraînement, parce qu'un mouvement d'impulsion, une fois donné, se prolonge encore de lui-même, après que la cause du mouvement s'est arrêtée.

Voilà donc notre quatrième acte à peu près bâti : cette situation l'emplit tout entier. Supposez que l'abbé de l'Épée se présente chez le tuteur sans son muet, et qu'au milieu de la discussion, il le fasse entrer tout à coup : ce seront deux scènes au lieu d'une, et l'émotion de la seconde renouvellera l'intérêt de la première. Les autres scènes seront aisément occupées par des détails domestiques, qui feront connaître et maudire cet odieux tuteur.

Notre quatrième acte est donc complet, il est excellent ; n'en parlons plus. Mais enfin ce n'est qu'un acte, et il nous en faut cinq.

Ne nous embarrassons pas du cinquième. Notre quatrième est si bon, que nous pourrons terminer comme il nous plaira : « L'affaire est dans le sac ! » comme disait un jour Émile Augier, après avoir trouvé une situation superbe de quatrième acte. Ne nous inquiétons pas trop non plus du premier. Il passe toujours.

M. Legouvé a fait judicieusement observer que c'était presque toujours une grande faute de commencer une pièce par un premier acte trop brillant. Les écrivains d'aujourd'hui la commettent fort souvent, et il leur en cuit quelquefois. A peine le rideau est-il levé, qu'ils tirent leur feu d'artifice, mais cette pyrotechnie d'esprit ne peut durer bien longtemps, et elle ne fait que rendre plus obscure l'ombre des actes qui suivent.

Au temps de Bouilly, on était plus ménager. Les auteurs croyaient qu'un premier acte est bon, qui expose clairement la pièce, et prépare ce qui doit suivre. Celui de. l'*Abbé de l'Épée* se terminera naturellement par un coup de théâtre, qui est indiqué par le sujet même.

Le lieu de la scène sera à Toulouse, sur une place publique, où, par des conversations que nous mettrons dans n'importe quelle bouche, nous apprendrons aux spectateurs ce qu'ils doivent savoir, et, au dernier moment, dans le fond, apparaîtra l'abbé de l'Épée, suivi de son élève, qui semblera frappé de surprise à l'aspect de ces lieux, qu'il vient de reconnaître. Son étonnement, son émotion, la joie de l'abbé de l'Épée, les transports de gratitude qu'ils feront éclater l'un et l'autre pour Dieu, formeront un tableau pathétique, et la toile baissera là-dessus.

Il ne nous reste donc plus à emplir que le second et le troisième actes. Il est clair que nous ne trouverons pas à l'occuper avec les seuls personnages dont nous disposons. Cherchons si la grande scène génératrice de l'œuvre ne nous fournira pas l'idée de quelques nouveaux rôles.

L'abbé de l'Épée s'est présenté chez le tuteur ; mais il est bien probable qu'ayant à faire une réclamation légale, et qui devait donner matière à un long procès, il s'est fait assister d'un avocat. Cet avocat ne peut être un comparse dans l'action. Voilà trouvé notre nouveau personnage, et déjà nous entrevoyons notre second acte qui se dessine.

Qu'a dû faire l'abbé de l'Épée quand son élève lui a dit,

par gestes, qu'il reconnaissait la maison où il était né ? Il est sans aucun doute allé chez un avocat lui conter l'histoire. C'est donc chez l'avocat que se passera le second acte, et la scène principale en sera le récit du bon abbé, qu'on fera douloureux, pathétique, capable d'intéresser toutes les âmes sensibles.

Vous voyez comme jusqu'à présent tout s'enchaîne. Mais il nous reste un troisième acte à trouver, et toute une moitié du second. C'est ici que l'écrivain dramatique se frappe le front ; car enfin, cette lacune, il faut absolument la combler.

Avez-vous remarqué que nous n'avons pas encore d'amour dans notre pièce. Point d'amour dans une pièce en France ! Il nous faut une femme, et une femme qui aime. Nous ne saurions nous en passer. Voyons : si nous imaginions que le tuteur a une fille dont le muet s'éprenne à première vue ?

Non, mauvais moyen : un muet amoureux, au théâtre ! Cela n'est pas agréable. Et puis, comment exprimer cette passion ? Il faudra donc que la jeune fille la comprenne aux gestes du jeune homme, et fasse les avances.

Retranchons la fille du tuteur.

Oui ; mais c'était une assez bonne idée de mettre dans la famille du scélérat une personne qui s'intéressât à ce muet, qui l'aimât, qui fît, par sa générosité et sa tendresse, contraste avec la dureté et la perversité du misérable. Au lieu d'une fille, donnons-lui un fils, un fils dont la vie aura été sauvée jadis par ce jeune muet, dans une aventure quelconque.

Eh ! mais, c'est une très bonne idée que celle de ce fils.

Il ajoutera au pathétique de notre quatrième acte, qui est déjà si bon, car il pourra se jeter aux pieds de son père, le presser, le supplier, et s'écrier en lui saisissant les

mains, dans un transport d'indignation et de douleur :
« Vous nous déshonorez, mon père! vous nous déshonorez! »

Et puis, qui sait? Il nous sera peut-être commode, pour notre dénoûment. Ce n'est pas que le dénoûment nous inquiète beaucoup; mais enfin, il faudra toujours bien y venir, et le faire tel quel.

Oh! mais, une autre idée! Si c'était lui, notre amoureux? Pourquoi pas? Mais, de qui? Nous n'avons qu'à donner une fille à notre avocat, et faire les deux jeunes gens passionnément amoureux l'un de l'autre. Vous voyez d'ici les complications qui vont naître du jeu de ces passions contraires.

Les démarches que l'avocat sera, de par sa charge, obligé de faire contre le tuteur, exaspéreront ce dernier, qui refusera son consentement au mariage. Le fils se trouvera entre son père et son amour. Voilà bien de quoi occuper un second et un troisième acte.

Mais ce n'est pas tout : nous n'avons jusqu'ici pas fait grand'chose de notre muet. Il n'a guère pour lui que la dernière scène du premier acte, le coup de théâtre de la reconnaissance. Au quatrième acte, son rôle est tout passif, puisqu'il ne fait qu'écouter. Au second, de même. Tandis que l'abbé de l'Épée fera son long récit, il restera sur sa chaise, sans comprendre un mot de ce qui se dit.

Situation peu récréative pour l'acteur et fatigante pour le public. Retranchons-le du second acte, où il n'a que faire, et donnons-lui le troisième acte, qui, s'il n'était pas là, serait tout entier livré aux intrigues accessoires d'amour entre les deux jeunes gens. C'est dans ce troisième acte que l'abbé de l'Épée le présentera à la famille de l'avocat : on l'interrogera, et les spectateurs sentiront se doubler leur intérêt pour ses malheurs.

La pièce est finie. Le reste n'est plus que l'affaire de quelques coups de rabot ou de lime. Certains incidents se trouveront en écrivant le dialogue ; le travail des répétitions donnera quelques jeux de scène. Mais le drame est fait, et c'est un drame *bien fait*. Il est composé suivant la formule.

Je n'ai pas besoin de vous dire que M. Legouvé est entré bien plus avant que je ne fais dans le détail ? On dit tant de choses en une heure et demie. Je me souviens que j'ai voulu écrire une de mes conférences. J'y ai trouvé, et encore en retranchant une foule de détails, la matière de trois feuilletons pleins.

Je crois avoir au moins donné exactement les grandes lignes de la leçon si intéressante de M. Legouvé. Son idée est vraie, mais pourvu qu'on en restreigne l'application à ce genre, très secondaire, des drames de facture.

Il m'a fait, dans cette conférence, l'honneur de me prendre nommément à partie. J'avais dit un jour à la Gaîté que c'était tout autre chose que d'analyser une pièce et de la faire ; qu'on pouvait être fort habile à en démonter les ressorts, sans posséder ce don de la composition vivante, qui est le lot des poètes ; et qu'en revanche les poètes dramatiques, souvent poussés par un instinct mystérieux, travaillent, comme les ouvriers en tapisserie, à l'envers, sans savoir toujours ce qu'ils font ; qu'ils seraient incapables de rendre compte des rouages qui animent la machine à laquelle un souffle venu d'eux a communiqué le mouvement et la vie.

Là-dessus, M. Legouvé m'a répondu que l'œuvre du poète dramatique est tout autant de critique que d'invention, et il me l'a prouvé, en retrouvant les séries d'idées par où a passé Bouilly. Bon pour Bouilly, le raisonnement ; mais non s'il s'agit d'une grande œuvre. Pour presque toutes, on pourrait appliquer à l'auteur ce que Philaminte dit à Trissotin.

> Mais quand vous avez fait ce charmant quoi qu'on die,
> Avez-vous compris, vous, toute son énergie?
> Songiez-vous bien vous-même à tout ce qu'il nous dit
> Et pensiez-vous alors y mettre tant d'esprit?

Vous pourrez, tant qu'il vous plaira, presser et tordre le drame de Bouilly, vous n'y trouverez jamais que ce que M. Legouvé y a découvert avec tant de finesse; un emploi judicieux des procédés du métier. Mais chaque génération qui examine un chef-d'œuvre y met au jour des beautés nouvelles.

Il semble qu'à chaque siècle on ait achevé d'en faire le tour, et chaque âge y aperçoit un côté qui était jusque alors resté dans l'ombre, et qui renouvelle l'admiration de l'œuvre tout entière.

Il est bien probable que ces beautés avaient échappé à Molière, tout aussi bien qu'à ses contemporains. Elles étaient dans son œuvre; mais la fée du théâtre les y avait versées à son insu; et ce sont les critiques qui, armés de leurs puissants réactifs, les ont séparées et fait toucher aux yeux.

Le succès de M. Legouvé a été si vif, que le même spectacle a dû être donné une seconde fois à la Gaîté.

21 février 1870.

# PAR DROIT DE CONQUÊTE

La Comédie-Française vient de reprendre, pour le second début de Febvre, une pièce qui ne date guère que d'une dizaine d'années, et qui avait déjà presque disparu du répertoire, *Par droit de conquête,* de M. Ernest Legouvé.

Le principal personnage, Georges Bernard est un ingénieur, et vous savez quel abus, depuis dix ans, on a fait de l'ingénieur sur la scène. C'est lui qui a toujours tenu le haut du pavé : beau, jeune, amoureux, irrésistible, personnifiant les idées de progrès répandues dans le public, il s'avançait, comme dit Racine, traînant tous les cœurs après soi. Plus d'officiers, plus de médecins, plus d'avocats. L'élève de l'École polytechnique les avait tous remplacés. Le voilà aujourd'hui qui passe lui-même. La convention va changer.

C'était donc une convention ? Eh ! oui, sans doute, car le théâtre ne vit que de conventions. Et puisque nous en tenons une aujourd'hui donnons-nous donc le plaisir, tout philosophique, d'examiner comment elle s'est formée, et de quelle façon elle se décompose.

On s'imagine toujours que les personnages que les écrivains dramatiques mettent en scène sont copiés sur la réalité. Il faudrait bien se persuader que cela est au contraire fort rare ; que les hommes de génie seuls ont réussi quelquefois à porter la vérité au théâtre et à l'imposer au public, qui se refuse le plus souvent à la reconnaître pour vraie.

Les Scribe de tous les temps n'ont jamais présenté à un spectateur l'image de ce qui existe, mais de ce qu'il croit exister : ce qui est bien différent. Ils ne composent pas un personnage sur le modèle que leur offrent leurs yeux; ils vont le chercher dans l'idée que la foule s'en forme, ils le tirent du fond des opinions courantes : c'est une création artificielle, que le public goûte et applaudit, parce qu'il y retrouve des traits fournis par lui-même, parce qu'il s'y reconnaît et s'y admire dans ce qu'il a de plus cher au monde, ses préjugés.

Quel a été le préjugé dominant de ces dernières années ? C'est que le premier, le grand mérite de l'homme était de dompter les forces de la nature et de les tourner à son usage. Combler les vallées, aplanir les montagnes, emmagasiner la vapeur, l'eau, le vent, et les distribuer à sa volonté et selon ses besoins, bâtir des ponts, percer des tunnels, cuirasser des vaisseaux, et d'un seul mot asservir la nature, tel a été l'idéal de la génération présente.

Il s'est personnifié dans un homme, l'élève de l'École polytechnique, l'ingénieur. C'est lui qui est, en effet, le représentant de la science active, et comme il était admis qu'il n'y avait d'autres progrès à réaliser dans le monde que de rendre la matière plus docile, on a fait également de lui le missionnaire et l'apôtre du progrès.

Il a été le héros par excellence : tous les regards se sont tournés vers lui, et le préjugé s'est formé peu à peu que ce devait être là l'homme de toutes les vertus et de toutes les gloires. Le théâtre s'en est emparé et lui a tout naturellement donné le premier rôle, celui d'amoureux.

Les amoureux avaient jusqu'alors été tenus par des Antony farouches, bâtards déclassés, en révolte contre les lois sociales, mais passionnés, ardents, capables des grands dévoûments et des sublimes délicatesses, ou par des jeunes premiers à l'eau de rose, détachés d'une gravure de modes, aimables, frisés, discrets, tendres, mais dont l'amour s'enfermait dans le cercle étroit des convenances.

On a tempéré et fondu en quelque sorte leurs qualités dans un ensemble harmonieux, qu'on s'est empressé d'appliquer au héros des dernières années, à l'ingénieur. Comment, en effet, un homme à qui obéissait la nature, qui assainissait des marais, et jetait des ponts par-dessus les bras de mer, n'aurait-il pas été beau, généreux, loyal? Comment ne pas lui supposer toutes les vertus?

On les lui donna, et la chose parut toute naturelle, par la raison bien simple qu'elle était dans le courant des idées actuelles. On n'eut aucune répugnance à voir un jeune homme, portant des plans sous son bras, faire sa déclaration d'amour à la jeune fille et de principes aux parents, exalter à la fois le progrès et sa passion, et parler de son bonheur en rêvant celui *des masses*.

C'était la mode. Était-ce la vérité? Pas le moins du monde. La convention reposait sur une erreur profonde : c'est qu'il y a un rapport certain, infaillible, entre le progrès industriel et le progrès moral ; c'est qu'un homme, par cela seul qu'il sait la trigonométrie, a le cœur plus noble et plus haut qu'un autre. Rien n'est plus faux; et tous les chemins de fer du monde, tous les barrages de fleuves en colère, tous les tunnels percés, tous les terrains assainis ne pèseront jamais le *Qu'il mourût!* du vieux Corneille.

J'écoutais, il y a deux ans, une leçon que Weiss faisait aux ouvriers de La Chapelle. Il s'agissait du siècle de saint Louis, et l'orateur, le comparant au nôtre, montrait avec une puissance singulière, que si nous sommes supérieurs par bien des endroits aux gens du treizième siècle, ils l'emportent de beaucoup sur nous par d'autres.

Notre société est évidemment mieux organisée, mieux réglée, plus tranquille, plus douce. Nous avons des routes plus rapides, des halles plus commodes, des machines plus puissantes, qui font plus vite et à moins de frais de plus grosse besogne. Il n'est pas dit que l'homme vaille mieux aujourd'hui qu'il ne valait alors.

Le progrès a été immense dans l'industrie, mais est-il bien sûr qu'il y en ait eu le moindre dans l'ordre moral ? Voit-on chez nous, comme il s'en produisait tant alors, de ces individualités énergiques, qui, soit dans leur développement intérieur, soit dans leur action sur le monde, allaient sans crainte jusqu'au bout de leurs sensations et de leurs désirs ?

Et Weiss rappelait le souvenir de ce petit bourgeois d'Assise, parti de la maison paternelle avec le dessein, extravagant en apparence, de réformer le siècle et de fonder sur la terre le règne de la charité parfaite, et qui enleverait l'Europe tout entière. Suspect au pape, aux conciles, aux évêques, aux abbés des ordres déjà reconnus, à l'empereur, aux rois et aux barons, ce François d'Assise réussit, sans autre appui que la conviction intérieure et l'éloquence, à gagner les évêques et les conciles, à neutraliser les puissances féodales, à faire fléchir jusqu'aux résistances d'un pape qui s'appelait Innocent III, et à fonder par des affiliations successives, entre les laïques désireux de lutter contre les iniquités du siècle, cette association du tiers ordre, qui fut plus qu'un État dans l'État, qui fut une Église dans l'Église.

Si ce même homme revenait de nos jours, croyez-vous qu'avec la même exaltation pieuse, avec la même tendresse chrétienne pour l'univers entier, avec la même éloquence d'une chaleur et d'une onction irrésistible, il eût accompli les mêmes prodiges? Au premier pas qu'il eût fait hors de chez lui, il se fût heurté contre le bon gendarme ou le commissaire de police, qui lui eût demandé poliment son autorisation de prêcher et d'écrire. Les grands caractères n'ont plus d'issue à présent : l'administration, cette pieuvre gigantesque, nous enlace tous de ses prodigieux suçoirs, et nous pompe silencieusement toute énergie, toute initiative.

Non que je lui en veuille trop pour cela : elle nous assure en revanche la tranquillité et la douceur de la vie, le bon ordre des relations civiles, elle protège le faible contre l'iniquité de la force brutale. Je serais fort embarrassé, s'il me fallait vivre au treizième siècle, toujours l'œil au guet et la main sur un poignard. Mais enfin il faut bien reconnaître qu'à travers ce désordre du moyen âge, comme à travers les mailles rompues du filet d'acier de la féodalité, se glissait quiconque avait une action à faire et une parole à dire; et s'il avait résolu le sacrifice de sa vie et de son repos, il était assuré qu'à ce prix il se serait fait entendre, avant que la main de l'Église eût eu le temps de se poser sur sa bouche, ou la main du roi sur la poignée de son épée.

Nous sommes plus instruits, plus polis, plus maîtres de la nature que ces gens-là; ils valaient autant et peut-être plus que nous. Qu'est-ce à dire? C'est que la civilisation ne tend pas les ressorts de l'âme, c'est que l'énergie, la promptitude au dévouement, la magnanimité, toutes les grandes qualités morales, ne sont pas autant qu'on le croit exaltées par le bien-être que donne la science; c'est qu'en un mot, on peut devenir un ingénieur hors ligne sans pour cela être un héros.

Calculer une courbe, et sentir grand sont deux choses très différentes qui n'ont entre elles aucun lien nécessaires. La convention les avait unies au théâtre dans la personne de Georges Bernard. C'était déjà un premier accroc fait à la vérité. Mais elle en avait subi un autre bien plus cruel et dont les conséquences devaient être encore plus piteuses.

C'est que, composant son idéal d'héroïsme amoureux d'un mélange d'Antony et d'Oscar, elle l'avait mis dans une sorte de sensibilité nerveuse et douceâtre; c'était un bon ton fade, avec des mièvreries de sentiments et des minauderies de délicatesses. L'amoureux était vêtu du correct habit noir, il marchait, pensait et parlait comme le premier venu; sa distinction suprême était de ressembler à tout le monde : sous ces dehors, une vraie sensitive. Il ne fallait pas toucher à sa mère : oh! sa mère! cette mère qui l'avait enfanté, qui l'avait nourri, élevé! Quand on vient dire à Georges Bernard :

— Monsieur, votre fiancée est à vous; nous avons levé tous les obstacles à cette union, et ils étaient, vous le reconnaissez vous-même, nombreux et puissants. Ils s'appuyaient sur des raisons légitimes. Nous ne mettons qu'une condition à ce mariage — c'est que vous ne forciez pas votre femme, comme vous avez annoncé l'intention de le faire, à vivre en communauté avec sa belle-mère, sous le même toit.

Quoi de plus simple! de plus ordinaire! C'est une précaution que prennent, et avec beaucoup de sens, la plupart des familles. Tout autre que l'amoureux moderne consentirait sur-le-champ. Vous ne connaissez pas Georges Bernard :

« Quitter ma mère! s'écrie-t-il, rompre cette douce vie, où pendant vingt-cinq ans nous n'avons pas eu une pensée qui ne fût à deux! détruire le rêve de sa vieillesse! et pourquoi, grand Dieu! »

Pourquoi? monsieur l'ingénieur. Mais parce qu'ainsi l'a ordonné l'Évangile, qui dit que les deux époux quitteront leur père et leur mère, parce qu'ainsi le veulent et le sens commun et l'usage. On peut très bien respecter et aimer sa mère sans se livrer à des accès de sensiblerie qui n'ont point d'excuse.

Tout cela est faux par soi-même; combien plus faux si on l'attribue à un ingénieur! Ce n'est pas impunément qu'on a passé vingt années de sa vie à étudier les raisonnements exacts de la géométrie, et à en poursuivre dans la pratique les rigoureuses applications. L'esprit doit en avoir contracté quelques habitudes de logique. Il ne doit plus se laisser emporter, comme le ferait une femme, au premier souffle du sentiment.

Pour que ces ingénieurs si délicats, si amoureux, si sensibles, parussent vrais, il a fallu la force du préjugé, d'où naît toute convention dramatique. Elle s'écaille et tombe, quand il commence à disparaître. Le jour n'est pas loin où l'élève de l'École polytechnique aura fait son temps. On lui rira au nez, quand il entamera une de ces tirades moitié humanitaires, moitié sentimentales, où les ingénieurs de la comédie moderne mêlent incessamment les idées du progrès et les transports de la passion :

« — Te souviens-tu? O ma bien-aimée, c'était sur le bord de cet étang, desséché par mes soins. Il avait trente-cinq hectares, et toi seize ans. Il répandait des miasmes aussi infects que ton haleine était suave. Tu avais orné tes beaux cheveux, de ces nénuphars blancs, qui croissaient sur ses bords, et dont j'ai si heureusement purgé le pays.

« Et moi, jetant les yeux sur ces eaux pestilentielles, je m'écriai dans un transport prophétique : Je saurai mériter ton amour en les écoulant vers la mer. J'entreprendrai le bonheur d'un département pour avoir le droit de faire le tion. Animé d'un regard, je rendrai à la culture ces champs aujourd'hui stériles, et nous construirons au fond de ces marais fangeux, assainis par la science, un nid tout frissonnant de baisers pour abriter notre passion mutuelle. »

Tout ce jargon n'est plus de mode. On sent bien que la noblesse des sentiments et l'ardeur de la passion ne sont pas en rapport aussi direct, aussi mathématique qu'on a voulu nous le faire croire, avec la géométrie et la mécanique. Les ingénieurs sont des hommes utiles, sans aucun doute, et à qui nous devons les commodités de la vie dont nous jouissons à présent. Mais ce n'est pas une raison parce que leur métier est de dompter la nature, pour qu'ils sachent vaincre leurs passions, et triompher des femmes. Ils ne représentent qu'un des côtés de l'humanité, et ce n'est assurément pas le plus noble.

C'est ainsi que dans l'histoire du théâtre les personnages vont se renouvelant sans cesse ; ils durent tant que la convention les soutient, parce que s'ils ne reproduisent pas la vérité des faits, ils renvoient au public l'idée que celui-ci s'en est formée. Mais le jour où le préjugé a accompli sa lente évolution, ils n'ont plus de ressemblance ni avec la réalité ni avec l'image que la foule trouvait au fond de son âme, et l'on n'en voit plus que le ridicule.

Cette étude, un peu sévère peut-être, que nous venons de faire sur l'ingénieur au théâtre, on pourrait la reprendre sur la plupart des autres personnages, qui ont eu leur temps de vogue, et s'il se trouve quelques lecteurs que ce feuilleton ait intéressés, peut-être poursuivrai-je ce filon. Il ne reste, debout et vivants, que les types qui avaient en eux assez de vérité humaine et vraie pour traverser les âges, et présenter, même aux dernières générations, un fragment de la réalité.

Il n'a fallu que dix ans pour voir naître et périr l'ingénieur. Sardou ou quelqu'un de ses imitateurs nous en tirera peut-être encore un ou deux exemplaires, et ce sera tout, le public n'en voudra plus. C'est dans la comédie de M. Legouvé qu'il a paru pour la première fois, et elle est de 1855.

La façon dont elle a été jouée doit donner à penser au directeur de la Comédie-Française. Sauf les trois acteurs que j'ai nommés, Febvre, Nathalie et Marie Royer, qui ont été, sinon supérieurs, très suffisants tout au moins, et en certaines parties excellents, les autres sont au-dessous du médiocre. On dirait une troupe de province.

18 novembre 1866.

# L'ART DE LA LECTURE

Le traité de M. Legouvé se divise en deux parties. Dans la première, M. Legouvé passe en revue tout le matériel des moyens techniques à l'aide desquels on cultive et l'on conduit sa voix. La voix est un instrument dont on peut adoucir ou amplifier les sons par l'étude. Aux uns, la nature a fait cadeau d'un admirable stradivarius; mais c'est le petit nombre. Au commun des martyrs, elle n'a donné qu'un organe ou cotonneux ou dur, où certaines notes manquent complètement, où certaines autres ne sortent qu'avec peine et déchirent l'oreille. Il est possible de l'assouplir par le travail, à l'aide d'exercices méthodiques. Il faut apprendre à respirer, à prononcer, à ponctuer. M. Legouvé examine l'une après l'autre chacune de ces nécessités. Il montre comment on corrige les imperfections naturelles ou acquises, comment, en un mot, après avoir formé sa voix, on la conduit.

Je n'ai pas grand'chose à dire de toute cette première partie. Il est clair que le plus grand pianiste du monde, s'il n'a pour piano qu'un mauvais chaudron, aura beau s'évertuer sur les touches muettes ou fausses, il n'en tirera jamais une musique qui charme l'oreille. La voix est le piano du lecteur. Il faut donc l'avoir en bon état et apprendre à s'en servir. Point de piano, point de pianiste; point de voix, point de lecteur. Cela est élémentaire.

Il est certain, et M. Legouvé le constate, que la nature fait là, comme partout ailleurs, le plus gros de la besogne. Il y a des gens qui naissent, non pas seulement avec une bonne voix, mais avec une prononciation excellente. Ils articulent de la façon la plus nette sans y avoir jamais pris garde, sans s'être donné aucun mal. Cette articulation, qui est le désespoir de tant de comédiens, et même de comédiens habiles, ils la possèdent, comme l'amiral suisse possédait ses éperons, de naissance. Il est vrai que ceux-là n'ont pas besoin d'apprendre ce qu'ils savent. Mais les traités et les professeurs s'adressent aux organisations moins heureuses. On ne sent le besoin d'un escabeau pour prendre un livre au dernier rayon d'une bibliothèque que lorsqu'on est trop petit pour l'atteindre sans cette aide.

Je pencherais à croire que toute personne à qui la nature a refusé le don de l'articulation n'articulera jamais parfaitement bien, quelle que soit la gymnastique à laquelle elle se livre. Je ne parle pas seulement des défauts violents comme le grasseyement, le zézaiement, le bégaiement, qui ne se corrigent guère; M. Legouvé le reconnaît pour ce dernier vice, mais de cette disposition générale à manger les consonnes et à les dissimuler. M. Legouvé doit connaître, comme moi, tel acteur de la Comédie-Française qui, en dépit d'un travail acharné, n'a jamais pu vaincre ce penchant invincible à bredouiller, et qui n'en est pas moins un comédien d'un rare mérite. D'autres sont en quelque sorte condamnés à laisser tomber les finales dans une sorte de brume où elles s'estompent. Ils ont beau s'observer, la nature est la plus forte et reprend le dessus. Je ne sais rien de plus difficile à corriger qu'une articulation défectueuse.

La seconde partie du livre de M. Legouvé a pour titre :

*Application de la lecture à l'éloquence, aux œuvres en prose et à la poésie.*

Supposons, dit-il dans son entrée en matière, un élève chez qui le mécanisme soit parfait. Le travail a rendu sa voix agréable, souple et homogène. Il sait entremêler à propos les notes du médium, les notes hautes et les notes basses; il aspire et il respire sans que l'auditeur s'en aperçoive; il prononce purement, il articule nettement; ses défauts de prononciation, s'il en avait, sont corrigés. Il ponctue en lisant. Son débit n'est ni précipité, ni haché, ni traînant, et enfin, chose rare, il ne laisse jamais tomber les syllabes finales ce qui donne à toutes ses phrases de la solidité et de la clarté. Est-il un lecteur complet? Non, il n'est encore qu'un lecteur correct.

Il sait la grammaire de son art; mais l'art vise plus haut et plus loin. L'art de la lecture consiste à interpréter dignement les chefs-d'œuvre du génie. La correction ne suffit plus; il faut du talent.

Le talent est-il susceptible de s'acquérir? Sans aucun doute, répond M. Legouvé. On ne se procure pas à volonté du génie. Le génie est un don de nature, qui est en dehors et au-dessus de toutes les règles. Mais le talent, on peut, dans une certaine mesure, se le donner, pourvu, bien entendu, que l'organisation n'y répugne pas.

En quoi consiste le talent et sur quelles règles repose-t-il? C'est la question que se pose M. Legouvé. Cette question, il faut bien le dire, le spirituel académicien n'y répond qu'à demi. Quand Cicéron se demandait, lui aussi, si l'éloquence avait ses règles et quelles étaient ces règles, il composait l'*Orator* (*De optimo dicendi genere*), et il y passait en revue tous les préceptes, tous les exercices à l'aide desquels peut se former un orateur. M. Legouvé s'est contenté à moins. Il n'a touché qu'à deux ou trois idées générales, qu'il a, suivant son habitude, mises en action, les présentant presque toujours sous forme d'anecdotes personnelles ou de conversations. Mais le traité, le vrai traité reste à faire, et j'ignore pour mon compte s'il pourrait être fait, si le livre pourrait, dans ce genre de travail, suppléer à l'enseignement du professeur.

Suivons donc M. Legouvé sur le terrain où il s'est placé.

Il commence par faire bonne justice de cette formule niaise, qui réduit toutes les règles à une seule : « Il faut lire comme on parle. » Et il s'écrie : « Comme on parle ! oui, si l'on parle bien ! »

> Un monsieur qui rime en *arle*
> Dit à tous ses abonnés
> Qu'il faut lire comme on parle.
> Eh ! si l'on parle du nez ?

Mais M. Legouvé aurait pu en dire bien davantage sur ce point. Ah ! ça, M. Saint-Marc Girardin (si tant est que cet axiome soit de lui, comme l'affirme M. Legouvé), M. Saint-Marc Girardin s'imagine-t-il que ce ne soit pas précisément le comble de l'art que d'avoir l'air de parler quand on lit : de figurer, dans la lecture à haute voix, le naturel de la conversation. Lire comme on parle ! c'est à peu près comme si l'on disait à un acteur : « Mon cher ami, il faut sur le théâtre marcher, se tenir, remuer les bras, comme on le fait dans le monde, vous voyez que cela est fort aisé. » Mais, diantre ! rien n'est plus difficile, au contraire. Il faut une longue et patiente étude, des exercices incessamment répétés, toute une gymnastique du corps et de l'esprit, pour arriver à marcher sur les planches, dans ce milieu conventionnel, devant douze cents spectateurs, comme on le ferait dans sa chambre.

C'est qu'en réalité on ne marche pas, mais on a l'air de marcher sur la scène comme chez soi. C'est que pour avoir cet air, pour produire cette illusion, il faut de toute nécessité marcher tout autrement sur la scène qu'on ne le fait chez soi. Il y a certains mouvements réglés, et appris par art, qui donnent aux yeux du public la sensation de la réalité, que les mouvements naturels ne donneraient pas le moins du monde. Il en va de même pour la lecture. C'est en conduisant sa voix par art que l'on a l'air de lire comme on parle. L'art n'est jamais qu'une imitation de la nature, qui donne l'illusion de la nature, justement parce qu'elle n'est pas la nature.

Et j'ajouterai que c'est une imitation arrangée pour l'effet, embellie. Laissons là la lecture, puisque aussi bien ce feuilleton a le théâtre pour spécialité, et tenons-nous-en à la déclamation ou, si vous voulez, à la récitation sur la scène. Est-ce que l'on doit réciter comme on parlerait ? Est-ce que la comédie est la réalité même ? J'ai bien souvent traité ce sujet, mais je ne saurais me défendre d'y revenir, puisque la thèse contraire, outre qu'elle a la faveur secrète du public, est brillamment défendue tous les lundis par un des maîtres du roman de ce temps-ci, par M. Émile Zola. Oserai-je appeler à mon secours un autre maître, un maître de poésie, avec qui je me trouve en parfaite communion d'idées.

Écoutez cette page charmante :

> J'entre dans un théâtre de genre, à l'instant précis où la salle croule sous les bravos. En effet, le rideau s'est levé sur un décor aussi hideux qu'un véritable salon bourgeois. Aux fenêtres, de vrais rideaux en damas laine et soie, attachés avec de vraies torsades de passementerie à de vraies patères en cuivre estampé. Sur la cheminée, une vraie pendule de Richoud. Puis de vrais meubles et une vraie lampe, avec un vrai abat-jour rose en papier gaufré. Voici un vrai comédien qui met ses vraies mains dans ses vraies poches; il fume un vrai cigare; il dit : « Qu'est-ce que t'as? » comme un vrai commis de nouveautés; les applaudissements roulent comme un tonnerre, et la foule ne se sent pas d'aise.

— Avez-vous vu? il fume un vrai cigare! il a une vraie culotte! Regardez comme il prend bien son chapeau! Il a dit : « J'aime Adèle » tout à fait comme M. Édouard que nous connaissons, lorsqu'il allait épouser Adèle.

Tu as raison, bon public! Tout cela est réel, comme le papier timbré, le rhume de cerveau et le macadam. Les gens qui se promènent sur ce tréteau encombré de poufs, de fauteuils capitonnés et de chaises en laque, semblent en effet s'occuper de leurs affaires. Mais est-ce que je les connais, moi, spectateur? Est-ce que leurs affaires m'intéressent? Je connais Hamlet, je connais Roméo, je connais Ruy-Blas, parce qu'ils sont exaltés par l'amour, mordus par la jalousie, transfigurés par la passion, poursuivis par la fatalité, broyés par le destin. Ils sont des hommes, comme je suis un homme. Comme moi, ils ont vu des lacs, des forêts, de grands horizons, des cimes constellées, des clairières argentées par la lune. Comme moi, ils ont adoré, ils ont prié, ils ont subi mille agonies; la souffrance a enfoncé dans leurs cœurs les pointes de ses mille glaives.

Mais comment connaîtrais-je ces bourgeois nés dans une boîte? Ils ont, me direz-vous, les mêmes tracas que moi; de l'argent à gagner et à placer, des termes à payer, des remèdes à acheter chez le pharmacien. Mais justement c'est pour oublier tous ces ennuis que je suis venu dans un théâtre! Que ces gens-là me soient profondément étrangers, cela ne serait encore rien: ce qu'il y a de pis, c'est que je leur suis, moi, profondément étranger. Ils ne savent rien de moi, ils ne m'aiment pas, ils ne me plaignent pas, quand je suis désolé; ils ne me consolent pas, quand je pleure; ils ne souriraient guère de ce qui me ferait rire aux éclats.

Tous ces héros dont parle Banville, et pour ne pas se borner à ces grandes figures, tous les personnages de la comédie et du drame parlent, sinon la langue des vers, au moins un langage cadencé, qui obéit aux mystérieuses lois du rythme.

Le premier devoir, devoir impérieux, étroit, absolu, du diseur (qu'il lise ou joue), c'est de faire sentir ce rythme. Sur ce point, M. Legouvé ne transige pas :

Comment faut-il dire les vers? se demande-t-il. A en juger par la méthode suivie, même au théâtre, le grand art de lire des vers consiste à faire accroire au spectateur que c'est de la prose. J'assistais un jour à la représentation d'un drame. Près de moi se trouvaient dans une loge de rez-de-chaussée deux dames fort élégantes. Tout à coup l'une d'entre elles dit à l'autre : « Mais, ma chère, ce sont des vers. » Là-dessus, elles se lèvent et partent. Eh! bien, vraiment, ce n'était pas la faute de l'acteur si elles s'en étaient aperçues. Il avait fait tout ce qu'il avait fallu pour leur déguiser le monstre. Il brisait, hachait, disloquait si bien les vers, que la poésie, dans sa bouche, me rappelait Hippolyte dans le récit de Théramène :

> Ce héros expiré
> N'a laissé dans mes bras qu'un corps défiguré,
> Et que méconnaîtrait l'œil même de son père.

M. Legouvé donne quelques autres exemples de mauvaise diction et termine ces anecdotes par trois axiomes dont je ne retiendrai qu'un seul :

### AXIOME

Il faut lire les vers comme des vers et interpréter les poètes en poète.

Mais j'ajouterai, et je crains bien de me trouver ici en dissentiment avec le maître, que, si c'est un grave tort de rabaisser le vers à n'être plus que de la vile prose, ce n'en est pas un moins sérieux de trop raffiner, de prêter au poète des intentions qu'il n'a jamais eues, de chercher midi à quatorze heures, comme disaient nos pères; de chercher la petite bête, comme nous disons aujourd'hui.

J'avoue que je ne suis pas sans inquiétude quand je lis telle analyse d'une fable de La Fontaine, faite par M. Legouvé à l'usage des lecteurs à haute voix. Il raconte qu'il a entendu réciter au Conservatoire *le Chêne et le Roseau* par un lecteur de premier ordre, qui lui donna le secret de sa belle diction. La fable, si vous vous le rappelez, débute par ce vers :

> Le chêne un jour dit au roseau...

— Eh bien, disait ce professeur à M. Legouvé, vous commencez : *Le chêne*; ici la voix large! le son étoffé! le geste noble et quelque peu emphatique! Il s'agit de peindre un géant qui a la tête dans la nue et dont les pieds touchent à l'empire des morts...

> Le chêne un jour dit au roseau...

Oh! presque pas de voix en disant le mot *roseau!*... Rapetissez-le, ce pauvre arbrisseau, par l'intonation,... méprisez-le bien... jetez-lui un regard par-dessus l'épaule! tout en bas... comme si vous le découvriez au loin...

Il est vrai que M. Legouvé convient qu'il y a dans tout cela quelque peu d'exagération; mais il ajoute qu'au fond ces observations sont vraies et justes. Pas du tout; vous trahissez le poète, car vous vous substituez à lui; vous prétendez avoir plus d'esprit que lui; vous lui prêtez des intentions qu'il n'a jamais eues et qui sont, permettez-moi de le dire, légèrement ridicules.

La Fontaine n'a eu d'autre idée que d'exprimer un fait très simple, à savoir que le chêne se mit à converser avec le roseau. Il ne sait pas encore ce qu'ils vont se dire, et vous, lecteur, vous n'en pouvez rien savoir non plus. Le chêne sera-t-il insolent? le roseau, humble et soumis? C'est la fable qui vous l'apprendra. Attendez donc avant de caractériser par l'accentuation chacun des deux interlocuteurs, et dites tout bonnement, tout uniment :

> Le chêne, un jour, dit au roseau...

sans perdre votre temps à couper des cheveux en quatre.

J'ai entendu des lecteurs de profession dire du La Fontaine. C'était à crier. Et vous-même, ne vous souvenez-vous pas d'avoir écouté, soit au théâtre, soit ailleurs, la fameuse fable :

> Deux pigeons s'aimaient d'amour tendre...

Et l'actrice croit faire merveille d'adoucir sa voix, et de montrer le blanc de ses yeux sur le mot *tendre*. Ce sont là des raffinements, des mièvreries insupportables. Il faut dire uniment les choses simples. Sous le bénéfice de ces réserves, j'admettrai, sans en changer un mot, la conclusion de M. Legouvé :

Il y a autant de manières de lire les vers que de manières de les faire. On ne doit pas interpréter Racine comme Corneille, ni Regnard comme Molière, ni Lamartine comme Victor Hugo. Lire, c'est traduire. La diction, pour être bonne, doit donc représenter exactement le génie qu'elle interprète. Atténuez quelques fautes, voilez quelques taches, courez sur quelques longueurs, soit : mais ne dénaturez jamais! Un lecteur qui s'aviserait d'appliquer à Ruy Blas ce qu'on appelle un débit simple et naturel lui ôterait du même coup sa qualité dominante, la richesse du coloris. Il faut être exubérant avec les exubérants. Quand on veut copier du Rubens, on ne doit pas faire un dessin à la mine de plomb.

Ajoutez que chaque genre de poésie a son genre d'interprétation. Lire une ode comme une fable, un morceau lyrique comme un morceau dramatique, les *Étoiles* de Lamartine comme l'*Aveugle et le Paralytique* de Florian, c'est jeter sur la magnifique variété des œuvres du génie l'affreux voile gris de l'uniformité. Mais la règle immuable, inflexible, éternelle, qui s'applique à tous les genres et à tous les hommes, règle que je répète comme la loi qui résume toutes les lois, c'est que, le jour où l'on lit un poëte, il faut le lire en poëte. Puisqu'il y a rythme, faites sentir le rythme; puisqu'il y a des rimes, faites sentir les rimes!

Le simple lecteur a souvent, pour émouvoir son public en lisant des vers, une ressource qui manque au comédien. M. Legouvé, qui n'en a pas parlé dans son livre, doit en avoir usé plus d'une fois. Je sais que, pour moi, je m'en sers fréquemment, et dans le peu de fois que j'ai eu le plaisir d'entendre lire des vers à M. Villemain, j'ai remarqué qu'il y avait recours.

Le comédien n'est qu'un interprète, qui doit fidèlement traduire la pensée du poëte, en conservant à la phrase l'allure et la sonorité que le poëte a cru lui devoir donner. Nous pouvons, nous, y ajouter quelque chose, dont l'effet est immanquable sur le public. Et quoi donc? Ce quelque chose est l'admiration sincère que nous sentons pour le morceau même que nous lisons, admiration qui se trahit dans notre voix, qui se mêle à toutes les intonations que nous jugeons à propos de prendre, qui les échauffe, qui leur communique une vibration particulière.

Je me souviens d'avoir entendu lire un jour à l'Académie, par M. Villemain, comme citation, la superbe strophe de Malherbe :

> Apollon, à portes ouvertes,
> Laisse indifféremment cueillir
> Les belles feuilles toujours vertes
> Qui gardent les noms de vieillir.
> Mais l'art d'en faire des couronnes
> N'est pas l'art de toutes personnes :
> Et trois ou quatre seulement
> Parmi lesquelles je me range
> Peuvent donner une louange
> Qui demeure éternellement.

M. Villemain, avec sa voix d'or, fit merveilleusement valoir l'harmonie pleine et majestueuse de la strophe; mais, de plus, il s'exhalait de son attitude, de sa diction, de tout son être, un parfum sincère d'enthousiasme. Il y avait dans toute sa contenance, comme dans la façon dont il accentuait le vers, un certain air de dire : « Hein! cela est-il assez bien! Sentez-vous cette fermeté de style? cette largeur de sonorité? », qui vous inclinait secrètement à l'admiration.

J'ignore si l'on pourrait faire à un lecteur une règle de donner cette sensation au public; je crois pourtant que c'est là un des artifices les plus puissants dont nous puissions nous servir pour empaumer un auditoire. Je sais que, pour moi, il m'est impossible, mais absolument impossible, de lire tout haut des vers que je ne trouverais pas très beaux; et, de même en prose, je me sens incapable de lire un ouvrage mal écrit.

Il y a là une différence assez curieuse, et qui n'a pas été notée, je crois, entre l'art du lecteur et celui du comédien. Le lecteur, sauf des cas assez rares, choisit ses morceaux et choisit ceux qu'il aime. Le comédien est obligé de tout dire. Qu'il trouve excellent ou exécrable ce qu'on lui met dans la bouche, il faut qu'il aille quand même. Il n'est qu'un interprète juré.

Il arrive au lecteur d'être obligé de prêter son ministère à des poésies qu'il n'aime point. Le meilleur perd alors beaucoup de son talent. Je prendrai M. Legouvé lui-même comme exemple. Je lui ai une fois entendu lire, à l'Académie, une pièce qui avait eu le premier prix, et qui ne valait pas grand'chose. Il l'a fort bien lue et il a laissé tout le monde froid. Ce n'est pas seulement parce que le morceau en lui-même était médiocre. C'est que la voix n'avait pas cette vibration chaude de l'homme qui admire. C'est qu'on n'y sentait point ce feu d'enthousiasme qui est si aisément communicatif.

J'ai vingt fois éprouvé cela par moi-même. Je choisis avec un soin extrême les morceaux que je dois lire en public dans mes conférences littéraires. Cependant il m'arrive de me tromper. Telle pièce que j'ai crue bonne (et qui l'est en effet, quand on la lit au coin du feu) n'a pas le relief, le brillant ou la sonorité qu'exige un nombreux auditoire. Je n'ai pas lu dix lignes ou dix vers que je m'en aperçois; et alors, invinciblement, malgré moi... non, je ne puis rien à cela... ma voix change. Je la sens, ou qui monte dans le haut pour lutter contre cet énervement et donner à la pièce lue de l'éclat quand même, un éclat factice, ou qui s'éteint et prend je ne sais quel aspect uniformément gris.

Que de choses j'aurais encore à ajouter sur cet art délicieux de la lecture à haute voix! Le grand, l'extrême mérite du petit livre de M. Legouvé, c'est de faire penser, c'est d'appeler la contradiction, c'est de remuer les idées.

23 octobre 1878.

# ADRIENNE LECOUVREUR

La Comédie-Française vient de reprendre *Adrienne Lecouvreur*, drame en cinq actes de MM. Scribe et Legouvé. Nos jeunes gens trouvent spirituel de railler les pièces de ce genre qu'ils stigmatisent du sobriquet de *pièce bien faite*. Oui, cela est certain, *Adrienne Lecouvreur* est une *pièce bien faite* et très bien faite.

Elle mérite à ce titre d'être conspuée ; elle est digne de tous les mépris. Voudraient-ils bien pourtant m'expliquer cette contradiction singulière ? Une œuvre de théâtre, à moins d'être supérieure, ne dure guère à Paris plus de trente ans. Elle se démode avec bien plus de rapidité qu'un roman.

Voilà un ouvrage qui n'avait pas seulement l'horrible inconvénient d'être une pièce bien faite ; c'était encore une pièce de circonstance, taillée sur le patron de M<sup>lle</sup> Rachel et destinée à la faire valoir à un certain moment de sa vie, quand elle se préparait à évoluer de la tragédie antique vers le drame contemporain. Il semble qu'elle aurait dû passer avec les circonstances d'où elle était née.

Pas du tout : cette pièce, écrite spécialement pour M<sup>lle</sup> Rachel, a été reprise par M<sup>lle</sup> Favart à la Comédie-Française ; elle a été jouée par M<sup>lle</sup> Sarah Bernhardt à Londres ; toutes les actrices de province s'y sont engagées tour à tour ; et voilà qu'après quarante ans juste on la reprend pour M<sup>lle</sup> Bartet, et qu'elle réussit encore, quoiqu'elle soit bien faite.

Quoique! est-ce que ce ne serait pas plutôt parce qu'elle est bien faite? Je passe condamnation sur les défauts d'*Adrienne Lecouvreur*. Oui, ce n'est que de la comédie anecdotique, les personnages y sont de convention; les caractères n'y sont pas profondément creusés, les situations y sont voulues et théâtrales, le style est de prose courante et très courante. Je conviendrai de tout ce qu'on voudra; mais voilà! *Adrienne Lecouvreur* se développe avec une admirable logique de l'un à l'autre bout. C'est une histoire intéressante, distribuée avec un art infini en ses cinq actes, si bien que lorsqu'on a écouté l'exposition, on se laisse prendre au sujet et on en suit les progrès d'acte en acte, jusqu'au dénouement, qui est des plus pathétiques.

Il faut pourtant bien que ce ne soit pas là, au point de vue purement dramatique, un si mince mérite, puisqu'il a si longtemps soutenu l'œuvre à lui tout seul; puisqu'il en rend aujourd'hui, non pas seulement la représentation, mais la lecture intéressante. M. Ernest Legouvé, qui est en train de publier son théâtre complet, vient d'ajouter à un volume de comédies en un acte, le premier tome de ses *Comédies et Drames*. Ce premier tome comprend *Louise de Lignerolles, Par droit de conquête* et *Adrienne Lecouvreur*. Je me suis amusé à les relire et j'ai admiré une fois de plus ce que pouvait l'art de préparer une situation, de l'exploiter, de la dénouer. A Dieu ne plaise que je regarde cet art comme le premier de tous au théâtre! Mais c'est un art indispensable, et ceux-là qui le possèdent en un degré éminent, alors même que beaucoup d'autres qualités leur font défaut, n'en obtiennent pas moins des succès très brillants et très durables!

Oui, très durables! Je sais qu'il est de bon ton, à cette

heure, de railler Scribe, et qu'on se fait à peu de frais, parmi les jeunes gens, un renom de critique sans préjugés, en le traitant de ganache, lui et ses collaborateurs. Je demande comment il se fait qu'au bout d'un demi-siècle les ouvrages de cette ganache émeuvent ou amusent la génération présente.

Je ne m'occuperai aujourd'hui que des acteurs. C'est pour Mlle Bartet qu'on avait repris *Adrienne*. Mlle Rachel avait choisi cette pièce pour lui être une transition de l'art antique à l'art moderne; Mlle Bartet l'a prise, elle, au contraire, je crois, pour lui être un passage de la comédie moderne à l'art classique, où on veut l'établir fermement.

Le succès de Mlle Bartet a été considérable. Elle a rendu avec un charme exquis et pénétrant tout ce qui, dans le rôle d'Adrienne Lecouvreur, était de comédie pure, de distinction et de bonne grâce. Ce qui lui manque, elle le sait, hélas! aussi bien que moi! c'est la voix profonde et sombre qu'exigent les vers de tragédie semés à dessein dans le drame; c'est le regard farouche dont Adrienne doit foudroyer la princesse quand il lui arrive de découvrir en elle une rivale. Mlle Bartet ne jouera jamais Hermione, ni Phèdre, ni Camille. Il y a donc certaines choses, dans le rôle d'Adrienne Lecouvreur, qu'il lui est, et qu'il lui sera toujours impossible de rendre. Il n'y a pas à la critiquer sur ce point; elle ne peut pas, et si elle pouvait traduire ces passages avec la puissance qu'ils réclament, elle ne serait pas Mlle Bartet, et ce serait dommage. Il faut toujours en revenir à l'axiome du poète latin : *Non omnia possumus omnes...* Mlle Bartet n'en a pas moins emporté le suffrage de tous les gens de goût, et c'est un essai qui comptera dans sa carrière. Elle était habillée à ravir; elle a le sens du pittoresque.

23 avril 1888.

# ALFRED DE MUSSET

## LE THÉATRE DE MUSSET

Les reproches que M. Anatole Claveau adresse au théâtre de Musset sont fort justes, quoique un peu sévères. Il y note de la déclamation, et il est dans le vrai. Il y remarque un goût de sensualité, qui passe quelquefois les bornes de la délicatesse, et il a raison. La plupart des héros et des héroïnes du poète de *Rolla* sont des amoureux aux sens lascifs et au cœur lâche. Ils meurent tous, uniformément, de la maladie de l'amour; ils meurent d'y trop croire, ou de n'y pas croire assez : il leur faut tous, Rosette comme Cœlio, comme André del Sarto, comme don Paez, comme Mariette, comme Rolla, boire le philtre empoisonné qui tue les uns par le plaisir, les autres par le désespoir. Ce sont des natures passionnées et égoïstes, qui n'ont que leur fantaisie pour loi et leur caprice pour Dieu. Il n'y en a pas une qui ait le vrai courage de l'homme : celui de supporter et de vaincre la vie.

Parmi ses comédies et proverbes qui ont été mis à la scène, M. Anatole Claveau fait son choix : il garde le

*Chandelier*, les *Caprices de Marianne*, et *Il ne faut jurer de rien*. Ce n'est pas déjà si mal tomber. Il frappe assez rudement sur *Fantasio*, et j'avoue que, sans aller aussi loin que lui dans la critique, je n'ai jamais eu grand goût pour cette ébauche à peine terminée, où brillent quelques morceaux charmants, qui ne sont guère que des airs de bravoure. Il ne marque pas une très vive estime de *On ne badine pas avec l'amour*, et je serais encore de son avis sur ce point, quoique cette comédie ait obtenu et obtienne encore tous les jours un grand succès, quoique deux ou trois scènes de passion en soient admirables. La pièce ne m'a jamais plu en son ensemble.

L'idée première ne m'en semble pas clairement exposée; il y a du précieux et du faux esprit dans le dialogue; le comique est bas et de mauvais aloi; le dénoûment n'est point préparé, et l'on n'en saurait excuser la violence. Tous ces défauts sont emportés, au théâtre, par une situation d'un pathétique inexprimable; mais ils me gâtent cette superbe scène où Camille tombe sur son prie-Dieu, luttant vainement contre l'amour qui l'accable.

M. Anatole Claveau rappelle plaisamment le mot de ce pauvre Vatel au prince de Condé : « Monseigneur, votre bonté m'achève; je sais que le rôti a manqué à la table du roi, » et il en fait l'application aux comédies de Musset, où trop souvent, dit-il, le rôti manque. Ce n'est pourtant pas le rôti qui manque à celui dont nous parlons; ce sont les hors-d'œuvre. La pièce de résistance est excellente; elle ne suffit pas à l'ordonnance d'un bon dîner.

Le critique du *Journal de Paris* conclut en disant de l'œuvre de Musset que c'est une espèce de comédie de la Renaissance, demi-scandinave et demi-italienne, un mélange d'Hamlet et de polichinelle, le spleen sous le ciel de Naples, Shakespeare et Boccace combinés, de l'éclat, de l'esprit, un tour particulier de misanthropie, l'air byronien perçant partout, *au demeurant* **UNE IMITATION**.

Une imitation! le mot est dur, pour l'homme qui a dit d'un ton si cavalier :

> Mon verre n'est pas grand,
> Mais je bois dans mon verre!

Est-il vrai? je n'en crois rien. M. Anatole Claveau, qui ne nous a laissé rien à dire sur les défauts de Musset, a oublié de nous parler de ses deux grandes qualités, de celles qui font au théâtre son génie propre, qui l'y tirent de pair, et le placent à côté des plus grands.

Et d'abord, il est scénique. C'est un lieu commun de dire que ses pièces n'étaient point faites pour être jouées, mais un lieu commun très faux. Il n'y en a guère au contraire qui soient plus faciles à mettre en scène. Ce qui a trompé les admirateurs d'Alfred de Musset, et Musset lui-même, c'est que ses petits drames ne sont point coupés à la façon des comédies régulières, et que le lieu de l'action change deux ou trois fois par acte. C'est un inconvénient, je l'avoue. Je ne suis pas du tout de ceux qui font un mérite à Musset de ne s'être point astreint aux procédés ordinaires. On n'est point un grand homme pour se dispenser des lois, quand elles ne sont point factices, quand elles ne sont que l'expression des nécessités mêmes de l'art.

Mais l'agencement des actes et la disposition plus ou moins heureuse des scènes ne sont après tout que des parties secondaires dans l'art dramatique. L'important, au théâtre, est d'avoir le mouvement. Que veux-je dire par là? Lisez le premier acte d'*Il ne faut jurer de rien*. Vous vous en rendrez compte. Voilà un acte qui, au sens ordinaire du mot, n'est pas trop bien fait. Car il ne se compose que d'une scène, et cette scène n'est qu'une longue conversation entre deux hommes.

Oui, mais elle a le mouvement dramatique. Je défie qui que ce soit de la lire, sans voir en même temps les acteurs passer à droite ou à gauche, se lever, marcher, se rasseoir, sans se figurer en même temps tous les mouvements de scène que le dialogue indique.

Vous vous imaginez que cela n'est rien. Eh! bien, c'est tout le théâtre. Qui n'a pas cette qualité primordiale, peut être un écrivain admirable : à coup sûr, il n'est pas né auteur dramatique. Tenez, prenez Ponsard : il est difficile d'exprimer des idées plus sensées, des sentiments plus nobles en vers plus compacts et plus sonores; il compose avec soin et intelligence son drame, qui évolue sans effort vers un dénoûment raisonnable. Il n'a pas le mouvement. Ses acteurs s'entretiennent ou dissertent ensemble; ils ne jouent pas.

J'oserai dire qu'à un certain degré ce mouvement dramatique manque à de bien plus grands, à Victor Hugo par exemple. Il excelle à disposer des antithèses de situations douloureuses ou terribles, et met dans la bouche des personnages qu'il a posés l'un vis-à-vis de l'autre des morceaux de poésie superbe, qui se répondent avec symétrie, comme les fausses fenêtres aux vraies; il n'a qu'à de rares intervalles le mouvement scénique.

Quand on s'avisa de monter *On ne badine pas avec l'amour*, on crut qu'il y aurait des difficultés inouïes de mise en scène. On fut bien étonné de voir que la chose allait de soi : quelques mots ajoutés par-ci par-là pour lier une scène à l'autre; mais les scènes elles-mêmes n'avaient aucun besoin d'être retouchées. Elles avaient été écrites pour le livre, et elles se trouvaient naturellement à l'optique du théâtre; le dialogue déterminait les mouvements des personnages.

C'était, il y a quelques années, au Théâtre-Français. On montait la *Dolorès*, de Bouilhet. L'anniversaire de Molière survint ; on voulut pour cette cérémonie remettre *Psyché* à la scène ; *Psyché* n'avait pas été jouée depuis cent cinquante ans ; personne n'en savait donc plus la mise en scène. Mais le dialogue était de lui-même si scénique, les mouvements des personnages étaient si bien marqués, que les acteurs suivaient, sans presque s'en apercevoir, les indications du texte. Pendant ce temps-là, et l'auteur et le directeur et les artistes suaient à mettre en scène la *Dolorès* de Bouilhet.

— Par où faut-il entrer ?
— Par ici.
— Non par là.

Et des discussions sans fin. C'est que Bouilhet, qui est un poète remarquable, n'est pas un poète dramatique. C'est que Molière, même en ses moindres bluettes, porte ce don, le premier de tous au théâtre, le mouvement et la vie. Il est scénique.

Musset lui ressemble par là. Prenez ses œuvres les plus justement critiquables ; elles sont écrites par un homme que la fée du théâtre avait touché à sa naissance. Je n'aime guère *Fantasio*, et son bel esprit tortillé. Mais voyez la première scène, où il cause avec ses trois amis. Comme elle est faite ! comme chaque mot est en situation ! comme on se sent, d'un bout à l'autre de cette conversation, emporté d'un grand mouvement de scène.

C'est ce qui fait l'extrême mérite de ce *Caprice*, que M. Anatole Claveau a si maltraité, je ne sais pourquoi. Là, Musset a eu l'heureuse chance de lier les scènes les unes aux autres, et d'en former un tout : aussi a-t-il écrit un chef-d'œuvre de genre. Pour les amateurs de théâtre, le *Caprice* est aussi parfait que le *Legs* et la *Gageure imprévue*.

C'est l'avis d'un de nos confrères, qui s'entend merveilleusement aux choses du théâtre, pour avoir écrit lui-même quelques comédies, et en avoir monté beaucoup d'autres : je veux parler de M. Étienne Arago. Il n'hésite pas, dans le théâtre de Musset, à donner la première place au *Caprice*.

Je n'irais pas volontiers jusque-là. Car enfin il y a aussi une hiérarchie dans les qualités, et il faut plus de génie pour imaginer la grande scène de Camille et de Perdican, que pour écrire le *Caprice*. Mais ce qu'il y a d'incontestable, c'est que le *Caprice* est une œuvre achevée, complète, un bijou fin, sans taie ni paille. La donnée du proverbe est juste et ingénieuse ; elle est exposée avec une clarté et une grâce merveilleuses : en deux coups de crayon, les personnages sont dessinés d'une main légère, et ils ressemblent. Mais, ce n'est pas tout ; ils vivent, ils agissent ; ils vont de jeux de scène en jeux de scène ; ils parlent une langue qui porte par delà la rampe ; d'un seul mot : ils ont le mouvement.

M. Anatole Claveau ne fréquente peut-être pas assez le théâtre pour se rendre compte de ce mérite, qui n'éclate point à la simple lecture. C'est pourtant le premier de tous à la scène. Tous ceux qui l'ont eu, n'eussent-ils possédé que celui-là, ont laissé un nom ; il est impossible, en revanche, d'être, sans lui, un grand écrivain dramatique. C'est la maîtresse qualité de Molière, qui en avait tant d'autres.

Musset se rapproche encore de Molière par un autre point, qui n'est pas moins important à signaler, et que M. Anatole Claveau n'a pas touché non plus. Il sait, comme lui, et comme Shakespeare, s'affranchir des conditions de temps et de milieu, qui pèsent si lourdement sur la plupart des écrivains dramatiques. Où se passe l'action du *Chandelier*? On n'en sait rien ; dans une ville de province idéale. A quel régiment appartient Clavaroche ? Aux dragons, dit la brochure.

Soit; mais c'est une indication de costumes donnée à l'acteur. Au fond, Clavaroche n'est pas plus un officier de dragons que de cuirassiers. C'est le soudard moderne, c'est le casse-cœur en uniforme. Tous les traits généraux y sont : l'amour du plaisir sensuel, le goût de la parade, la grosse moquerie, la dureté de cœur, l'insouciance de la morale, la foi au bruit du sabre qui bat le pavé, l'air avantageux et la moustache en croc : Clavaroche est un type, qui a cet extrême mérite de n'être point attaché par les mille liens des détails de la vie bourgeoise à un temps plutôt qu'à un autre, à un milieu spécial ; il représente tous les beaux de régiments passés, présents et futurs.

Et ce notaire, maître André, est-ce qu'il n'est pas le patron de tous les imbéciles, faits pour être dupes de leurs femmes ! Et cette femme elle-même, n'y reconnaissez-vous pas la bourgeoise, chez qui frétillent tous les instincts de la courtisane ! Il n'y a pas jusqu'à ce petit clerc où le poète n'ait mis toutes les aspirations poétiques d'un jeune cœur de dix-huit ans.

Mettez-moi sur la scène une vraie étude de notaire, et caractérisez-moi tous les détails qui la feront reconnaître. Vous sera-t-il possible de donner à Fortunio cette langue si chaste et si brûlante, d'une poésie si mélancolique et si tendre ?

Musset voltige sur les réalités, mais il ne se perd pas dans les nues : assez proche de la vérité vraie, pour que nous le touchions du doigt ; toujours prêt à s'élancer dans l'idéal où nous le suivons sans effort : c'est là ce qui lui donne ces grands coups d'aile, si familiers à son génie et qui nous transportent.

Ce passage rapide des vulgarités de la prose à la poésie

la plus pure, nous semble naturel; c'est que l'écrivain nous tient sans cesse à mi-chemin des deux : et soit qu'il s'élève, soit qu'il s'abaisse, il le fait avec tant d'aisance et d'un mouvement d'ailes si égal, que c'est à peine si nous le sentons.

N'est-ce donc rien au théâtre que cette qualité? Elle y est si rare, qu'à part Molière et Shakespeare, je ne sais guère personne qui l'ait possédée dans la comédie. Fallait-il, étudiant les pièces d'Alfred de Musset, la passer sous silence? Si c'est là une imitation, avouons qu'elle n'est pas commode, puisque si peu l'ont tentée.

C'est qu'elle est, au contraire, la marque d'un génie singulièrement original. Oui, ce Musset, qu'on dit imitateur, se distingue au théâtre par deux qualités qui sont de premier ordre : l'une qui est peu commune; l'autre qui est excessivement rare.

Il avait reçu de la nature le don du mouvement : « Personne n'eut plus que lui un juste sentiment de l'intérêt et de l'effet, de ce qu'il faut dire et de ce qu'il faut taire, du point où il faut prendre une scène, et du point où il faut la conduire; personne ne garda un ordre si exact sous un air d'abandon et de négligence. »

C'est M. Thierry qui parle ainsi, dans son rapport au ministre, et qui s'entend mieux que lui à l'art dramatique?

Mais à cette qualité, sans laquelle il n'y a point d'écrivain, Musset en joignait une autre qui fait le poëte. Il avait la faculté d'emporter dans les splendeurs de l'idéal les misères de la vie ordinaire, et de créer, en dehors de toute condition de lieu, d'espace et de temps, des types qui n'en étaient pas moins réels, pour flotter ainsi dans les domaines de l'imagination pure.

22 juin 1863.

# ON NE BADINE PAS AVEC L'AMOUR

La Comédie-Française a, cette semaine, repris la jolie comédie d'Alfred de Musset : *On ne badine pas avec l'amour*, pour essayer M$^{lle}$ Bartet dans le rôle de Camille, que M$^{lle}$ Favart avait, à la création, joué avec beaucoup d'éclat; qu'elle a tenu longtemps avec honneur : c'est même un des derniers qu'elle ait abandonnés.

La fortune de cette pièce a été singulière. Lorsqu'elle fut portée à la scène, Musset jouissait près du public d'une faveur peut-être encore plus tendre qu'aujourd'hui, car elle était plus nouvelle. On écoute à présent ses ouvrages avec la piété que l'on doit à des chefs-d'œuvre consacrés. L'admiration n'était pas en ce temps là plus grande; elle était plus vive et plus fervente.

Et cependant, je me le rappelle fort bien, la première représentation ne laissa pas d'étonner et de déconcerter le public. Il fut sensiblement touché, comme il devait l'être, de certaines scènes, qui l'enlevèrent comme elles ont toujours fait depuis. Mais il sembla que l'ensemble même de l'ouvrage laissât les esprits indécis; il flottait sur le sens général du drame, comme sur le caractère de Camille, je ne sais quel nuage inquiétant.

L'œuvre n'était pas claire.

Et de fait, il y a dans le cœur de Camille des complications de sentiments qu'il est bien difficile de démêler, et il est besoin pour y entrer d'une analyse plus délicate que celle dont la foule dispose à l'heure du spectacle, après son dîner.

A ne prendre les choses qu'en gros, le sujet d'*On ne badine pas avec l'amour* ne diffère qu'assez peu du *Dépit amoureux* de Molière.

Une jeune fille a passé trois ou quatre années au couvent; elle y a conté à ses bonnes amies qu'un de ses cousins était fort épris d'elle, et que son père la rappelait au logis pour l'épouser. Ces bonnes amies ont décidé, dans leur sagesse, qu'il fallait désespérer ce beau cousin, le laisser mourir d'amour et rentrer au couvent.

Sitôt dit, sitôt fait.

Camille accueille d'un ton froid son cousin Perdican, repousse ses avances et ses offres, déclare qu'elle se fera religieuse; et, la parole une fois lâchée, elle écrit aux bonnes amies que le cousin se meurt en effet, ainsi qu'il avait été convenu.

Le cousin surprend la lettre; il est piqué au jeu; il veut rendre la pareille à sa cousine; il fait la cour à la première petite fille qui lui tombe sous la main, à Rosette.

Camille est mordue de jalousie; elle se monte peu à peu la tête; l'amour-propre s'en mêle, l'amour aussi; et après bien des bouderies, des querelles suivies de réconciliations d'où sortent d'autres querelles, les deux jeunes gens finissent par reconnaître qu'ils ont été fous l'un et l'autre de ne pas s'aimer tout naïvement, sans tant chercher midi à quatorze heures, par la simple raison qu'en effet ils s'aimaient. Ils font la paix et se marient.

Ou plutôt ils se marieraient, n'était Rosette. La Chloé à qui Horace, pour faire enrager Lydya, transportait sa flamme, et qu'il renvoyait ensuite pour reprendre Lydya qui lui avait pardonné, cette Chloé en prenait plus doucement son parti; elle ne faisait qu'en rire. Rosette meurt, afin de mieux prouver que l'on ne badine pas avec l'amour. La comédie tourne au drame.

Au fond, c'est le sujet du *Dépit amoureux*.

Un sujet fort simple, comme vous voyez : un amant, par pique contre sa maîtresse, court à une autre qui le prend au sérieux; il revient ensuite à la première, qui oublie cette infidélité, tandis que la seconde, frappée au cœur, jette entre les deux amoureux l'ombre de sa mort.

Comment ce sujet si uni s'est-il compliqué? Comment est-il arrivé qu'il s'y trouve des emmêlements inexplicables de sentiments et des points obscurs?

Camille a été élevée au couvent et le poète, soit qu'il l'ait fait de dessein prémédité, soit qu'il ait obéi à l'instinct de son génie, a étudié les déviations qu'exerce sur le caractère et sur le langage d'une jeune personne l'éducation donnée au couvent; ou, si ce mot d'éducation vous semble trop précis, prenons-en un plus général : le *milieu*. Une jeune fille a été douée par la nature de certaines qualités, qu'elle tient du fond même de sa nature, qui se développeraient librement, si elle vivait au grand air de la maison paternelle et du monde. On l'enferme dans un couvent, ses qualités prennent une autre direction; tout son être s'imprègne et se teint du milieu où elle a grandi.

Dieu lui avait donné un cœur tendre et porté à la tendresse; le couvent a farci sa jeune imagination de préjugés contre l'amour, et lui a fourni sur ce sujet un certain nombre de phrases toutes faites, qu'elle répétera avec assurance et conviction, comme si elle les tirait de son fonds propre.

Sa nature était prime-sautière et franche, un peu violente même. Le couvent a pris à tâche de corriger ces emportements; elle y a substitué des hypocrisies d'yeux baissés et de bras croisés sur la poitrine. Il lui a appris les effarouchements pudibonds et la phraséologie dévote.

Elle était naïve et crédule. Jamais caractère ne fut moins porté au soupçon. Le couvent, pour la mettre en garde contre les séductions, lui a enseigné la défiance, si bien que tous les hommes sont à ses yeux des monstres et ressemblent à cette bête de l'Écriture : *Quærens quem devoret*.

Elle aurait eu, si elle avait été élevée sous l'œil de sa mère, le langage réservé et chaste de toutes les jeunes filles, qui poussent même la pudicité jusqu'à l'insignifiance. Mais le couvent touche à ces matières délicates de l'amour avec la hardiesse cynique du médecin, tâtant les plaies les plus secrètes du corps. Elle y contractera donc une habitude de parler de ces sujets avec une liberté inconsciente et terrible.

Il y a donc chez Camille, lorsqu'elle entre chez son respectable imbécile de tuteur, deux femmes, très distinctes, quoique constamment confondues : l'une est celle que la nature a créée, l'autre est celle qu'a fabriquée l'éducation. Je comparerais volontiers Camille à un palimpseste. Des deux écritures, dont le papyrus est chargé, c'est la seconde que l'on voit davantage; mais parfois, à de certains endroits, qui par bonheur sont les plus intéressants, voilà que la première reparaît, efface presque la seconde, et c'est un trouble subit pour le lecteur qui hésite entre les deux textes.

C'est ainsi que s'expliquent les bizarreries et les incohérences de Camille, ses revirements imprévus, ses airs de badinage succédant sans transition d'aucune sorte à des violences de passion ou à des scènes de mépris hautain.

Elle repousse son cousin, elle le rappelle ; elle fond en larmes, elle entre en fureur et jure. De là aussi ces questions si hardies et si étranges dans la bouche d'une jeune fille sur l'amour et sur le nombre de maîtresses que peut avoir un homme. C'est tantôt sa nature qui prend le dessus, et tantôt son éducation.

Oui, mais quand parle-t-elle de son propre fonds ? Quand répète-t-elle la leçon qu'on lui a serinée au couvent ? On ne le saisit pas toujours tout de suite à la scène. Dans quelle mesure se mêlent les sentiments qu'elle tire de son cœur et ceux qu'elle a reçus de son éducation. Elle est bien difficile à déterminer, cette mesure.

Au théâtre, on ne comprend aisément et l'on n'aime guère que les personnages tout d'une pièce. Ces caractères complexes, tout pleins de tortuosités et de replis, demandent à être étudiés à loisir, au coin du feu, sous la lampe, dans le livre. Aussi est-ce pour être lu qu'Alfred de Musset avait écrit cette fois. Il ne se souciait point d'être joué, et ne croyait pas devoir l'être jamais.

Le premier soir, il y a tantôt vingt années, à la lumière de la rampe, il nous sembla que le public errait à tâtons autour d'un caractère inexplicable. Les explosions de sentiment vrai que l'auteur a ménagées à Camille, quelques morceaux du rôle de Perdican, *des morceaux de bravoure* que Delaunay sut dire avec un art exquis, et le rôle tout entier de Rosette ne laissèrent pas de charmer le public. Il n'en resta pas moins, ce jour-là, indécis et froid.

Peu à peu il se familiarisa avec l'œuvre du poëte. Il y entra mieux ; elle est aujourd'hui consacrée par une longue admiration, et peut-être même ai-je étonné quelques-uns de mes lecteurs en leur apprenant qu'elle eut jadis quelque peine à s'établir.

Je ne sais guère de rôle plus difficile à jouer que celui

de Camille. Je tiens même qu'il est impossible à une comédienne, si habile soit-elle, de présenter ces deux faces du personnage, en faisant comprendre au public quelle est de ces deux faces celle qu'elle présente.

Mlle Favart avait joué le rôle avec beaucoup d'autorité, en *grande jeune première*. Camille n'a que dix-huit ans dans le drame d'Alfred de Musset. Mlle Favart en faisait une femme de vingt-cinq ans, superbe d'allures, maîtresse d'elle-même, dominant les autres. Rien qu'à la voir entrer, avec sa prestance magnifique, son profil de camée, sa voix grave, on sentait qu'elle mettrait dans sa poche cette pauvre petite Rosette, une ingénue, qui en ce temps-là était représentée par Mlle Emma Fleury, et qui l'est maintenant par Mlle Reichemberg.

C'était l'époque où Delaunay et Mlle Favart jouaient presque toujours ensemble. Cette association ou plutôt cette fusion de deux talents qui, comme deux instruments merveilleusement accordés, semblaient ne donner qu'une note, quand ils étaient frappés à l'unisson, a beaucoup contribué à rendre parfaite l'exécution de certaines œuvres.

Delaunay a toujours aimé la correction et la mesure; dans les emportements les plus violents, et il y en a de tels au cours de la pièce de Musset, il garde encore les tempéraments qu'impose, dans la maison de Molière et de Corneille, le souci du grand style. Mlle Favart lui rendait la main. Je parle de l'actrice de 1861 à 1868. Car plus tard elle s'est laissée aller à la fougue d'un génie débridé. Elle est tombée de la tragédie dans le drame et du drame dans le mélodrame.

En ces premières années de l'administration de M. Thierry, elle prenait les conseils et de son directeur et de son partenaire. Elle traduisait avec force les passions de

Camille, mais elle leur imprimait, d'un bout à l'autre, je ne sais quel cachet de dignité grave et superbe, qui s'harmonisait admirablement avec les indignations mesurées et cadencées de Delaunay.

Il eût été facile de concevoir, dès cette époque, les deux rôles compris et joués d'autre façon.

Camille, une toute jeune fille, impatiente, nerveuse, amoureuse, mais affublée de sentiments étrangers qui la gênent, et les rejetant par intervalles d'un mouvement fébrile ; vive comme la poudre et capable de dire à sa gouvernante en un moment de mauvaise humeur : Allez au diable avec votre âne !

Perdican, un frais adolescent, un cheval échappé, plein de vives ardeurs, que toutes ces boutades de sa cousine exaspèrent et jettent hors des gonds : car il n'y comprend rien. Ses colères ne s'estomperaient pas alors d'une nuance générale de mélancolie digne. Elles partiraient comme des fusées, elles éclateraient et brûleraient tout ensemble.

Qu'est-ce que donnerait la pièce jouée ainsi ? Je n'en sais rien. Il ne faut pas le demander à Delaunay. Cette interprétation, même en ce temps-là, aurait juré avec son genre de talent, à plus forte raison aujourd'hui, vingt ans plus tard.

Je crois bien qu'elle plairait davantage à M<sup>lle</sup> Bartet et serait plus dans ses moyens. M<sup>lle</sup> Bartet a toujours quelque chose de plus vivant et de plus moderne.

Son entrée en scène nous a un peu déconcertés : elle a l'air trop petite fille ; on ne s'imagine pas autrement une conventine sortant du Sacré-Cœur. — Eh bien ! m'allez-vous dire, n'est-ce pas une conventine ? — Oui, je ne dis pas, mais c'est Camille aussi, la Camille d'Alfred de Musset, celle qui domptera son cousin, culbutera Rosette, celle qui aura de prodigieux élans de passion, celle enfin que nous avons vue sous les traits de M<sup>lle</sup> Favart.

La première impression n'a donc pas été bonne. M⁽ˡˡᵉ⁾ Bartet a pris sa revanche à la scène de la fontaine, qu'elle a dite avec un accent profond de vérité contemporaine. Je l'ai moins aimée au dernier acte, sur son prie-Dieu. Il ne m'a pas semblé qu'elle ait trouvé là des accents assez douloureux, assez pathétiques. Mais il faut laisser M⁽ˡˡᵉ⁾ Bartet prendre possession de ce rôle. C'est déjà beaucoup qu'à une première épreuve, elle se soit montrée supérieure dans un ou deux endroits, et n'ait paru insuffisante dans aucun.

Pour Delaunay, c'est la perfection même : une perfection trop égale, à mon avis. Les écrivains naturalistes usent beaucoup aujourd'hui de cette locution: *un coup de lumière crue.* C'est cela que je voudrais de temps à autre dans le jeu de Delaunay : un coup de lumière crue. Il y a dans ses allures, dans sa diction, quelque chose de trop uniforme, de trop monotone ; un chant trop contenu d'une justesse trop irréprochable.

Je ne sais au reste pourquoi je fais cette restriction. Delaunay est un artiste incomparable, sur lequel les critiques ne sauraient plus avoir d'action. Il faut le prendre tel qu'il est, jouir de ses qualités, qui sont merveilleuses, et passer sur ses défauts, que nous ne corrigerons pas.

M⁽ˡˡᵉ⁾ Reichemberg est charmante dans l'aimable rôle de Rosette, et M⁽ˡˡᵉ⁾ Jouassain impayable dans celui de dame Pluche, qui semble avoir été taillée par le poète sur le patron de son talent.

28 novembre 1881.

# LE CHANDELIER

La Comédie-Française a repris cette semaine le *Chandelier*, d'Alfred de Musset. On sait que le *Chandelier*, après avoir été joué dans la période qui suivit la révolution de 48, fut interdit comme une œuvre immorale sous les premiers jours de l'Empire, et qu'il a fallu la liberté relative dont nous jouissons aujourd'hui pour qu'elle ait pu être remise à la scène. Et déjà certains journaux se sont élevés avec force contre cette représentation, qu'ils ont traitée de scandale; ils ont cru la chose assez importante pour mériter les foudres du *premier-Paris*, et je vois quelque hésitation dans une bonne partie du public.

— Mais, monsieur, disais-je à une personne, fort spirituelle d'ailleurs, mais très timorée, qui me suppliait de prendre en main la cause de la morale outragée, savez-vous bien que, si j'avais à parler dans ce sens, ce ne serait pas à propos du *Chandelier*, mais bien d'*Oscar*, qu'on joue ce soir même.

Toutes ces hypocrisies de morale, toutes ces pudeurs jouées, toutes ces fausses bégueuleries m'exaspèrent.

Alfred de Musset a dépeint des caractères vrais et des situations de la vie réelle. Jacqueline a été mariée, trop jeune, à un notaire trop mûr. Elle a des instincts pervers, et le premier officier qu'elle rencontre triomphe aisément d'une vertu qui n'était pas d'étoffe à résister beaucoup. Une fois à cet amant — qui est le premier — elle ne voit que lui, n'écoute que lui; elle le trouve beau, spirituel, fort, supérieur, et fait tout ce qu'il veut.

Cet amant est un soudard, grand casse-cœurs de profession, brutal, cynique, égoïste, avec des élégances de commis voyageur, et qui ne voit dans un amour, quel qu'il soit, qu'un moyen de tuer l'ennui des soirées de garnison.

Ces types sont-ils vrais, non d'une vérité particulière et bizarre, mais pris dans l'ordre commun de la vie de tous les jours? Qui oserait le contester? Cette vérité n'est-elle point parée de toutes les grâces de l'imagination? N'est-elle point, par la magie du style, transportée dans ce monde idéal où flottent les plus beaux fantômes éclos de l'imagination des poètes? Tout le monde en convient, même les plus enragés détracteurs de Musset. Le *Chandelier* est d'un bout à l'autre une œuvre exquise, et les personnages qu'elle met en mouvement, bien que pétris de la boue la plus immonde, voltigent entre ciel et terre dans une atmosphère de poésie lumineuse.

Ah! si vous me disiez que cette femme ni cet homme ne vous intéressent; qu'ils vous répugnent même, et que le spectacle du vice mis ainsi impitoyablement à nu vous dégoûte. A la bonne heure! vous êtes libre; c'est affaire de tempérament. Vous n'avez de plaisir au théâtre que si une sympathie secrète vous unit aux héros qu'on vous présente; je n'ai rien à dire à cela, et d'autant mieux que si l'œuvre n'était pas supérieure par d'autres endroits, peut-être éprouverais-je le même sentiment.

Mais ne me parlez plus de morale, alors! Ne me dites plus : On ne peut pas mener là sa fille... Eh! non, on ne l'y peut pas mener; mais est-ce que les pièces de théâtre sont faites pour les petites demoiselles bien sages? Ni les statues de jeunes hommes nus, ni les salles d'anatomie ne doivent offenser la pudeur de leurs yeux. Faut-il pour cela vous abstenir de visiter, si bon vous semble, et les musées et les amphithéâtres?

Tous ces effarouchements sont bien ridicules. Jamais une œuvre qui est parfaitement belle n'est immorale. Elle contient toujours une part de vérité, qui peut se tourner pour les spectateurs en sujet de réflexions; et elle la revêt de cette grâce souveraine qui en dérobe les côtés hideux à la vue, qui ouvre à l'imagination de longues et charmantes perspectives.

Oserai-je dire encore que le venin d'une comédie (si venin il y a) perd singulièrement de sa force en vieillissant. L'œuvre une fois acceptée et consacrée par le temps n'exerce plus sur les âmes la même action qu'à l'époque où elle parut pour la première fois. Rappelez-vous les criailleries dont fut poursuivi le *Tartuffe*, et l'influence énorme qu'on lui attribua sur la morale publique. Le *Tartuffe* se joue couramment aujourd'hui, il a beau présenter les scènes les plus scabreuses qui aient jamais été mises au théâtre, elles ne scandalisent pas plus les esprits, qui y sont habitués depuis l'enfance, que les passages inquiétants de la Bible n'induisent à mal les lectrices dévotes.

Voilà trente ans que tout le monde a lu le *Chandelier*, ou le connaît par ouï-dire. Les scrupules ont eu le temps de s'évaporer durant cette longue période, et l'honnêteté publique n'a rien à craindre de voir porter à la scène une comédie qui est devenue trop familière à nos yeux pour les pouvoir blesser désormais. Il ne peut plus rester d'attention que pour l'œuvre et pour la façon dont elle est interprétée.

Un de nos confrères a fort ingénieusement remarqué

déjà que les acteurs du Théâtre-Français avaient transposé la pièce, l'avaient en quelque sorte fait passer dans un ton plus grave.

Tous les héros de Musset sont jeunes. Jacqueline est à son premier amant ; elle en prend un second à la fin de la pièce, et il est bien probable qu'elle en aura ensuite une demi-douzaine, mais enfin elle ne fait que débuter dans la carrière ; je lui donne vingt-deux ans au plus.

Fortunio en a dix-huit, et Clavaroche trente, pas davantage. Quant à maître André, il n'a pas d'âge. C'est un notaire. La Comédie-Française n'avait pour jouer Fortunio que Delaunay, qui l'avait créé en 52, c'est-à-dire il y a vingt ans, et dame! vingt ans, c'est un chiffre. Il ne pouvait donc être question de confier le rôle de Jacqueline à une toute jeune femme, à M$^{lle}$ Croizette, par exemple. Peut-être même ne l'eût-on pas osé, alors même que le petit Boucher eût été capable de porter le personnage de Fortunio. On eût craint, j'imagine, d'effaroucher la susceptibilité du public.

Jacqueline se prête à des manèges si odieux ; elle trame, de concert avec son amant, une si abominable perfidie ; elle déploie une coquetterie si froide et si féroce, elle s'abandonne avec une naïveté si monstrueuse à la perversité des conseils de Clavaroche, que l'on aurait hésité à mettre sur des lèvres trop fraîches tant de sentiments infâmes. Il y aurait eu chez le public, qui allie inconsciemment aux idées de jeunesse celles de chasteté, de réserve et de tendresse, une révolte soudaine qui aurait nui au succès.

Autrefois c'est M$^{me}$ Allan, déjà sur le retour, qui avait joué le rôle. On l'a donné cette fois à M$^{me}$ Madeleine, une beauté puissante, dans tout l'éclat de la maturité. Ce n'est plus la Jacqueline de Musset, ou du moins c'est elle à son quatrième ou cinquième amant. Les officiers des régiments en garnison ont tous tourné autour d'elle, et l'heureux vainqueur, en s'en allant, l'a laissée au camarade qui venait le remplacer à la caserne.

C'est en effet là une transposition de l'œuvre. Je ne crois pas qu'elle y ait perdu ; il était d'ailleurs impossible de faire autrement, et cela tranche toute difficulté.

C'était une grande inquiétude pour nous — et sans doute aussi pour l'acteur lui-même — de savoir comment Delaunay se tirerait de cette épreuve redoutable. Jouer Chérubin lorsque on touche à la quarantaine, c'était une entreprise bien hasardeuse. Nous l'avions vu en ce temps de verte jeunesse, et qu'il était charmant, tendre, poétique ! Retrouverait-il cette chaleur de débit, ces emportements de douleur et d'amour ? Il y fallait un miracle.

Le miracle a eu lieu. Le succès a été immense et tel que j'en ai peu vu de pareils à la Comédie-Française. Delaunay, avec un art exquis, a su harmoniser tout son rôle avec l'air de sa figure et les nécessités de son âge. Il aurait pu, comme M<sup>lle</sup> Favart quand aujourd'hui il lui arrive de jouer une jeune fille, faire l'enfant et se donner des mines. Il a évité ce travers. Il a sagement amorti ce qu'il y avait jadis de pétulant dans son jeu. Il n'en a conservé que la tendresse pénétrante et douloureuse.

Il a dit cette belle prose de Musset, si merveilleusement rythmée, avec une admirable science de débit. Je sais des gens qui me reprochent de pousser les auteurs à chanter leurs rôles : Eh bien ! qu'ils aillent entendre Delaunay dans son grand monologue du troisième acte, et dans la longue scène du dénoûment. Ils verront ce que la belle mélopée ajoute à l'expression des sentiments passionnés.

Oui, c'est un chant que cette diction : la voix suit les inflexions de la phrase, avec des caresses de son, et les termine par des cadences d'un charme inexprimable. Est-ce que cet art achevé du bien dire ôte rien à l'ardeur des passions exprimées? C'est un homme fou d'amour et de chagrin, mais c'est un poëte et un artiste, et ses sentiments extrêmes ne s'exhalent qu'en accents mesurés et harmonieux.

Tenez! je me souviens qu'autrefois Delaunay coupait sa grande tirade du dénoûment par des sanglots qui étranglaient le son et ne laissaient passer les mots qu'à travers des hoquets convulsifs. L'effet était très grand; car c'était du réalisme, et du grossier réalisme, dont l'action est toujours puissante sur le public. Il y a renoncé; car il a aujourd'hui une vue plus haute de l'art.

On sanglote dans la vie réelle, et la voix, passant par le nez, s'amincit en sons grêles, faits pour troubler ceux qui les entendent. Au théâtre, l'organe doit, pour exprimer la douleur, rester plein et grave; le sanglot lui est tout aussi interdit que la grimace du visage et la contorsion du geste. Il faut qu'il continue de charmer par sa noblesse et sa grâce, tout en allant chercher au fond du cœur les sources vives de l'émotion.

Ce n'est pas seulement de sa sensibilité profonde que je loue Delaunay, d'autres auraient peut-être déployé la même. Ce qu'il peut seul donner, ce qu'on n'acquiert point sans de longues études, et ce qui se perd, hélas! tous les jours, c'est cet art exquis de mener de l'un à l'autre bout une phrase musicale, de rester maître de soi au milieu des plus vives fureurs du drame, de rendre sensible à l'oreille le rythme de la parole, si bien qu'on puisse fermer les yeux et se donner le plaisir d'écouter la prose de Musset, comme on fait d'un air de Rossini, sans songer ni au sens des mots ni à la situation.

Voilà ce que ne comprennent pas ceux qui viennent me dire : « Le Théâtre-Français n'est pas dans le mouvement!

Il ne sait plus jouer les pièces modernes! Ah! le Gymnase, à la bonne heure? regardez Mᵐᵉ Desclée! »

Eh! bien, oui, Mᵐᵉ Desclée! artiste de premier ordre, Mᵐᵉ Desclée! Mais donnez-lui donc à dire une période de Racine ou une phrase de Musset, et puis nous verrons! admirable dans un élan de tendresse ou de colère! mais la diction! la diction! Donner au vers assez d'ampleur pour qu'il puisse être entendu de quinze cents personnes, assemblées dans une vaste salle! pour qu'il garde sa grâce et sa bonne harmonie! Je voudrais bien y voir n'importe quel artiste du Gymnase.

20 mai 1872.

# LA NUIT D'OCTOBRE

La Comédie-Française a eu l'idée de mettre à la scène une de ces admirables *Nuits*, que nous savons tous par cœur, la plus belle de toutes, sans contredit, la *Nuit d'octobre*. C'était, au premier abord, un projet assez hasardeux. Qu'y a-t-il de plus intime au monde qu'une élégie ? Ces vers délicieux sont faits pour qu'on les lise, seul ou en tête à tête, au coin du feu. Il semblait que le parfum délicat et subtil dût s'en évaporer devant la foule.

Mais déjà Delaunay et M<sup>lle</sup> Favart avaient essayé plusieurs fois dans les salons l'effet de cette poésie, et toujours avec un succès très vif. On sait que la *Nuit d'octobre* est une élégie en forme de dialogue : le poète conte ses douleurs à la Muse, qui lui répond et le console. Ce n'était, à coup sûr, qu'une forme littéraire, et jamais Alfred de Musset n'avait pu s'imaginer que ce morceau de poésie élégiaque, taillé en dialogue, donnât à deux acteurs l'idée de revêtir chacun un personnage, et de faire du tout une scène de drame. Il eût reculé d'horreur à cette seule pensée.

Mais pourquoi ne pas transporter au théâtre ce qui avait fait tant de plaisir dans un salon ? L'occasion était unique. On était sûr d'avoir, le soir de cette inauguration (1), un

(1) L'inauguration du buste d'Alfred de Musset au foyer de la Comédie-Française.

auditoire d'admirateurs familiarisés avec les œuvres du poëte, et qui, au cas même où la tentative devrait échouer, l'accueilleraient avec une respectueuse et sympathique admiration, qui ne témoigneraient rien de leur déception. Je suis sûr que le cœur dut battre bien fort à Delaunay et à M<sup>lle</sup> Favart, quand la toile se releva sur cette mansarde où le poëte, accoudé sur une table, rêve à ses malheurs, sans voir la Muse, qui se tient près de lui, enveloppée de ses longs voiles blancs.

Rien de plus singulier que cette mise en scène. Ici, un étudiant, vêtu à la moderne, au milieu d'accessoires qui rappellent la vie de chaque jour : une cheminée où le feu brûle, des papiers et des livres épars, et, à côté, un être surnaturel, une déesse antique, une blanche statue, immobile sous son costume idéal. Le contraste aurait dû paraître bizarre, éclairé par la lumière crue de la rampe; eh! bien, les imaginations y étaient si bien préparées, que personne dans la salle n'en a senti l'étrange nouveauté. Il semblait que tout le monde s'y attendît : « Oui, c'est cela, c'est bien cela. Voici le poëte; sa muse est derrière : quoi de plus simple! de plus ordinaire! »

Le public tout entier a été sous le charme; une extraordinaire émotion s'est répandue dans la salle, et de longues acclamations se sont élevées de toutes parts à la fin des célèbres strophes :

> Honte à toi qui, la première,
> M'as appris la trahison! etc.

Je suis retourné quelques jours après à la Comédie-Française. J'ai retrouvé le même enthousiasme. Cette élégie est à elle seule un drame tout entier, d'une réalité poignante, d'un incomparable idéal. Je supplie tous ceux qui aiment Alfred de Musset, tous ceux qui ont du goût pour la grande poésie, d'aller entendre cette *Nuit d'octobre*. Ils y éprouveront des sensations, charmantes à la fois et terribles, telles que le théâtre n'en a jamais donné de semblables.

Il faut remercier Delaunay et M<sup>lle</sup> Favart de leur courage. Ce sont eux sans doute dont les instances ont décidé le directeur de la Comédie-Française à jouer cette partie. Ils relèvent ce morceau par une science admirable de diction ; ils sont très justement applaudis, et je ne leur ai pas ménagé les bravos, car ils m'ont fait tous deux un plaisir extrême. Mais maintenant, me sera-t-il permis de le dire ? Eh ! bien, je crois qu'ils se sont trompés, mais là, trompés absolument sur le caractère de cette élégie. C'est admirable, parfait, sublime, tout ce que vous voudrez ; mais ce n'est pas cela du tout ; non, ce n'est pas cela !

Je ne voudrais pas que ces deux excellents artistes crussent chez moi à une envie de critiquer quand même ; je sens aussi quelque pudeur à exprimer une opinion qui n'a point paru être celle du public ; qui est même probablement contraire à celle des amis de Musset, à celle de son frère, qui vraisemblablement a donné les indications du poète lui-même à ses interprètes. Mais que voulez-vous ? Il en est d'un chef-d'œuvre qu'on a passionnément étudié comme d'une maîtresse qu'on adore : on éprouve une sorte d'irritation secrète à l'entendre vanter pour d'autres mérites que ceux qu'on lui reconnaît. On étranglerait volontiers l'indiscret qui la loue à tort et à travers des beautés qu'elle n'a point.

Delaunay joue ce rôle en dandy mélancolique. Barbe blonde, air bellâtre et légèrement attendri ; ton bas, monotone, et voix languissante. On m'assure que c'était là, en effet, la vraie physionomie d'Alfred de Musset. Je n'en sais rien, ne l'ayant pas connu. C'est ainsi que l'a peint

Monselet, dans un de ces délicieux croquis où il excelle, et je veux croire que ce portrait ressemble à la réalité.

Mais c'est le cas alors de répéter ce que nous avons déjà dit souvent : En art, il n'y a rien de moins vrai que la vérité. Non, mille fois non! quand tous ceux qui ont vécu avec Alfred de Musset, qui l'ont pratiqué, aimé, viendraient m'affirmer que ce coiffeur triste et hautain est Alfred de Musset, — Alfred de Musset, tant qu'on voudra, — répéterais-je obstinément, mais le poëte des nuits, mais l'enfant du siècle, jamais, non jamais!

Si Alfred de Musset était ainsi, c'est lui qui avait tort. Il se faisait une tête, comme on dit en argot de coulisses : il se trompait lui-même en trompant les autres.

La postérité, qui ne voit les grands hommes qu'à travers leurs œuvres, ne lui donnera ni ce visage, ni cette allure. Vous imaginez-vous Homère autrement qu'aveugle et un bâton à la main. Il était né avec une barbe blanche. Molière reviendrait en chair et en os, que s'il ne ressemblait pas au buste de Houdon, je lui dirais : « Va-t'en, ce n'est pas toi! Les contemporains n'ont su de toi que ton enveloppe mortelle; Houdon t'a vu, lui, des yeux de l'esprit, tel que tu t'es manifesté dans Alceste, tel que te reconnaîtront les siècles à venir. »

Quoi! ce jeune homme pâle, fade, mélancolique, et laissant tomber ses mots d'un cours monotone et ininterrompu, c'est là le poëte des *Nuits*, l'amant de la farouche Belcolore. Ah! s'il était ainsi, nous ne l'aimerions pas tant; nous ne retrouverions pas en lui, portées à leur paroxysme d'intensité, nos joies, nos douleurs, nos espérances, et surtout les défaillances de notre imagination et de notre cœur.

Mais relisez donc les cinquante premières pages de la *Confession d'un enfant du siècle*. Là, Musset est tout entier, non le Musset du monde, le Musset posant pour la mélancolie fatale de Byron, mais le vrai Musset, le Musset de la poésie, qui a senti et résumé en lui toutes les ardeurs de notre dix-neuvième siècle.

Voyez-le à ce dîner où il surprend la trahison de sa maîtresse : sa joie débordante, quand commence le repas, et qu'il porte lentement son verre à ses lèvres en la regardant ; son ivresse impétueuse et profonde, cette expansion d'un cœur jeune, qui se répand sur toute la nature : « On embrasserait volontiers, s'écrie-t-il, tous ceux qu'on voit sourire, et l'on se sent le frère de tout ce qui existe. »

Un regard saisi à la dérobée, et tout change. Cette âme mobile, impressionnable et ardente ne peut éprouver que des sentiments excessifs, et elle passe de l'un à l'autre avec une effroyable soudaineté. Il tombe étourdi, comme d'un coup de massue ; il s'assied sur une borne, idiot, et répétant, sans en avoir conscience, un geste machinal, un geste d'aliéné.

Puis la colère s'éveille en lui, mais une colère tumultueuse, et hagarde, ses muscles se roidissent, il s'élance contre la muraille, comme pour la mordre ; il crie, il hurle, il est fou ! C'est une sorte de rage dont il n'est pas le maître, et qui le secoue furieusement.

Il va sur le terrain, il est blessé et tombe, après un accès d'emportement sauvage, dans un désespoir à faire pitié. C'est une succession violente de sentiments extrêmes et désordonnés. Il va de l'un à l'autre, emporté au gré des événements, qui le poussent et le ballottent. C'est une machine nerveuse et déséquilibrée.

Point de force morale, point de caractère ; il est tout passion. Et quelle fougue dans la passion ! Elles se choquent toutes en lui : l'amour, la jalousie, la soif du plaisir, l'enivrement même de la débauche, tout aussi bien que l'aspiration vers un merveilleux idéal; elles s'emparent de son âme et s'y livrent bataille.

Comme des cerfs en rut ou des gladiateurs.

Il s'est, dit Taine dans une admirable étude du poète, il s'est lâché à travers la vie comme un cheval de race, cabré dans la campagne, que l'odeur des plantes et la magnifique nouveauté du vaste ciel précipitent à pleine poitrine dans les courses qui brisent tout et vont le briser. Il a trop demandé aux choses; il a voulu d'un trait, âprement et avidement, savourer toute la vie. Il ne l'a point cueillie, il ne l'a point goûtée. Il l'a arrachée comme une grappe, et pressée, et froissée et tordue; et il est resté les mains salies, aussi altéré que devant.

Oui, c'est bien là notre Alfred de Musset. Celui en qui nous retrouvons toutes les passions de notre temps, exagérées par l'organisation la plus nerveuse qu'il y ait jamais eue dans le monde, épurées en même temps par un merveilleux souffle de poésie. Cette tempête intérieure de sensations profondes, de voluptés intenses, de regrets déchirants, c'est elle qui anime la *Nuit d'octobre*, qui en fait une œuvre incomparable, que personne n'a pu lire sans un frisson d'épouvante, sans des larmes d'attendrissement.

Ce n'est donc pas l'œuvre d'un dilettante de la mélancolie; c'est le cri, c'est le sanglot d'une âme de feu, qui a subi toutes les angoisses de la douleur, goûté tous les transports de la passion heureuse, et qui se rejette, lasse, rompue, brisée, dans un bain de salubre poésie.

Vous me couvrez ces soubresauts de passions tumultueuses d'une teinte uniformément grise de mélancolie douce, et vous croyez me rendre Musset! Allons donc! Quoi! cette sensation de joie profonde du poète qui croit en avoir fini avec le chagrin, et qui, retrouvant sa table de travail chargée de papiers, s'écrie :

> M'y voilà donc à la fin revenu
> A ce vieux cabinet d'étude!

Quoi! vous me dites cela d'un ton douceâtre et pleurard! et gnan, gnan, gnan! Mais! sapristi! nous ne sommes pas des Musset, nous autres. Nous n'avons ni sa finesse de nerfs, ni son impétuosité de sensations, et, pourtant, il nous est arrivé, à nous aussi, de ne pas pouvoir, huit jours durant, toucher une plume, et quand une heureuse brise avait emporté le chagrin, et que nous nous retrouvions, le cœur libre, l'esprit alerte, en face de nos livres bien aimés, ah! quelle explosion de joie!

> Jours de travail, seuls jours où j'ai vécu,
> O trois fois chère solitude!

Ainsi nous écrions-nous, transportés avec ravissement; à plus forte raison, le poète pour qui s'ouvre le troisième ciel.

Écoutez bien, pourtant : il est moins guéri qu'il ne croit; il ne le sera complètement que lorsqu'il aura versé le fardeau de son cœur au sein de la poésie, cette divine consolatrice. Des souvenirs brûlants traversent encore sa mémoire :

> Je vois encore, aux rayons de la lune,
> Ce beau corps plier dans mes bras.

Mais il recule d'effroi à cette image : il veut l'arracher de ses yeux. *N'en parlons plus!* s'écrie-t-il. Qu'il y a de passion dans ce *n'en parlons plus!* Tout y est, le regret, et le désespoir, et l'épouvante, et jusqu'à cette joie de se passer la langue sur les lèvres en songeant aux voluptés

perdues! Les voilà donc perdues pour toujours? Je ne me
doutais pas que je serais si malheureux! N'en parlons plus!

Et vous laissez tomber la phrase avec un geste de mélancolie académique! Et vous n'avez pas l'air de vous douter
que celui qui parle ainsi c'est Rolla, c'est Franck, c'est l'Enfant du siècle.

Il dit à la Muse qu'il veut sans passion lui conter toute
son histoire. *Sans passion!* et vous le prenez au mot! Sans
passion, le malheureux! Mais vous ne voyez donc pas
qu'aux premiers ressouvenirs de cette affreuse trahison,
tous ses nerfs ont déjà frémi. Ce n'est pas un récit qu'il va
faire. Non, pour Dieu! pas le ton du récit! Il revit pour
un instant cette nuit fatale, il se voit, sur sa fenêtre, accoudé, attendant sa maîtresse.

**Elle ne venait pas!**

Et vous trouvez cela tout naturel! *Elle ne venait pas!* et
vous dites cette chose horrible, monstrueuse, qui lui tord
le cœur, lui brûle les yeux, et le secoue jusqu'au fond des
entrailles avec l'accent plaintif d'un Oswald soupirant
après sa Corine. Vous continuez paisiblement, de votre
même petit ton mélancolique, cette intéressante narration.
Il entend marcher à petit bruit sur le gravier, et aussitôt
l'horreur de ce qu'il va apprendre se dresse devant ses
yeux :

**Grand Dieu! préservez-moi! c'est elle!**

s'écrie-t-il. Grand Dieu! préservez-moi! Y a-t-il un cri
plus émouvant! N'y sent-on pas un monde de terreurs et
d'angoisses! et les sentiments si précipités, si contraires,
qui luttent dans cette âme comme les flots agités d'une
mer en courroux, vous me les accompagnez d'un débit
doux, égal, monotone, d'un long trait de violoncelle!

Et quand viennent les imprécations de l'amant irrité; ah! là, il n'y a plus moyen de composer avec le texte, il faut bien se livrer : Delaunay se lève et les lance d'une voix émue... Mais, que vous dirai-je! il est encore trop comme il faut, trop dandy, trop romanesque! Songez donc que ce n'est pas un noble vicomte, fâché d'avoir perdu le cœur de sa maîtresse. Oh! non, c'est un homme de chair et de sang, qui la voit aux bras d'un autre, salie de ses baisers. Tout son être tressaille d'horreur à cette image révoltante :

> Que demandes-tu donc! par quelle soif horrible
> Oses-tu m'attirer dans tes bras épuisés!

Ces bras épuisés, ce sein marbré d'autres caresses, ce visage défait, tout ce spectacle affreux le jette dans un paroxysme de rouge fureur.

> Va-t'en, retire-toi, spectre de ma maîtresse!

Et c'est alors que, n'écoutant plus ni les conseils, ni les tendres paroles de la Muse, il s'échappe à ces affreuses malédictions, où sifflent toutes les vipères de la haine. Je le demande à tous ceux qui ont entendu Delaunay : son débit savant, harmonieux, mesuré, tendre et mélancolique, donne-t-il la sensation de cette poésie où se heurtent, avec une violence inouïe, les passions les plus extrêmes?

Et faut-il l'avouer? M<sup>lle</sup> Favart ne me plaît pas même absolument dans le grand couplet qui suit ces imprécations. Elle prend un air sévère et majestueux, et parle sur un ton d'indignation calme. C'est une Muse, je le veux bien; mais à qui parle-t-elle? à un enfant qui n'a plus le gouvernement de soi-même; à un pauvre être déséquilibré, qui n'est plus capable d'entendre la raison.

— Voyons! mon bébé! tant de chagrin que cela! un peu de patience! do do, l'enfant do.

Voilà, si je ne me trompe, le sentiment général du morceau; l'indulgente compassion d'une mère qui entre dans les douleurs de son fils, pour mieux lui en faire toucher au doigt la vanité. Elle ne lui dit pas, d'un ton d'oracle :

> C'est une dure loi, mais une loi suprême,
> Vieille comme le monde et la fatalité,
> Qu'il nous faut du malheur recevoir le baptême;

car elle sait bien que ces vérités générales ne sont ni très neuves, ni très consolantes. Elle les lui insinue d'une voix caressante, avec un accent de tendresse maternelle, corrigeant ce qu'il y a d'âpre dans ces enseignements par la douceur pénétrante du langage, par l'onction du geste.

M<sup>lle</sup> Favart est trop parfaitement noble. J'avoue qu'elle rend cette note avec un talent admirable, et qu'il passe un frisson d'admiration dans toute la salle, quand elle arrive à ces beaux vers :

> Aimerais-tu les fleurs, les prés et la verdure?
> Aimerais-tu Pétrarque et le chant des oiseaux,
> Michel-Ange et les arts, Shakespeare et la nature,
> Si tu n'y retrouvais quelques anciens sanglots?

Mais c'est la note même que je trouve trop continuement digne et majestueuse. La Muse d'Alfred de Musset ne peut être celle de Virgile ou de Racine, ces poètes tendres, mais nobles et chastes. Elle a vu tant de scènes de fureurs, de désespoirs, d'ivresses et de débauches, qu'elle a dû prendre en pitié ce malheureux poète, et que, le berçant dans un pan de son manteau, elle lui chante pour endormir ses douleurs, un chant plus doux, d'une voix plus faible.

A ces accents, le chagrin du poète s'envole, sa tête se relève, comme une fleur aux premières gouttes de pluie. L'oubli est venu à défaut du pardon, il a rompu le charme, tout est fini :

> Et maintenant, blonde rêveuse,
> Maintenant, Muse, à nos amours !

Quelle triomphante explosion de joie dans ce cri ! Delaunay ne l'a pas jeté avec plus d'allégresse qu'il n'avait dit avec fureur le récit de ses souffrances. Toute cette élégie, la plus brûlante que connaisse la poésie, et qu'égalent seuls les vers amoureux de Sapho, prend dans sa bouche un aspect correct, élégant et noble. Cela est charmant ainsi, j'en conviens : j'admire autant que personne cette science exquise de diction ; mais, dam ! ce n'est plus Musset.

Tout le poignant de ce drame intime a disparu. Les sentiments divers par où il passe ont été effacés comme à la pierre ponce, et il ne reste plus qu'une surface unie et luisante. Et cependant, les vers sont si beaux, qu'ils ont encore, bien que vidés des passions qu'ils expriment, excité une admiration universelle. C'est un des mérites les plus extraordinaires de Musset d'avoir gardé, dans l'expression des amours les moins chastes, une exquise mesure de langage, d'avoir paré ces brutalités des sensations extrêmes, d'une incomparable fleur de poésie.

La *Nuit d'octobre* est un pur chef-d'œuvre, digne d'être comparé, pour la correction, la netteté et la grâce du style, pour le contour précis et ferme des vers, aux plus beaux modèles de la poésie classique. L'élégie est d'un bout à l'autre aussi irréprochable de forme qu'une petite ode d'Horace : combien plus variée de tons, plus riche de sentiments, plus pathétique, plus féconde en vers colorés et qui peignent !

Est-il si étrange que la réputation d'Alfred de Musset s'élève à mesure que baissent d'autres renommées qui la primaient autrefois. Son vert brin de laurier croît tous les jours, et traversera les siècles. Tant qu'il y aura sur la terre des jeunes gens trompés par leurs maîtresses, et qui en souffriront jusqu'à en mourir, les terribles imprécations du poète voltigeront sur les lèvres des hommes :

>Honte à toi qui, la première,
>M'as appris la trahison.

Mais voilà que j'ai cédé moi-même à l'entraînement du sujet, et que je me suis oublié à parler de lui plus longtemps que je n'avais dessein. Le mal n'est pas grand, après tout : les nouvelles dramatiques de la semaine étaient peu importantes.

18 mai 1868.

# JULES SANDEAU

## M<sup>lle</sup> DE LA SEIGLIÈRE

*Mademoiselle de la Seiglière* est, avec le *Gendre de M. Poirier*, une des grandes pièces de ce temps-ci dont le succès a été le plus long, le plus considérable. A toutes deux est attaché le nom de M. Jules Sandeau. Et à ce propos, n'êtes-vous pas frappé d'une réflexion singulière. Voilà deux comédies, d'un genre élevé, qui, selon toute apparence, ne sortiront plus du répertoire. Alors qu'une foule d'autres œuvres qui nous ont plu et que nous avons même admirées seront tombées dans l'onbli, *Mademoiselle de la Seiglière* et le *Gendre de M. Poirier* surnageront comme les plus précieuses épaves de notre théâtre contemporain. Il est probable que la postérité, quand elle fera le bilan de notre siècle, en tiendra grand compte et les mettra en première ligne.

Eh! bien, demandez au premier venu quels sont les plus brillants écrivains dramatiques de notre époque. On citera Dumas, Augier, Barrière, Sardou, Meilhac, Labiche, Gondinet. Personne ne songera au nom de celui qui pourtant les a écrites et signées. On tient M. Jules Sandeau pour un excellent romancier; mais il semble qu'il ait écrit incognito ses deux chefs-d'œuvre. La paternité de l'un revient tout entière, devant l'opinion publique, au collaborateur qui l'a aidé. Il est bien impossible de lui dénier l'autre. Aussi n'y songe-t-on point. On se contente de l'ignorer. Il en est de *Mademoiselle de la Seiglière* comme de quelques belles œuvres que tout le monde connaît, mais qui semblent anonymes, tant le nom de l'auteur a disparu de la mémoire des hommes : ainsi *Robinson Crusoé*.

Il pourrait bien se faire que l'avenir, plus juste que nous, remît les choses en leur place et rendît son lustre au nom de M. Jules Sandeau. Ces revirements ne sont pas rares dans l'histoire littéraire, surtout dans celle du théâtre. C'est ainsi que Marivaux, qui n'a été que médiocrement estimé de ses contemporains, brille d'un si vif éclat sur notre scène. C'est ainsi que Voltaire, dont les succès ont été si prodigieux dans la tragédie, obtiendrait à grand'peine à présent qu'on reprît devant une salle indifférente cette *Mérope* et cette *Zaïre,* qui firent couler tant de belles larmes.

Tout le monde sait que le rôle du marquis de la Seiglière est un de ceux que Samson tenait avec le plus d'autorité. Ce n'est pas qu'il fût du tout, à mon avis, l'homme du personnage. Ce bon vivant, ce fort chasseur devant l'Éternel, ce gai compère si prompt aux railleries mordantes, si facile aux emportements d'une colère furieuse, si aisé à ramener, ce vieil étourneau si entêté et si changeant, aurait dû avoir pour le représenter quelque solide gaillard aux larges épaules, aux joues empourprées, au tempérament sanguin, tête haute et cervelle vide, avec des mains puissantes, des jarrets d'acier et des mollets de bronze. Une voix sonore, une voix d'autorité et de commandement, mêlée de gros rires, avec je ne sais quoi d'impérieux et de méprisant dans le timbre. C'est ainsi que je me représente le marquis de la Seiglière. C'est ainsi que l'auteur a dû le concevoir, si j'ai bien ramassé les traits de cette physionomie épars dans la pièce.

Tous ceux qui ont connu Samson savent combien il était loin de ce portrait. Il n'en avait absolument que le grand air, l'organe sifflant et tranchant. Du reste, payant peu de mine, maigre, sobre de mouvements, détaillant chaque phrase, incapable de rendre l'étourderie sénile de cet émigré tombé en enfance. Et cependant tel était le prestige du talent qu'une fois maître du rôle, il avait fait illusion à tous les spectateurs sur le caractère propre du personnage. On n'avait plus vu le marquis de la Seiglière qu'à travers l'interprétation de Samson, et j'avoue que, pour moi, l'impression première a été telle que j'ai bien de la peine encore à m'en détacher.

Il n'y a guère de pièce moderne que j'aie vue plus souvent que *Mademoiselle de la Seiglière*. Je pourrais noter tous les gestes et toutes les inflexions dont l'artiste avait marqué chaque passage. C'était, quand on l'écoutait, la perfection même. La réflexion seule, et encore une réflexion morose, vous avertissait, quand il rentrait en guêtres et son fouet de chasse à la main, que ce vieillard pesant, méticuleux, n'était point fait pour courir toute une journée derrière un cerf et dompter les caprices du fougueux Roland.

C'était comme une opinion acceptée, comme une phrase toute faite à la Comédie-Française, qu'avec Samson la pièce disparaîtrait de l'affiche, jusqu'à ce que se fût élevée une génération nouvelle qui ne l'y aurait point vu.

L'essai tenté par Régnier n'avait point trop changé le sentiment universel. Régnier avait trop souvent joué cette comédie avec Samson pour pouvoir être aisément lui-même. Il avait dans l'oreille toutes les intonations de son devancier. Il lui était bien difficile de ne pas les reproduire. La fidélité de sa mémoire le gênait.

Je me souviens que Geffroy, quand il se chargea du rôle de Louis XI dans la tragédie de ce nom, me contait que son plus grand travail était de se défaire de l'importun souvenir de Ligier. — « J'ai joué, me disait-il, cent cinquante fois Nemours tandis qu'il représentait Louis XI ; je sais tous ses effets par cœur ; il m'est aussi impossible de m'en détacher que de les reproduire avec les moyens dont m'a pourvu la nature. » Régnier ne s'était pas sauvé de cette difficulté. C'était un admirable artiste, mais de plus d'étude que de tempérament. Il ne s'abandonnait pas volontiers aux conseils de son génie propre.

C'est là toute la supériorité de Thiron dans ce rôle. Il est Thiron. Il ne s'est pas trop embarrassé de savoir ce que faisait Samson dans tel ou tel passage ; il a suivi son instinct. Il a été charmant. Dame ! le marquis de la Seiglière n'est plus ce gentilhomme hautain et cassant, avec des retours de frivolité impertinente, que nous avait montré Samson et dont le souvenir est si profondément gravé dans toutes les mémoires. C'est un bonhomme tout rond, quelque peu bourgeois, avec son joli petit ventre piriforme, son visage gai, sa voix avenante et criarde, qui se démène avec une vivacité de tous les diables, et met partout le feu aux poudres.

Aussi les passages d'insolence pure ont-ils été manqués. Le fameux couplet sur la sueur du peuple n'a point eu ce relief que lui donnait la voix incisive et le ton méprisant de Samson. En revanche, ceux qui sont de bonté et de grâce ont pris une valeur que nous ne leur connaissions pas. Thiron les a rendus plus piquants par sa verve comique. Aussi, au dernier acte, quand le marquis propose à sa fille pour mari le roturier Bernard Stamply : « Si tu le voulais, lui dit-il, eh ! bien, je n'hésiterais pas... je foulerais aux pieds l'orgueil de ma race, et mes aïeux en penseraient ce qu'ils voudraient. Mais aïeux sont morts, et toi, tu vis, mon Hélène. »

Samson prononçait ces derniers mots d'une voix affectueuse et grave : Thiron en disant *mes aïeux sont morts*, a eu un geste si plaisant, une intonation si moqueuse qu'il a semblé à tout le public que tous les aïeux du noble marquis dégringolaient à la fois de leur arbre généalogique et s'enfonçaient dans le troisième dessous du théâtre. La salle a tout entière éclaté de rire.

Cette dernière épreuve classe désormais Thiron parmi nos meilleurs comédiens. Il serait aisé de lui adresser quelques critiques. A quoi bon ? l'ensemble est excellent, et peu à peu il donnera plus de fini à certains détails. C'est affaire de temps et d'étude. Le marquis de la Seiglière est retrouvé.

M<sup>lle</sup> Croizette a pris le rôle d'Hélène, qui avait été joué par M<sup>lle</sup> Madeleine Brohan et par M<sup>lle</sup> Favart. Elle y est charmante, elle y est délicieuse, autant que le faux peut l'être. M<sup>lle</sup> Croizette a une grâce personnelle, qu'elle porte également partout, et qui fait qu'elle plaira dans tous les rôles, même dans ceux qu'elle rend le moins bien. Elle plaît donc, et beaucoup, dans celui d'Hélène. Elle y est costumée à ravir, elle y déploie ces chatteries d'allures, ces jeux félins de physionomie dont l'attrait est si singulier et si curieux. Il est impossible de n'être pas séduit, ensorcelé ; mais si on l'était moins, on trouverait que ce n'est pas ça du tout.

Non, ce n'est pas ça. Hélène est une bonne petite fille, tout aimable, très chaste et très naïve, et dont le plus grand charme est dans son ignorance des choses de ce monde : elle devient presque indécente par la façon dont M<sup>lle</sup> Croizette la joue.

Il y a dans la pièce une fort jolie scène où Hélène veut retenir au château Bernard, qui a annoncé l'intention de partir. Bernard est amoureux, et sachant bien que jamais le marquis ne lui accordera sa fille, il a résolu de s'en aller. Hélène l'aime aussi, mais sans le savoir. Elle croit n'avoir pour lui que l'affection d'une sœur, et elle le presse naïvement de rester. A mesure qu'elle insiste, les phrases par lesquelles lui échappe son secret deviennent de plus en plus claires. Mais Hélène est si pure qu'elle ne les comprend pas, et elle le pousse jusqu'en ses derniers retranchements, sans se douter de ce qu'elle fait.

Quand M<sup>lle</sup> Madeleine Brohan disait la scène, on la trouvait toute naturelle, son œil était si limpide et si clair; sa voix si franche, toute sa contenance si chaste et si innocente! M<sup>lle</sup> Croizette (ce n'est pas sa faute assurément), M<sup>lle</sup> Croizette a trop l'air de savoir ce dont il s'agit; il semble qu'elle provoque, en femme experte, une déclaration que la timidité retarde. En voyant les deux personnages en scène, on dirait presque de l'une : la gaillarde! et de l'autre : l'imbécile!

Et plus tard, quand elle croit que sa main, accordée à Bernard Stamply, est le prix d'un marché, et qu'elle s'écrie : *Oh! mon père! est-ce assez de honte!* Là encore, elle n'a pas eu la note juste. Elle y a mis trop de nerfs. Hélène n'est pas une fille nerveuse. N'est-ce pas elle qui dit à son fiancé, quand il lui demande si elle est fatiguée d'une chasse au cerf : Oh! moi, vous savez, je suis de ma race; j'aime à me sentir emportée par mon cheval à travers les bois!

Le rôle de Destournelles, que Régnier avait marqué d'une empreinte si vive est échu à Coquelin. Il l'a fort bien joué mais sans le brio qui lui est ordinaire. On eût dit qu'il s'était donné pour consigne d'être compassé comme un homme de loi. Il est vrai que Destournelles est un avocat et un aspirant conseiller. Mais c'est un brouillon et un faiseur. Coquelin pourrait lâcher davantage la bride à son talent tumultueux.

27 octobre 1878.

# PONSARD

## ÉTUDE GÉNÉRALE

Je viens de relire son œuvre en entier; cette lecture, si elle n'a pas excité chez moi des transports d'enthousiasme, m'a laissé pour le poëte une profonde et sincère estime.

C'était assurément une âme noble et fière. Le génie, cet instinct mystérieux et puissant, manquait chez lui. Mais il avait l'amour du grand; il y arrivait par un travail acharné, soutenu d'un goût très pur et d'une longue étude des modèles. Son imagination s'échauffait lentement; elle procédait par réflexion plutôt que par grands coups de lumière : mais si elle ignorait les soudains éblouissements, elle répandait une lueur égale et forte.

*Lucrèce* est une œuvre industrieusement faite, qui sent encore un peu son collège. La langue, qui est déjà très ferme, a bien des faiblesses, et, pour fuir l'ampoulé, tombe dans le vulgaire et le plat. J'avoue que cette tragédie fameuse, sauf de brillants morceaux de rhétorique, ne m'a fait qu'un plaisir médiocre. *Agnès de Méranie*, qui vint après, et qui n'obtint qu'un maigre succès, me semble être, au contraire, une œuvre très supérieure, et tout à fait remarquable. Je n'oserais pas la comparer aux grandes pièces de Corneille et de Racine, ni même aux belles tragédies de ce Voltaire, dont il est de mode aujourd'hui de sacrifier le théâtre tout entier. Mais elle peut aisément être mise sur la même ligne que le *Tibère* de Joseph Chénier, et peut-être même aurait-elle le pas.

Je sais bien qu'à beaucoup de gens l'éloge paraîtra mince. Ils ne se doutent guère que le *Tibère* de Joseph Chénier est une des œuvres les plus austères à la fois, et les plus brillantes qu'ait produites la tragédie. La tragédie n'est pas heureuse, et tout ce qui relève de ce genre démodé est frappé d'un mépris bien injuste. Les personnes familiarisées avec le théâtre reconnaîtront que rapprocher *Agnès de Méranie* de *Tibère*, c'est encore lui assigner une place fort honorable, juste au-dessous des œuvres qui portent, à travers tous leurs défauts, l'immortelle marque du génie.

Il y a dans ce drame une étude très profonde et très vraie des hommes du XII$^e$ siècle. Ponsard a peint d'une touche puissante ce Philippe-Auguste, prompt à la colère, âpre à la vengeance, emporté sans cesse dans les sentiments extrêmes, grinçant des dents au seul nom du pape, et se laissant aller, pour la femme qu'il aime et qu'il défend contre une injuste excommunication, à de farouches violences de tendresse; et, en regard, ce moine, sombre et inflexible, qui, d'un ton de prophète, lui dicte la loi, dans son propre palais, et brave, d'un front paisible, ses menaces et ses fureurs. C'est un tableau achevé, d'une rudesse et d'une harmonie de tons qui commandent l'estime, et forcent quelquefois même l'admiration.

— *Heureux sultan, qui n'a pas de saint-père!* s'écrie Philippe-Auguste. N'est-ce pas là un mot qui sent tout à fait son moyen âge. Cette tragédie est pleine de cris pareils; et le style, à part quelques rares défaillances, en est, d'un bout à l'autre, ferme, éclatant et pur, comme un beau marbre.

Écoutez le monologue du moine, se promenant dans le palais du roi, frappé des foudres de l'excommunication :

> Vanités et néant! Voilà donc ce palais
> Où les prospérités s'endormaient dans leur paix,
> Où l'orgueilleux monarque et la femme étrangère
> Échangeaient des plaisirs la coupe mensongère,
> Ne se souvenaient pas qu'un plaisir défendu
> Échappe aux conviés comme un vin répandu!
> Dieu renverse l'espoir sur qui l'homme se fonde, etc.

Est-ce que ces vers, par l'ampleur de la période, la netteté de la langue, la grandeur de l'image ne rappellent pas Corneille? Ponsard a aussi de son maître les familiarités nobles de langage. Voici Philippe II qui répond à l'ordre du légat et à sa menace de malédiction :

> Je te trouve à propos, j'avais besoin d'un homme,
> Qui voulût se charger d'un message pour Rome.
> Dis. — Et remarque bien que je suis de sang-froid,
> Sans courroux, calculant mon langage et mon droit,
> Dis au pape qu'il faut que son outrecuidance,
> Que son très grand orgueil, sa très haute impudence
> Sachent que je le brave autant qu'il me maudit,
> Que je suis enchanté de ce que tu m'as dit.
> Que je n'irai jamais combattre en Palestine,
> Et garde néanmoins ma femme ou concubine.

N'est-ce pas ainsi que répond un roi impétueux de ce XII<sup>e</sup> siècle, où le sang bouillait dans les veines, et lançait du premier coup aux résolutions extrêmes.

*Charlotte Corday* n'est pas supérieure à cette *Agnès de Méranie*; mais elle a pour nous l'avantage de nous peindre des temps qui nous intéressent davantage. Il circule dans ce beau drame un souffle d'honnêteté indignée et vengeresse. C'était l'originalité de Ponsard d'exprimer, par la bouche de ses héros, des sentiments qu'il portait en lui, soit que sa nature les lui eût donnés, soit qu'il s'en fût empli goutte à goutte par une incessante lecture de l'antiquité et des œuvres du XVII° siècle.

Il a senti la grandeur de la Révolution, mais plutôt peut-être par imitation cornélienne que par le penchant de son génie propre. Il a vu Charlotte Corday à travers Pauline, et si forte que soit son œuvre, elle laisse cette impression confuse dans l'esprit, qu'elle est de seconde main; elle fait involontairement songer à plus grand que lui.

C'est pourtant, dans son ensemble, un très beau drame, dont quelques scènes sont admirables. Il n'eut qu'un succès médiocre; *Agnès de Méranie* était à peu près tombée. Ponsard payait cher la surprise du triomphe de *Lucrèce*. Un autre se fût découragé : mais son génie était fait de patience. Il se remit au travail, et, après trois ans de silence, car il avait la veine difficile et rare, et ses œuvres ne sont jamais venues qu'à de longs intervalles, il apporta *Ulysse*, qui fut loué par la presse : et fit bâiller le public. Je viens de le lire; il me semble bien que si la presse ne fut pas absolument dans son tort, c'est le public qui eut raison; si un jour il se présente une occasion de revenir sur ces adaptations au théâtre moderne des poèmes antiques, je donnerai les motifs de mon opinion.

Tant d'échecs coup sur coup répétés ne lassèrent point l'infatigable volonté du poète. Ils le jetèrent dans une voie nouvelle. Au lieu de parler sous le masque de héros, que la foule ne connaissait point, et que les lettrés discutaient, il se dit que mieux vaudrait mettre les mêmes sentiments d'honneur et de vertu dans la bouche de personnages habillés comme nous, et vivant de la même vie.

De là sa comédie de l'*Honneur et l'Argent*. On se souvient

encore de l'enthousiasme qu'elle excita. L'œuvre était remarquable, moins pourtant que celles qui l'avaient précédée, *Agnès de Méranie* et *Charlotte Corday*. Mais c'est un des traits curieux de Ponsard, qu'il a toujours triomphé avec ses moindres pièces. Cela seul prouverait qu'il n'était pas un génie de très haute volée. Il n'a pas su dominer les circonstances; il en a été le jouet.

*Lucrèce*, innocemment écrite par un avocat de province qui admirait beaucoup Racine et Corneille, vint juste à point pour servir de drapeau à la réaction classique, qu'avait suscitée la grande aventure des *Burgraves*. L'*Honneur et l'Argent*, où le poëte suivait, sans penser à rien d'autre, l'ordre d'idées qu'il avait coutume d'exploiter depuis longtemps, tomba au milieu du public comme une protestation contre les réalistes et les courtisanes qu'ils mettaient en scène.

De même qu'*Agnès de Méranie* trouverait son pendant dans le *Tibère* de Joseph Chénier, l'*Honneur et l'Argent* rappelle le *Glorieux* de Destouches; mais, il faut le dire, avec plus d'ampleur et de fierté dans le style. C'est, au fond, le même système de comédie : une satire morale, coupée en dialogue, et semée de vers à la Boileau, faits pour devenir maximes. La *Bourse*, qui suivit l'*Honneur et l'Argent*, n'en est qu'une pâle copie.

Il y eut ensuite un long intervalle où Ponsard disparut de la scène : on n'entendit plus conter de lui que des histoires où l'amour du théâtre n'avait guère de part. Ce n'est pas ici le moment, au lendemain de sa mort, de l'étudier dans cette période de sa vie. Tout ce qu'on peut dire en général, c'est qu'il se laissa aller aux fièvres du plaisir; et comme chez lui la production n'avait rien de spontané, comme il n'enfantait pas dans la joie, ainsi que font les génies heureux, le travail manquant, tout manqua à la fois.

Il ne s'y remit que bien plus tard, quand la pudeur le prit à la gorge, et peut-être aussi quand de plus douces et de plus saines influences, le ramenant aux joies de la famille, lui rappelèrent le soin de sa gloire. Mais il ne tarda pas à être touché de la terrible maladie qui devait le clouer deux ans sur un lit de douleur, en attendant qu'elle l'emportât.

Est-il étrange qu'après une si longue interruption, à travers les souffrances d'un mal qui ne lui laissait pas un instant de relâche, son talent ait faibli. On peut le dire à présent, et il se trouvera bien peu de gens pour nous contredire : c'est un drame assez faible de conception et de style que le *Lion amoureux*, en dépit du grand applaudissement qu'il souleva.

Il est pourtant curieux à étudier, parce qu'on y trouve une note nouvelle que nous ne connaissions pas à Ponsard. Le poëte, dans l'intervalle, avait beaucoup aimé, beaucoup souffert ; il ouvrit dans ce drame la blessure secrète de son cœur, et l'y laissa couler, en vers passionnés et douloureux. Les apostrophes véhémentes sous lesquelles le héros accable la femme qui lui a pris le meilleur de son âme et de ses forces, et l'abandonne épuisé, vidé, anéanti ; ces sanglots, ces fureurs et ces désespoirs sont tout nouveaux dans l'œuvre du correct et noble auteur de *Lucrèce*. Mais la corde s'est tue après avoir jeté quelques accents d'une tristesse déchirante. Ponsard n'y a pas trouvé le rajeunissement d'un génie qui s'éteignait.

*Galilée* fut son dernier effort. La chute fut certaine, irrémédiable. Ponsard avait conservé sa facture, qui est excellente ; sa langue, qui est exacte et ferme, et son don d'exprimer en vers précis et sonores les abstractions de la morale ou de la science ; mais la vie était absente : plus de caractères, plus de passions, plus rien de ce qui constitue le drame. La triste position du poète protégea seule contre l'indifférence du public son cher et dernier ouvrage.

Le voilà mort : que restera-t-il de lui ? Le temps impitoyable ne garde que les chefs-d'œuvre où éclate le génie dans sa perfection la plus haute. Mais il laisse, plus ou moins d'années, surnager les œuvres de talent qui se recommandent encore à la postérité par des qualités de premier ordre. Une honnêteté rare de sentiments, une grande vigueur de pensée, un style sobre et ferme, un vers toujours correct, harmonieux et noble, garderont longtemps encore de vieillir *Agnès de Méranie*, *Charlotte Corday*, l'*Honneur et l'Argent*.

Parmi les tirades de Ponsard, quelques-unes auront cet honneur d'entrer dans les cours de littérature, et d'être apprises par cœur de nos élèves, et c'est là, dit le poète latin, le terme de toute gloire :

*Ut declamatio fias!*

15 juillet 1861.

# LUCRÈCE

*Lucrèce* date de 1843. Je ne l'ai point vue à cette époque; j'étais encore sur les bancs du collège. Ceux qui ont assisté à la première représentation nous contaient hier les transports d'enthousiasme qu'elle excita, et comment tous les vers soulevaient des applaudissements frénétiques.

Le premier moment d'engouement a passé vite et n'est plus revenu. Je me souviens parfaitement que, vers 49 ou 50, j'ai vu Mlle Rachel jouer dans l'œuvre du poëte viennois les deux rôles de Tullie et de Lucrèce; la pièce n'en était pas moins accueillie avec beaucoup de froideur. On n'osait pas se l'avouer; mais elle ennuyait. Mlle Rachel avait quelques vers dont elle galvanisait une salle endormie. La façon dont elle disait, dans le récit du songe, en parlant du serpent qui s'avance :

> Lentement, longuement, comme sûr de sa proie,

faisait frissonner tout le public. Mais il n'y a pas à dire : on bâillait à bouche close. Belle œuvre tant qu'on voudra; la vie en est absente.

Hier, au premier acte, la vaste salle de l'Odéon était près d'à moitié vide. Un public rare, et qui portait sur son visage cet air d'ennui respectueux, de résignation admiratire, qu'on remarque sur toutes les figures, à la Comédie-Française, le jour où l'affiche porte : *Cinna* ou *Iphigénie*. Quand la toile s'est levée, j'ai cru qu'un des ordonnateurs de la pompe funèbre allait se détacher et dire : « Messieurs de la famille, veuillez prendre la tête. »

Le public commença d'arriver vers le second acte et les fauteuils se garnirent peu à peu. On somnolait doucement au bruit harmonieux des alexandrins, quand tout à coup la salle s'éveille, comme si la foudre venait d'y tomber. C'est Brutus qui cause avec Valère de ses projets de conspiration : Valère, dit Brutus,

> Valère, si mon vœu doit prévaloir, ni moi
> Ni personne jamais ne se nommera roi.
> Tarquin fut un tyran ; un autre pourrait l'être.

Les applaudissements éclatent de toutes parts ; et toute la tirade est écoutée avec ardeur par le public ; de longs bravos soulignent malignement des allusions auxquelles le poète n'avait guère songé.

Vous imaginez aisément si chacun de ces hémistiches était saisi au passage, et renvoyé à son adresse. Mais ce furent surtout les vers terminant la tirade qui furent accueillis par des acclamations :

> Et de notre déclin signe plus alarmant,
> Cette vertu qui fuit longtemps après les autres,
> La pudeur de la femme a péri chez les nôtres ;
> Enfin Rome se meurt, si, par un brusque effort,
> Une crise ne vient l'arracher à la mort.
> Pour la régénérer et lui redonner l'âme,
> De son orgueil éteint pour rallumer la flamme,
> Pour qu'elle sente enfin fleurir sa puberté,
> Il n'est qu'un seul moyen, et c'est la liberté !

La salle était dès lors réveillée, attentive et frémissante.

Elle a écouté avec une sympathie vive cette œuvre honnête et laborieuse, où brillent çà et là des beautés compactes et fières. J'avais entendu dire que jadis le cinquième acte avait peu réussi : voyez la différence des temps : c'est celui qui a obtenu hier à l'Odéon les honneurs de la soirée. Brutus parlant au peuple et le soulevant contre la tyrannie a ému tous les cœurs :

> Vengez-nous ! vengez-nous ! vengez l'assassinat !
> Nous aurons avec nous le peuple et le Sénat.
> Nous aurons les soldats qui n'attendent qu'un signe,
> Nous aurons tous les dieux que le forfait indigne.
> Il ne faut que vouloir !

Ce qu'il y a de plus plaisant, c'est que la censure retient *Ruy Blas* par crainte des allusions. Où en trouverait-on, dans l'œuvre de Victor Hugo, d'aussi nombreuses et d'aussi cruelles ? Écoutez Sextus :

> Au point où nous voilà, qui veux-tu qui conspire ?
> Ce n'est pas le Sénat. Ce vieillard impuissant
> Est purgé des héros qui lui chauffaient le sang ;
> Il comprend, aujourd'hui qu'il est devenu sage,
> Que la tranquillité convient à son grand âge,
> Et comme incessamment de ce corps tout cassé
> Tombe quelque débris qui n'est pas remplacé,
> Les membres s'en allant ruine par ruine,
> Tout doucement bientôt s'éteindra la machine.

Ce couplet n'est-il pas bien plaisant ! Et il fallait entendre les oh ! et les ah ! ironiques que chaque vers a soulevés. Les étudiants s'en donnaient à cœur joie.

8 mai 1869.

# L'HONNEUR ET L'ARGENT

*L'Honneur et l'Argent* est une œuvre fort honorable, qui s'élève jusqu'à ce point où le talent confine au génie.

Il appartient à ce genre de comédie qui était le plus goûté au XVIII° siècle. La comédie n'était, à vrai dire, qu'une épître morale, coupée en forme de dialogue, et écrite du ton de la satire. Ce n'est pas à coup sûr l'idéal de la comédie, et les Destouches, qui l'ont entendue et traitée ainsi, ont commis une grosse erreur. Ils ont fabriqué des œuvres très estimables, auxquelles manquaient le mouvement et la vie. Mais une fois que vous avez accepté le genre, que vous l'avez pris pour ce qu'il vaut, que vous vous êtes résigné à ne pas lui demander plus qu'il ne peut et veut donner, il est certain que vous trouverez un plaisir sérieux au *Philosophe marié*, au *Glorieux*, au *Méchant* et à tant d'autres pièces qui ont entre elles, malgré la diversité des styles, comme un air de famille.

*L'Honneur et l'Argent* est tout à fait digne d'y entrer et d'y occuper une des premières places. La donnée est en effet une thèse d'épître morale du genre de celles qu'Horace, Pope, Boileau et Voltaire ont développées en vers prudents et spirituels. Il s'agit de prouver une vérité, qui est hors de doute : c'est qu'à l'argent il faut toujours préférer l'honneur, et qu'on est toujours récompensé, même en cette vie, d'un tel choix; car l'estime de soi-même est le premier des biens.

La thèse est mise en scène d'une façon très nette, bien qu'un peu compacte. Georges a été élevé comme un millionnaire. Son père meurt, après de fausses spéculations, lui laissant 500.000 fr. de dettes. Un demi-million! C'est juste ce que possède Georges du chef de sa mère. Il peut renoncer à la succession paternelle, et garder son avoir. Mais il préfère l'honneur à l'argent, il paie. Il est ruiné.

S'il s'agissait de peindre le monde, on ferait remarquer que les choses se passent avec plus de douceur et de ménagement; que Georges aurait pu prendre des arrangements avec ses créanciers, les désintéresser tous, en gardant pour lui-même un capital à exploiter. Mais ce n'est pas la vie humaine, avec ses lignes flexibles; c'est une thèse solide et raide comme un marbre, que Ponsard a portée sur la scène. Il est plus moraliste que poète comique.

Tout ou rien, il ne sort pas de là.

Georges était, en qualité de millionnaire, adulé, fêté, amoureux, aimé. Le voilà pauvre; tout le monde lui tourne le dos avec cynisme. Disons encore ici que ce n'est pas la vérité vraie; que le monde, et surtout le monde parisien, est assez poli et assez spirituel pour faire bon visage à un honnête garçon qui s'est ruiné; que le nombre des purs goujats y est fort restreint. Mais les nécessités de la thèse à soutenir imposaient à Ponsard l'obligation de creuser un abîme infranchissable entre l'honneur et l'argent.

J'en reviens là; il faut prendre la pièce pour ce qu'elle est; pour une épître morale mise en action et coupée en dialogues.

Eh bien! à ce point de vue, l'*Honneur et l'Argent* est, à mon sens, une œuvre très forte, et qui touche au chef-d'œuvre.

J'ai vu que l'on s'était fort égayé de quelques vers prosaïques échappés à Ponsard ; il est très vrai que Ponsard, condamné par son sujet à exprimer certains détails de la vie domestique, ne sait pas les relever soit par la grâce de l'expression, soit par l'allure aisée et légère de l'alexandrin. Il dira tout uniment :

> Notre ami, possesseur d'une papeterie,
> A fait avec succès appel à l'industrie.

On peut sourire, si l'on veut, de ces distiques, et je ne les défends certes pas. Mais ils ne sont dans l'ouvrage de Ponsard qu'un accident. Ce n'est pas sur ces menus points qu'a porté l'effort de son talent, et il est assez injuste de le juger par là. Qu'a-t-il voulu faire ? la démonstration d'une vérité morale.

Dites-moi, si vous voulez, que vous n'aimez pas les démonstrations au théâtre, que l'épître n'est pas du ressort de l'art dramatique ; à la bonne heure, et c'est une critique que je comprendrai. Mais choisir dans une grande comédie en cinq actes une demi-douzaine de passages, qui ne sont qu'accessoires, qui ne tiennent pas à l'essentiel de l'œuvre, et la condamner tout entière après les avoir tournés en ridicule, c'est une justice distributive assez mal ordonnée.

La vérité est que, dans l'*Honneur et l'Argent*, tout ce qui appartient à la thèse est excellent toujours et parfois admirable. Ce sont des idées saines, exprimées d'un style sobre et vigoureux ; la facture des vers est large et sonore. Nous y aimerions l'image plus abondante et plus pittoresque. Mais la langue est ferme, le vers solide et parfois éclatant. Toute la partie du premier acte, où Rodolphe, le raisonneur de la pièce, expose à son ami Georges combien il est difficile et pénible de rester honnête homme, me semble une page de Boileau, et de Boileau en ses bons jours :

> Mais combien en est-il parmi les mieux famés
> Que l'on verrait encore dignes d'être estimés,
> Si, passant tout à coup du luxe à la misère,
> Ils étaient dépouillés même du nécessaire?
> Aisément en parole, ils bravent le besoin;
> On est fort contre un mal que l'on n'éprouve point;
> Aux paisibles vertus la fortune les pousse,
> Et par le grand chemin les conduit sans secousse.
> Comme la probité ne les prive de rien,
> Il leur en coûte peu de se conduire bien,
> Et quand on est pourvu de tout ce qu'on souhaite,
> Il faudrait être un sot pour n'être pas honnête.
> Va, la condition où les hommes sont nés
> Les a plus d'une fois absous et condamnés.
> On voit dans les salons des gens fort honorables
> Qui seraient en prison étant nés misérables,
> Et par un sort inverse on en voit en prison
> Qui nés riches feraient honneur à leur maison.
> La fortune, selon qu'elle est meilleure ou pire,
> Jusque sur la pensée exerce son empire.
> Tels sont amis de l'ordre et se croient convaincus,
> Qui sont conservateurs pour garder leurs écus;
> Tels autres au progrès ont consacré leur vie,
> Que l'orgueil fit tribuns et novateurs l'envie.
> Donnez tout à ceux-ci, rien à ceux-là; les uns
> Seront conservateurs et les autres tribuns.

Je me souviens qu'un jour, comme on parlait légèrement de Ponsard, devant Got, il nous dit ces vers de sa voix forte, avec un accent de conviction profonde.

Ils nous parurent à tous, même aux déterminés railleurs, ce qu'ils sont en effet, très beaux et dignes de figurer dans « un recueil de morceaux choisis ».

J'ose même dire que, dans la grande scène du quatrième acte, Ponsard s'est élevé au-dessus de lui-même, et que du ton de l'épître morale il a passé à celui de la haute comédie. Je parlais de Boileau tout à l'heure. C'est à Corneille que ce morceau fait songer. Vous le connaissez tous :

> Mon Dieu ! j'étalerais ma honte effrontément :
> Et je dirais : Messieurs, j'ai fait comme vous autres ;
> Honorables faquins, place ! je suis des vôtres,
> Vous, monsieur, etc., etc.

Là, Ponsard a eu, quoi qu'on dise, un éclair de génie. Il a été vraiment poète et poète dramatique. La situation est superbe, et la passion, une passion brûlante, comme Ponsard ne l'a sentie que rarement, jaillit en mots de feu. Je serais bien étonné si Ponsard, en écrivant cette comédie, n'y avait mis beaucoup de son cœur. Je ne sais, mais il me semble entendre dans ces imprécations violentes comme un cri personnel de douleur et d'indignation. *L'Honneur et l'Argent* est de 1853. Il faut donc qu'il ait été écrit dans le courant de l'année 1852. Ponsard n'avait pas encore été rallié, comme il le fut plus tard, au régime nouveau par les hasards de sa vie accidentée ; il est probable que, au spectacle des platitudes et des vilenies qui avaient défilé sous ses yeux d'honnête homme, sa conscience s'était révoltée ; il est probable que ce souffle généreux d'indignation, qui, selon le mot de Juvénal, fait les poètes, avait empli sa poitrine, et qu'il s'était écrié, tout vibrant d'une fureur ironique :

> Salut, ô Turcaret ! salut, ô parasite,
> Qui souris des bons mots que Turcaret débite !
> Banqueroutiers, valets, libertins, renégats,
> Fripons de toute espèce et de tous les états,
> Salut ! nous nous devons un respect réciproque ;
> Nous comprenons l'esprit positif de l'époque ;
> Nous sommes des pieds-plats, des marauds — oui, d'accord ;
> Mais le monde est à nous ; car nous avons de l'or.

Les beaux esprits peuvent, tant qu'il leur plaira, rire de l'homme qui a lancé ces paroles vengeresses; il a écrit une admirable scène; il n'en faut pas davantage pour sauver une pièce de l'oubli, pour garder un nom de vieillir.

Ponsard a été vraiment heureux dans cette comédie : il a eu la chance d'y rencontrer deux rôles épisodiques qui sont bien venus et agréables : celui de M. Mercier, ce digne Prudhomme, austère et imbécile représentant de la morale bourgeoise, qui trouve, en parlant de Rodolphe, que

> Ce monsieur-là n'est pas moral en ses propos;
> C'est un voltairien...

et celui de l'aimable Lucile, une brave petite Française, qui a le bon sens et la bonne humeur de l'Henriette des *Femmes savantes*. Le rôle est si joli qu'il porte tous ses interprètes, et je ne l'ai jamais vu mal joué, même en province, où l'*Honneur et l'Argent* était souvent représenté de mon temps.

Il y a deux manières de comprendre le rôle de Rodolphe. On peut en faire, à l'exemple de Tisserant, un raisonneur de l'ancienne comédie, ou, comme Got, un brave garçon, demi-bohème, demi-homme du monde, esprit sceptique et cœur chaud, qui parle à Georges tantôt avec la rude franchise, tantôt avec la compassion attendrie d'un frère aîné. Tisserant tenait le rôle avec une autorité magistrale; Got y portait plus de vérité et de vie. Tous deux, chacun dans son genre, étaient excellents. Porel en fait, comme de tous ses rôles, un Porel. Il est et sera toujours Porel, et Porel partout, et jamais rien que Porel, tant que le monde durera. Ceux qui aiment cette note-là ne manqueront pas d'être contents. Ils sont d'ailleurs nombreux, si j'en crois les applaudissements du public. Porel aurait grand tort de changer, puisqu'on l'aime ainsi.

6 février 1882.

# LE LION AMOUREUX

La première représentation du *Lion amoureux* a eu lieu jeudi à la Comédie-Française. Je ne crois pas avoir jamais vu salle si bien disposée pour l'œuvre et pour l'auteur. C'était comme une ardeur de trouver tout beau et d'applaudir quand même. Il y a des publics rêches, qui arrivent avec une maligne et secrète envie de se cabrer au moindre mot ; nous l'avons bien senti le jour où *Henriette Maréchal* fut donnée pour la première fois ; d'autres apportent un merveilleux parti pris de bienveillance.

Il peut se faire que le public soit ainsi grognon et désagréable sans trop savoir pourquoi. La neige tombait au dehors, il a eu les pieds mouillés ; il n'en faut pas davantage pour le mettre en mauvaise disposition d'esprit ; gare à la pièce ! si elle ne marche pas droit, elle est perdue. Mais son humeur bienveillante s'explique presque toujours et a ses causes.

Le *Lion amoureux* se trouvait être comme une protestation classique contre les audaces d'*Henriette Maréchal*. Les mêmes gens qui avaient bousculé l'œuvre hasardeuse des frères de Goncourt, devaient être enchantés d'en applaudir une qui les reportait aux plus pures traditions du drame cornélien. Tous les *Pipe-en-Bois* du quartier Latin étaient venus là, sans doute, armés de battoirs.

C'est sur un public ainsi disposé que la toile se leva, et l'on peut dire, je crois, sans faire tort à l'œuvre ni au poëte, que ces sentiments si divers furent pour beaucoup dans le succès qui se déclara dès le commencement avec une violence extrême.

Le premier acte fut écouté avec faveur, mais sans transports bien vifs. L'enthousiasme éclata au second, et se traduisit par des manifestations telles, que je ne me rappelle pas en avoir vu de pareilles en aucun théâtre. Le personnage principal, un conventionnel endurci, a été amené presque de force dans le salon de M$^{me}$ Tallien. Que voulez-vous ? il aime. Là triomphent les réactionnaires, les muscadins, les royalistes; il écoute en frémissant leurs propos, qui le blessent, pour lui, pour la France, pour la liberté. Il se contient longtemps, car la femme qu'il adore a mis un sceau sur ses lèvres; elle lui a dit à l'oreille : « Un seul mot, et je ne vous reverrai jamais ! »

Mais enfin la conviction froissée du jacobin l'emporte; il rompt les digues, et son indignation se répand en une longue tirade, que déjà tout Paris a lue. Elle est superbe, pleine de véhémence et de feu. Elle a soulevé de longues et unanimes acclamations. La salle tout entière a été prise d'une espèce de folie, quelques personnes ont crié *bis*, et une partie du public s'est jointe à elles. C'était une erreur : car ce morceau de poésie n'est pas une cavatine d'opéra; mais la passion du public excusait tout.

C'est là, à vrai dire, le point culminant de l'œuvre nouvelle, qui n'est pas fort habilement taillée pour le théâtre. Humbert, le conventionnel, s'est pris d'amour pour une jeune veuve, la fille d'un émigré, dont le père est proscrit, et le fiancé en prison. Elle est venue demander leur grâce au terrible membre du Comité, et d'un regard elle a dompté le lion; mais elle-même s'est sentie touchée d'une certaine tendresse pour le républicain, qu'elle manie comme Batty ses bêtes fauves.

Le temps où elle a vécu, les étranges révolutions dont elle a été le témoin et un peu la victime, ont modifié chez elle les idées de sa caste; elle n'a aucune répugnance pour les hommes qui personnifient ce régime nouveau; elle trouve que, pour avoir fait de si grandes choses, il fallait qu'eux-mêmes ils fussent grands, et l'un des plus glorieux lui paraît être ce Humbert qu'elle tient en laisse.

Ces sentiments ont été exprimés par le poète, mais, à ce qu'il me semble, sans une gradation suffisante. On n'est pas séduit, entraîné par une progression constante d'un sentiment unique. La même scène entre Humbert et la jeune marquise se reproduit à chaque acte, et la répétition des mêmes idées, les mêmes sentiments, quelque variété qu'y apportent des circonstances nouvelles, jette à la longue un froid glacial.

On est peu à peu envahi d'une sorte d'engourdissement. Les beaux vers dont la pièce étincelle, les grands mouvements de passions dont elle est pleine ne font plus un effet aussi violent. C'est qu'elle tourne sur elle-même, c'est que l'acte suivant n'ajoute rien à celui qui l'a précédé; c'est qu'on erre autour d'un point fixe, au lieu d'aller droit vers un but déterminé. C'est là le défaut du drame, défaut terrible, et par où il périra peut-être, quand il arrivera devant un public moins amoureux de tirades républicaines. Il est certain que l'effet est allé toujours s'affaiblissant depuis le second acte jusqu'au cinquième, où il s'est, pour ainsi dire, réduit à rien. Ce froid, dont nous nous sentions glacés en dépit de nous-même, et malgré la secousse de morceaux admirables, il ne vient pas d'ailleurs.

Mais je serais fâché de m'arrêter trop longtemps sur ce point. Les drames où ne sont exprimés que des sentiments généreux, les drames qui n'ont d'autre but que d'élever et d'échauffer les âmes, sont trop rares de notre temps pour qu'on insiste sur des chicanes, alors même qu'elles touchent au plus essentiel de l'œuvre. Les personnages de M. Ponsard se tiennent toujours dans ces régions sereines où Corneille a transporté ses héros, un peu au-dessus de l'humaine nature.

Humbert vient d'apprendre que l'homme pour qui la marquise a sollicité son crédit doit l'épouser au sortir de prison. Or, cet homme est un complice des Bourbons, dont on a surpris la main dans les complots tramés contre la République. Le devoir d'Humbert, devoir strict, inexorable, est de l'envoyer à l'échafaud, et sa passion est ici d'accord avec son devoir.

La marquise arrive, et aux objections du républicain :

> Croyez-moi, croyez-en l'instinct sûr d'une femme,
> N'écoutez en ceci que votre grandeur d'âme,
> Et par cette raison que vous êtes jaloux,
> Délivrez le rival qui sera mon époux.
> Inconnu, vous deviez l'abandonner aux juges ;
> Ennemi, c'est chez vous qu'il doit trouver refuge.
> Et je vous le demande, en grâce, avec ferveur,
> Pour son salut, et pour la gloire du Sauveur.

Et vous l'aimez ! s'écrie Humbert au désespoir, vous l'épouserez !

> ..... Oui, mais de mon cœur exclus
> En le laissant périr vous me perdez bien plus.
> Songez, si vous m'aimez, que de votre conduite
> Dépendra mon estime, augmentée ou détruite ;
> Que votre attachement, selon qu'il doit agir,
> Va me rendre orgueilleuse ou me faire rougir,
> Et qu'il peut être doux, ne m'ayant pas pour femme,
> De me laisser au moins quelque regret dans l'âme.

La Pauline de Corneille penserait ainsi, et ne dirait pas mieux. Il faut pardonner beaucoup à qui vise toujours au grand, et l'atteint quelquefois.

La meilleure scène, à mon avis, bien qu'elle m'ait semblé faire, à la représentation, un effet médiocre, est celle où Humbert, abandonné, trahi par la femme qu'il aime, se laisse aller à des accès de fureur, qui tournent bientôt au plus profond désespoir. Il lui crie que sa vie est perdue, ses forces anéanties, qu'il ne se sent plus ni courage, ni honneur, ni vertu. Il brise tout chez lui avec rage, et retombe abattu pleurant presque : c'est un homme fini.

Il y a là comme un écho de douleurs personnelles. On y sent l'homme sous le poète. J'aurais voulu détacher quelques vers de cette belle scène, la plus passionnée qu'ait jamais écrite Ponsard; mais elle manque aux extraits que l'on m'a envoyés.

Le style du *Lion amoureux* a la solidité ordinaire à M. Ponsard. On peut dire pourtant que la trame n'en est pas aussi également ferme que dans l'*Honneur et l'Argent*, et surtout dans *Charlotte Corday*. Les principales tirades sont fort soignées, mais il y a, par-ci, par-là, des trous fâcheux ; l'ensemble a je ne sais quoi de lâche et de mou.

22 janvier 1866.

# D'ENNERY

## MARIE-JEANNE

M. Luguet profite en ce moment du bon vouloir de M^me Marie Laurent, sa sœur, pour reprendre, l'un après l'autre, au petit théâtre des Fantaisies-Parisiennes, durant la saison d'été, les grands drames, où elle s'était distinguée au temps de sa jeunesse.

*Marie-Jeanne* est une de ces pièces qu'elle a marquées d'une empreinte ineffaçable. Elle l'a jouée pour la première fois il y a... combien y a-t-il? Ah! ma foi, j'aime autant ne pas fixer de date. Je sais l'inconvénient de donner des chiffres. Lundi dernier, je parlais de M^lle Fayolle, et je m'écriais douloureusement, voyant le peu de parti qu'on tirait de son talent incontestable : « Quand on pense qu'il y a vingt ans je la vis débuter avec un éclat incomparable dans les *Inutiles*. » — Il y a vingt ans! Vous savez, moi, j'avais mis vingt, comme j'aurais mis quinze, sans trop y prendre garde. *Vingt*, c'était pour moi un chiffre indéterminé, qui me reportait de l'autre côté de 1870.

Mais diantre! l'actrice ne l'entendait pas ainsi.

— Vingt ans! s'écria-t-elle. Mais c'est treize ans que vous auriez dû mettre.

— Bah! répondis-je, treize ou vingt, le détail … pour moi peu d'importance.

— Pour vous, peut-être. Mais moi, songez donc, cela me donne sept ans de plus. Je proteste.

Usons tout simplement, afin de nous épargner toute algarade, de la formule qui est familière à nos poëtes contemporains, et disons en parlant de la création de *Marie-Jeanne* par M$^{me}$ Marie Laurent :

> Que cela se passait dans des temps très anciens.

*Création* n'est pas précisément le mot propre, car le rôle de Marie-Jeanne fut établi pour la première fois par M$^{me}$ Marie Dorval, qui n'était déjà plus très jeune elle-même quand elle le joua. Elle y fit fondre en larmes tout Paris.

M$^{me}$ Marie Laurent faisait en ce temps-là ses premières armes à Bruxelles. Elle était profondément inconnue, du public parisien tout au moins. On la chargea de jouer le drame nouveau, le drame à effet. C'était une grande témérité à elle, qui était toute jeune, et qui ne possédait qu'une de ces célébrités départementales, rarement prises au sérieux par les vrais Parisiens, de s'adresser à M$^{me}$ Dorval, alors dans tout l'éclat de sa gloire, et de lui demander des conseils.

M$^{me}$ Marie Laurent n'hésita pas : elle écrivit à l'éminente artiste, pour lui exposer ce qu'elle attendait de sa bienveillance.

M$^{me}$ Marie Dorval, avec son habituelle brusquerie de bonne grâce, lui répondit poste pour poste :

> Ma chère enfant,
>
> Le rôle a six cents lignes; il a six cents effets. Venez me voir. Je vous le jouerai pour vous seule.

C'était à cette époque une assez grosse affaire que le voyage de Bruxelles à Paris. M^me Marie Laurent demanda un congé de trois jours, et, le soir même de son arrivée à Paris, elle était au théâtre, écoutant, avec quelle intensité d'attention! vous le devinez sans peine, M^me Marie Dorval, qui se surpassa. On sait qu'elle avait le talent inégal.

Au sortir de la représentation, la jeune artiste alla trouver son aînée dans sa loge pour lui offrir ses félicitations.

— Venez! lui dit rapidement Marie Dorval, nous causerons à la maison.

Une fois en tête-à-tête, M^me Dorval, au lieu de se mettre au lit, prend la brochure et commence à lire le rôle une seconde fois pour sa jeune élève, illustrant de ses commentaires enflammés cette méchante prose, expliquant les effets qu'elle arrivait à produire. Elle s'échauffe peu à peu, elle verse des larmes, et voilà M^me Marie Laurent qui sanglote avec son professeur.

— Jamais, me disait-elle, je n'ai passé une nuit plus émouvante. Jamais je n'ai reçu une meilleure leçon d'art. Le matin, à cinq heures, nous étions brisées toutes deux; mais je tenais le rôle. Le soir même, sans avoir pris dix minutes de repos, j'entrais en scène, et j'ai remporté là un des grands succès de ma vie d'artiste.

Combien de fois M^me Marie Laurent a-t-elle depuis ce temps-là joué, soit en province, soit à Paris, le rôle de l'infortunée Marie-Jeanne? Il est probable qu'elle n'en sait rien elle-même.

Elle n'est plus, hélas! assez verte aujourd'hui pour représenter une jeune épousée au premier acte, une jeune mère au second. Mais il en est de Marie-Jeanne comme des chefs-d'œuvre du répertoire. Les héros de ces pièces, qui sont dans toutes les mémoires, n'ont plus d'âge. M^lle Mars et, plus tard, M^me Plessy ont pu, après avoir

19.

franchi la cinquantaine, manœuvrer l'éventail de Célimène, et s'écrier en l'ouvrant d'un geste de triomphe :

> L'âge amènera tout, et ce n'est pas le temps,
> Madame, comme on sait, d'être prude, à vingt ans !

C'est que pour nous Célimène, c'est la coquette idéale. Eh bien ! Marie-Jeanne, c'est la mère qui a perdu son enfant. Est-elle jeune ou vieille ? peu importe ! Belle ou laide ? on l'ignore. Bonne ou mauvaise ? on n'y prend pas garde. Elle a perdu son enfant, voilà tout ce qu'on sait d'elle. Elle s'en va, criant partout : « Mon enfant ! rendez-moi mon enfant ! » et tout le monde fond en larmes, parce qu'il n'y a rien de plus douloureux au monde qu'une mère qui a perdu son enfant et qui le cherche.

M$^{me}$ Marie Laurent, qui n'a plus, pour rendre son désespoir intéressant, les grâces de la vingtième année, n'en a pas moins fait pleurer à chaudes larmes tout l'auditoire des Fantaisies-Parisiennes. C'était dans la salle un concert de mouchoirs, et j'ai vu des ouvreuses elles-mêmes arroser de pleurs le couloir où elles s'étaient tassées. Savez-vous un suisse ou un bedeau à qui le prédicateur de la paroisse ait jamais arraché des larmes ?

Et tandis qu'on larmoyait ainsi autour de moi, je pourpensais en moi-même comme il est vrai qu'au théâtre il suffit, pour prendre la foule, d'un sentiment simple, simplement exprimé. Il n'y a pas dans *Marie-Jeanne* de grandes complications d'événements ; et ceux que l'auteur a choisis sont d'une invraisemblance et d'une niaiserie rares. Le style est des plus médiocres, et d'une platitude qui va parfois jusqu'au ridicule. Mais le cri de la mère : « Mon enfant ! mon enfant ! » est toujours en situation. Il n'en faut pas davantage pour remuer tous les cœurs.

Savez-vous bien qu'en se mettant à un autre point de vue, *Marie-Jeanne* pourrait passer pour une pièce naturaliste, au sens où l'on entend ce mot aujourd'hui. Vous y retrouverez cette peinture exacte des mœurs populaires qui vous a fait, dans l'*Assommoir*, un si vif plaisir; vous y retrouverez Coupeau, Mes-Bottes et Gervaise. La touche de d'Ennery est aussi juste et aussi vive que celle de M. Zola; n'oublions pas d'ailleurs que Cogniard et Lambert-Thiboust avaient donné des tableaux de ce genre qui étaient excellents. Il n'y a rien de nouveau sous le soleil, et M. Zola n'a fait que découvrir l'Amérique.

3 juillet 1882.

# LES DEUX ORPHELINES

## I

La Porte-Saint-Martin nous a donné cette semaine les *Deux Orphelines*, mélodrame en cinq actes et huit tableaux de MM. Adolphe d'Ennery et Cormon, et la représentation n'a été qu'un long triomphe.

Eh! bien, que vous disais-je? et ne l'ai-je pas assez répété sous toutes les formes depuis deux ans? Qu'on nous donne tout bonnement la *Grâce de Dieu* remise au goût du jour; qu'on nous peigne une bonne petite vertueuse et vaillante fille, poursuivie par des scélérats qui en veulent à son honneur, leur échappant, et épousant à la fin celui qu'elle aime, et je réponds que cette vieille et innocente histoire aura un succès énorme.

On allait répétant : Le mélodrame est mort! on ne fera plus de mélodrame! le goût n'y est plus!... Et où avait-on vu cela que le goût n'y était plus? Comment! il n'y avait pas dans les comédies de mœurs que l'on nous offrait une scène un peu touchante qui ne fit fondre en larmes le public tout entier; il était impossible d'exprimer au théâtre un sentiment vertueux et tendre, sans exciter de longs battements de mains, et l'on s'en venait après cela nous crier que le mélodrame était mort.

Le mélodrame des Touroude, des Bergerat, des Émile

Zola, des Beauvallet, à la bonne heure! les uns répugnants, les autres tout pleins d'extravagance. Mais le vrai mélodrame du bon vieux temps, le mélodrame des Ducange, des Caignez, des d'Ennery, celui-là est éternel. Il ne s'agit pour lui rendre son lustre à chaque quart de siècle que de donner un coup de fer aux situations et d'en retaper le style.

Mais nos jeunes gens ne voulaient pas... ou plutôt, il faut bien le leur dire, dût-on froisser leur vanité : ils ne pouvaient pas. C'est leur faute : ils ne savaient pas ce métier, et ne se donnaient pas la peine de l'apprendre. Je les supplie d'aller voir le nouveau drame de d'Ennery et Cormon, et d'aller le voir sans parti pris, en toute simplicité de cœur, sans traiter par avance de *ramolli* et de *gâteux* le public qui y pleure à chaudes larmes. N'est-ce donc rien que de prendre une foule par les entrailles, que de captiver son intérêt, que de la faire frémir et d'emplir ses yeux de larmes? Ce n'est pas tout le théâtre, assurément; mais on m'avouera bien que c'est une grande partie de l'art et peut-être la meilleure.

Qu'ils écoutent ce premier acte; il y a là deux ou trois intrigues, qui tout le long de la pièce iront se croisant et dont il faut développer les ressorts aux yeux du public; avec quelle habileté les auteurs ont mis en récit ce qui ne pouvait être indiqué autrement! Comme ils ont su rendre visible aux yeux ce qui était susceptible d'être montré en action! Dix personnages vont et viennent dans ce tableau, sans confusion, ne disant juste chacun que le mot nécessaire, ouvrant d'un geste ou d'une phrase les voies où le drame s'engagera. Il n'y a pas un moment de perdu pour l'attention; point de tirade, point de détails inutiles, de ceux qui ne portent pas coup plus tard. Il faut les écouter tous; car on est assuré qu'aucun n'est indifférent.

Et avec quelle adresse les auteurs ont rejeté au troisième

tableau un récit que des novices eussent sans doute cru devoir mettre au premier! Il est très long, ce récit, et on ne l'eût écouté que d'une oreille distraite. Mais on connaît déjà les personnages; on s'y intéresse; on sent que cette revue rétrospective de faits antérieurs va éclaircir bien des mystères, et un frisson a passé par toute la salle quand M<sup>me</sup> Doche, avançant un fauteuil à son interlocuteur, lui a dit : « Parlez donc! je vous écoute. »

Oh! je sais bien ce que vont me dire les jeunes gens de la nouvelle école : « Quoi! c'est cela que vous admirez, se récrieront-ils, un récit placé au troisième acte plutôt qu'au premier! C'est à ces minuties que vous ravalez l'art dramatique! » Eh! mon Dieu, non! il y a d'autres qualités, au théâtre. Mais celle-là est indispensable. Voilà un récit qui, fait au premier acte, eût passé inaperçu ; il forme un coup de théâtre si on le transporte au troisième ; c'est une affaire de métier, je le veux bien. Mais apprenez-le donc, ce métier, puisqu'il a des conséquences si importantes. Comment! vous me convoquez dans une salle de théâtre, en me promettant de me faire pleurer ou de me faire rire. Il y a pour cela des moyens connus, que vous pouvez mettre en pratique, et vous ne voulez pas vous en instruire. Vous parlez toujours de génie, mais le génie, malheureusement, est une chose très problématique; je ne sais pas, moi, si vous avez du génie et si vous en aurez jamais, tandis que je sais fort bien que vous n'avez pas de métier.

Un des tableaux de la pièce se passe à la Salpêtrière. L'orpheline a été jetée par le crédit de son persécuteur dans cette prison, d'où elle va être exportée, comme Manon Lescaut, pour la Guyane. Une de ses compagnes (dont le rôle est fini dans le drame et dans la vie) se dévoue pour elle, et quand on fait l'appel des condamnées, au nom de l'orpheline, elle se présente et répond. Mais pour que la supercherie réussisse, il faut que la sœur supérieure consente à cette substitution. Elle devra donc trahir la vérité, et elle a horreur du mensonge. Qu'auraient fait nos jeunes gens avec leur brutalité ordinaire! Ils auraient abordé la situation, sans la préparer, de front, à la cavalière ; d'Ennery et Cormon, qui sont deux vieux routiers, se sont mis en quatre pour enfoncer dans la cervelle des spectateurs que la sœur haïssait le mensonge, qu'elle le tenait pour le plus horrible des péchés, et qu'aucune nécessité, quelle qu'elle fût, ne pouvait dispenser personne du devoir de ne dire jamais que la vérité.

Combien la scène est alors plus intéressante! Le public y entre, il l'a déjà pressentie, et il en prend pour ainsi dire la moitié. La sœur hésite longtemps, et cependant tout le monde est là, inquiet, attendant sa décision. La jeune fille, qui s'est dévouée, tombe à genoux « : Bénissez-moi, ma mère, » lui dit-elle; et de l'autre côté, l'homme de la loi insiste : « C'est bien celle que je dois emmener? Vous la reconnaissez? » La sœur étend enfin la main sur la tête de l'enfant : « Je te bénis, » lui dit-elle... Et tout le monde pleurait dans la salle.

Le rideau se lève, à l'acte suivant, sur une mansarde, et j'aperçois dans le fond une meule de rémouleur, avec des couteaux dont la lame brille hors de la gaine. Oh! je ne suis pas en peine : ces couteaux ne me disent pas seulement que cette chambre est celle d'un rémouleur, ils me disent aussi qu'il y aura soit une bataille, soit une rencontre, quelque chose enfin où les lames auront leur emploi ; car on ne les mettrait pas là en évidence pour un mince plaisir de prétendue couleur locale. Si l'on doit jouer du couteau, montrez-moi d'abord le couteau, de même que si vous me montrez le couteau, il faut ensuite que l'on joue du couteau.

Je suis honteux de m'attarder si longtemps à ces détails qui sont le *b a ba* du métier de dramaturge. Mais, puisque parmi nos jeunes auteurs les uns feignent de les ignorer, les autres affectent de les mépriser superbement, il faut bien les leur rappeler sans cesse ; il faut bien, quand l'occasion s'en présente, leur en faire toucher du doigt l'efficacité. Encore une fois, ce n'est pas là le génie ; mais le génie, destitué de métier, se trompe souvent ; vous voyez où va le métier, réduit à ses seules forces. Et puis, le génie, on ne peut en vouloir à personne de ne pas l'avoir reçu ; comme le métier s'apprend, on est impardonnable de ne le pas savoir.

J'aurais bien souhaité que ce fût un jeune homme qui nous rapportât, après tant d'années d'exil, le vieux mélodrame des temps passés. Il y eût sans doute mis un accent plus personnel ; il en eût même renouvelé la forme et le style. D'Ennery me le disait lui-même, il y a tantôt sept ou huit années, se le rappelle-t-il ?

« — Ah ! me disait-il, les jeunes gens sont bien heureux ! ils ne savent rien, et croient découvrir tous les jours l'Amérique. Vous verrez qu'un de ces jours quelque échappé du collège vous refera la *Grâce de Dieu* et que vous y pleurerez comme des nigauds ; que la première qualité dont il se targuera, ce sera l'originalité. Moi, que voulez-vous ? je l'ai faite, je n'ose plus. »

Il a fini par oser, voyant que personne ne prenait cette hardiesse. Vous pensez bien qu'il ne nous a pas rendu la *Grâce de Dieu* que nous connaissions. Ce n'eût vraiment pas été la peine. Il avait lui-même vieilli depuis cette époque-là. Il avait lu les *Mystères de Paris* d'Eugène Sue, les *Misérables* et l'*Homme qui rit* de Victor Hugo ; il avait été, lui aussi, touché en quelque façon de ce goût de réalisme, qui est la marque distinctive de notre époque : sur ce canevas très simple de l'antique *Grâce de Dieu*, il a brodé toutes les situations nouvelles, tous les détails inédits que fournissaient ces trente dernières années, et de ce travail compliqué, très curieux, il est sorti les *Deux Orphelines*.

Dans la *Grâce de Dieu*, il n'y a qu'une pauvre fille malheureuse et persécutée. Dans les *Deux Orphelines*, le nom seul l'indique, MM. d'Ennery et Cormon en ont mis deux. Quand on prend de l'infortune, on n'en saurait trop prendre. L'une de ces deux victimes est aveugle..., rassurez-vous; elle est aveugle, mais pas de naissance, et il reste une espérance de guérison. L'autre a ses deux yeux, et elle est belle comme les anges. Toutes les deux viennent par le coche à Paris, où les attend un parent éloigné qui doit se charger d'elles. Un jeune seigneur libertin a remarqué à la descente du coche Henriette, celle qui sert de guide à l'autre; il la fait enlever et l'aveugle reste seule, sur le pavé de la grande ville, où elle ne connaît âme qui vive, ne sachant que devenir. Le hasard fait que dans cette détresse, elle rencontre la Frochart, une vieille sorcière, qui voit tout de suite le parti que l'on peut tirer de son infirmité, qui l'enjôle et l'enrôle, en lui promettant de l'aider à chercher sa compagne disparue.

Voilà donc les deux sœurs séparées l'une de l'autre, l'une au pouvoir d'un grand seigneur, qui veut faire trophée d'elle, devant une nombreuse assemblée de viveurs ses amis; l'autre aux mains d'une misérable qui l'exploite pour la mendicité. Comment se retrouveront-elles? Toute la pièce est là. L'une a frappé, par sa beauté chaste et fière, un jeune gentilhomme, qui prend sa défense et tue en duel son ravisseur; l'autre inspire une passion cachée à un pauvre rémouleur boiteux, fils de la mégère, qui condamne la pauvre fille à chanter dans les rues.

Voilà déjà bien des complications, n'est-ce pas? Vous croyez que c'est tout? Oh bien! vous êtes loin de compte. Comme il faut que la compagne de l'aveugle épouse, au dénoûment, le gentilhomme qui l'a aimée, protégée, sauvée, il faut bien lui donner une illustre naissance. Elle est donc fille d'une mère très riche, mais inconnue, qui l'a abandonnée un jour sur le parvis d'une église ; c'est, pour le dire en passant, ce récit du troisième acte dont je parlais tout à l'heure, récit très bien fait, et que M<sup>lle</sup> Dica-Petit a dit à merveille.

La mère a eu naturellement cette fille d'une faute, et comme l'héroïne de *Monsieur Alphonse*, elle s'est mariée ensuite sans en rien dire à son mari. Mais toute sa vie a été comme assombrie d'un nuage ; et le mari, qu'elle a choisi, se désespère en cherchant le secret de cette tristesse. Et savez-vous quel est ce mari ? c'est le préfet de police, en sorte qu'il se trouve, par état, chargé de saisir tous les fils de cette intrigue, qui viendra se débrouiller dans son cabinet.

Mon Dieu! je ne donne pas cette invention comme une merveille. Je l'estime juste ce qu'elle vaut, et elle ne vaut pas cher. Mais enfin, il ne s'agit là que d'un mélodrame, où il faut que l'intérêt soit ménagé et soutenu, jusqu'à la fin, qui est préparée et entrevue d'avance par le public. Si tous les détails que l'auteur a jetés sur notre route nous avertissent de ce dénoûment, et nous y mènent, il y a pourtant là, quoi qu'on dise, une dextérité de main, une précision de ressorts, un agencement de situation qui est digne d'éloges. Il faut bien que cette partie de l'art, encore qu'inférieure, ne soit pas si aisée, puisqu'elle est fort rare.

Ces deux intrigues des deux sœurs, poursuivies chacune de leur côté, se suivent et se croisent, sans jamais se mêler. Elles fournissent aux décors les plus variés et aux mises en scène les plus spirituelles. Henriette est attirée dans une fête que le ravisseur donne à ses jeunes camarades de folie, et rien de plus charmant que ce jardin, doucement éclairé par la lune, et que des lanternes vénitiennes piquent par intervalles de feux multicolores. Louise, l'aveugle, est tenue en laisse par la Frochart qui la mène mendier à la porte de l'église. C'est un matin d'hiver; il neige, des chaises à porteurs sont rangées au fond de la scène; sur le devant, de belles dames, emmitouflées de fourrures, passent suivies de laquais, qui portent leurs livres de messe, et à mesure qu'elles franchissent les degrés de Saint-Sulpice, elles donnent aux pauvres qui en obstruent l'entrée.

Le tableau est charmant; mais l'action qui s'y déroule est des plus touchantes. Si j'avais même un reproche à adresser aux auteurs de la pièce nouvelle, c'est qu'ils ont peut-être forcé la note du sentiment. Cette pauvre Louise est trop malheureuse, et la coquine, aux mains de qui sa mauvaise étoile l'a fait tomber, est une créature trop méchante et trop monstrueuse. Le cœur est serré comme dans un étau; on pleure, mais ce ne sont pas des larmes généreuses, de celles que l'on est heureux et fier de répandre. On a un poids sur la poitrine; c'est une sensation pareille à celle que fait éprouver la vue d'un chirurgien opérant sur un patient qui sue à grosses gouttes. L'impression est très forte, mais elle est presque douloureuse, et l'on souhaiterait d'en être délivré.

La scène où les deux sœurs se retrouvent est de toutes celle qui a produit la plus vive émotion. Louise (l'aveugle) a été emmenée dans le bouge infâme où habite son horrible patronne avec ses deux fils. Henriette, délivrée de ses ennemis, après une foule de péripéties où il est inutile d'entrer, a appris par hasard l'endroit où l'on détient sa compagne. Elle arrive, et ne trouve que la mère Frochart qui, après avoir en vain essayé de nier, finit par lui dire : « Oui, c'est vrai, j'ai eu chez moi une jeune fille, comme celle que vous me dépeignez ; mais elle est morte. » A ces mots, Henriette tombe inanimée.

— Ah ! ça, qu'est-ce que je vais faire de celle-là ? dit la mère Frochart. Il faut que j'aille chercher mon fils aîné, qui me la jettera à la porte.

Elle donne un tour de clef à la chambre où est enfermée Louise, sort et ferme à double tour la porte de la maison. L'aveugle, n'entendant plus de bruit, essaye doucement de sortir de sa chambre. Depuis longtemps, grâce à la complicité du fils cadet de la Frochart, le rémouleur, le boiteux qui l'adore, elle en a dévissé la serrure. Elle descend, se tenant à la rampe, l'escalier qui l'amène de son appartement à la scène. Elle va à tâtons à la porte de sortie pour se sauver. La porte est fermée. Mais elle sait qu'une clef est cachée dans la paillasse du lit de son ami. Elle la cherche, la trouve, va pour ouvrir, quand son pied heurte un corps étendu sans mouvement.

Elle se baisse, le tâte, prend la tête dans ses bras, la soulève, et la tenant embrassée :

— Réveillez-vous, madame, réveillez-vous, lui dit-elle.

La situation était si curieuse, la mise en scène si spirituelle, que toute la salle a battu des mains, et qu'il a fallu que les deux sœurs restassent quelques secondes en cet arrangement de tableau, tandis que l'on applaudissait de toutes parts. Cependant la Frochart est arrivée avec ses deux fils ; la porte s'ouvre, et les sacripants voient avec terreur les deux sœurs réunies. Mais elles ne se sont pas reconnues ; l'une étant aveugle, l'autre toujours évanouie. La Frochart se précipite sur Louise et l'entraîne malgré sa résistance ; l'aîné des deux frères se jette sur Henriette et va l'enlever. Mais Henriette sort de son évanouissement; elle a reconnu sa Louise; elle jette un cri; toutes deux tombent dans les bras l'une de l'autre.

— Nous sommes perdus! s'écrie la Frochart.

— Attends voir! dit le fils aîné.

Son intention évidente est de les tuer toutes les deux, si elles résistent. Ah! je vous jure qu'on aurait entendu voler une mouche dans la salle. Et c'est alors que se produit un de ces coups de théâtre qui enlèvent le succès d'un mélodrame.

Le frère cadet est un pauvre boiteux, une sorte d'avorton qui a toujours tremblé devant son terrible aîné. Mais quand il voit que celle qu'il aime en secret est menacée de mort, il se trouve un autre homme, il s'avance contre le géant:

— A nous deux! lui crie-t-il.

Je n'aime pas beaucoup Taillade à l'ordinaire. Il a été superbe dans cette scène. Ce petit être malingre, souffreteux, s'est relevé soudain; on eût dit qu'il avait dix coudées de haut; sa voix vibrait, éclatante comme la trompette du jugement dernier. Il ne pouvait plus dire une phrase, sans être interrompu par une triple salve d'applaudissements. La salle avait à la lettre perdu la tête, et j'ai rarement vu, devant ce public blasé des premières représentations, un simple mélodrame atteindre ce prodigieux succès.

Les deux frères luttent au couteau; David, comme vous le pensez bien, enfonce son arme dans le ventre de Goliath, qui tombe. Les deux sœurs se sauvent éperdues, et comme l'aveugle demande au vainqueur ce qu'il va faire et s'il ne les accompagne pas:

— Moi! s'écrie-t-il d'un ton farouche, j'attends la justice!

Et le rideau tombe. C'était un délire dans le public. Ce n'était pas seulement la pièce qu'on applaudissait, c'était le mélodrame retrouvé. Songez que depuis l'*Aïeule*, il n'y en avait pas un seul qui eût franchement réussi, que les meilleurs esprits le croyaient mort, à tout jamais. C'était une joie de voir que cette foule, qui passait pour si sceptique, se composait en réalité, comme au temps de nos pères, d'hommes faciles à émouvoir, de ceux que l'on appelle dans l'argot des coulisses : des *gobeurs*. Oui, nous avions tous gobé la pièce !

Il est bien fâcheux que MM. d'Ennery et Cormon n'aient pas su terminer ce mélodrame par un dénoûment ingénieux et inattendu. Celui qu'ils ont imaginé est vieux et vulgaire, et il faudra écourter considérablement la scène où il se consomme. Il ne vaut pas qu'on l'écoute. Mais le succès était si bien lancé que personne n'y a prêté grande attention. Des bravos unanimes ont accueilli les noms des deux heureux auteurs.

2 février 1874.

## II

Je causais ces jours-ci du grand succès des *Deux Orphelines* avec un auteur dramatique, qui a donné aux scènes de genre un grand nombre de pièces agréables, et je lui disais :

— Pourquoi, vous qui avez l'instinct du théâtre, et qui l'avez appris ensuite par étude et réflexion, pourquoi n'essayez-vous pas, vous aussi, de tâter du drame ? J'ai comme une idée que la vogue, qui s'est longtemps attachée aux Variétés, au Palais-Royal, au Gymnase, menace de se retirer d'eux ou tout au moins de se partager. L'avènement du mélodrame est proche; sa restauration pour mieux dire. Vous serait-il donc impossible de vous approprier les procédés des maîtres du genre; et, au besoin, d'en inventer d'autres?

Et il me répondait, à ces ouvertures, qu'il avait été, ainsi que l'un de ses collaborateurs habituels, très frappé de l'attitude du public aux *Deux Orphelines*, et du plaisir extrême que la salle tout entière semblait prendre à cette histoire.

— Mais, ajoutait-il, il y a dans cet art du mélodrame un je ne sais quoi de grossier et de faux, où nous n'arriverons que bien malaisément, parce qu'il nous répugne, et que nous aurons de la peine à nous y résoudre.

Ainsi, tenez, rappelez-vous la grande scène du quatrième acte. Les deux sœurs que la Frochart et son fils Jacques voulaient entraîner de force chacune d'un côté différent ont échappé de leurs mains, se sont rejointes et sont tombées dans les bras l'une de l'autre. Jusque-là, rien à dire. La scène n'est pas seulement très émouvante; elle est également vraie. Le terrible Jacques se précipite sur le groupe, et il est évident que, par peur d'être trahi et livré à la police, il va les égorger toutes les deux.

C'est alors que Pierre le rémouleur, le petit avorton boiteux, se redresse, et se plaçant en face de son grand et redoutable frère : « Halte-là, lui crie-t-il, et à nous deux! »

Et alors, si vous vous en souvenez bien, il s'engage entre eux deux une assez longue querelle où les répliques vont se croisant, aiguës et flamboyantes comme des lames de poignard. A la suite de cette dispute commence une lutte au couteau, qui s'interrompt, qui reprend, et qui se termine par un coup, que le malingre et rachitique petit bancal enfonce dans le ventre de l'énorme Goliath.

Voyez comme la scène ainsi arrangée est fausse! Si

nous avions eu à la faire, nous autres, nous nous serions dit que jamais ce méchant avorton de Pierre n'aurait, dans la réalité, osé braver en face son géant de frère devant qui il avait tremblé toute sa vie. Nous nous serions donc gardé de lui mettre dans la bouche un dialogue qui ne pourrait que provoquer Jacques et l'engager à faire attention, à ramasser, à déployer toutes ses forces. Nous aurions eu d'autant plus raison de supprimer ces bravades, que nous nous serions demandé quelle contenance nous ferions tenir à la Frochart, tandis qu'elles se débitaient. Quoi ! voilà une vieille gredine, qui n'a d'yeux que pour son fils aîné, qui a conspiré, qui a mené jusqu'au bout avec lui un crime abominable ; ce fils est apostrophé par un mauvais petit drôle qu'elle méprise et déteste ; que dis-je, apostrophé ? menacé, mis en danger de mort, et s'il est blessé ou tué, c'est pour elle le gibet, et elle reste là, les bras croisés ou les poings sur les hanches, écoutant la querelle, sans y prendre part. Mais elle devrait sauter à la gorge de Pierre, lui empoigner les deux bras et crier à l'autre : Tue-le ! ou : Garrotte-le !

Qu'aurions-nous donc fait, très probablement, si nous avions eu à composer la scène ? Nous aurions imaginé Pierre le rémouleur tournant en silence autour des couteaux, en saisissant un à la dérobée, se glissant derrière le terrible Jacques, et, sans mot dire, en traître, lui plongeant son poignard dans le dos.

La scène eût été bien plus vraie ; mais elle n'aurait fait aucun effet. En tout cas, elle en eût fait moins que celle de d'Ennery. Car, remarquez-le, ce qui excite tous les soirs de longs applaudissements, c'est chacune des provocations de Pierre le rémouleur. Le public est enchanté des insultes et des bravades que l'avorton crache en plein visage à l'ogre...

Ainsi me parlait l'écrivain avec qui je causais alors, et il ajoutait nombre de réflexions qui tendaient toutes à déplorer que dans le mélodrame la vérité fût presque nécessairement sacrifiée au gros effet.

C'est, lui disais-je, que vous cherchez la vérité où elle n'est pas; c'est que la vérité dramatique n'est pas du tout la réalité. Le vrai au théâtre (c'est un axiome absolu) n'est que ce que le public croit être tel. En d'autres termes, le vrai ne se distingue pas du vraisemblable. Quand on a eu l'habileté de persuader à une salle qu'une chose qu'on lui montre est vraie, elle l'est en effet; peu importe qu'elle soit ou non conforme à l'objet qu'elle représente; il suffit qu'elle puisse être pour le moment prise pour lui.

Dans la scène en question, de quoi s'agit-il? De montrer qu'à de certains moments le sentiment du devoir et la passion centuplent les forces de l'être le plus chétif, tandis qu'au contraire celles de l'homme le plus solide sont affaiblies et comme brisées par la conscience qu'il a de son indignité, par un pressentiment de la punition prochaine. Voilà l'idée à traduire sur la scène sous une forme visible.

Tout ce qui servira à la mieux manifester, à la rendre plus sensible aux yeux, sera par cela même très vrai, encore que peu conforme à la réalité des faits. L'art du dramaturge consistera à faire attendre, à faire désirer au public cette explosion de généreuse colère, chez une créature naturellement timide et faible, mais que pousse l'emportement d'un cœur honnête à une action virile.

Le public ne se dit plus qu'un avorton de cette espèce n'ira jamais s'attaquer de front à un géant; il est tout entier au plaisir de le voir accabler cette énorme brute d'injures méritées; ce n'est plus le boiteux qui parle en ce moment, c'est l'immortelle justice, c'est l'inévitable Peine, que les anciens peignaient boiteuse comme lui. Chacune de ses répliques est comme une traduction enflammée des sentiments secrets qui animent la foule ; elle s'y associe, elle s'y reconnaît.

Et vous venez me dire que tout cela n'est pas vrai ? pas vrais, ces sentiments ? mais je les éprouve ; ils sont donc vrais, puisque je les entends gronder au fond de mon âme ; et vraie en est aussi l'expression au théâtre, puisqu'elle ne fait que mettre au plein vent tout ce qui s'agitait au dedans de moi-même.

Les faits ! les faits ! je m'en moque bien des faits au théâtre. Vous vous croyez, vous poète, obligé de me reproduire la réalité des choses. Mais point du tout, ce que je vous demande, c'est de me rendre sensibles les visions de mon cerveau, c'est de les faire marcher et vivre sur la scène. Votre objectif, mon ami, ce n'est pas du tout la nature ; mais l'image que je m'en fais à moi-même. C'est cette image que vous avez le devoir de me présenter, non plus vague et confuse, comme elle était dans mon esprit, mais distincte, mais arrêtée, et surtout agrandie.

La première loi, la loi fondamentale de l'art dramatique, celle de qui découlent toutes les autres, c'est qu'une pièce, s'adressant toujours à douze cents spectateurs assemblés, ne doit rien admettre qui ne soit capable d'émouvoir douze cents spectateurs assemblés. Si la réalité ne fait pas l'effet à ces douze cents personnes d'être vraie, c'est la réalité qui a tort. La vérité, c'est ce qui est tourné de façon à paraître vrai à douze cents personnes, prises au hasard et écoutant à la fois.

On se récrie là-dessus : « Ainsi, à votre avis, tout l'art d'un écrivain consiste à mettre dedans son monde. »

A le mettre dedans, vous l'avez dit. Et ce n'est pas déjà si facile ! Allez-vous-en derrière les coulisses, et regardez un décor qu'on pose. Vous voyez au beau milieu de la toile un horrible emplâtre de couleur, qui fait saillie auquel vous seriez tenté d'accrocher votre chapeau. — Ah! fi! l'ignoble tache! — Oui, mais retournez dans la salle, cette ignoble tache est un point lumineux qui colore le paysage et qui éblouit l'œil. Le peintre décorateur a mis dedans le public. A l'aide d'un informe badigeon, qui ne ressemble à rien, il lui a fait croire à un ciel violemment éclairé. C'est l'histoire du dramaturge.

C'est du cœur de la foule qu'il tire sa ligne de perspective. Les faits ne sont pour lui qu'une matière inerte, un grossier amas de couleurs, dont il barbouille sa toile, ne se souciant que de l'effet qu'elle produira par delà la rampe sur douze cents spectateurs assemblés.

Les maîtres de l'art ne se sont peut-être pas formulé cette théorie. On les voit l'appliquant sans cesse.

On jouait dimanche dernier, aux matinées littéraires de Ballande, le *Distrait*, de Regnard, et comme j'étais chargé de faire la conférence, je m'étais amusé à chercher ce qu'en avaient dit les critiques du temps passé.

Il y a dans le *Distrait* une scène fort gaie, une vraie scène de vaudeville, et que nos vaudevillistes ont, en effet, souvent reproduite. Lucile est en conférence avec son amant le chevalier, quand la grand'mère, M^me Grognac, survient à l'improviste. Le chevalier se fait aussitôt passer pour le maître d'italien de la jeune personne, feint de lui donner leçon et lui enseigne, à la barbe de la vieille, le verbe, *io amo*, dont il lui apprend à varier toutes les inflexions.

Geoffroy, le fameux critique des *Débats*... Savez-vous bien que si nous vous donnions aujourd'hui des feuilletons comme ceux qu'écrivait Geoffroy, si célèbre en son temps, vous ne pourriez pas nous lire. Il est vrai que nos articles d'aujourd'hui, si jamais nos petits-fils s'en occupent, leur paraîtront horriblement démodés... Geoffroy donc, prenant cette scène à partie, lui reproche durement de n'être point vraie. Comment admettre, dit-il, que M^me Grognac, une matrone si sévère, laisse sa petite-fille conjuguer si tendrement le verbe *io amo* avec un inconnu qui se mo... e d'elle ?

Eh ! mon Dieu ! c'est tout simplement qu... fait de l'effet. Sans doute il n'est pas vrai qu... ière, trouvant sa petite-fille en conférence secrè... ec un jeune et beau seigneur, en habit de cour, le ... ne pour un pauvre maître d'italien ; il est moins vrai encore qu'elle lui permette d'achever une leçon imaginaire, dont la folie même lui devrait ouvrir les yeux. Mais le public l'accepte, cela suffit. Il y a des conventions pour le vaudeville comme pour le mélodrame. Quand le public veut bien s'y laisser prendre, tout est dit, il n'y a plus à réclamer.

Chaque spectateur pris à part sait fort bien que la scène est absurde et ridicule, à la regarder de trop près. Mais du moment qu'ils sont douze cents réunis, ils consentent à n'en voir que le côté plaisant ; ils tendent leurs yeux au bandeau que leur attache l'auteur, et ils s'amusent. Que leur faut-il davantage ?

Le vaudeville tout entier, le vaudeville moderne est fondé sur une convention de cette espèce. L'écrivain dit à son public : Voilà une situation dont vous ne trouverez l'analogue dans aucune réalité ; je le sais comme vous, mais elle est comique ; avez-vous envie de rire et venez-vous ici pour cela ?

— Sans aucun doute, répond le public.

— Alors, vous me passez mon chevalier pris pour un maître d'italien.

— Assurément.

— Ce ne serait pas la peine de vous prêter si bénévolement à cette méprise, si je n'en devais rien tirer de plaisant. Vous me donnez donc liberté d'aller jusqu'au bout.

— Allez-y.

Et il y va, et il a cause gagnée s'il remplit la condition imposée, qui est de faire rire. Le critique a donc tort, qui, rentrant en lui-même, après réflexion, démontre que la scène n'est pas vraie, et la condamne sur ce motif. Tu as tort, mon ami; la scène de Regnard est vraie puisque elle est comique : comme la scène de d'Ennery est vraie puisqu'elle est touchante.

Autre exemple. Je suis allé mardi dernier à la Comédie-Française, où l'on jouait l'*Avare*, de Molière, et l'*Honneur et l'Argent*. Les habitués du mardi ne sont heureusement arrivés qu'après le chef-d'œuvre de Molière, en sorte qu'il a été joué devant une salle à demi vide, mais facile à amuser. Il a été extrêmement goûté. Et comme j'étais poursuivi par le souvenir de ma conversation avec mon ami l'auteur dramatique, je guettais, en l'écoutant, une de ces scènes, qui sont si nombreuses chez Molière, où il préfère l'effet dramatique à la vérité vraie.

Vous souvenez-vous du fameux *sans dot* d'Harpagon. Ce *sans dot* coupe court à toutes les bonnes raisons que présente Valère à l'avare pour l'engager à ne point donner sa fille à un vieillard. Harpagon entend un chien aboyer, prend peur pour son trésor et laisse les deux amants seuls. Il revient bientôt et va surprendre leur conversation, quand Valère l'aperçoit, change de ton : « Oui, dit-il très haut, il faut qu'une fille obéisse à son père... etc., etc. » Harpagon est enchanté et renvoie sa fille qui sort; pour lui, il veut rester à causer avec Valère qui l'interrompt :

— Monsieur, je vais la suivre pour lui continuer mes leçons.

— Tu m'obligeras.

— Il faut lui tenir la bride un peu haut.
— Cela est vrai.

Le dialogue continue ainsi quelque temps ; Harpagon tire de son côté, et s'arrête un instant pour écouter, sans faire semblant de rien, ce que va dire son intendant ; Valère alors se plante devant la porte par laquelle Élise est sortie il y a cinq bonnes minutes au moins, et s'adressant à cette porte, il lui crie à tue-tête :

— Oui, l'argent est plus précieux que toutes les choses du monde, et vous devez rendre grâce au ciel de l'honnête homme de père qu'il vous a donné. Il sait ce que c'est que de vivre. Lorsqu'on s'offre de prendre une fille sans dot, on ne doit point regarder plus avant. Tout est renfermé là dedans ; et *sans dot* tient lieu de beauté, de jeunesse, de naissance, d'honneur, de sagesse, de probité.

Eh ! bien, voyons, à ne considérer la scène qu'au point de vue de sa ressemblance avec la réalité, en est-il une moins vraie ? Voilà un homme qui veut duper Harpagon, lequel après tout n'est pas un imbécile. Quel moyen va-t-il choisir ? Il adresse à une personne qui visiblement n'est plus là, qui ne peut l'entendre, un long discours qu'il doit savoir tomber dans l'oreille d'un autre ! Il parle à une porte ! Y a-t-il là ombre de vraisemblance ? ombre même de sens commun ? La ruse est si grossière, le fil blanc dont elle est cousue si apparent, que jamais, dans la vie ordinaire, un homme, fût-il le dernier des sots, ne s'y laisserait prendre.

Oui, mais la scène est d'un grand effet, et lorsque Harpagon, après avoir écouté toute cette belle harangue, s'écrie dans un transport de joie : « Ah ! le brave garçon ! Voilà parler comme il faut ! » toute la salle éclate de rire.

C'est que Molière part toujours, non de la réalité du fait, matière vile dont il ne prend pas de souci, mais de l'idée qu'il veut enfoncer dans l'esprit de douze cents spectateurs réunis. Quelle est cette idée? C'est qu'un homme préoccupé d'une passion est la dupe, bien moins des pièges qu'on lui tend, que de cette passion même. Plus le piège sera énorme et crèvera les yeux, plus l'idée sera mise en relief, et il faut que le relief soit très puissant pour frapper à la fois l'imagination de douze cents personnes.

Et si nous ne sommes pas frappés!... dame! si nous ne sommes pas frappés, c'est que l'auteur a manqué son coup, et nous sommes en droit alors de nous retourner contre lui, de le crosser à grands coups de pied, et de lui dire : « Le théâtre est l'image de la vérité, et tu ne nous la donnes pas, la vérité! » Nous n'y manquons pas, en général, et, si nous étions sages, nous lui dirions plus simplement : « Tu avais promis de nous mettre dedans, et tu n'y as pas réussi, tu n'es qu'un pleutre! »

On a souvent remarqué que de toutes les œuvres de l'esprit, il n'y en a point qui vieillissent aussi vite, qui s'écaillent par aussi larges morceaux que les pièces de théâtre. Voyez combien il en reste peu, que l'on puisse revoir au bout de vingt ans; et après un siècle? C'est de tous les genres, celui qui a été le plus cultivé en France, et avec le plus de succès; dans ce torrent de drames et de tragédies qui a coulé sans interruption depuis trois cents ans à travers vingt théâtres, à peine surnage-t-il (Molière excepté) une dizaine d'ouvrages. Savez-vous pourquoi?

Les raisons sont nombreuses; la principale, c'est que les moyens par lesquels on réussissait à mettre dedans douze cents personnes au dix-huitième n'ont souvent aucune action sur les douze cents spectateurs du dix-neuvième. Les vieilles conventions sont tombées et d'autres ont pris la place; le public, qui n'est plus dupe de l'illusion préméditée par l'écrivain, lui demande compte des entorses données par lui à la vérité vraie. Les chefs-d'œuvre seuls échappent à ces variations du goût.

Les uns parce qu'en effet ils ont pris la vérité toute vive, et ils ont eu l'art, sans la dénaturer, de lui donner tout le relief nécessaire pour produire l'effet dramatique. Les autres, parce qu'ils ont imprimé un cachet si puissant aux conventions dont ils ont usé, qu'elles sont devenues, en quelque sorte, sacrées et que, par tradition classique, elles continuent de faire chez eux sur la postérité l'effet qu'elles ont été jadis chargées de faire sur les contemporains. Cette seconde explication s'applique à un bien plus grand nombre d'œuvres que la première.

9 février 1874.

# CAMILLE DOUCET

## LE FRUIT DÉFENDU

Parlons du *Fruit défendu*, que la Comédie-Française vient de reprendre, non sans éclat.

M. Desrosiers a trois nièces, Claire, Marguerite, qui sont les aînées, et Jeanne, qui est la cadette. C'est tout l'héritage que lui a laissé sa sœur : Votre mère, leur dit-il lui-même,

> Votre mère en mourant me légua tout son bien,
> Trois filles sans fortune à moi qui n'avais rien.

Il a travaillé pour elles ; il s'est établi médecin au Mont-Dore :

> Là, le nouveau docteur et ses petites filles
> Firent sensation... Vous étiez si gentilles !
> Je ne valais pas mieux qu'un autre, assurément ;
> Mais dès que l'on vous vit, on me trouva charmant.

Il est devenu riche. Son rêve a toujours été de marier un sien neveu, Léon Desrosiers, avec l'une de ses jolies cousines. Il les lui a discrètement offertes l'une après l'autre, Claire d'abord, puis Marguerite. Mais Léon s'est esquivé. Ce n'est pas qu'il ait peur du mariage; mais il ne s'est senti de goût pour aucune de ces jeunes filles, qu'on avait l'air de lui jeter à la tête. Comme il n'avait qu'à tendre la main pour cueillir ce fruit, il ne s'en est pas soucié. Il est de ceux qui n'ont envie de mordre qu'au fruit défendu.

Le bonhomme d'oncle en a pris son parti, non sans chagrin. Il a trouvé à établir à la fois ses deux nièces. Il a remarqué que Claire aimait le bal, le plaisir, tout le remue-ménage d'une existence mondaine; il l'a mariée à Gustave de Varenne, un Parisien qui est connu au faubourg, où il possède un hôtel, pour ses habitudes de luxe et de haute vie. Il a observé, au contraire, chez Marguerite, le goût de la campagne et d'un bien-être paisible. Il l'a donnée à Paul Jalabert, un meunier, qui s'est retiré de la farine, après fortune faite, et qui s'est acheté à Brunoy un château où M. Desrosiers compte que sa nièce vivra heureuse, moitié châtelaine et moitié fermière.

Mais là encore le fruit défendu joue des siennes. Gustave de Varenne aspire au repos de la campagne, qui semble lui être interdit par contrat; et Paul Jalabert jette un regard curieux sur les plaisirs affriolants de la vie parisienne, dont il a été sevré. Si bien que tous deux troquent l'un contre l'autre l'avenir qui leur était réservé :

— Voulez-vous mon hôtel de Paris? dit Gustave de Varenne au meunier.

— Voulez-vous mon château de Brunoy? demande Jalabert à son beau-frère.

Tope donc, et affaire conclue. Le Parisien ira aux champs; le campagnard s'installera à Paris. Les deux femmes suivront leurs maris dans ce chassé-croisé. La sédentaire sera jetée dans le tourbillon du monde; la Parisienne ira tourner ses pouces en province.

Vous reconnaissez dans la symétrie de ces arrangements le paralléllisme cher aux auteurs comiques de la Restauration. Chaque scène avait toujours son pendant, qui lui faisait opposition; c'était le goût de l'antithèse, qui est si français, transporté au théâtre. Ces ingénieux parallélismes ne nous choquent pas trop, alors même qu'ils sont, comme ici, trop fortement accusés. Nous aimons dans tous les arts voir des parties qui se répondent ou s'opposent avec une juste symétrie; le plaisir est cependant plus vif quand le poète, le peintre ou l'architecte a l'art de dérober aux yeux le secret de ces rapports, qui ne se fait plus sentir qu'à l'esprit. Prenez telle des anciennes pièces de Pailleron, le *Premier mouvement* par exemple. Vous y trouverez sans cesse des scènes qui s'opposent l'une à l'autre avec un parallélisme étudié et voulu. C'est un système commode aux débutants; Pailleron n'en a gardé aujourd'hui que le sentiment général du rythme.

Quand Léon Desrosiers a appris que ses deux cousines se mariaient, cette nouvelle lui a retourné le cœur. Il n'avait pas voulu ni de Claire, ni de Marguerite; on les a données à d'autres. Elles deviennent le fruit défendu. Le voilà qui les aime toutes les deux comme un fou et qui va leur faire la cour.

— A toutes les deux à la fois?
— Oui, à toutes les deux à la fois.

Mais savez-vous que c'est fort immoral?

Ce serait sans doute fort immoral dans une comédie où l'auteur se proposerait pour dernier but de peindre les mœurs des hommes et mettrait en scène des caractères étudiés et vrais. Mais nous avons ici une espèce particulière de comédie, ou plutôt de vaudeville, car le *Fruit défendu* n'est qu'un vaudeville en vers. Il ne s'agit que de mettre sous une forme dramatique une vérité de sens commun.

Quelle est cette vérité en l'espèce? C'est que l'homme, depuis le jour où Ève a mordu à la fatale pomme et en a fait manger à son mari, n'a cessé d'aimer le fruit défendu. Tout ce qui servira à mettre cette idée en relief sera le bien-venu; l'auteur ne perdra point son temps à chercher des faits pris sur le vif de la réalité, à montrer des hommes vrais agissant, selon un caractère déterminé, en vertu de ces faits qui sont la trame de l'action. Non, il n'est pas question de tout cela. C'est une manière de conte philosophique.

Les faits y sont imaginés pour les besoins de la cause, et les personnages sont des créatures idéales, des fantoches, si vous voulez, des polichinelles que l'auteur manœuvre à son gré en guise d'arguments. Vous ne prenez pas Zadig au sérieux; vous ne tremblez ni ne vous apitoyez sur les malheurs dont il est victime. Vous savez que Zadig est un pur concept de l'esprit philosophique. Eh! bien, il en va de même de Léon Desrosiers. Il fait la cour à ses deux cousines, déjeunant chez l'une le matin, dînant chez l'autre le soir, les accablant de déclarations et de petits cadeaux. Ce serait une conduite fort vilaine, abominable même, si elle tirait à conséquence, mais Léon Desrosiers n'est pas un Lovelace; c'est une marionnette qui sert à prouver simplement que le fruit défendu est toujours le plus agréable.

Aussi je suis bien tranquille sur les suites de ses équipées. Je sais que l'auteur les arrêtera juste au point où elles ne se tourneraient plus en preuves de l'idée première. Si Léon triomphait d'une de ses cousines ou de toutes les deux, les maris s'en apercevraient, se fâcheraient, ça serait une autre pièce. Nous nous écarterions du fruit défendu. Nous oublierions le *quod erat demonstrandum* pour nous intéresser à des aventures émouvantes.

Léon Desrosiers n'est donc pas immoral, car il n'y a

point d'immoralité à faire la démonstration d'une vérité morale. Il pousse sa pointe près de ses cousines, et, comme toujours, les deux maris ne s'aperçoivent de rien. Tous deux sont enchantés d'avoir quelqu'un qui les distraie de leur ennui. Car le meunier commence à en avoir par-dessus la tête du tracas de la vie parisienne, et l'ex-viveur bâille démesurément à la campagne. Ni l'un ni l'autre n'ont plus trouvé de saveur au fruit dès que ce fruit n'a plus été le fruit défendu.

Leurs femmes ne s'amusent pas davantage, car chacune a conservé ses goûts respectifs. La Parisienne déportée à Brunoy écoute par désœuvrement les doux propos de son cousin ; la campagnarde se sauve du tracas des réceptions mondaines dans la conversation de ce même cousin.

L'oncle Desrosiers ne tarde pas à s'apercevoir du manège. Il a encore une nièce à placer. Il ne commettra pas cette fois la faute de l'offrir au jeune homme, qui ferait sans doute encore une fois la grimace. Il prend son neveu à part :

— Je vois que tu aimes Jeanne, lui dit-il à l'oreille... Si, je m'en suis aperçu... J'aurais souhaité ce mariage, mais tu viens trop tard.

> Au nom de ma tendresse et de mes cheveux blancs,
> Je t'en prie... à vingt ans, ce mal-là se répare :
> Cherche ailleurs ; un obstacle éternel vous sépare.

Quel obstacle ? l'oncle ne s'explique pas sur ce point. Mais voilà le neveu inquiet. On lui refuse Jeanne ; il la regarde avec plus d'attention. Elle est charmante ; c'est M<sup>lle</sup> Reichemberg. Et de temps à autre, comme pour fouetter son désir, l'oncle passe derrière lui, répétant d'une voix solennelle sa phrase : Un obstacle éternel vous sépare.

Léon se prend au piège. Aussi bien, par un revirement

symétrique, les deux ménages viennent-ils de changer encore une fois, comme dans une partie du jeu des quatre coins : le meunier retournant à Brunoy, qu'il n'aurait jamais dû quitter ; le viveur revenant à Paris, où il avait ses goûts et ses habitudes. Les femmes n'auront plus le loisir ni le goût de s'en laisser conter par leur cousin.

Le voilà amoureux fou, ce cousin, amoureux justement de celle dont il est séparé par un obstacle éternel, amoureux du fruit défendu. Il se jette aux genoux de son oncle, qui sourit traîtreusement dans sa vieille barbe. Il lui demande Jeanne avec une chaleur très divertissante :

> Las de tout adorer sans rien aimer jamais,
> Mon cœur impatient est fixé désormais.
> Au nom de vos bontés pour toute la famille,
> Je serai votre fils si Jeanne est votre fille ;
> Je vous en prie au nom de votre frère... au nom
> De mon père...

Jamais ! répond le bonhomme, qui s'applaudit tout bas de son stratagème. Il sait bien ce qu'il fait. Léon va s'adresser à Jeanne elle-même et la jeter dans ses intérêts. Et ne craignez pas d'avoir là non plus une scène de passion emportée et brûlante. Non, Léon ne marquera de transports que juste ce qu'il en faut pour prouver l'idée de la pièce. Ce qu'il aime, c'est bien Jeanne, si vous voulez, mais c'est surtout le fruit défendu. S'il se répandait en effusions de tendresse poétique, il détournerait le public du but de l'ouvrage, que l'oncle Desrosiers résume dans ces deux vers, par où il conclut la pièce : J'étais, dit-il, en souriant, à Jeanne :

> J'étais le vieux serpent ; toi le fruit défendu.
> C'est le neuvième chant du *Paradis perdu*.

C'est la comédie telle que l'ont entendue et pratiquée les Andrieux et les Collin d'Harleville. Ce genre de comédie existe toujours ; mais il ne se traite plus en vers à la Comédie-Française. Il se réduit plus ordinairement aux proportions du vaudeville, et du vaudeville en un acte. La *Brebis de Panurge* est un des modèles de ce genre.

M. Doucet y porte ce même agrément que les gens de mon âge aiment encore dans les pièces de Collin d'Harleville, qui semble avoir été son modèle et son maître. Jamais le mot d'Horace : *gratiæ decentes* ne s'est mieux appliqué qu'à l'un et à l'autre de ces deux aimables écrivains. Collin d'Harleville a défini lui-même, dans les *Châteaux en Espagne*, la sorte d'esprit qu'il prisait : Ce n'est pas, dit-il,

> Ce n'est pas cet esprit persifleur et brillant
> Qui s'exhale en bons mots, en légères bluettes,
> Mais un esprit solide et juste autant que fin,
> Soutenu, délicat, et... de l'esprit enfin.

C'est justement l'esprit de M. Camille Doucet : du bon sens aiguisé. Prenez ce couplet, où de Varenne, le viveur exilé à la campagne, conte à son beau-frère que décidément il regrette son Paris d'autrefois :

> Un fol entêtement m'empêchait de me plaindre ;
> Mais tant pis ; je suis las de souffrir et de feindre.
> Je suis las de pêcher du matin jusqu'au soir,
> De manger tous les jours des goujons et d'en voir ;
> Las surtout d'admirer la lune et les étoiles...
> Vive Paris ! j'y veux rentrer à pleines voiles.
> Ce brave Jalabert ! tu te moquais de moi ;
> N'est-ce pas ? enterré sous un saule à Brunoy,
> Ton pauvre ami devait te paraître bien drôle !...
> Pendant six mois j'ai pris au sérieux mon rôle ;
> Tremblant pour mon honneur que nul ne menaçait,
> Dans cette Thébaïde où l'ennui me pressait,
> Me vois-tu verrouillant la vertu de ma femme,
> Comme les vieux tyrans de l'ancien mélodrame ?
> Mais la raison revint, et je compris un jour

> Que je m'emprisonnais moi-même dans ma tour ;
> Que j'étais bien nigaud, quand ma femme est si sage,
> De lui faire porter des fers que je partage,
> Et de nous condamner pour une illusion
> Au supplice éternel de la réclusion.

Cette manière aisée, coulante, d'où la couleur est absente et le pittoresque banni, d'une élégance pédestre et d'une grâce un peu molle, est celle de Collin d'Harleville et de M. Doucet. M. Doucet cultive, comme son maître, l'inversion, que la poésie contemporaine affecte de mépriser. Vous savez la condamnation terrible prononcée contre elle par Théodore de Banville en son traité de versification. Il arrive au chapitre intitulé : *Inversion*, et ce chapitre se compose de ces quatre mots : Il n'en faut pas. Et il passe.

On en trouve beaucoup chez M. Doucet, comme chez Casimir Delavigne, comme chez tous les poètes de la Restauration :

> D'un bal qu'elle donnait tu l'as vue alarmée ;
> D'en donner tout l'hiver elle sera charmée ;
> A celui d'hier soir, sans qu'on le remarquât
> Il était à coup sûr aisé qu'elle manquât...
> De danser avec toi le premier j'ai l'espoir...

Ces inversions étaient, en ce temps-là, comptées comme des élégances.

C'étaient de fausses élégances ! et il me semble bien que sur ce point Banville a raison.

> J'ai l'espoir de danser avec toi le premier

n'est peut-être pas très poétique. Mais c'est en tout cas d'un prosaïsme bon enfant. Si vous mettez :

> De danser avec toi le premier j'ai l'espoir,

vous ajoutez la prétention au prosaïsme.

Le grand charme, le charme exquis des œuvres de Collin d'Harleville, c'est qu'il était bon, et que cette bonté luisait doucement dans ses vers. Y a-t-il un couplet plus délicieux que celui de l'optimiste, qui, voyant ses amis empressés à le consoler d'un malheur, s'écrie, parlant de la consolation :

> Par elle on souffre moins... on souffre moins, que dis-je ?
> Il faut plaindre celui qui jamais ne s'afflige,
> Et que les coups du sort n'avaient point accablé.
> Il n'a pas le bonheur de se voir consolé.
> Pour moi, toujours content, sans chagrin, sans alarmes,
> Je n'avais point encor versé de douces larmes ;
> Personne jusqu'ici ne m'avait plaint, hélas !
> Je me croyais heureux et je ne l'étais pas.

Que ce dernier vers est joli ! On dirait un vers de Térence. Le bon Collin abonde en traits pareils :

> Eh quoi ! mon cher ami, vous faites des heureux,
> Et vous doutez encor si vous-même vous l'êtes !

Et plus loin :

> Quoique votre offre ait eu le malheur de déplaire,
> C'est avoir fait le bien que l'avoir voulu faire.

Le Desrosiers de M. Camille Doucet a quelque chose de cette indulgence souriante que Collin d'Harleville a donnée à son optimiste. Peut-être aussi a-t-il un peu plus de malice piquante. Mais c'est la malice d'un vieillard aimable, qui, comme il le dit lui-même, met sa coquetterie à faire le bonheur des autres. Que de bonhomie dans ces vers :

> Vous valez mieux que moi, vous n'avez pas trente ans ;
> Il m'est permis du moins, ayant deux fois vos âges,
> D'être pour le vin vieux et pour les vieux usages.

Et encore :

> La mode avec fureur m'adopta tout de suite,
> Tant votre bonne grâce augmentait mon mérite ;
> Il semblait que chacun se fût fait une loi
> De ne pouvoir mourir et guérir que par moi.

Et plus loin :

> Moi, dans un petit coin, assis sur une chaise,
> Je vous regarderai danser tout à mon aise ;
> Heureux de vos plaisirs sans en être envieux,
> J'aime les jeunes gens quand ils ne sont pas vieux.

Tout cela n'est-il pas bien aimable ? On préfère à cette heure des œuvres qui ont, comme on dit, plus de ragoût ; et je crois que l'on n'a pas tort. Mais le *Fruit défendu* est un très agréable spécimen d'un art qui a fait les délices de nos grands-pères et qui est perdu aujourd'hui. Il méritait à ce titre d'être remis sous les yeux des générations nouvelles. Elles l'ont accueilli avec beaucoup de déférence et ont témoigné même qu'elles y trouvaient encore de quoi s'y plaire.

31 mai 1886.

# EUGÈNE LABICHE

## LE CHAPEAU DE PAILLE D'ITALIE

Le *Chapeau de paille d'Italie !* Alors, c'est ça, me disait, tout déconfit, un jeune homme, l'autre soir, au sortir des Variétés. C'est ça qui vous a tant amusés il y a cinquante ans ! C'est ça dont vous avez fait un chef-d'œuvre !

Oui, mon ami, c'est ça. Oui, mon ami, le *Chapeau de paille* a été un chef-d'œuvre, et ce qui vous étonnera peut-être davantage, le chef-d'œuvre d'un genre qu'il a créé. Il a fait révolution en son temps.

Cette idée de promener à travers des incidents burlesques, incessamment renouvelés, un monsieur toujours et partout suivi de sa noce, cette idée qui nous paraît si simple aujourd'hui, était à cette époque quelque chose de nouveau et même de monstrueux; de si monstrueux que, lorsqu'on apporta la pièce au père Dormeuil, il recula d'horreur. Refuser une pièce de Labiche, cela n'était guère possible; il déclara donc qu'il jouerait la pièce, mais qu'il n'en verrait pas la première représentation, ne voulant point assister en personne au déshonneur de son théâtre.

Que voulez-vous ? Il ne connaissait que la pièce bien faite. Il y croyait de toute la force de ses habitudes et de son goût. Comment se fût-il douté que, dix ans plus tard, la coupe nouvelle une fois admise et consacrée par le public, le *Chapeau de paille* deviendrait le modèle des pièces bien faites.

C'est, hélas ! le malheur du *Chapeau de paille !* Il a été, durant un demi-siècle, le patron sur lequel on a taillé d'innombrables vaudevilles. On a repris toutes ses inventions, on a reproduit, en les démarquant, toutes ses plaisanteries, si bien qu'à cette heure, quand on vous le remet à la scène, pour vous autres jeunes gens, qui n'êtes pas comme nous mis en garde par la magie des souvenirs, vous vous écriez naturellement : « Comme c'est vieux, tout ça ! Ça a traîné partout ! Et c'est ça qu'on admirait si fort ? C'est ça dont on riait tant ? »

Je me rappelle avoir éprouvé la même déception en ma jeunesse, lorsque, dans une représentation à bénéfice, Odry, très vieux alors, reprit pour un soir les *Saltimbanques*, de Dumersan. Ces *Saltimbanques !* Dieu sait si j'en avais entendu parler. Mon père savait la pièce par cœur et m'en avait bien des fois, pour m'amuser, récité des scènes, dont je pâmais de rire. Je comptais m'amuser énormément. Le public, évidemment, était venu dans la même idée, avec la même certitude. Je m'en souviens très bien : la représentation fut morne. Cette pièce, qui est pourtant une pièce type, et peut-être même parce qu'elle est une pièce type, nous parut horriblement vieillie et démodée. Tous les mots étaient devenus proverbes et avaient passé dans la conversation courante, de sorte qu'ils n'avaient plus le piquant de la nouveauté. Ce dialogue n'était plus qu'un ramassis de lieux communs.

Je me suis souvent demandé pourquoi Molière est le seul qui résiste à cette épreuve. Nous l'avons tous lu, vu jouer, étudié, récité. Pourquoi paraît-il toujours jeune? Pourquoi son dialogue, dont tous les mots ont passé en citations quotidiennes, n'est-il pas fatigué? Pourquoi n'a-t-il pas perdu l'attrait de la nouveauté? D'où vient que nous ne nous lassons jamais d'entendre les *Fourberies de Scapin*, qui ne sont, dans l'œuvre du grand comique, qu'une improvisation rapide jetée sur un canevas italien, une simple bouffonnerie qui faisait faire la grimace au sévère Boileau? tandis que la gaieté du dialogue des *Sallimbanques* et du *Chapeau de paille* s'est évaporée?

Ce qui complique le problème, c'est qu'à la lecture les *Sallimbanques* et tout le répertoire de Labiche amusent follement les générations nouvelles. C'est là un fait dont j'ai eu cent fois la preuve, que vous pouvez d'ailleurs, si le cœur vous en dit, vérifier vous-même. Prenez-moi quelque soir, où vous serez de loisir et de bonne humeur, un volume de Labiche et ouvrez au hasard. Vous partirez de rire à la première page. Au théâtre, ces mêmes plaisanteries sentent le défraîchi, le rance. Pourquoi? S'il y eut un homme de théâtre au monde, c'était pourtant bien Labiche! Si quelqu'un me peut apporter l'explication du problème, il me fera plaisir. Oh! je sais que l'on m'en contestera les données. On me niera ou que Molière amuse toujours, ou que Labiche n'amuse plus autant à la scène. Peut-être cependant suis-je sur ces questions de fait aussi documenté que personne. Toutes les personnes qui, en France, s'occupent passionnément de théâtre me font l'honneur de m'écrire leurs impressions. Je ne cause guère que d'art dramatique avec les gens que je rencontre. Il me semble qu'au théâtre je suis Monsieur tout le monde, et je voudrais bien savoir pourquoi Monsieur tout le monde ne goûte plus aussi vivement la bonne, franche et savoureuse gaieté de Labiche.

Il est certain que l'autre soir, aux Variétés, en face de ce fameux *Chapeau de paille d'Italie,* le plaisir a été fort mêlé. Il faut bien dire aussi que la pièce n'a pas été bien jouée. Peut-elle l'être encore? Chaque génération forme ses artistes à son image. Nous regrettons ce prodigieux Grassot, et Ravel, et le petit père Armand, qui fut le sourd idéal, et tous les autres interprètes de la création. Sommes-nous bien sûrs que leur jeu ne nous paraîtrait pas d'un excessif très démodé? Les nôtres de leur côté ne peuvent plus entrer dans le sens de ce comique, qui n'est plus celui de 1898. La disparate est trop forte entre ce qu'ils ont à dire et la façon dont ils sont, et par leurs habitudes et par le goût du public, obligés de le dire. Il leur est impossible d'être bons.

Ils ne l'ont pas été. Ah! fichtre, non; ils ne l'ont pas été. Faisons exception pour Baron, dont le comique extravagant s'accommode mieux de ces énormes bouffonneries. Il m'a semblé aussi que l'interprétation se sentait d'études trop hâtives. Les ensembles n'étaient pas tous réglés avec le soin qu'on apporte d'ordinaire, dans ce théâtre, à cette partie de l'art.

6 juin 1898.

# LE VOYAGE DE M. PERRICHON

## I

On a joué cette semaine au Gymnase le *Voyage de M. Perrichon*, comédie en quatre actes, de MM. Labiche et Édouard Martin. Cette pièce a complètement réussi. Elle est fort lestement conduite; elle est spirituelle, elle est gaie, d'une gaieté qui n'est point grossière, bien qu'elle n'ait pas la moindre prétention. Le public a beaucoup ri, beaucoup applaudi : elle vaut donc la peine qu'on en parle un peu plus au long et qu'on l'étudie d'un peu plus près.

Le dirai-je? Je suis très fâché contre les auteurs de cette aimable comédie. Ils avaient dans les mains de quoi faire une œuvre excellente, et qui serait restée au répertoire; ils ont improvisé en courant une spirituelle et amusante ébauche, qui divertira durant quelques mois le public parisien, et tombera ensuite dans l'oubli. Je sais bien qu'ils n'en demandent pas davantage, mais c'est précisément ce dont je me plains. Il est bien fâcheux que des hommes si heureusement doués, au lieu de concentrer leurs forces sur une seule comédie, comme font d'autres écrivains qui ne les valent peut-être pas, s'éparpillent en vaudevilles éphémères. C'est là un déplorable gaspillage.

M. Labiche est un des esprits les plus féconds de ce temps; on trouve au fond de ses moindres bluettes une idée de comédie. Il sait poser une pièce, il sait la mener vivement au but; il a le mot drôle, il a le trait fin et vif. M. Édouard Martin a, de son côté, un fonds inépuisable de gaieté. La plaisanterie chez lui jaillit de source; elle n'est pas toujours fort distinguée, mais elle est plaisante, et c'est bien quelque chose. On trouve dans tout ce qu'il écrit des traits d'observation vraie qui font éclater le rire. Rien de bien profond ni de bien délicat; mais tout est tourné au comique, et il n'y a pas de sérieux qui tienne contre la verve de ses bons mots.

Ces deux hommes s'unissent ensemble; ils apportent à l'œuvre commune des qualités de premier ordre; ils ont le bonheur si rare de mettre la main sur un vrai sujet de comédie. Vous croyez qu'ils vont le creuser longuement, qu'ils vont en faire sortir, par la réflexion et le travail, une belle œuvre qui marquera dans l'histoire du Vaudeville? point du tout : ils sont pressés; ils bâtissent en quelques jours un scénario; ils vont à bride abattue tout au travers du dialogue, s'abandonnant à l'inspiration du moment, semant à pleines mains les traits d'observation et les mots plaisants qu'ils rencontrent dans leur course, mais n'étudiant rien, ne cherchant rien, et ils font en quelques semaines le *Voyage de M. Perrichon* : une œuvre charmante, je l'accorde, une œuvre qui m'a beaucoup amusé, pour ma part, mais enfin une œuvre qui laisse rêver encore quelque chose de mieux, et qui en donne le regret.

Quel admirable sujet ils avaient trouvé! Jugez-en vous-même. C'est une vérité, vieille comme le monde, qu'on s'attache aux gens beaucoup moins par le bien qu'on en reçoit que par celui qu'on leur fait; qu'on cherche plus volontiers les yeux de son obligé que ceux de son bienfaiteur, et qu'enfin la reconnaissance est aussi lourde à qui la doit, qu'elle est légère à qui l'exige. Un vaudevilliste disait un jour qu'il y a une comédie dans tout proverbe. — Sans doute, mais il ne reste plus qu'à l'en tirer, et cela n'est pas commode. Voyez comme s'y est pris M. Labiche.

M. Perrichon, un Prudhomme retiré du commerce, a résolu de faire un voyage en Suisse avec sa femme et sa fille, — une jolie fille, qui est ornée d'une jolie dot. Deux jeunes gens, deux amis, Armand et Daniel, ont rencontré cette jeune fille dans un bal. Tous deux l'aiment, tous deux veulent l'épouser, et tous deux forment en même temps le projet de suivre M. Perrichon dans son voyage, et de profiter des accidents de la route pour faire leur cour. L'amant de M<sup>lle</sup> Bitterlin, Méo, avait déjà eu cette idée avant eux. Ils conviennent ensemble de se faire une guerre loyale : au plus habile, ou au plus hardi !

Ils sont arrivés au Righi sans que l'un ait eu sur l'autre un avantage marqué. Mais un événement inattendu donne tout d'un coup l'avance à l'un des deux adversaires. M. Perrichon a voulu, malgré les avertissements de sa femme, monter à cheval et chausser des éperons. Il a été jeté par terre, et il roulait bel et bien au fond d'un abîme, lorsque Armand s'est précipité au secours : il a retiré au péril de sa vie l'ex-mercier, qui faisait dans le torrent une culbute définitive.

Vous voyez d'ici la reconnaissance de tous les Perrichon. Le père, la mère et la fille ne trouvent pas d'expression pour la témoigner au noble jeune homme. C'est un bienfaiteur, un sauveur, un dieu ! La jeune fille le regarde d'un air qui veut dire : « C'est un mari. » Daniel s'en va *in petto* faire sa malle : il n'a plus qu'à retourner à Paris : il est distancé.

Mais, au moment de partir, il rencontre l'ex-mercier, cause avec lui, et le trouve singulièrement froid pour son dieu de tout à l'heure. M. Perrichon commence à trouver qu'il n'a pas été si sauvé que cela : il s'était accroché à un petit arbre ; il s'est tiré tout seul du précipice ; il avoue même modestement qu'après être sorti du trou, c'est lui qui a donné la main à ce maladroit d'Armand, qui a sauvé son sauveur. Il n'en dira rien, pour ne pas le blesser ; et c'est pure bonté de sa part, car enfin on le persécute avec ce nom d'Armand.

« Ne monte plus à cheval, mon pauvre homme, lui dit sa femme. M. Armand ne serait pas toujours là pour te sauver. — Oh ! c'est vrai, répond la fille, sans M. Armand, je n'avais plus de père. » Armand par-ci, Armand par-là, toujours Armand : c'est fatigant, à la fin.

Daniel entre naturellement dans ces raisons qu'il trouve fort bonnes. Il propose à M. Perrichon un tour de promenade sur les glaciers. L'autre accepte. Deux heures après, on les voit rentrer à grand bruit. M. Perrichon soutient Daniel, qui est fort pâle ; il l'assied dans un fauteuil, il s'empresse autour de lui ; il met la maison sens dessus dessous. Il raconte à qui veut l'entendre que Daniel, le bon Daniel, son ami Daniel était tombé dans une crevasse de mille mètres de profondeur, mais que lui Perrichon s'est élancé, l'a tiré de l'abîme et l'a ramené, vivant encore, *à la face de ce soleil qui est notre père à tous.*

Daniel se jette dans les bras de ce brave Perrichon : « Mon père ! mon sauveur ! ah ! sans vous !... — Le fait est que sans moi... — Oui, reprend timidement la jeune fille ; mais sans M. Armand... » M. Armand ! M. Armand ! il s'agit bien de M. Armand ! Le mercier n'y songe non plus qu'au grand turc ; il a pris son sauveur en grippe ; il n'a plus d'yeux que pour son sauvé.

Toute la comédie était là ; il fallait creuser cette situation et en faire jaillir naturellement des contrastes comiques. Comment ? je n'en sais rien ; mais ce n'est pas mon affaire à moi qui ne suis qu'un simple critique. Si la chose était si facile, je ferais des comédies : cela est clair. MM. Labiche et Martin ont sans doute jugé aussi que cette étude était pénible et malaisée. Ils n'ont pas eu le courage ou le temps d'aller au bout de leur idée. Vers la fin du troisième acte, leur pièce tourne court et entre dans une voie nouvelle.

Voici ce qui arrive : au Righi on a présenté à M. Perrichon le livre des voyageurs. Il s'est cru forcé d'y écrire une phrase sublime : « Qu'on est petit lorsque l'on contemple du haut d'une montagne la mer de glace! » Il a, malheureusement pour lui, écrit *mer* avec un accent grave et un *e* muet. Le digne mercier ne sait pas l'orthographe. Un commandant de zouaves qui passe à l'auberge après lui lit la phrase, la trouve prétentieuse et relève la faute par un mot piquant. Le hasard veut que ce mot tombe sous les yeux de Perrichon, qui écrit au-dessous : « Le commandant est un paltoquet. »

De cet incident va naître le quatrième acte tout entier. Remarquez qu'il ne tient aucunement à l'action principale. C'est un hasard jeté dans le courant de la pièce : rien ne forçait le zouave à passer par là ; rien ne le forçait à donner publiquement à un mercier une leçon d'orthographe ; rien n'obligeait le mercier à lui répondre. Voilà donc un acte, le plus important de tous, qui s'accroche à un petit accident laissé là par aventure.

Qu'importe ! va-t-on me dire, si les scènes qui sortiront de là servent à démontrer la vérité que les auteurs se sont proposé de mettre dans son jour. L'action ne sera peut-être pas une, mais il y aura tout au moins unité d'impression : il ne faut pas autre chose au théâtre. Voyons donc, je le veux bien.

M. Perrichon, de retour à Paris, a été provoqué par le

commandant. Il a, par fanfaronnade, accepté le duel plutôt que de faire des excuses. Mais il a écrit en secret au préfet de police pour le prévenir du lieu et de l'heure du rendez-vous. C'est à midi, au bois de Vincennes. Sa femme en a fait autant; autant en a fait Daniel, sans en rien dire : on n'a donc pas la moindre crainte.

Mais Armand veut à toute force sauver une seconde fois son futur beau-père. Sans prévenir personne de son dessein, il fait coffrer le colonel, contre qui il a obtenu condamnation pour une lettre de change protestée. Qu'arrive-t-il? c'est que le colonel furieux trouve aussitôt de l'argent pour payer. Il court chez Perrichon; il y arrive deux heures après l'heure convenue; il explique son retard et propose d'aller se battre.

Mais Perrichon, qui avait fait blanc de son épée tant qu'il comptait sur la police, perd toute assurance depuis que l'heure est passée. Il retire le mot de paltoquet, il promet de retourner en Suisse pour l'effacer de sa main; il est furieux de cette mésaventure; et contre qui? contre Armand : cela est fort naturel.

Et, en effet, de quoi s'est-il mêlé là! Quand il avait tiré l'ex-mercier de son trou, il avait fait une bonne action, et l'ingratitude de M. Perrichon nous révolte et nous amuse, en même temps qu'elle est une leçon pour nous. Mais, en cette affaire, n'avait-il pas cent fois tort? Si nous avions un duel, ne trouverions-nous pas fort mauvais, et avec juste raison, que, sous prétexte de nous sauver, un ami fît mettre notre adversaire en prison? Est-ce que nous ne sentirions pas que c'est simplement ajourner la difficulté et rendre la situation plus difficile? Est-ce que nous ne dirions pas à cet ami, comme M. Perrichon à Armand :

— Mais, monsieur, vous êtes insupportable! Il faut toujours que vous veniez vous fourrer dans ma vie! Mêlez-vous de vos affaires, et laissez-moi en paix arranger les miennes.

Examinez, je vous prie, combien la comédie a dévié. Dans la première moitié de la pièce, M. Perrichon est un ingrat, et la morale pratique qu'on en peut tirer, c'est que, pour se concilier certaines gens, il vaut mieux flatter leur amour-propre en acceptant leurs services, qu'humilier leur vanité en les accablant de ses bienfaits. Dans la seconde partie, Armand agit comme un étourneau, et la vérité qui en ressort évidemment, c'est qu'entre l'arbre et l'écorce il ne faut pas mettre le doigt. L'enseignement que la pièce portait avec soi a changé d'un acte à l'autre, aussi bien que l'action.

Voilà bien des critiques pour une pièce charmante, qui m'a fait passer une excellente soirée et que tout Paris ira voir. Mais il me semble que l'examen sérieux d'une œuvre de théâtre est la marque certaine du cas que l'on en fait.

17 septembre 1860.

## II

Le *Voyage de M. Perrichon* vient de remporter à l'Odéon un succès très vif, plus vif même que je ne m'y serais attendu. Je ne sais si je me trompe; mais il me semble que cette heureuse soirée classe le *Voyage de M. Perrichon* dans le très petit nombre des comédies que notre génération léguera au répertoire du Théâtre-Français, où elle ne saurait manquer d'être reprise un jour. Depuis quelque temps le nom de M. Labiche a beaucoup grandi dans l'estime du public. Labiche, certes, était populaire depuis longues années; mais on le regardait comme un simple faiseur de vaudevilles, et les gourmés de la littérature le tenaient, comme tel, en assez mince considération.

Comme il n'avait jamais travaillé que dans un genre réputé secondaire — et vous savez quel est chez nous l'importance de cette question des genres — on ne le mettait pas à son rang. Il ne s'y mettait point lui-même. Labiche est le plus sincèrement modeste des hommes. Il aurait pu, comme tant d'autres, affecter de se prendre au sérieux, se faire une tête, dire : Mes œuvres! Non, il avait l'air de les estimer ce qu'elles lui coûtaient et non ce qu'elles pouvaient valoir; il en parlait comme de bluettes légères, bonnes tout au plus à amuser les honnêtes gens durant quelques années, et on le prenait au mot.

La publication des œuvres complètes de Labiche a modifié cette opinion qu'on s'était faite et qui était fort injuste. Mais vous n'ignorez pas quelle est en France la ténacité d'un préjugé. Quand un homme est classé, c'est pour la vie. Il est si doux de s'endormir sur l'oreiller des opinions toutes faites. C'est à Émile Augier que revient l'honneur d'avoir sonné le premier coup de trompette aux oreilles de la foule :

> Je n'avais jamais lu, écrivit-il, dans une préface retentissante, je n'avais jamais lu ces pièces qui m'avaient tant réjoui à la scène.
> Je me figurais, comme bien d'autres, qu'elles avaient besoin du jeu *abracadabrant* de leurs interprètes, et l'auteur lui-même m'entretenait dans cette opinion par la façon plus que modeste dont il me parlait de son œuvre. Eh bien! JE ME TROMPAIS, comme l'auteur, comme tous ceux qui partagent cette idée. Le théâtre de Labiche gagne cent pour cent à la lecture; le côté burlesque rentre dans l'ombre, et le côté comique sort en pleine lumière. Ce n'est plus le rire nerveux et grimaçant d'une bouche chatouillée par une barbe de plume; c'est le rire large, épanoui, dont la raison fait la base.

Et Émile Augier, poursuivant cette étude, ne craignait pas de dire que Labiche était un *maître*, qu'il l'*admirait*, au grand sens du mot, et il ajoutait :

Il y a autant de degrés de maîtrise qu'il y a de régions dans l'art. La hiérarchie des écoles n'importe guère ; l'important est de ne pas être un écolier. C'est surtout en cette matière que le mot de César est juste : Mieux vaut être le premier dans une bourgade que le second dans Rome. Je préfère Téniers à Jules Romain et Labiche à Crébillon père.

À mesure que les volumes se succédaient, apportant à notre génération qui les avait oubliées, à la génération nouvelle qui ne les connaissait pas, une foule de pièces charmantes, toutes pleines d'observation et de gaieté, dont quelques-unes même étaient des chefs-d'œuvre, la surprise allait croissant chez le public, et peu à peu l'admiration venait à la suite.

Il semblait même que l'on prit à cœur de payer à Labiche les arriérés d'estime qu'on restait lui devoir, avec les intérêts composés. La réaction, comme il arrive toujours chez nous, se faisait tous les jours plus intense et plus vive. À chaque volume qui paraissait, c'étaient dans tous les journaux des exclamations d'étonnement et de joie, et le public suivait allègrement. Je ne crois pas que jamais *Théâtre complet* contemporain (sans en excepter celui même d'Augier ou de Dumas), se soit plus vendu que celui de Labiche. En tout cas, il n'y en a point qui ait été plus lu, surtout à Paris. On ouvrait le livre à n'importe quelle page ; il n'y avait pas à dire, on était pris, il fallait aller jusqu'au bout. Quelles bonnes parties de rire nous avons faites en lisant à deux ou trois, le soir, quelques-unes de ces scènes désopilantes ! Ah ! la bonne, saine et fortifiante gaieté !

Il y avait hier dans toute la salle de l'Odéon un courant très sensible de sympathie pour l'auteur. On semblait, de l'orchestre aux troisièmes galeries, convaincu que la pièce était charmante, et l'on souhaitait passionnément d'en être charmé. On eût été désolé de rencontrer une déception.

Cette bienveillance universelle du public, cette bonne humeur confiante étaient d'autant plus significatives qu'il y a seulement deux ou trois ans le public, sans bien s'en rendre compte, — il n'est jamais dans le secret de ses impressions, le public, — apportait aux pièces nouvelles de Labiche de tout autres dispositions d'esprit. L'opinion s'était, je ne sais comment, répandue que Labiche n'était plus en verve, qu'il faisait trop et trop vite, qu'il se relâchait *et lâchait*; on n'accueillait plus ses plaisanteries et ses boutades qu'avec réserve. On avait de la méfiance. Je craignais fort que ces sentiments ne s'accentuassent un jour jusqu'à l'hostilité.

Labiche eut le flair de cette résistance. Il annonça que décidément il ne se sentait plus l'élasticité d'esprit nécessaire pour le théâtre, et qu'il prenait sa retraite. Le public, qui lui en eût donné le conseil, s'écria tout aussitôt : Quel dommage ! Son absence va faire un vide énorme. C'est alors que Labiche poussé, pressé par Émile Augier, s'est mis à publier ses œuvres complètes; le revirement n'a pas été long à se faire, et il se marque dans un petit détail assez amusant. Il y a trois ou quatre ans, nous ne laissions pas de scandaliser la bourgeoisie, quand nous lui disions que Labiche est un des premiers à qui l'Académie française devrait ouvrir ses portes. On se fût récrié de surprise s'il avait eu, lui, simple vaudevilliste, l'effronterie de s'y présenter. Le voilà qui vient de faire sa tournée de visites, et si l'Académie ne le nomme pas, on est sûr que tout le monde se moquera d'elle.

Hier, le *Voyage de M. Perrichon* a passé chef-d'œuvre sans contestation. Il ne faut pas croire du tout que le public de l'Odéon n'ait fait que consacrer un fait depuis longtemps accompli. Le jour de la première représentation n'est pas si loin que nous n'en ayons conservé un souvenir très net et très précis. Elle date de 1860. La comédie fut accueillie avec beaucoup de faveur; elle fit beaucoup rire, mais on attribua généralement au jeu de Geoffroy une bonne part de son succès. La façon dont la pièce était construite prêtait à quelques objections, qui ne manquèrent point d'être faites. Le succès, qui fut très honorable, ne fut pas un succès étourdissant de vogue. Quelque temps après, on disait au Gymnase, voyant que l'empressement du public ne répondait pas aux espérances magnifiques données par les applaudissements du premier soir : Décidément l'ingratitude ne réussit pas au théâtre! c'est un sujet triste.

Le *Voyage de M. Perrichon* un sujet triste!

Mais je l'ai déjà remarqué plus d'une fois au cours de ces études dramatiques. C'est le temps qui fait les chefs-d'œuvre ; quand il a choisi parmi les ouvrages célèbres d'une époque celui qui doit rester chef-d'œuvre, il en met toutes les qualités en relief; il en atténue, il en enlève les défauts, ou du moins il y rend la foule insensible, et c'est tout un. Il y a là un lent travail de *cristallisation*, comme aurait dit Stendhal, que nous avons suivi à plusieurs reprises, et notamment à propos de *Ruy Blas*, de Victor Hugo. Il s'est passé quelque chose d'à peu près pareil, toutes proportions gardées, bien entendu, pour le *Voyage de M. Perrichon*.

Je viens de relire mon feuilleton de 1860. Toutes les objections que j'ai présentées en ce temps-là sont justes. Pourquoi ne m'ont-elles plus touché hier? J'aurais encore les mêmes critiques à formuler... Pourquoi les trouvé-je inutiles aujourd'hui? Pourquoi les éloges mêmes, et je ne les avais pourtant pas ménagés, me semblent-ils pâles, si je les compare à la sensation que nous avons éprouvée il y a vingt-quatre heures. Eh! mon Dieu! c'est que nous avons été emportés par le mouvement qui se fait dans les esprits : c'est que le *Voyage de M. Perrichon* est en train de passer chef-d'œuvre, et que dès lors nous *cristallisons*, nous aussi, comme tout le monde, pour son auteur et pour lui.

5 mai 1879.

# LA POUDRE AUX YEUX

MM. Labiche et Martin viennent de donner un pendant à leur fameux *Voyage de M. Perrichon*. Ils ont fait jouer cette semaine au Gymnase *Poudre aux yeux*, comédie-vaudeville en deux actes, qui a obtenu un grand succès de fou rire.

Ces deux messieurs se sont taillé dans le vaudeville un genre particulier, qui me rappelle, par certains endroits, la manière de Picard. Comme l'auteur des *Marionnettes*, ils aiment à prendre une idée philosophique ou une maxime morale pour point de départ de leurs pièces ; ils se plaisent, comme lui, à rester dans le monde bourgeois, ils en connaissent les petits ridicules et les traduisent vivement sur la scène. Leur observation est un peu superficielle : elle ne pénètre pas au fond des caractères, pour les éclairer d'un trait de feu ; mais elle est toujours vraie, et elle amuse. Leurs peintures ne resteront point, comme ces portraits de maîtres dont la physionomie est si caractéristique qu'ils nous rendent un siècle disparu ; mais la génération présente s'y reconnaît aisément, et elle rit de s'y voir si grotesque.

Ils n'ont peut-être pas à conduire une pièce la même habileté que Picard : la *Petite ville* et les *Marionnettes* me semblent plus vivement intriguées que le *Voyage de M. Perrichon*, les *Vivacités du capitaine Tick* et *Poudre aux yeux*. Ils ont, en revanche, plus de feu dans le dialogue, leur gaieté pétille et jaillit à coups plus pressés. Quelques scènes languissent chez Picard, on n'a pas un moment d'ennui avec MM. Labiche et Martin; une plaisanterie n'attend jamais l'autre : c'est un feu d'artifice.

Des deux côtés, il n'y a guère de ce qu'on appelle *style*. Mais ce défaut est moins sensible chez MM. Labiche et Martin, qui ne laissent pas au spectateur le loisir de s'en préoccuper. Ils n'y ont pas de prétention, d'ailleurs, et croient avoir cause gagnée s'ils nous ont fait rire. Ils tombent quelquefois dans la charge et frappent plus fort que juste. Mais Picard a ses caricatures, lui aussi, et M. Riffard ne doit rien aux grotesques de nos deux contemporains.

M. Victorien Sardou nous a déjà rendu le vaudeville de Scribe en l'accommodant à notre goût et à la tournure de notre esprit. MM. Labiche et Martin nous rapportent Picard et le renouvellent. Ils y mettent cette verve et ce brillant que nous aimons aujourd'hui. Voilà donc qu'enfin on nous ramène au vaudeville gai. Nous allons être débarrassés des drames intimes, des comédies larmoyantes, des grandes machines en cinq actes, de tout ce qui nous ennuyait si mortellement depuis six bonnes années. J'en remercie de bien grand cœur MM. Sardou, Labiche et Martin. Leurs succès ont plus fait pour la bonne cause que tous nos feuilletons. Ils ouvriront les yeux aux directeurs, qui ne fermeront plus leurs portes à cette vieille et toujours jeune gaieté française.

La donnée première de *Poudre aux yeux* est prise dans le vif des mœurs actuelles, et bien plaisante en vérité. Notre péché mignon est de vouloir paraître. Cela sans doute est de tous les temps; mais aujourd'hui, plus que jamais, on veut s'enfler comme la grenouille; on cherche à jeter de la poudre aux yeux. Ce ridicule est plus saillant et fournit à des observations plus drôles dans la petite bourgeoisie, qui, par état, devrait être modeste : c'est là que les deux auteurs sont allés le chercher.

M. Malingié est un bonhomme, dans l'excellente acception du mot. Il y a vingt ans qu'il exerce la médecine, et il n'a jamais eu pour clients que les pauvres du quartier, qu'il soigne pour rien. Il est instruit, néanmoins, et habile ; mais il ne sait pas être charlatan. Il guérit ses malades, et en laisse tout l'honneur à la nature. « Ce n'est pas ainsi qu'on fait son chemin ! » lui crie sa femme, qui est d'une tout autre humeur, vaniteuse, celle-là, et qui s'entendrait comme personne à faire de la réclame, à éblouir son monde ; bonne femme au demeurant, comme son mari est bon homme, le grondant et l'aimant, le cœur sur la main. M. Malingié la laisse dire. Il a quinze mille livres de rente. A quoi bon se donner tant de mal et compliquer sa vie ?

Tous deux adorent leur fille qui est en âge d'être mariée. Ils ont remarqué que, depuis quelques semaines, un certain Frédéric vient trop souvent chez eux, sous prétexte de faire de la musique avec Emmeline ! Le jeune homme est bien, d'ailleurs, et de bonne famille. Mais encore faudrait-il qu'il se déclarât. On commence à causer de ces visites. Le cocher du premier en a parlé à la cuisinière. Ce sera bientôt le bruit du quartier. M. Malingié s'inquiète des suites.

Mais Emmeline prend sa mère à part, et la prévient en grand secret que les parents de Frédéric doivent venir ce jour même, l'un après l'autre ; la mère, comme pour s'entendre sur la location du quatrième, qui est vacant ; le père, sous prétexte de consultation. Voilà aussitôt la maison en l'air. M. Malingié voudrait qu'on ne dérangeât rien pour eux, et qu'on leur laissât prendre des renseignements exacts, puisqu'ils viennent surtout pour en avoir. Mais ce n'est pas ainsi que l'entend M$^{me}$ Malingié ; elle veut que sa fille soit parée ; elle s'habille elle-même pour la circonstance ; elle fait la toilette de l'appartement; elle place Emmeline au piano, et lui recommande de faire des roulades au moment où entrera Mᵐᵉ Ratinois.

Mᵐᵉ Ratinois paraît. C'est une bonne petite bourgeoise, femme d'un ancien confiseur qui a fait sa fortune en vendant des dragées. Ce luxe l'épouvante un peu; c'est bien autre chose quand elle entend causer Mᵐᵉ Malingié. Mᵐᵉ Malingié parle de son mari comme s'il était le premier médecin du pape; elle a donné Duprez pour maître de chant à sa fille; elle a des réceptions toutes les semaines; elle y invite Mᵐᵉ Ratinois, qui se confond en excuses et s'en va tout étourdie.

Après Mᵐᵉ Ratinois, c'est le tour du confiseur. On pourrait le faire entrer tout de suite, car il n'y a jamais eu un malade à la consultation du docteur Malingié. Mais on lui donne le n° 17, et tandis qu'il croque le marmot, Mᵐᵉ Malingié dresse son mari à le recevoir de la bonne manière. Le docteur se prête, pour ne point contrarier sa femme, à cette comédie, qui lui déplaît. Un domestique en livrée ouvre la porte du salon d'attente, et crie majestueusement : le n° 17.

— C'est moi! c'est moi! répond une voix dans la coulisse.

C'était la voix de Geoffroy. Son entrée a été saluée d'un long éclat de rire. Il y avait dans toute sa personne comme une vive impatience d'avoir si longtemps attendu, et un profond respect pour l'homme qui l'avait fait attendre. Il considérait avec admiration et le domestique, et les meubles, et le docteur qui paraissait écrire à son bureau et ne le regardait pas. Il restait assis sur le bord de sa chaise, frottant ses mains sur ses genoux, et ne sachant par où commencer son discours.

La scène est charmante d'un bout à l'autre, et je ne

crois pas que jamais public ait autant ri en un quart d'heure. L'importance du docteur, palpant et auscultant son prétendu malade; la contenance gênée du confiseur, s'embrouillant dans ses phrases; son admiration qui va toujours croissant pour un si savant homme : tout cela est la vérité même prise sur le fait, mais la vérité montrée par ses côtés drôles. Il n'y a pas un détail qui ne soit emprunté à la vie bourgeoise et qui ne se tourne en bonne plaisanterie. Le trait sans doute est un peu grossi; mais ce grossissement est nécessaire pour l'optique du théâtre, et il ne va point jusqu'à la caricature.

Au beau milieu de la consultation, la porte s'ouvre. C'est un chasseur qui entre. Quel chasseur! Il a au moins sept pieds de haut, et le plus magnifique chapeau à plumes qui ait triomphé derrière un carrosse. Il tient une lettre à la main.

— De la part de M$^{me}$ la duchesse, dit-il en la tendant au docteur.

M. Malingié reconnaît l'écriture de sa femme. Il y a sur l'enveloppe : « Lis tout haut. » Il obéit à la consigne. Il y trouve que la duchesse le remercie de ses dernières visites, et lui envoie quatre mille francs pour prix de ses soins. Ces quatre mille francs, il les reconnaît bien; il les a le matin même donnés à sa femme. Il les met dans sa poche d'un air indifférent.

L'admiration de Ratinois ne connaît plus de bornes. — « Quel homme! il empoche comme ça quatre mille francs sans avoir l'air d'y prendre garde, » et quand Malingié, finissant de lire sa lettre à haute voix, arrive à ces mots : « Pourquoi, cher docteur, ne voulez-vous pas être de l'Académie? Vous n'auriez qu'un mot à dire. »

— Dites-le! docteur, dites-le, je vous en prie! s'est écrié Geoffroy avec transport.

Le public, qui semblait épuisé de rire est reparti de plus

belle, et je ne sais pas comment je n'en ai pas été malade.

L'acte se termine par la demande en mariage que font solennellement M. et M^me Ratinois, dans leurs plus beaux atours. C'est encore une scène bien finement observée et bien gaiement rendue. Ces bonnes gens, ces gens simples, se croient forcés de faire pour cette occasion des frais d'éloquence. Ils passent sans transition des grandes phrases officielles aux vulgarités de la conversation ordinaire. Ratinois est impitoyable. Il a une peur horrible d'être refusé ; il se sent si petit. Mais en même temps il veut se mettre à la hauteur des personnages à qui il s'adresse. Ce contraste est on ne peut plus amusant, et l'acteur est inimitable.

Les Malingié ont demandé du temps pour réfléchir, et nous nous trouvons au second acte chez les Ratinois, qui, eux aussi, ont mis leur maison sur un plus grand pied, et voulent jeter de la poudre aux yeux du docteur et de sa femme. Les malheureux ont loué une loge aux Italiens. Ce pauvre Ratinois a déjà vu quatre fois de suite *Rigoletto*. *Rigoletto* l'a prodigieusement ennuyé ; *Rigoletto* lui pèse sur le cœur ; et quand il fait son compte du mois, et qu'il le trouve un peu salé : « C'est assez Rigoletto ! » s'écrie-t-il d'un air piteux.

Vous voyez d'ici que le premier acte recommence au second ; c'est là le défaut de la pièce : défaut réel, mais on s'en aperçoit à peine. Les détails ont changé, si l'idée est la même. Le ménage des Ratinois est infiniment plus modeste que celui des Malingié ; ils ne peuvent s'y prendre de la même façon, tout en déployant les mêmes ridicules. Un trait suffira pour rendre cette différence bien sensible : chez les Ratinois, les meubles sont toujours couverts de leurs housses. Quand on annonce les Malingié, M. Ratinois, pris à l'improviste, s'écrie avec effroi : Les housses ! ôtez les housses !

En un clin d'œil, les housses sont arrachées et jetées dans une autre chambre. Une seule a été oubliée. Les yeux de Ratinois tombent dessus au moment où il salue le docteur. Le voilà au désespoir : il dépouille le fauteuil avec une hâte fébrile ; il cherche à dissimuler la housse dans sa poche, puis sous son habit, puis dans la cheminée ; mais le feu est allumé, et perdre une si belle housse ! Il finit par la fourrer dans le coffre à bois, et revient achever ses révérences.

Il n'est pas besoin de vous dire comment finit le vaudeville. Les deux pères reconnaissent à la fin qu'ils sont de grands sots de se ruiner à vouloir paraître et de se duper l'un l'autre ; ils promettent de redevenir ce que Dieu les a faits : de bons bourgeois. Et comme les Malingié sont venus demander à dîner aux Ratinois « à la fortune du pot », et que les Ratinois ont commandé chez Chevet un dîner aux truffes, l'ex-confiseur veut commencer la réforme en rendant ses truffes à la maison Chevet. Mais on refuse de les reprendre, et il s'écrie avec une résignation douloureuse : « Mangeons-les donc ! ce sera notre châtiment ! »

Cette charmante comédie est excellemment jouée par MM. Geoffroy et Kime, et par M<sup>me</sup> Mélanie. Tous trois sont bourgeois jusqu'au bout des ongles ; tous trois ont une gaîté vive et naturelle qui a charmé le public. Mais la plus forte part du succès revient à M. Geoffroy. Quel comédien que ce Geoffroy ! quelle franchise ! quelle verve !

23 octobre 1861.

## CÉLIMARE LE BIEN-AIMÉ

Parlez-moi de la troupe du Palais-Royal. En voilà une qui est excellente, et toute pleine de noms aimés du public. Il n'y manque que des femmes; mais il paraît qu'une comédienne, c'est l'oiseau rare. Ce théâtre nous a donné hier une nouvelle pièce de MM. Labiche et Delacour : *Célimare le Bien-Aimé*, vaudeville en trois actes.

La pièce est faite pour Geoffroy; MM. Labiche et Delacour ont trouvé, du premier coup, le genre qui pouvait convenir à cet artiste, qu'on a pu croire un instant déclassé dans le nouveau théâtre où il s'engageait. C'est quelque chose entre la bouffonnerie fantaisiste du Palais-Royal et la comédie tempérée du Gymnase; une veine d'observation vraie courant à travers les folies les plus extravagantes.

*Célimare* me paraît, en ce genre, une des œuvres les mieux réussies que nous ayons vues depuis longtemps. L'idée première est digne de la comédie. Célimare a été, durant vingt ans, le plus célèbre dandy de la rue des Lombards. Il avait quarante mille francs de rente; il n'était pas absolument laid; il a profité de ses avantages pour séduire Mme Vernouillet.

Durant cinq ans, il a passé toutes ses soirées chez Mme Vernouillet, faisant le bésigue du mari. Après ces cinq ans de bonheur sans mélange, M^me Vernouillet s'est empoisonnée en mangeant un plat de champignons. Célimare a commencé alors de négliger M. Vernouillet et le bésigue. Il s'est attaché à M^me Bocardon, et il a fait la partie de dominos avec M. Bocardon. Le bésigue et les dominos l'ont mené tout doucement à l'âge respectable de quarante-sept ans.

Il s'est dit alors qu'il était temps de faire une fin. Il a demandé et obtenu la main d'une jolie blonde, M^lle Emma Colombot. Il a décemment rompu avec M^me Bocardon; M^me Vernouillet est morte; il se croit libre. Il s'abandonne à la joie de conduire devant M. le maire sa jeune épouse. Arrive Vernouillet.

Vernouillet, c'est l'ami sensible et pleurard. Il se plaint que Célimare le néglige. Célimare ne vient plus que de loin en loin; Célimare ne paraît plus se soucier du bésigue; Célimare se marie, et il n'a pas invité son ami à la noce? Ah çà! mais il ne l'aime donc plus? Qui donc aimait-il alors? Pour qui venait-il?

C'est une autre histoire avec Bocardon. Bocardon, c'est l'ami gai :

— Eh! ce cher Célimare! Sais-tu bien que tu avais oublié de nous inviter, ma femme et moi! Oui, tu l'avais oublié. Mais tu penses que je n'en ai rien dit à ma femme; elle eût été furieuse. Je lui ai assuré que j'avais reçu ta lettre, et nous venons ce soir à ta noce!

C'est le supplice qui commence, et il durera trois actes avec une incroyable variété d'incidents comiques. Célimare destine un bouquet à sa femme; mais au moment où le bouquet arrive, Vernouillet se plaint, en larmoyant, que Célimare n'ait pas songé à lui souhaiter sa fête.

— Comment? pas songé! Et ce bouquet!

Et Célimare donne le bouquet à son ami Vernouillet;

mais toute sa famille le somme d'expliquer les motifs d'une si inexplicable amitié pour un crétin aussi désagréable.

Il conte alors que Vernouillet l'a repêché un jour qu'il se noyait, les pieds pris dans le filet de Saint-Cloud. Non, je ne sais pas de récit plus fantasque et plus amusant :

« J'étais au fond de l'eau, me débattant sans pouvoir me tirer du filet. Tout à coup, je vois Vernouillet qui arrive vers moi ; il me tend la main :

— Rassure-toi, me dit-il, il y a une Providence !

La salle a été prise d'un fou rire qui n'a plus cessé.

M. et M$^{me}$ Colombot sont un peu étonnés de ce trait de dévouement :

— Il ne nous en avait jamais parlé, disent-ils à leur gendre.

— Vernouillet est modeste, modeste comme tous les plongeurs !

Et il faut entendre Geoffroy dire ce mot ! c'est de la fantaisie pure ; mais remarquez bien ; il y a encore du bon sens et de la vérité sous cette fantaisie. On comprend que cet homme, pris à l'improviste, forcé d'imaginer une histoire, mêle un tas de détails incohérents, et les excuse par des raisons saugrenues. Le célèbre récit des deux aveugles n'est qu'absurde, et, s'il fait rire, c'est que l'absurde, poussé vivement, a encore des chances d'exciter une gaieté communicative ; mais on rit de bon cœur aux folies de Geoffroy, parce qu'on sent, par une sorte d'instinct obscur, qu'après tout la chose peut s'être passée ainsi ; parce qu'il y a satisfaction pour cette raison, qui n'abandonne jamais ses droits, même dans la plus grotesque bouffonnerie.

Chacun des deux maris finit par apprendre ce qui est arrivé à l'autre, et c'est une source nouvelle de complications, dont les auteurs ont tiré le plus heureux parti. Et quel dialogue ! pétillant de mots drôles ! une plaisanterie n'attend pas l'autre; c'est un feu roulant. Le troisième acte, en particulier, est d'une gaieté étincelante et folle. Il y avait longtemps que nous ne nous étions amusés de la sorte au Palais-Royal.

La pièce est parfaitement jouée. M. Geoffroy est toujours d'une rondeur charmante. Il a une franchise de voix dont l'action sur le public est infaillible. Je lui trouve moins de feu qu'au Gymnase. Est-ce parce qu'il est au Palais-Royal, entouré d'acteurs, dont le jeu un peu forcé éteint le sien? Je serais tenté de le croire. Peut-être ceux qui lui donnent la réplique feraient-ils mieux de moins s'abandonner à la caricature. Le rôle de Bocardon gagnerait, j'imagine, à n'être pas joué en charge. Mais il y a des traditions au Palais-Royal, et Hyacinthe se croit tenu de les observer.

Lhéritier tient le rôle du mari dolent; il lui donne une physionomie très comique. Cet acteur a fini par se constituer une originalité; le public l'aime et rit de confiance, rien qu'à le voir paraître en scène. Lassouche est un bien drôle de domestique : avec la phrase la plus simple, il fait éclater la salle de rire. Il s'approche de son maître, et d'un ton de conviction profonde :

— Voilà pourtant où mènent les passions, lui dit-il.

Le mot n'est pas très plaisant sur le papier; allez l'entendre, vous rirez de tout votre cœur.

Le succès a été énorme le premier soir; je ne doute pas qu'il ne se soutienne et ne grandisse encore. Les acteurs sont toujours un peu contraints, quand ils jouent ces folies pour la première fois, devant un public pointilleux. Ils n'osent pas s'abandonner à leur verve naturelle. Il faut qu'ils reprennent leur aplomb. Si l'on veut voir ces sortes de vaudevilles parfaitement rendus, on fera bien d'y aller entre la cinquième et la quarantième représentation. Auparavant, les artistes ne sont pas sûrs d'eux; ils ont quelque chose de gêné et de froid. Plus tard, ils poussent à la charge; ils ajoutent de leur crû, ce qu'ils appellent des cascades. La pièce périt entre leurs mains.

2 mars 1863.

## LE PLUS HEUREUX DES TROIS

Ah! que j'aurais donc voulu que mon collaborateur M. Audoy fût, l'autre jour, au Palais-Royal, avec moi, à la première représentation de la nouvelle pièce de MM. Labiche et Gondinet : *Le plus heureux des trois!*

Vous vous rappelez peut-être la discussion qui s'est élevée entre nous deux, il y a quelques mois, et que nous avons soutenue, nous répondant de semaine en semaine, chacun dans le coin du journal qui nous est réservé.

Je m'étais plaint souvent qu'on nous ennuyât constamment de cette question de l'adultère, qui défraie aujourd'hui les trois quarts des drames. Pourquoi se plaire ainsi, demandais-je, à en peindre les côtés sombres et tristes, à renchérir encore sur les conséquences funestes qu'il traîne après soi dans la réalité? Nos pères prenaient la chose plus gaiement au théâtre, et ils appelaient même l'adultère d'un nom qui n'éveillait dans l'esprit que des idées de ridicule et de gaieté vive.

C'est là-dessus que M. Audoy m'avait pris à partie. M. Audoy, que sa profession d'avocat force à suivre les tribunaux, qui a vu, touché du doigt toutes les misères nées des situations fausses, qui sait les larmes qu'elles font couler et les crimes où elles conduisent; M. Audoy ne trouvait point que dans l'adultère il pût y avoir matière à rire. Regardez, me disait-il, les réalités de la vie ordinaire. Depuis que le Code a armé le mari de droits terribles contre la femme coupable, est-ce que c'est une chose si plaisante que les suppressions d'état, les meurtres, les empoisonnements, les revendications des fils issus d'amours illégitimes, et ce cortège de procès, qui viennent incessamment se dérouler devant la police correctionnelle et la cour d'assises ?

Et moi, je reprenais la parole. Je montrais de mon mieux que les choses de ce monde ne sont jamais ni tristes ni gaies par elles-mêmes ; que tout dépend du point de vue où l'on se met pour les regarder ; que le drame, s'emparant de l'adultère et en montrant la face noire, avait sa légitime raison d'être ; mais que je regrettais la comédie qui l'aurait pu tourner du côté plaisant et en faire jaillir le rire franc et sain.

Et j'affirmais qu'aujourd'hui même, en dépit des images sombres qui enveloppent à présent comme d'un crêpe cette affreuse idée de l'adultère, un vaudevilliste, s'il était vraiment gai, pourrait nous amuser en portant à la scène ces situations que la réalité nous fait si redoutables.

Je ne répète point les développements où j'entrai alors. Je ne convainquis pas mon adversaire, et nous restâmes chacun dans notre opinion, ainsi qu'il arrive à la suite de presque toutes les discussions, même celles qui sont menées avec le plus de bonne foi.

A quelque temps de là, le hasard fit que je rencontrai Labiche :

— J'ai été très frappé, me dit-il, des réflexions que vous avez faites sur l'adultère, et du parti qu'on pourrait, même avec le public d'aujourd'hui, en tirer pour le vaudeville. Vous croyez qu'on y trouverait une large matière de rire ; moi aussi. Vous désirez la pièce ; je tâcherai de vous la faire.

— Eh! bien, lui dis-je, vous nous rendrez un fier service!

Je ne pensais plus guère à cette conversation, quand je vis sur l'affiche du Palais-Royal : *Le plus heureux des trois*, comédie en trois actes. C'était ma pièce; c'était l'adultère traité gaiement, et fort gaiement, je vous jure.

Marjavel est né sous l'astre des maris trompés. Sa première femme avait Jobelin pour amant; sa seconde a pris Ernest, qui est le propre neveu de Jobelin. Marjavel a toutes les qualités de l'emploi. Il adore ceux qui font de lui ce qu'il est; il ne saurait se passer d'eux, et à tout moment il entre :

— Où est Ernest?... demande-t-il... Faites venir Ernest.

C'est bonhomie chez lui; ce n'est pas malice. Il ne ressemble point à ce grand seigneur dont je ne sais qui, Chamfort peut-être, conte l'histoire.

C'était à table, à un dîner de cérémonie. L'usage était alors que le maître ou la maîtresse de la maison découpât elle-même et servît. Il y avait une volaille, que le domestique plaça devant le mari :

« Non, dit-il, d'un air négligent, portez cela à M\*\*\*. C'est lui qui fait dans la maison tout ce que je ne veux pas faire. »

Marjavel n'est pas si Machiavel. Il demande Ernest à tous les échos, parce que Ernest lui est commode. Il ne voit pas plus loin. Ernest accompagne madame à la promenade; Ernest fait les commissions; l'orage de la nuit a emporté les tuiles du toit, Ernest monte, au risque de se rompre le cou, sur la maison, et examine le dommage à réparer. Ah! ce n'est pas une sinécure que la place d'Ernest!

Il a des compensations; mais courtes, mais traversées de frayeurs, de contretemps et d'ennuis.

— Ce soir, glisse-t-il à l'oreille d'Hermance, je voudrais vous voir!

— Non, pas ce soir.

— Et pourquoi ?

Et elle, baissant les yeux :

— C'est sa fête aujourd'hui, et...

C'est, en effet, la fête de Marjavel. Le dîner a été bon. Marjavel a trop mangé de melon. La première tranche passe encore ; mais c'est la seconde qui le tourmente. Ah ! la seconde ! elle lui pèse sur l'estomac. Il gémit, il demande du thé, et sa femme s'offre à lui en faire.

— Mais où est Ernest ?

Comment ! il est malade, et Ernest n'est pas à son poste !

— Qu'on m'aille chercher Ernest !

Ernest arrive. Il fera chauffer le cataplasme, tandis que madame prépare le thé. Après la première tasse, Marjavel se sent mieux ; le melon a passé ; il est tout ragaillardi ; il prend les mains de sa femme :

— Ma petite femme...

Il la fait asseoir sur ses genoux. Dame, que voulez-vous ! cet homme, c'est sa fête. Il a oublié parfaitement la présence d'Ernest. Ernest est un meuble de la maison. Il ne compte pas. Mais Ernest a des yeux ; et pour montrer qu'il est là, il remue à grand bruit le cataplasme dans la casserole d'argent. Marjavel n'en tient pas compte, et Ernest s'écrie furieux :

— Ah ! ça, mais, il n'y a donc que le melon qui le dérange !

Je ferai observer à mon ami Audoy combien toutes ces scènes sont immorales et fécondes en désastreuses conséquences. Voilà un ménage profondément troublé, un honnête homme très ridicule ; et les caquets du monde, et les enfants qui peuvent survenir, et le procès qu'on aperçoit dans le lointain poindre à l'horizon. Est-ce qu'on pense à tout cela ? Les auteurs ont, avec soin, écarté de leur donnée première tout ce qui pouvait fournir prétexte aux réflexions tristes ; ils ont tourné la chose au comique, et le public a ri, comme il rit de Sganarelle, dans Molière ; je n'ose pas dire, comme il rit de Georges Dandin, parce qu'il y a dans cette comédie un arrière-goût d'âpre amertume, dont s'accommoderait mal la joyeuse humeur de MM. Labiche et Gondinet.

Tenez ! prenons un des incidents les plus gais du vaudeville nouveau. M. Marjavel a chez lui le portrait de ses deux femmes, dans le même cadre. L'une au recto, l'autre au verso. C'est-à-dire que si vous tournez le tableau qui représente Hermance, vous voyez de l'autre côté l'ancienne de M. Marjavel.

Quand Jobelin entre chez Marjavel, il sent le besoin de faire ses dévotions au portrait de son amie, et c'est Hermance qu'il colle à la muraille. Ernest arrive après lui, et retourne le cadre, qui est ainsi tantôt face, tantôt pile.

C'est une des idées les plus drôles qui soient jamais tombées dans la tête d'un vaudevilliste. Aussitôt qu'un des deux amants entrait, et qu'emporté par l'habitude, s'adressant au portrait de celle qui n'était pas sa maîtresse, il s'écriait :

— O toi !...

Et que, s'apercevant de son erreur, il retournait le tableau, c'était un fou rire dans toute la salle.

Qui ne voit que rien ne serait plus facile que de tirer un effet dramatique de cette situation ? Imaginez un mari mélancolique et sombre, un fils né de l'adultère ; voyez l'amant se laissant convaincre à la surprise de ce double portrait : la scène pourrait être extrêmement pathétique. Elle est gaie parce que les auteurs l'ont voulu ainsi.

C'est que, je ne saurais trop le répéter, les événements, non plus que les paysages, n'ont point de couleurs par eux-mêmes. Ils se teignent de nos sentiments et s'imprègnent de notre âme, qui, pour ainsi dire, se répand sur eux. Cela est si vrai qu'on peut très aisément faire d'un paysage deux sortes de descriptions, qui sont tout aussi légitimes l'une que l'autre. La première est celle qui consiste à décrire les sites exactement, tels que la nature les présente, les lignes ondoyantes ou roides, les accidents d'ombres et de soleil, en suivant avec un scrupule fidèle les indications de la réalité. C'est ainsi que font Théophile Gautier, Paul de Saint-Victor, Taine, Flaubert, et, en général, l'école de ceux qu'on appelle *les naturistes*.

Eh bien ! ces paysages ainsi décrits sont toujours indifférents ; évoquent-ils dans l'âme des idées sombres ou riantes? pas le moins du monde. On en admire l'exactitude, mais sans jamais sentir, en les voyant, ni joie douce, ni mélancolique tristesse. Aussi n'y a-t-il rien de si fatigant que ces descriptions, malgré la perfection avec laquelle souvent elles sont traitées par ces maîtres. J'oserais dire que tel livre, l'*Italie*, par exemple, de Taine, est, à cause de cela même, cruel à étudier, et qu'il est impossible d'en soutenir longtemps de suite la lecture.

D'autres, au contraire, comme M. Michelet, comme Mme Sand, s'efforcent de découvrir le sentiment de l'homme sous les formes qui l'expriment, et ne suscitent en nous des images qu'en soulevant des émotions. Que font-ils, ceux-là? Ils tirent du fond de leur âme le paysage qu'ils décrivent, et nous communiquent moins le tableau qu'ils en ont emporté dans les yeux que les impressions qu'ils en ont reçues dans le cœur. Ils sont maîtres de nous émouvoir à leur gré, de nous faire passer de la tristesse à la joie, selon qu'ils sont eux-mêmes plus disposés à l'un ou à l'autre de ces deux sentiments.

MM. Labiche et Gondinet sont gais, et nous rions avec

eux, sans nous inquiéter si les choses dont ils rient sont, au fond, mélancoliques.

M. Marjavel ouvre la porte au moment où Ernest tombe aux pieds d'Hermance. Il reste un moment saisi; mais Ernest, toujours à genoux :

— Chut! n'entrez pas, dit-il, n'entrez pas... vous l'écraseriez...

— Comment?

— Madame vient de laisser tomber une perle de son bracelet, et je la cherche.

Et voilà mon benêt de mari qui se met à genoux lui-même, et qui cherche partout. L'oncle Jobelin survient, puis le domestique, la femme de chambre, et tout le monde se promène à genoux par la chambre. Et ce qu'il y a de plus comique, c'est que l'action continue de marcher; c'est qu'un billet de cinq cents francs passe de main en main, et donne lieu aux plus amusantes discussions, qui se poursuivent entre ces gens à quatre pattes.

Le troisième acte est tout aussi fécond en drôleries. Je le recommande aux amateurs de théâtre, moins encore pour la verve du dialogue, qui est merveilleux, que comme sujet de réflexions et d'étude. Ils verront qu'une seule scène, un papier compromettant, passant de main en main, accuse l'un après l'autre trois coupables, et les force à se révéler. La situation est traitée avec une incroyable prestesse de main.

Il eût fallu jadis aux vieux vaudevillistes des préparations sans fin pour amener ces revirements. Ici, ils se font d'une minute à l'autre, sur un mot imprévu; cela est aussi rapide que le *passez muscade* des escamoteurs.

Ce n'est pas seulement que nos vaudevillistes soient devenus plus habiles que leurs devanciers, c'est que le public lui-même connaît mieux le métier et ses plus secrets ressorts. Avez-vous quelquefois vu jouer aux échecs ou aux dames par deux forts joueurs? Ils sont tellement habitués l'un et l'autre aux commencements de parties, qu'ils poussent leurs pièces et se les prennent sans réflexions; un débutant n'y voit que du feu. Il a, lui, l'habitude de méditer profondément si, à l'entrée de la partie, il poussera le pion du roi ou celui de la dame. C'est qu'il ne sait pas le jeu, et qu'il a affaire, le plus souvent, à un partenaire qui ne le sait pas davantage. Mais ces deux habitués du café Procope ou du café Minerve s'entendent à merveille; ils ont déjà vu cent fois les coups par où l'on commençait : ils ne se mettent sérieusement à la partie que lorsque le terrain est déblayé et prête aux combinaisons nouvelles.

Eh! bien, il y a de même aujourd'hui entre les vaudevillistes et le public une stratégie convenue de mouvements et d'effets. Quand le vaudevilliste pousse un pion, d'une certaine façon, et en de certaines positions, il n'est pas un spectateur qui ne comprenne ce que cela veut dire, et qui n'attende la suite. Nous devinons tous à demi-mot; car nous savons le jeu.

Je vois qu'on fait souvent cette erreur en jugeant les auteurs comiques du temps passé. On leur reproche les lenteurs de l'action et ces préparations nombreuses dont ils font toujours précéder la situation principale. Cette longueur des préliminaires agace notre impatience. Mais ce n'est pas la faute de leur talent; c'est celle de leur public. Ils avaient affaire à des esprits, je ne dis pas moins agiles, mais moins familiers avec les détours de la comédie.

Croyez bien que ce qui se passe au théâtre a lieu de même dans tous les ordres de littérature. Vous est-il arrivé de lire les *Essais* de Nicole? Il est impossible de rien lire de plus sain, de plus nourri, de plus judicieux et de plus ferme ; et néanmoins, on sent une certaine langueur à ce goût de dissertations interminables.

Il ne faut pas s'en prendre à Nicole, s'il prouve avec force démonstrations ce qui ne nous semble avoir aucun besoin de preuves. C'est que les gens de son temps n'avaient pas lu Voltaire, et ne s'étaient pas faits encore à cette façon rapide de ramasser en un trait d'esprit une vérité de sens commun. Ils cheminaient, à pas paisibles, de l'un à l'autre bout du raisonnement, ne devançant jamais l'orateur, et ne posant pas un pied sur le sol avant que l'autre y fût solidement affermi.

De même au vaudeville. Cette prestesse de mouvements, à supposer même qu'un auteur comique l'eût possédée au dix-septième et au dix-huitième siècles, eût fatigué l'attention d'un spectateur, qui n'aurait pu la suivre sans une sorte d'éblouissement. Il faut être deux pour arriver à des résultats pareils ; l'auteur même, d'abord, le public ensuite. Et il ne s'agit pas seulement d'un public intelligent et fin ; celui du siècle précédent l'était plus que le nôtre ; mais il ignorait cette part du métier, parce que Beaumarchais et Scribe ne la lui avaient pas encore apprise. Newton est un plus grand astronome que ne sont nos professeurs de science ; et pourtant, le moindre de leurs écoliers sait plus d'astronomie que Newton.

C'est peut-être ce qui explique pourquoi nos vaudevilles modernes sont à peine joués en Europe, tandis que les bouffonneries d'Offenbach y obtiennent un succès si prodigieux. La musique est une langue universelle, et comme les livrets ne sont que des cadres où se joue la fantaisie des acteurs, chaque théâtre brode sur ces thèmes des variations accommodées au goût de la ville où il est placé.

Ainsi on assure qu'en Allemagne, la *Belle Hélène* est représentée et écoutée avec un sérieux imperturbable, comme si c'était du Glück. C'est que les Allemands ne rient d'un bon mot que le lendemain matin.

Pour goûter un troisième acte, comme celui du *Plus heureux des trois*, il ne suffit pas d'avoir beaucoup d'agilité dans l'esprit et le goût des choses parisiennes; il faut encore avoir vu beaucoup de vaudevilles en sa vie, les avoir analysés, avoir lu les critiques qui s'en sont faites; il faut, en un mot, *savoir le jeu*.

Elle est charmante, cette comédie nouvelle de MM. Labiche et Gondinet; étincelante de bonne humeur et d'esprit; d'un dialogue tout pétillant de mots, dont quelques-uns même sont profonds; d'une verve endiablée, et qui ne se dément guère. Il n'y a presque que le milieu du premier acte et quelques scènes au second qui languissent un peu. Mais peut-être ont-elles été déjà retranchées ou écourtées. La pièce, en son ensemble, est une merveille de gaieté.

Geoffroy est d'une bien amusante rondeur dans son rôle de mari deux fois trompé. C'est Gil-Pérez qui fait Ernest, et vous pensez s'il est plaisant. Il arrive à se dépêtrer de sa maîtresse, et comme on lui propose un mariage, et que tout est conclu :

— Ah! s'écrie-t-il d'un air rayonnant de jubilation, je vais donc l'être aussi ?

Il s'est élevé de toutes parts dans la salle un formidable éclat de rire.

Lhéritier fait l'oncle Jobelin. Il est profondément comique, lorsque, emporté par la situation, il s'adresse à Hermance, croyant parler à son ancienne, et lui dit :

— Madame, nous avons été surpris... Il sait tout !

— Mais, monsieur, répond-elle, j'ignore ce que vous voulez dire.

— Ah! c'est juste, je vous prenais pour l'autre.

Brasseur joue un rôle épisodique de domestique alsacien, qu'il baragouine d'une façon bien plaisante. Il a épousé une compatriote, qui, avant son mariage, *a gomis un vaule*.

— Et pourquoi, le sachant, l'avez-vous prise pour femme ?
— C'est pour pouvoir la lui *rebrocher* tous les jours.

Pour la première fois, depuis bien longtemps, nous avons des rôles de femmes, à peu près faits, dans une pièce de Labiche. J'attribue cette heureuse innovation à l'influence de Gondinet.

17 janvier 1870.

# AUGUSTE VACQUERIE

## JEAN BAUDRY

### I

Le premier personnage qu'on nous présente, c'est un jeune médecin nommé Ollivier. Quoi! pas d'autre nom? Pas d'autre. Ollivier tout court. Il a été élevé par un riche armateur du Havre, M. Jean Baudry. Mais où M. Baudry l'a-t-il recueilli? Comment s'y est-il attaché? On ne nous en dit rien. Tout ce que nous savons, c'est que cet Ollivier est un médecin distingué, en passe d'avoir une riche clientèle, célèbre déjà par un beau livre qui a eu un succès mérité, et qui s'est signalé dans une épidémie terrible par son dévouement à la science.

Tout le monde l'aime, cet Ollivier : Jean Baudry d'abord, cela va sans dire : c'est son père adoptif; puis M. Bruel, un négociant du Havre qui a accompagné à Paris sa fille et sa sœur, M$^{me}$ Gervais. M$^{me}$ Gervais en est folle; car il l'a guérie, en un tour de main, d'une maladie qu'elle croyait grave; M$^{lle}$ Bruel a aussi pour ce jeune médecin un faible secret, et elle ne peut s'empêcher de le laisser voir.

Tout lui sourit donc; et la vie, et les femmes et la jeunesse. Et pourtant il est impossible de voir un mortel plus désagréable, plus morose, plus irrité. Il ne répond à toutes les avances que par des paroles amères, par des propos cassants. Il a une impertinence au service de toute personne qui lui adresse un compliment; il est en révolte contre la société tout entière, qu'il trouve injuste et ingrate. Il se lâche en tirades contre la pièce de cent sous, qui est ronde, dit-il dans un accès de lyrisme, pour ressembler à la terre, et plate pour ressembler à l'humanité. Je ne comprends pas fort bien cette phrase qui veut être profonde, pour ressembler à la mer; mais elle prouve que ce vilain petit jeune homme est aussi agacé qu'agaçant; il rappelle l'Antony d'Alexandre Dumas, mais au moins Antony avait-il une raison, lui, le pauvre enfant trouvé, d'en vouloir au monde qui l'avait abandonné et le repoussait; mais lui, Ollivier, reçu, choyé, fêté, avec un bel avenir devant les yeux. Que lui manque-t-il?

Ce qui lui manque? Il voudrait être riche, mais riche tout de suite, pour épouser M<sup>lle</sup> Bruel. Il semble qu'il pourrait la demander dès à présent. Car enfin, il est aimé de la jeune fille, et un médecin aussi bien posé, chéri de la tante, estimé du père, n'est pas un parti à dédaigner. Non, il jette là ce métier qui ne lui donnera la fortune que dans vingt ans; il court chez un usurier emprunter vingt mille francs; il les jouera, et se tuera après, s'il les perd.

Il déclare ce projet insensé à son bienfaiteur, qui le prie, le supplie, le conjure d'y renoncer sans rien obtenir. Aucune bonne raison, aucune prière ne peut toucher ce cœur farouche. Eh! bien, je ne te quitterai pas, lui dit Jean Baudry.

Il a pourtant un grand devoir qui l'appelle au Havre : M. Bruel, son ami, a été ruiné par le naufrage d'un de ses vaisseaux; il doit aller le sauver de la faillite. Il se jette presque aux genoux de ce jeune homme, en lui criant : « Il y va de mon honneur, de celui d'un ami. C'est un secret terrible, qui n'est pas le mien. Laissez-moi partir! » L'autre répond par un non sec et tranchant.

Mais pourquoi diable ce jeune homme si favorisé du sort, et chez qui les bons sentiments devraient fleurir en pleine terre, est-il si égoïste, et avec un si répulsif entêtement? Personne n'en sait encore rien. Il aime une jeune fille riche; mais enfin ce n'est pas là une raison suffisante de tant d'extravagances désagréables. Il y a quelque chose là-dessous? Oui, il y a quelque chose; mais qu'est-ce que cela peut être? L'auteur n'a pas encore éclairé sa lanterne. Patience! il ne l'éclairera pas de si tôt.

Antony, pardon, c'est Ollivier que je veux dire, apprend que M<sup>lle</sup> Bruel est ruinée; il accourt au Havre, fou d'espoir et de joie. Il est instruit par la jeune fille elle-même de tout ce qui s'est passé. Jean Baudry a proposé à son ami de combler l'abîme de la faillite; il s'agit de 200.000 francs, il les donnera. Le négociant sent bien qu'il ne pourra jamais rendre tant d'argent; il refuse ce sacrifice. Il ne veut pas accepter un tel don même d'un excellent ami.

— Vous pourriez l'accepter d'un gendre! a dit Jean Baudry, non sans une certaine appréhension, car il a quarante-six ans et M<sup>lle</sup> Bruel n'en a que vingt et un, et elle est bien jolie. La jeune fille a bravement couru au-devant d'un mariage qui sauvait son père. Ce mariage est décidé, conclu; il n'y a plus à y revenir.

Voilà Ollivier repris de ses accès d'épileptique misanthropie. Il s'imagine, l'idiot! que M<sup>lle</sup> Bruel le méprise; il l'accable de mots outrageants. Il lui dit qu'elle n'a pas de boue aux pieds, mais à l'âme. Cette métaphore trouble horriblement un cœur plein de passion. Fernande laisse échapper l'aveu de son amour et déclare en même temps sa résolution formelle de l'oublier pour jamais.

Voilà notre Antony qui part comme un cheval échappé. Il est aimé! donc il n'y a plus pour lui ni devoirs de reconnaissance, ni respect à la foi jurée, ni liens sociaux! Il a bien affaire de Jean Baudry! — Mais c'est votre bienfaiteur, lui dit Fernande. — Eh! c'est le bienfaiteur de tout le monde! Il n'en crie que de plus belle contre la richesse, contre la société, contre les femmes qui se vendent! Il a perdu la tête : il boit coup sur coup de petits verres d'eau-de-vie, et quand on lui en fait la remarque, il brise le verre entre ses doigts et se blesse.

Baudry lui parle avec une affection qui ne se dément jamais; l'autre lui répond avec une sécheresse, dont on a froid dans le dos. Toutes ses phrases tombent comme un couteau de guillotine. On le plaint, sans savoir où il souffre; on s'empresse autour de lui; mais cette âme fauve, c'est lui qui se donne cette épithète, a rompu tous les devoirs de l'honnêteté, tous les liens de la bienséance la plus vulgaire.

Ajoutez à cela que l'acteur, chargé du rôle, s'était fait, sans doute sur les indications de M. Vacquerie, une tête de galérien en rupture de ban. Des cheveux plats, sur un front pâle de voyou. Nous l'avions tous comparé à Gavroche ou à Jean Valjean. On était même allé jusqu'à prononcer le nom de Dumollard.

Il était aussi répugnant à voir qu'à entendre : on eût dit un hideux crapaud, bavant ses imprécations contre l'ordre social, et lançant son noir venin sur la main qui s'avance vers lui. L'étonnement du public était extrême; car enfin, nous ne comprenions rien à ce caractère. Que prétendait l'auteur en nous le peignant si affreux? où voulait-il en venir? avait-il un dessein caché? Nous étions déjà vers la fin du troisième acte, et nous disions à ce petit drôle comme le Bilboquet des *Saltimbanques : Où sont tes intentions ? je ne les vois pas venir, tes intentions.*

M. Vacquerie avait fait comme ces gens qui, bâtissant une maison, s'aperçoivent, au moment où on va la finir, qu'ils ont oublié l'escalier. La pièce tombait à son dénoûment, quand il a jugé à propos de nous révéler son idée première.

Un jour Jean Baudry, se promenant dans une foule, avait senti une main se glisser dans  poche et l'avait saisie : c'était celle d'un mendiant déguenillé. Il pouvait le livrer à la justice : il avait mieux aimé l'élever et dompter par l'éducation une mauvaise nature. « J'avais reçu, dit-il, le bienfait d'une conscience honnête ; j'ai voulu m'acquitter de ma dette en la transmettant à une autre créature. Ollivier est vraiment mon fils ; car je suis le père de son âme. »

Voilà donc le dessein de l'auteur enfin expliqué. Il reprend cette thèse, si brillamment traitée par M˟ᵉ Sand dans son roman de *Mauprat*. Jusqu'à quel point l'éducation peut-elle modifier les penchants qu'on tient de la nature et les influences de la race ? La question est très grande et fort digne d'être portée à la scène par un esprit vigoureux. Mais voyez comme elle est ici mal posée et mal résolue.

Ce Jean Baudry est un homme bien extraordinaire. Quand on croit, comme lui, ne pouvoir s'acquitter de l'éducation reçue qu'en la transmettant à un autre, on prend pour cela les moyens que la nature et la société vous offrent. On se marie, et l'on a des enfants ; on n'est pas seulement le père de leur âme, comme il dit si bien ; on est tout à fait leur père, car on leur a donné un corps tout aussi bien qu'une âme, et si l'on n'a pas fait la besogne absolument seul, on a le plaisir au moins d'avoir choisi sa collaboratrice.

Quand on ramasse dans la rue ceux à qui l'on veut payer la dette qu'on a contractée envers ses parents, on s'expose à mettre la main sur un bâtard d'Antony, sur un frère de Gavroche, sur un Ollivier. Cela est fâcheux sans doute ; mais est-il vrai, comme semble l'insinuer l'auteur, que l'éducation soit impuissante à dompter les instincts mauvais de la première nature? Cette conclusion serait bien désolante si elle était certaine. C'est pourtant celle qui paraît ressortir de la pièce. M. Vacquerie peut dire, il est vrai, que son intention était de montrer que la femme seule, et la femme qu'on aime, a raison de nous. Mais si c'est là qu'aboutit son œuvre, il ne le montre pas assez clairement.

La leçon la plus sûre qu'on en retire, c'est que, lorsqu'on prend un petit gredin sur le fait et la main dans le sac, il faut tout droit le conduire au bon gendarme : il ne peut que vous en arriver du mal si vous lui faites grâce.

Voyez Jean Baudry, il ne se trouve pas fort bien d'avoir réchauffé le serpent dans sa poitrine. Il apprend, par le hasard d'une indiscrétion, qu'Ollivier est amoureux de la jeune fille qu'il doit épouser le lendemain. Il lui fait sentir que sa présence au Havre n'est plus nécessaire. — Ah! on me chasse, dit le ténébreux jeune drôle; eh! bien, je resterai. Et passant rapidement derrière Fernande : — Ce soir, à une heure, chez vous.

Nous voilà au dernier acte. Jusque-là, l'auteur de *Tragaldabas* s'était à peu près tenu dans un bon sens bourgeois : il avait gardé sur ses épaules le paletot marron de M. Laya et l'on n'avait senti qu'à certaines échappées de style, qu'il marchait dans les vieux souliers de Hugo. Mais cette contrainte lui pesait. Vous rappelez-vous cette jolie histoire anglaise? Un touriste va visiter Bedlam : il est reçu par un homme qui lui paraît être un employé de l'établissement, qui le conduit partout, lui explique les divers cas de folie, l'étonne par ses remarques sensées et fines, et qui, arrivé au dernier cabanon, lui dit : « Ah! celui-là, c'est un fou qui se prend pour Jésus-Christ; mais moi, qui suis Dieu le père... »

M. Vacquerie nous laissa voir au cinquième acte qu'il se prenait pour le père Hugo. Les symptômes d'aliénation poétique, longtemps contenus, se déclarèrent avec une déplorable violence. Cela commença par une histoire de clef, imitée d'Angelo. Fernande veut s'enfermer chez elle, et cherche partout un cadenas à secret. Elle ferait mieux d'en mettre un à ses lèvres ; car elle laisse échapper, devant Jean Baudry, ce qu'elle aurait dû toujours lui cacher, le mystère de la visite qu'elle prévoit.

Jean Baudry la renvoie et s'enferme dans la chambre de la jeune fille. Arrive Ollivier, sur la pointe du pied ; il va à la porte : « Fernande, ouvrez; vous ne dormez pas : ouvrez, je vois votre lampe... ouvrez... je ferai du bruit, et l'on m'entendra... ouvrez... » — Et la porte s'ouvre.

Vous rappelez-vous la caricature de Gavarni : un petit jeune homme, le chapeau à la main, courbé en deux par un salut embarrassé, et, en face de lui, dans une porte qui s'ouvre, un carabinier orné de terribles moustaches.

— Mademoiselle Victoire? dit le petit jeune homme.

— C'est moi, répond le monsieur à moustaches.

— Que venez-vous faire ici ? demande Jean Baudry.

— Je cherchais un livre, balbutie Ollivier-Gavroche.

La discussion s'engage, très passionnée de ton ; mais le malheur est qu'on ne puisse prendre parti pour personne. Une jeune dame me disait :

— La seule personne qui m'intéresse en tout cela, c'est Fernande. Je la plains d'être obligée d'épouser l'un ou l'autre.

Ils ont beau s'emporter et crier : la scène est froide : l'un est bien bon, mais il est trop vieux et il n'est pas aimé. L'autre est le plus insupportable, le plus grincheux des médecins passés, présents et futurs. Tout le monde accourt au bruit : Jean Baudry se sacrifiera encore, il achèvera son œuvre, il mariera son fils adoptif à celle qu'il aime. Ollivier, confus de tant de magnanimité, refuse et se sauve. Jean Baudry s'élance après lui et dit à Fernande : « Je vous le ramènerai. »

— « Quand il aura fait son temps, » a ajouté quelqu'un de l'auditoire.

Le premier soir, la pièce a été applaudie par l'orchestre et le parterre avec un ensemble et un enthousiasme qui font grand honneur à la discipline des derniers romantiques. Le reste de la salle est demeuré froid, hostile, et pour ceux qui ont l'habitude des premières représentations au Théâtre-Français, il était clair que la pièce n'avait point plu. J'avoue que, pour moi, elle m'avait paru bien fausse et bien irritante.

J'ai eu la curiosité d'y retourner hier, et je suis bien aise de l'avoir revue ; car cette seconde représentation a été plus favorable à l'auteur que la première. Non que le fond de mon opinion personnelle en ait été changé : toutes les objections que j'ai présentées subsistent, et je ne crois pas qu'il soit facile d'y répondre.

Mais quelques-uns des détails qui nous avaient le plus choqués, surtout au quatrième acte, avaient disparu. L'acteur avait adouci, autant qu'il avait pu, les teintes par trop foncées du caractère d'Ollivier, et au lieu d'en mettre l'exagération en dehors, il l'avait rentrée de son mieux. Nombre de scènes, qui nous avaient laissé froids le premier soir, où elles tombaient sur un public nerveux et tendu, m'ont fait un véritable plaisir le surlendemain.

J'ai été extrêmement surpris d'écouter la pièce avec intérêt d'un bout à l'autre. Elle est agaçante, elle est répulsive, elle n'est pas ennuyeuse, elle n'est pas d'un esprit commun. Vous pourrez en revenir irrité, furieux; jamais écœuré et bâillant.

26 octobre 1863.

## II

Les reprises des grands ouvrages, quand elles se font à de longs intervalles, ont pour nous un vif intérêt; elles nous servent à classer les ouvrages. Il y en a qui montent, et d'autres qui dégringolent dans l'estime publique. Rien n'est amusant comme de chercher les causes de ces revirements.

*Jean Baudry* a été joué en 1863 pour la première fois; il fut repris en 1880 par M. Perrin après dix-sept ans d'oubli; puis en 1885 par M. Jules Claretie, dont ce fut le premier coup d'éclat. Il vient enfin, en 1889, de reparaître une dernière fois devant le public.

Je viens de relire la série de mes feuilletons, car j'en ai écrit un tout entier pour chacune de ces reprises, et j'ai pris un vif plaisir à voir comme, à chaque fois, les défauts signalés le premier jour allaient s'atténuant et s'effaçant presque; comme, au contraire, les qualités que j'y avais consciencieusement remarquées à la création, mais d'un trait rapide et sans y insister, s'accentuaient et prenaient plus d'importance. C'est toujours le même feuilleton; l'envers est devenu l'endroit, voilà tout.

C'est que *Jean Baudry* est une œuvre de conscience et d'études. Elle a été fortement conçue et travaillée par un philosophe, qui avait plus de logique que d'imagination et de sensibilité, mais qui poussait cette logique jusqu'au bout, avec une inflexible rectitude. Elle est âpre et l'impression que l'on en emporte est triste. Mais elle fait penser; elle intéresse, elle étreint l'attention et, si elle n'ouvre pas la source des larmes, elle accable l'être tout entier d'une palpitation sèche. La donnée en est originale et curieusement fouillée, et l'on ne saurait trop admirer cette langue sobre, ferme, exacte même en ses préciosités voulues, d'une simplicité étudiée et magistrale, éminemment française.

J'ai retrouvé, en relisant ces études, la trace d'un petit fait assez amusant et qui me semble être sorti de toutes les mémoires, car personne n'y a fait allusion. En 1880, quand M. Perrin reprit pour la première fois *Jean Baudry*, il dut naturellement donner la pièce nouvelle à ses habitués du mardi. Ce public, tout particulier, en voulait beaucoup à l'auteur, qui avait l'impudence de soutenir la République dans son journal. Le rédacteur en chef du *Rappel*, un homme mal élevé, un démocrate, un homme qui disait du mal du clergé! Ah! fi! ah! pouah!

Et ce fut comme un parti pris de ne pas écouter sa pièce. Ces messieurs et ces dames affectaient de causer à mi-voix; c'étaient des hochements de tête, des oh! jetés à travers le dialogue, des portes s'ouvrant avec bruit, une manifestation quelque peu ridicule, la manifestation des bonnets à poil, dont les artistes furent tout déconcertés. Car ils étaient accoutumés à ce que cette aristocratie du public parisien les écoutât, sinon avec ferveur, au moins avec déférence.

Mais cette mauvaise humeur ne fut que d'un jour et d'un public. La pièce poursuivit son succès. Les représentations n'en furent pourtant pas nombreuses; les beautés sévères de *Jean Baudry* ne sont pas de celles qui séduisent les grosses foules. A chaque reprise, cependant, nous avons vu croître le nombre des amateurs sérieux. Il semble que

*Jean Baudry* ait traversé, sous trois directions, trois étapes successives. Il a combattu et souffert avec M. Thierry ; il a vaincu, sous M. Perrin ; il est enfin passé, sous M. Jules Claretie, de l'église militante dans l'église triomphante. Le voilà établi pour longtemps dans l'estime des connaisseurs.

23 septembre 1889.

# LECONTE DE LISLE

## LES ÉRINNYES

J'arrive aux *Érinnyes*, que nous appelions autrefois d'un terme plus simple et plus usité, les *Furies*. Mais va pour Érinnyes; le nom ne fait rien à la chose; il ne s'agit que de s'entendre.

Avant tout, il faut remercier et l'auteur de la pièce et le directeur de l'Odéon, de nous avoir remis sous les yeux ces vieilles tragédies, de nous avoir invités à une nouvelle étude des chefs-d'œuvre antiques. Ici nous n'avons que des éloges à donner à M. Duquesnel. Quel que soit le succès matériel de l'entreprise, il faut bien reconnaître qu'en nous offrant chaque année un spécimen quelconque des littératures étrangères, soit qu'il le tire de la Grèce, de l'Allemagne ou de l'Angleterre, il accomplit une des obligations que lui impose son cahier des charges et ce qu'exige de lui le goût public.

Il s'est adressé cette fois à M. Leconte de Lisle. M. Leconte de Lisle, dont le nom est peu répandu dans la bourgeoisie, est fort connu des lettrés pour son volume des *Poèmes barbares*, pour ses traductions d'Homère et d'Eschyle. Il est le chef avoué d'une pléiade de jeunes poètes, dont plusieurs ont un nom. Quelque opinion que l'on ait des œuvres qu'il a produites, il est impossible de ne pas reconnaître que l'homme qui les a signées a une grande valeur, et qu'il s'est, comme on disait jadis, tiré de pair.

Les *Érinnyes* de M. Leconte de Lisle, c'est toujours cette vieille histoire de la race d'Agamemnon, « qui ne finit jamais », suivant le mot du poète. M. Leconte de Lisle a pris après tant d'autres la fameuse *Orestie* d'Eschyle, et il en a traduit ou imité les deux premières parties, l'*Agamemnon* et les *Coéphores*; il a laissé de côté les *Euménides*, qui étaient le couronnement de cette trilogie. Dumas, dans son *Orestie*, avait été plus audacieux : il avait tenté de donner la trilogie complète, et son drame se terminait, comme il convient, par l'acquittement d'Oreste, plaidant sa cause devant l'aréopage.

Me sera-t-il permis de vous rappeler la théorie que je vous ai exposée à propos du rôle de Narcisse. C'est une des théories les plus fécondes et les moins connues de l'esthétique théâtrale. Elle a encore son application dans la matière qui nous occupe aujourd'hui.

Elle consiste à ne point prendre pour règle de ses jugements un certain idéal, plus ou moins vrai, et toujours sujet à contestation ; mais à chercher son point d'appui et de départ dans le public même à qui l'on a affaire. Quelle avait été notre façon de raisonner à l'égard du rôle de Narcisse? Nous ne nous étions pas dit : Voilà ce que Racine a voulu! Voilà ce que le bon goût exige! Voilà ce que la tradition commande! Ni même : Voilà ce que l'histoire réclame. Non; nous avions ainsi raisonné : En l'état actuel des connaissances ambiantes, en cette atmosphère des préjugés actuels, voilà ce que le public de 1872 s'imagine des affranchis et de Narcisse.

Tant mieux, si cela est conforme à la vérité historique ! Tant mieux encore, si cela ne répugne point aux conceptions primitives de l'auteur. Certes les données premières ont de l'importance, et il en faut tenir compte. Mais ce qu'on doit examiner avant tout, c'est le tempérament actuel des esprits auxquels on s'adresse. C'est ce qu'ont fait toujours, soit de propos délibéré, soit inconsciemment, tous les grands artistes : ils n'ont eu en vue que leurs contemporains, ou tout au moins l'aristocratie instruite de leurs contemporains.

Eh ! bien, cette théorie, qui revient sans cesse dans ces feuilletons, qui est comme le fond de mon enseignement hebdomadaire, cette théorie trouve ici son application vraiment merveilleuse, et — telle est la puissance d'une idée juste ! — elle va fournir une façon plus curieuse et peut-être plus nouvelle d'envisager ces vieux chefs-d'œuvre incessamment remis à la scène, de siècle en siècle.

Qu'a fait chacun des auteurs qui a repris chez nous ces sujets tirés de la tradition grecque ? Il a essayé, qu'il le sût ou non, de les approprier aux goûts, aux préjugés, au degré de connaissances historiques, et en un mot à l'atmosphère intellectuelle du public à qui ils avaient affaire. Il a pu s'abuser lui-même, et dans de belles préfaces crier par-dessus les toits qu'il s'était proposé de revenir à la simplicité antique, et nous reproduire l'Eschyle de la Grèce naissante ou le Sophocle des contemporains de Périclès. Non, ce n'était pas là son but. Il n'en avait qu'un : de rendre ces légendes acceptables, en les accommodant au goût ambiant de sa génération.

Si donc, ô jeunes gens qui me lisez, si donc vous tenez à faire une étude instructive, une étude qui reste à essayer après tant de critiques — oui, elle est toute neuve, même après les travaux de MM. Anceau, Patin, Saint-Marc-Girardin et tant d'autres, sans oublier La Harpe ni Lemercier — c'est de prendre le contre-pied de ce qu'ils ont tenté jusqu'à ce jour : au lieu de comparer les œuvres entre elles, ce qui ne vous conduirait nulle part ; c'est de comparer chaque œuvre au public auquel elle était destinée ; et de chercher alors dans les autres tragédies, tirées du même sujet, le *pourquoi* des suppressions faites ou des additions opérées.

Le public ! le public ! c'est pour lui en définitive qu'un écrivain dramatique compose son ouvrage ! c'est lui qu'il a pour premier et pour dernier objectif ! et par public j'entends non pas cette quantité d'hommes instruits, épars sur la surface du globe, qui goûtent individuellement un livre ou un tableau, mais une collection fortuite de douze cents personnes, réunies en un même lieu, et qui sont pétries de la même boue de mœurs, de préjugés et d'éducation, par cela seul qu'elles sont nées et vivent dans un même temps, qu'elles respirent le même air.

Lisez l'étude sur Racine dans le second volume des portraits de Taine, qui a, sans en tirer toutes ses conséquences, appliqué partiellement cette théorie à l'étude du théâtre classique. Transportez ce même procédé à Voltaire, à Lemercier, à l'*Orestie* de Dumas, et enfin à cette dernière imitation de Leconte de Lisle. Faites mieux. Prenez en main Homère, puis Eschyle, puis Sophocle, puis Euripide ; et en étudiant les dégradations successives de la même idée et du même personnage à travers les milieux différents, rendez-vous compte de l'état social que chacune de ces modifications suppose.

Quand il s'agit d'une œuvre contemporaine, vous pouvez partir du public et aller à la pièce. En ces temps éloignés, il vous sera plus commode de marcher en sens contraire : vous irez du drame au public, et vous reconstituerez la civilisation athénienne à l'image de la tragédie.

Avec la seule légende d'Agamemnon, vous traverserez sept ou huit civilisations différentes, et chacun des retranchements qu'elle a subis, chacune des altérations qu'on y a apportées vous sera une révélation extrêmement curieuse, non du goût particulier de l'auteur, mais de celui de la société à laquelle il s'adressait.

Ce n'est pas naturellement ce travail qu'il faut s'attendre à trouver ici. Il excéderait les bornes d'un feuilleton. Je l'ai entrepris en ce moment pour mon plaisir, et il est probable qu'à l'été, dans les semaines de disette, je le poursuivrai de semaine en semaine. Si j'en livre dès aujourd'hui l'idée générale, c'est qu'elle pourra être utile à beaucoup de jeunes gens instruits et laborieux, les guider dans leurs recherches, leur être en quelque sorte une clef, et, pour rester dans le domaine des comparaisons mythologiques, un fil d'Ariane.

Les *Érinnyes* de M. Leconte de Lisle sont un retour prémédité, voulu, vers la sauvagerie farouche d'Eschyle. Que dis-je? un retour? On s'était jusqu'en ces derniers temps appliqué à adoucir certaines violences des vieux tragiques. Les traducteurs mêmes, quand ils avaient transporté ces œuvres antiques à la scène, n'avaient pas jugé à propos en quelques endroits de donner une version littérale. M. Leconte de Lisle a enchéri au contraire sur l'horreur de son modèle. Il me rappelle Gringalet, à qui son maître visitant le fameux portefeuille, tout plein de billets de banque, demandait :

— Tu n'en a pas pris, au moins?

— Non, répondait-il simplement, j'en ai remis.

M. Leconte de Lisle en a remis et beaucoup. Il est parti de cette idée, qui est en effet générale chez le public contemporain, c'est qu'Eschyle est tout plein d'une férocité mystérieuse et grandiose, et il a rétranché tout ce qui ne concordait pas avec cet idéal de la légende grecque en 1872.

Un exemple bien curieux.

Agamemnon revient vainqueur de Troie. Sa femme qui veut le tromper par des faux semblants de respect, l'accueille par de longs compliments, qu'Agamemnon finit par interrompre : « Femme, dit-il, tu as mesuré la longueur de ton discours sur la longueur de mon absence. »

Ici le lion avait ri. M. Leconte de Lisle a vite effacé ce trait. Clytemnestre faisait tendre sous les pieds du triomphateur des tapis de pourpre. C'est qu'en effet c'était une tradition chez les anciens que les dieux regardaient d'un œil jaloux les orgueilleuses prospérités des mortels. Agamemnon commençait par refuser ces marques d'honneur, puis, sachant bien qu'un mari en vient toujours à céder aux désirs d'une femme, il finissait par céder. M. Leconte de Lisle conserve l'incident des tapis, bien qu'il n'ait plus pour nous, qui ne partageons point les préjugés antiques, le moindre sens ; mais il se garde bien de parler de la condescendance d'Agamemnon. *Femme, obéis*, dit son Agamemnon à lui.

Ce *Femme, obéis*, est en effet bien plus conforme à l'idée que nous nous faisons en l'an de grâce 1873 sur les gynécées orientaux, que nous transportons par l'imagination dans l'antique civilisation.

La scène où Oreste tue sa mère est célèbre dans le théâtre grec. C'est une des plus belles qui aient jamais été mises au théâtre en aucun temps. Elle procède à coups pressés, les répliques se choquent vers à vers, comme des lames d'épée, en un combat de mort ; elle est à un certain instant traversée d'un éclair de pitié ; mais la fatalité traîne Oreste au meurtre, et il frappe. C'est à peine si le public a eu le temps de se reconnaître.

M. Leconte de Lisle insiste sur cette horrible situation d'un fils égorgeant sa mère. Ce sont des paquets de tirades que Clytemnestre et Oreste se renvoient, et quelles tirades! toutes pleines d'imprécations et de fureurs d'un côté comme de l'autre.

— Oh! comme c'est grec! me disait un voisin le soir de la première représentation. C'est même plus que grec! c'est barbare! M. Leconte de Lisle nous rejette par delà Eschyle, par delà Homère même. Ah! vous croyez, ah! l'on vous a répété sur tous les tons qu'Eschyle était farouche, que les mœurs de ce temps-là étaient impitoyables, que les sentiments les plus violents s'y exprimaient dans les termes les plus crus, eh! bien, voilà du cru, des violences, du farouche et de l'impitoyable, vous êtes servi à souhait.

Une fois sa mère tuée, Oreste demeurera dix minutes en scène exhalant sa rage en un long monologue, tandis que le cadavre reste étendu en scène, les yeux ouverts et la plaie saignante. Il n'y a pas un mot de tout cela dans Eschyle. Mais si les épouvantements d'Eschyle ne suffisent point, nous y joindrons ceux de Shakespeare. Vous trouverez chemin faisant quelques traits empruntés soit à Macbeth, soit à Hamlet.

Jadis on fardait Eschyle; M. Leconte de Lisle lui déchire le visage avec ses ongles, pour le montrer plus sanglant. Jadis on le lisait à travers La Harpe; il semble que M. Leconte de Lisle l'ait vu surtout à travers le livre de Victor Hugo, qui s'est peint lui-même sous les traits prodigieux du vieux tragique grec.

C'est à cette préoccupation qu'il faut attribuer les affectations de noms changés qui ont légèrement surpris le public, et qui n'ont pas laissé de faire croire à un peu de charlatanisme. Est-il bien nécessaire d'appeler l'enfer *Ades?* Si vous faites tant que de prendre les mots grecs, prenez-les en leur vraie forme et dites *Azis*, qui est à peu de chose près la vraie prononciation !

*Fendre poseidônê* est ridicule : cette prétendue exactitude est le comble de l'infidélité, car *fendre poseidônê* était une locution aussi familière aux Grecs que doit être à nous *fendre les flots de la mer*, et elle nous étonne par son étrangeté. Il y a mieux, elle est incompréhensible aux trois quarts des auditeurs. La sensation est donc toute différente ; et quel est au fond le devoir d'un bon traducteur ? C'est d'exciter chez ceux qui entendent sa version les sentiments qu'on éprouverait en écoutant l'original.

J'en dirai autant de certaines expressions métaphoriques particulières à la Grèce et qui, traduites mot à mot, prêtent à rire chez nous. *Avoir un bœuf sur la langue* répond à peu près à notre locution : on lui a fermé la bouche avec un billet de mille. Mais quelle nécessité de transporter en français cet idiotisme ? Que diriez-vous d'un traducteur qui, trouvant cette phrase : *il prit ses jambes à son cou*, la rendrait en anglais par des mots signifiant : *il s'attacha les jambes autour du cou ?* Cela ne serait que ridicule. J'ai bien peur qu'on n'en juge ainsi des innovations chères à M. Leconte de Lisle et à son école.

Les vieilles légendes grecques ne sont pas déjà si faciles à comprendre, sans qu'on les embrouille encore de ces difficultés de langue. M. Leconte de Lisle nous croit trop instruits. Les Grecs étaient fort au courant de toutes ces histoires, et cependant Eschyle prenait soin encore de les avertir de ce dont il s'agissait. Quand la toile se levait, on voyait une plate-forme et dessus un homme qui disait :

— Je suis veilleur de nuit. On m'a chargé d'observer la flamme, qui, en s'allumant de mont en mont, doit nous apporter la nouvelle de la prise de Troie. Voilà dix ans que je l'attends, etc., etc.

Voilà qui était clair. On savait le temps, le lieu, le sujet. M. Leconte de Lisle nous retranche tout cela. Quand la tragédie s'ouvre, le veilleur de nuit, que personne n'a annoncé, arrive précipitamment au milieu des lamentations du chœur :

> C'est lui! nos yeux l'ont vu! le feu sacré flamboie!
> C'est lui! le danaen s'est rué sur sa proie,
> Et la grande Illios s'écroule sur les dieux!

Le dernier vers est beau; mais comment voulez-vous que j'y fasse attention. Je suis tout le temps à me demander : Ah! ça, de quel feu sacré veut-il parler? Si j'ai la brochure, je vois bien que c'est un veilleur de nuit qui parle. Mais au théâtre, en quoi un veilleur de nuit diffère-t-il d'un autre homme? Sans compter que ce veilleur de nuit parle un langage terriblement imagé pour nos oreilles :

> Patrie! ils ont mordu, les mâles de ta race,
> La gorge phrygienne avec l'airain vorace.

Cela veut dire tout simplement que les guerriers grecs ont enfoncé leurs épées dans la gorge des soldats phrygiens. Avouez qu'à la scène, quand on entend pour la première fois des phrases pareilles, il y a de quoi vous faire passer le frisson dans le dos.

M. Leconte de Lisle a passé le but. Je ne lui reproche pas d'avoir plus ou moins modifié le texte d'Eschyle : c'était son droit de poète. Sa faute, c'est de n'avoir pas pris la mesure de son public. Il a cherché, en effet, à lui rendre un certain idéal que celui-ci s'est formé en ces derniers temps de la barbarie primitive des Grecs; mais il l'a chargé outre mesure, et c'est à peine si quinze cents lettrés, à Paris, sont assez familiers avec le théâtre grec, assez dépouillés de préjugés, pour bien entrer dans le sentiment de cette légende à dessein assombrie.

Et maintenant, il faut rendre justice au poète. Tout ce drame est plein de vers admirables ; d'une vigueur et d'une sonorité admirable ; l'épithète en jaillit comme un poignard de la gaine. Elle étincelle et frappe. Là encore, je suis fâché que M. Leconte de Lisle ait souvent cédé au plaisir d'étonner son monde en jetant tout d'un coup, sans préparation, des mots étranges qui déconcertent l'imagination.

Cassandre commence de parler : personne ne sait ou n'est censé savoir ce qu'est Cassandre, et quels malheurs elle va prophétiser : elle n'a encore dit que quatre vers, qui sont fort obscurs, comme tous les oracles, et Eurybatès, un des assistants, s'écrie :

> ... Elle a certes le flair d'un chien !

Ce n'est pas le mot de *chien!* qui me gêne ; c'est la façon dont il arrive. Certes,

> On ne s'attendait guère
> A voir un chien dans cette affaire.

Dumas en son *Orestie* avait dit bien mieux, et serrant Eschyle de plus près :

> Voyez ! un dieu l'entraîne ; en vain elle résiste,
> Comme un chien, elle suit quelque meurtre à la piste.

Il se fait dans les *Érinnyes* une effroyable consommation de chiens, de serpents, de porcs, de taureaux, de tigres : c'est une étable et une ménagerie. Tous ces animaux ne font pas mal par eux-mêmes ; il s'agit de les mettre à leur place. Quand M. Leconte de Lisle prépare leur entrée en scène, il arrive à des effets superbes. Il n'y a rien de plus pittoresque et de plus effrayant que ce couplet de la prédiction de Cassandre :

> Écoutez ! la clameur lointaine s'est accrue...
> Oh ! les longs aboiements ! je les vois accourir,

> Les chiennes, à l'odeur de ceux qui vont mourir,
> Les monstres à qui plaît le cri des agonies,
> Les vieilles aux yeux creux, les blêmes Érinnyes,
> Qui flairaient dans la nuit la route où nous passions.
> Viens, lugubre troupeau des expiations,
> Meute, qui vas hurlant sans relâche et qui lèches
> Des antiques forfaits les traces toujours fraîches.

Comme ce mot de *chiennes* semble naturel après les longs aboiements entendus! et quel superbe vers que celui où le poète montre les blêmes Érinnyes flairant dans la nuit la route où passaient les hommes marqués du destin.

Ce sont là des beautés de premier ordre. J'engage nos lecteurs à acheter la brochure. L'œuvre vaut la peine d'être lue et même étudiée.

Le personnage de Clytemnestre a été joué avec une singulière puissance par M<sup>me</sup> Laurent. Il faut des poumons de fer pour soutenir jusqu'au bout ce rôle qui est tout entier composé de fureurs et d'imprécations. M<sup>me</sup> Laurent les a dites d'une voix éclatante, avec un accent terrible. Elle a donné un relief extraordinaire à des vers, dont le dernier est un des plus beaux qui aient jamais été faits.

> Je hais tout ce qu'aima vivant, ce roi, cet homme,
> Ce spectre : Hellas, Argos, la bouche qui les nomme,
> Le soleil qu'il a vu, l'air qu'il a respiré,
> Ces murs que souille encor son cadavre exécré,
> Ces dalles que ses pieds funestes ont touchées,
> Les armes des héros par ses mains arrachées,
> Et les trésors conquis dans les remparts fumants,
> Et ce que j'ai conçu de ses embrassements.

Elle respire d'un bout à l'autre une énergie sauvage. On la compare souvent dans la pièce à une chienne : elle en a, en effet, la face écrasée, l'allure violente, l'aboiement sonore et terrible. Elle est superbe; je ne sais si elle rendrait aussi bien les personnages plus nobles de Corneille et de Racine. Mais M. Leconte de Lisle a trouvé en elle la vraie interprète de sa pensée.

En somme, la pièce a été écoutée avec beaucoup de respect en toutes ses parties, avec de longues acclamations dans quelques-unes. Je doute que les publics suivants puissent beaucoup s'y plaire. N'importe! Cette forte étude sera lue et goûtée des lettrés; elle donnera l'envie de se reporter aux textes originaux, et de revenir pour un instant à ces grandes sources de poésie, Eschyle et Sophocle.

13 janvier 1873.

# INDEX ALPHABÉTIQUE

## A.

*Abbé de l'Épée (l')*, 231, 232, 235.
*Adrienne Lecouvreur*, 60, de 251 à 263.
*Agamemnon*, 420.
*Agnès de Méranie*, 309, 310, 311, 312, 313, 315.
*Aïeule (l')*, 346.
Allan (M<sup>me</sup>), 284.
*Ami des femmes (l')*, 79, 80.
*Ami Fritz (l')*, 115, 203.
Anceau (M.), 421.
Andrieux, 362.
*Andromaque*, 71, 75, 94.
Anquetil, 61.
*Antony*, de 77 à 91.
Arago (Étienne), 270.
Armand, 370.
Arnould-Plessy, 133, 333.
*Assommoir (l')*, 333.
Audoy, 395.
Augier, 120, 154, 234, 301, 378, 379, 380.
*Avare (l')*, 333.

## B

*Bajazet*, 75.
Ballande, 351.
Balzac, 151, de 187 à 197.
Banville (Théodore de), 53, 116, 254, 364.
*Barbier de Séville (le)*, 71, 135.
Barétta (M<sup>me</sup>), 57, 121, 124, 211, 212.
Baron, 370.
Barré, 212.
Barrière (Théodore), 154, 193, 301.
Bartet (M<sup>lle</sup>), 26, 28, 29, 31, 33, 121, 122, 124, 125, 205, 262, 263, 273, 279, 280.
*Bataille de dames*, 115, 123.
Batty, 327.
Beaumarchais, 135, 232, 403.
Beauvallet, 94, 337.
Beethoven, 7.
*Belle-Hélène (la)*, 403.
Bergerat (Émile), 14, 17, 155, 157, 336.
Bernhardt (Sarah), 48, 52, 54, 230, 261.
Berr, 136.
Berton, 222, 223, 228.
*Bertrand et Raton*, de 115 à 127, 184.
Bocage, 89, 90, 100, 103.
Boccace, 266.
*Bohémiens de Paris (les)*, 100.
Boileau, 319, 322, 323, 369.
*Boîte à Bibi (la)*, 220.
Bonval (M<sup>lle</sup>), 157.
Borelli (M<sup>me</sup>), 224.

Bouchardy, 95.
Boucher, 284.
Bouilhet, 269.
Bouilly, 231, 235, 238, 239.
*Bourgeois gentilhomme (le)*, 139.
*Bourse (la)*, 313.
Brandès (M<sup>lle</sup>), 76.
Brasseur, 404.
*Brebis de Panurge (la)*, 363.
Bressant, 115, 137.
Brohan (Madeleine), 138, 229, 305, 306.
Brohan (Augustine), 136, 137.
Broisat (M<sup>me</sup> Émilie), 105, 230.
*Burgraves (les)*, 313.
Byron, 89, 292.

## C

Caignez, 337.
*Camaraderie (la)*, 115, 128, 137, 142.
*Caprice (le)*, 137, 269, 270.
*Caprices de Marianne (les)*, 266.
*Célimare le Bien-Aimé*, de 390 à 394.
*Chaîne (une)*, 115, de 128 à 137.
Chamfort, 397.
*Chandelier (le)*, 266, 270, de 281 à 287.
*Chapeau de paille d'Italie (le)*, de 367 à 370.
*Charlatanisme (le)*, 143.
*Charles VII chez ses grands vassaux*, 92 à 95.
*Charlotte Corday*, 311, 313, 315, 329.
*Châteaux en Espagne (les)*, 363.
Chénier (Joseph), 310, 313.
*Chœurs du Paria (les)*, 177.
*Cid (le)*, 10, 71.
*Cinna*, 9, 12, 317.
Clameret (Clément), 49.
Claretie (Jules), 59, 415, 417.
*Claudie*, 200, de 203 à 206.
Claveau (Anatole), 265, 267, 270.
*Club (le)*, 6.
*Coéphores (les)*, 420.

Cognard, 335.
Collin d'Harleville, 362, 363, 364, 365.
Coquelin, 52, 53, 154, 305, 306, 307.
Cormon, 336, 337, 339, 341, 346.
Corneille, 9, 10, 48, 51, 71, 75, 89, 132, 242, 257, 278, 310, 311, 323, 328, 329, 430.
Courcy (M. de), 224.
Crébillon, 379.
Croizette (M<sup>lle</sup>), 33, 279, 230, 284, 305, 306.

## D

*Dame aux Camélias (la)*, 10, 13, 71.
Delacour, 390.
Delahaye (M<sup>lle</sup>), 224.
Delaunay, 105, 106, 155, 165, 167, 183, 228, 229, 277, 278, 279, 280, 284, 285, 286, 288, 289, 290, 296, 298.
Delavigne (Casimir), de 155 à 186.
*Demi-Monde (le)*, 130.
*Dépit amoureux (le)*, 271, 275.
Dériga (M<sup>lle</sup>), 95.
Desclée (M<sup>lle</sup>), 287.
Desnoyers (Fernand), 169, 182.
Destouches, 313, 319.
*Deux Orphelines (les)*, de 336 à 356.
*Diane de Lys*, 79.
Didier (M<sup>me</sup> Rose), 157.
Dika-Petit (M<sup>lle</sup>), 352.
*Distrait (le)*, 351.
Doche (M<sup>me</sup>), 338.
*Dolorès*, 269.
*Don Juan*, 111.
*Don Juan d'Autriche*, 170, de 181 à 186.
Dormeuil, 357.
Dorval, 89, 90, 332, 333.
Doucet (Camille), de 357 à 366.
Ducange (Victor), 315, 337.
Dumaine, 17, 100, 101, 183.
Dumas (Alexandre), père, de 59 à 114, 136.
Dumas (Alexandre), fils, 71, 92, 100,

128, 129, 130, 131, 133, 134, 135,
136, 193, 200, 230, 301, 379, 408,
422, 428.
Dumersan, 363.
Dupuis, 197.
Duquesnel, 419.
Duverger (M<sup>lle</sup>), 77.

## E

*École des femmes* (l'), 71.
*École des vieillards* (l'), 177.
*Effrontés* (les), 162.
*Enfants d'Édouard* (les), de 169 à 180.
Ennery (d'), 2, 191, 217, de 331 à 336.
*Érynnies* (les), de 419 à 430.
Eschyle, 419, 420, 421, 422, 423, 425, 426, 427, 428, 430.
*Euménides* (les), 420.
Euripide, 422.

## F

Faguet (Émile), 61.
*Fantasio*, 266, 269.
Favart (M<sup>me</sup>), 155, 183, 261, 273, 278, 279, 285, 288, 289, 290, 296, 297, 305.
Fayolle (M<sup>lle</sup>), 205.
Febvre, 21, 56, 57, 76, 158, 197, 205, 218.
Fechter, 203.
Félix (Dinah), 137.
*Femmes savantes* (les), 331.
Fénelon, 178.
Fenoux, 167.
Flaubert, 400.
Fleury (M<sup>lle</sup> Emma), 278.
Florian, 257.
*Fourberies de Scapin* (les), 369.
Fournier (Marc), 86.
*François le Champi*, 200, 201, 203.
*Fruit défendu* (le), de 357 à 366.

## G

*Gageure imprévue* (la), 269.

Gaillardet, 96, 97.
Galilée, 314.
Gautier (Théophile), 53, 70, 128, 130, 131, 400.
Geffroy, 57, 155, 158, 161, 163, 301.
*Gendre de M. Poirier* (le), 115, 225, 301.
Geffroy, 154, 351, 352, 356, 357, 389, 390, 392, 393, 411.
Gil-Perez, 401.
Girardin (Émile de), 79.
*Glorieux* (le), 313, 319.
Glück, 401.
Goncourt (les), 325.
Gondinet, 6, 301, 395, 399, 400, 401, 403.
Got, 22, 23, 26, 28, 33, 191, 193, 196, 197, 203, 225, 332, 324.
*Grâce de Dieu* (la), 336, 310, 311.
Grassot, 370.

## H

Hamel, 168.
Harel, 97.
*Henriette Maréchal*, 325.
Hepp (Alexandre), 49.
*Henri III et sa cour*, de 59 à 76.
*Hernani*, 2, 0, 5, de 6 à 13, 14, 37, 42, 89.
Homère, 419, 422.
*Honneur et l'Argent* (l'), 181, 312, 313, 315, de 319 à 321, 329, 333.
*Horace*, 75, 298, 319, 363.
Houdon, 291.
Hugo (Victor), de 1 à 57, 71, 94, 159, 172, 179, 257, 263, 318, 310, 381, 412, 413, 425.
Hyacinthe, 393.

## I

*Il ne faut jurer de rien*, 137, 266, 267.
*Inutiles* (les), 331.

*Iphigénie*, 317.

## J

Jean Baudry, de 407 à 417.
Joanny, 169.
Jouassain (M¹ˡᵉ), 57, 280.
Juvénal, 323.

## K

Kalb (M¹ˡᵉ), 158.
Kime, 389.

## L

Labiche, 154, 361, de 367 à 405.
La Bruyère, 191, 204.
Laferrière, 77.
La Fontaine, 255, 256.
La Harpe, 422, 423.
Lamartine, 257.
Lambert (Albert), 165.
Lambert-Thiboust, 335.
Lara (M¹ˡᵉ), 167.
Laroche, 212, 226.
La Rochefoucauld, 131.
La Rounat (Charles de), 231.
Larroumet (Gustave), 159.
Laurent (Mᵐᵉ Marie), 36, 41, 96, 105, 331, 332, 333, 334, 429.
Laya, 412.
Lebel, 183.
Leconte (M¹ˡᵉ Marie), 166, 167, 168.
Leconte de Lisle, de 419 à 430.
Legouvé (Ernest), 73, 138, 139, 142, 176, 178, de 231 à 263.
*Legs* (le), 269.
Leloir, 158.
Lemaître (Jules), 60, 61, 63, 66, 69, 71, 72, 73, 74, 159.
Lemercier, 422.
Leprovost (M¹ˡᵉ), 223.
*Le roi s'amuse*, de 21 à 34, 43.
Lhéritier, 404.

Lia Félix, 203.
Ligier, 169.
*Lion amoureux* (le), 314, de 333 à 339.
*Louis XI*, de 155 à 163.
*Louise de Lignerolles*, 263.
*Lucrèce*, 309, 312, 313, 314, de 316 à 318.
*Lucrèce Borgia*, de 35 à 41.
Luguet (M.), 331.

## M

Madeleine (Mᵐᵉ), 289.
*M¹ˡᵉ de Belle-Isle*, de 105 à 114.
*Mᵐᵉ de la Seiglière*, 137, de 301 à 307.
Malherbe, 258.
*Malheurs d'un amant heureux* (les), 108, 142, 143, 145, 147.
Mangin, 183.
*Manitre* (la), de 187 à 193.
*Mariage de raison*, 128.
*Mariage de Figaro* (le), 135, 181.
*Mariage de Victorine* (le), 202, 205, de 207 à 212.
*Marie-Jeanne*, de 331 à 335.
*Marie Tudor*, de 42 à 47.
*Marino Faliero*, 159.
*Marion Delorme*, de 13 à 20, 42, 69.
Marionnette, 383.
Marivaux, 132, 302.
*Marquis de Villemer* (le), 202, 203, 211, de 219 à 230.
Mars (M¹ˡᵉ), 170, 333.
Martel, 57.
Maubant, 23, 155, 212.
Martin (É.), 371, 372, 375, 383, 384.
*Mauprat*, de 213 à 218, 411.
*Méchant* (le), 319.
*Médecin malgré lui* (le), 122.
Meilhac, 154, 301.
Mélanie (Mᵐᵉ), 389.
Mélingue, 41, 52, 53, 96, 100.
*Mercadet*, de 194 à 197.

Mérimée, 71.
Mérope, 94, 399.
Messéniennes (les), 169, 173.
Michelet, 409.
Mirabeau, 138.
Minil (M<sup>lle</sup> du), 167.
Molière, 48, 49, 51, 71, 89, 120, 126, 132, 133, 134, 177, 181, 257, 269, 270, 272, 274, 278, 353, 354, 355, 366, 399.
Monnier (Henri), 129.
Monsieur Alphonse, 343.
Montdidier, 95.
Mounet (Paul), 90.
Mounet-Sully, 19, 22, 27, 55, 56, 76.
Mozart, 83.
Muller, 123, 167.
Musset, 137, de 265 à 299.

## N

Nathalie (M<sup>lle</sup>), 223, 248.
Newton, 403.
Nicole, 402, 403.
Noblet (M<sup>lle</sup>), 170.
Nuit d'octobre (la), de 283 à 289.

## O

Odry, 363.
Offenbach, 403.
Ollendorff (P.), 49.
On ne badine pas avec l'amour, 256, 268, de 273 à 280.
Orestie, 420, 422, 423.
Oscar ou le mari qui trompe sa femme, 115, 130, de 143 à 154, 281.

## P

Pailleron, 359.
Par droit de conquête, 240, 262.
Pascal, 124.
Patin, 421.
Patry (M<sup>lle</sup>), 183.

Père prodigue (le), 130.
Perrin (M.), 14, 29, 30, 31, 34, 48, 115, 148, 203, 219, 223, 224, 415, 416, 417.
Petite ville (la), 383.
Philosophe marié (le), 319.
Philosophe sans le savoir (le), 201, 207, 208, 211.
Picard, 383, 384.
Pied de Mouton (le), 95.
Pilules du diable (les), 95.
Pixérécourt, 40.
Planche (Gustave), 201.
Plus heureux des trois (le), de 395 à 405.
Ponsard, 181, 268, de 399 à 329.
Pape, 310.
Porel, 324.
Poudre aux yeux (la), de 383 à 389.
Premier mouvement (le), 359.
Princesse Georges (la), 79.
Prioleau (M<sup>me</sup>), 224.
Provost fils, 156.
Prudhon, 167.
Psyché, 269.

## R

Rachel, 76, 137, 261, 263, 315.
Racine, 51, 71, 94, 98, 132, 210, 257, 287, 297, 310, 420, 422, 423.
Ramelli (M<sup>me</sup>), 223, 224, 229.
Ravel, 154, 370.
Regnard, 257, 351, 353.
Régnier, 109, 137, 155, 393, 394, 395.
Reichemberg, 351.
Rey, 225.
Ribes, 221, 223, 226, 227.
Rigoletto, 338.
Romain (Jules), 379.
Roman d'un jeune homme pauvre (le), 211.
Rossini, 71, 236.
Royer (Marie), 248.

Rubens, 257.
*Ruy Blas*, 2, 15, de 48 à 57, 318, 381.

## S

Saint-Léon, 225.
Saint-Marc-Girardin, 253, 421.
Saint-Victor (Paul de), 131, 400.
*Saltimbanques (les)*, 363, 369, 411.
Samary (Jeanne), 31.
Samson, 302, 303, 304, 305.
Sand (George), 199 à 230, 400.
Sandeau (Jules), de 301 à 307.
Sardou, 116, 154, 218, 301, 384.
Scribe, 103, de 115 à 154, 179, 184, 211, 261, 263, 384.
Sedaine, 201, 202, 203, 209, 211.
Séjour (Victor), 2.
Shakespeare, 129, 132, 266, 270, 272, 423.
Silvain, 158, 160, 161, 163, 168.
Sophocle, 421, 422, 430.
*Sphinx (le)*, 33.
Stendhal, 71, 381.
Sue (Eugène), 340.
*Supplice d'une femme (le)*, 79.

## T

Taillade, 41, 104, 183.
Taine, 119, 293, 403, 422.
*Tartuffe*, 283.
Taylor (B{ne}), 70.
Tessandier (Mme), 80, 91, 123.
Teniers, 379.
Thierry (Édouard), 155, 156, 170, 272, 278, 417.
Thiron, 183, 304, 305.

Tholer, 183.
Thuillier (Mlle), 222, 223.
*Tibère*, 310, 313.
Tisserand, 321.
*Tour de Nesle (la)*, de 93 à 104.
Touroude, 338.
*Truquldubus*, 412.
*Tricorne enchanté (le)*, 33.

## U

*Ulysse*, 312.

## V

Vacquerie (Auguste), de 407 à 417.
Verdi (G.), 4.
*Verre d'eau (le)*, 115, 184.
*Vêpres siciliennes (les)*, 177.
*Vieilles filles (les)*, 224.
Vigny (Alfred de), 71.
Villain, 168.
Villemain, 253.
Virgile, 297.
*Véracités du capitaine Tick (les)*, 383.
Voltaire, 21, 80, 91, 302, 310, 319, 403, 422.
*Voyage de M. Perrichon (le)*, de 371 à 382, 383.

## W

Weiss, 242, 243.
Worms, 76, 225, 226, 227.

## Z

*Zaïre*, 302.
Zola (Émile), 253, 335, 336.

# TABLE DES MATIÈRES

## VICTOR HUGO

| | Pages |
|---|---|
| Le drame en vers et Victor Hugo | 1 |
| Hernani | 6 |
| Marion Delorme | 14 |
| Le Roi s'amuse | 21 |
| Lucrèce Borgia | 35 |
| Marie Tudor | 42 |
| Ruy Blas | 48 |

## DUMAS PÈRE

| | |
|---|---|
| Henri III et sa cour | 69 |
| Antony | 77 |
| Charles VII chez ses grands vassaux | 92 |
| La Tour de Nesle | 96 |
| Mademoiselle de Belle-Isle | 105 |

## SCRIBE

| | |
|---|---|
| Bertrand et Raton | 115 |
| Une Chaîne | 128 |
| Oscar ou le Mari qui trompe sa femme | 148 |

## CASIMIR DELAVIGNE

| | |
|---|---|
| Louis XI | 155 |

# TABLE DES MATIÈRES

                                                             Pages.

*Les Enfants d'Édouard*.................................... 169
*Don Juan d'Autriche*..................................... 181

## BALZAC

*La Marâtre*.............................................. 187
*Mercadet*............................................... 194

## GEORGE SAND

George Sand, auteur dramatique........................... 199
*Claudie*................................................ 203
*Le Mariage de Victorine*................................ 207
*Mauprat*................................................ 213
*Le Marquis de Villemer*................................. 219

## ERNEST LEGOUVÉ

Une leçon d'art dramatique............................... 231
*Par droit de conquête*.................................. 240
L'art de la lecture...................................... 249
*Adrienne Lecouvreur*.................................... 261

## ALFRED DE MUSSET

Le théâtre de Musset..................................... 265
*On ne badine pas avec l'amour*.......................... 273
*Le Chandelier*.......................................... 281
*La Nuit d'octobre*...................................... 283

## JULES SANDEAU

*Mademoiselle de la Seiglière*........................... 301

## PONSARD

Étude générale........................................... 309
*Lucrèce*................................................ 316
*L'Honneur et l'Argent*.................................. 319
*Le Lion amoureux*....................................... 325

## D'ENNERY

*Marie-Jeanne*........................................... 331

## TABLE DES MATIÈRES

Pages.

Les Deux Orphelines.................................... 336

**CAMILLE DOUCET**

Le Fruit défendu...................................... 357

**EUGÈNE LABICHE**

Le Chapeau de paille d'Italie......................... 367
Le voyage de M. Perrichon............................. 371
La Poudre aux yeux.................................... 383
Célimare le Bien-Aimé................................. 390
Le Plus heureux des trois............................. 395

**AUGUSTE VACQUERIE**

Jean Baudry........................................... 407

**LECONTE DE LISLE**

Les Érynnies.......................................... 419

P. Vinsonau, 15, rue Saint-Georges.

TYPOGRAPHIE FIRMIN-DIDOT ET Cⁱᵉ. — MESNIL (EURE).

www.ingramcontent.com/pod-product-compliance
Lightning Source LLC
Chambersburg PA
CBHW060935230426
43665CB00015B/1947